Korean for
Professionals
Volume 4, 2019

Korean for Professionals

Series Editor
Sang Yee Cheon

The Korean Language Flagship Center (KLFC) aims to produce professionals who can function in Korean in their chosen fields. After two years of intensive Korean language training customized to their fields, graduates of this program are expected to take their place among the next generation of global professionals as Korea specialists, commanding professional-level proficiency in Korean. Successful completion of the program and demonstration of the ability to use Korean at a professional level (ILR 3, ACTFL Superior) lead to the Master of Arts degree in Korean for Professionals. This monograph series is a compilation of the students' research on critical and controversial issues in Korea or Korea-US relations.

This volume is the fourth in the series and is published by the National Foreign Language Resource Center at the University of Hawai'i at Mānoa for the KLFC.

Ordering information at nflrc.hawaii.edu

UNIVERSITY
of HAWAI'I·
MĀNOA

Korean for Professionals

Volume 4, 2019

edited by
Sang Yee Cheon &
Dongkwan Kong

published by
nflrc
National Foreign Language Resource Center
University of Hawai'i at Mānoa

Manufactured in the United States of America.

The contents of this publication were developed in part
under a grant from the U.S. Department of Education
(CFDA 84.229, P229A180026). However, the contents do
not necessarily represent the policy of the Department of
Education, and one should not assume endorsement by the
Federal Government.

ISBN: 978-1-64316-856-2
ISSN: 2159-2454
Library of Congress Control Number: 2019919965

Distributed by
National Foreign Language Resource Center
University of Hawai'i
1859 East-West Road #106
Honolulu HI 96822-2322
nflrc.hawaii.edu

Contents

1   영어 모국어 화자의 한국어 /에/와 /애/의 발화: 음향음성학적
    연구를 중심으로/
    English L1 Speakers' Production of L2 Korean /EY/ and /AY/: An
    Acoustic Study
    테리스 브라운 (TERRIS BROWN)   1

2   북한의 체제 유지 수단으로써의 마약 밀수출: 동북아 안보
    위협인가?/
    Drug Trafficking and North Korea: A Pillar of Regime Stability
    and a Threat to Northeast Asian Security
    션 데일리 (SEAN DALY)   21

3   한국의 성착취 목적의 인신매매 근절 노력에 대한 검토/
    A Critical Review of South Korea's Approach on the Eradication
    of Human Trafficking for the Purpose of Forced Sexual
    Exploitation
    고재림 (JAERIM GAUH)   62

4   영화 속 색채와 색채의 상징성이 관객에게 미치는 심리적 ·
    감성적 영향: 박찬욱 감독의 <스토커>를 중심으로/
    The Psychological and Emotional Aspects of Color and Color
    Symbolism in Film: Focusing on Park Chan-Wook's *Stoker*
    알렉산드라 해거 (ALEXANDRA HAGER)   82

5   여성가족부의 다문화 이해 제고를 위한 교육프로그램 매뉴얼
    분석/
    Analysis of MOGEF's Education Program Manual for
    Enhancement of Multicultural Understanding
    글로리아 강 (GLORIA KANG)   108

6   북한이탈청소년을 위한 교육 방안: 정부의 교육 방안과
대안학교와의 관계에 대한 미래방향 연구/
North Korean Refugee Youth Alternative Schools and
Government Policy Relations
에밀리 케쓸 (EMILY KESSEL)   129

7   한국의 식습관 변화/
South Korea's Transitioning Eating Patterns
킨드라 러브 (KYNDRA LOVE)   159

8   소프트 파워로 바라본 뉴욕 필하모닉 북한 공연과 그의
외교적 효과/
Soft Power and the New York Philharmonic in Pyongyang
아론 밀러 (AARON MILLER)   178

9   북한의 관혼상제/
A Brief Study of Confucian Rituals in North Korean Society
코디 틸 (CODY LEIGH THIEL)   197

10   한국의 에너지 전망: 중·인·러·일·미를 둘러싼 지정학적
에너지수급 추이의 영향/
South Korea's Energy Prospects: Influence of the Geopolitical
Shift of Energy Supply and Demand between China, India, Russia,
Japan, and the United States
타히라 비라니 (TAHEERA VIRANI)   218

11   쿠바를 모델로 한 북한의 경제 발전/
Cuban Model Applications for Economic Development in North
Korea
그레이슨 워커 (GRAYSON WALKER)   242

12   이용과 충족 이론: KBS 뉴스에 대한 시청자 인식 연구/
Uses and Gratifications Theory: Audience Perspective Research on
KBS News
유니스 염 (EUNICE YUM)   260

Editor's Preface

The University of Hawaiʻi at Mānoa Korean Language Flagship Center (UHM KLFC), established in 2002, is the first Korean language Flagship education center in the United States. It has been dedicated to cultivating specialists with superior-level proficiency in Korean. Our non-degree, post-baccalaureate program became a Master's degree program in Fall 2007. Currently, the KLFC is composed of degree programs such as Flagship MA and Flagship BA and non-degree programs such as Flagship Certificate. All programs include a one-year immersion component in Korea. As of Fall 2019, more than 80 "MA in Korean for Professionals" have been produced. On behalf of the UHM Korean Flagship faculty, we are proud to announce that the fourth volume of *Korean for Professional* series is open to the public. The four volumes of *Korean for Professionals* have been published in 2012, 2015, 2018, and 2019, respectively. The current volume includes 12 manuscripts, with a broad scope and various disciplines, including linguistics, politics, media studies, film analysis, culture, contemporary social issues, along with North Korea-related issues. We sincerely appreciate Korean Flagship MA graduates for their hard work through the Korean Flagship graduate program and agreeing to publish their scholarly papers written in Korean. Last but not least, we extend our gratitude to UHM KLFC and Korea University Korean Flagship Overseas Program's Flagship faculty for helping our students with teaching, advising, and guidance. Without their dedication to the Flagship mission and goal-oriented instruction, this fruitful outcome would not be possible.

Sang Yee Cheon & Dongkwan Kong
December 2019

영어 모국어 화자의 한국어 /에/와 /애/의 발화: 음향음성학적 연구를 중심으로

테리스 브라운 (TERRIS BROWN)

MA, Korean for Professionals, University of Hawai'i at Mānoa, 2014

ENGLISH L1 SPEAKERS' PRODUCTION OF L2 KOREAN /EY/ AND /AY/: AN ACOUSTIC STUDY

In modern day Korean there is a merger between the two phonemes /ey/ and /ay/. This phenomenon affects not only Korean native speakers but second language learners as well. Although there is presently an abundance of research on the pronunciation of Korean learners of English as a second language, the research on native English speakers' pronunciation of Korean is lacking. The main purpose of this study was to examine native English speakers' pronunciation of /ey/ and /ay/ through a comparison of their formant 1 and formant 2 values with those of native Korean speakers. For this study I gathered 5 native Korean speakers as a control group, 5 beginner-level Korean speakers, and 5 advanced-level Korean speakers. Upon a statistical analysis of each speaker's F1 and F2 values, the results showed distinct differences in pronunciation based on the speakers' proficiency levels. According to the results, beginner-level speakers were the only students who showed a clear distinction in their F1 values of /ey/ and /ay/. However, in regard to F2 no group showed a noticeable difference in their pronunciation of /ey/ and /ay/. Although all three groups showed no significant difference in their pronunciation of /ey/ and /ay/, there was still a distinction between the English native speakers and the control group. Also in terms of F1 only the beginner-level speakers pronounced the traditionally higher sound /ey/ higher than that of the tradionally lower sound /ay/. This study was designed to analyze this phenomenon in non-native speakers of Korean in order to shed a light on graduated language learning and contribute to the advancement of modern-day Korean language education.

1. 서론

1.1 연구 목적

이 논문은 제 1 포먼트와 제 2 포먼트 분석을 통해 영어가 모국어인 한국어 학습자의 /에/와 /애/의 발화를 고찰하고 한국 사람들과의 발화 차이를 대상으로 논의를 진행하고자 한다.

현재 한국어에서는 /에/와 /애/의 통합 현상이 일어나고 있다. 이 변화는 한국어가 모국어인 화자의 발화에서도 분명하게 나타나므로 한국어 학습자들에게도 매우 중요하다. 한국어에서는 /에/와 /애/가 통합되고 있으나 영어에서는 한국어의 /에/·/애/와 비슷한 발음인 [e](head)와 [æ](had)에서처럼 비슷한 두 모음을 정확히 구별하여 발음하고 있다. 따라서 이론적으로 미국인 화자들에게 /에/와 /애/를 구별하는 것은 그다지 어렵지 않을 것으로 예상할 수 있다. 이러한 음운습득이론을 바탕으로 필자는 가설을 세워 보고자 한다. 미국인 한국어 학습자는 모국어 (영어) 전이현상[1] 및 한국어 철자나 로마자 표기의 영향 때문에, 한국어 구어에서 이미 대체로 통합된 두 음소 /에/와 /애/를, 특히 초급 단계에서, 무의식적으로라도 구별하여 발음할 것으로 예측한다. 즉, 한국어 수준이 낮으면 낮을수록 이 두 음소를 구별하는 정도가 높다고 예상된다.

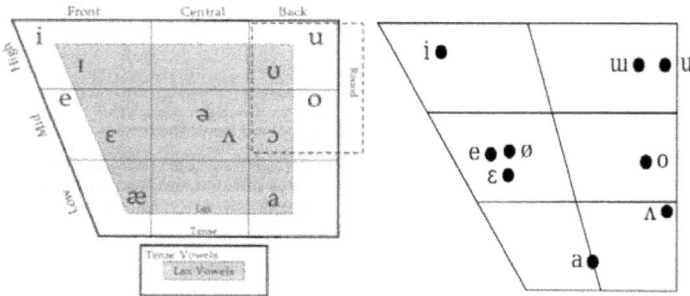

<그림 1> 한국어와 영어의 모음체계

<그림 1>[2]은 영어 (왼쪽)와 표준 한국어 (오른쪽)의 모음체계를 보여주고 있다. 이 그림은 어느 한 중심점에서 각 모음의 상대적인

---

[1] 모국어 전이란 제 2 외국어로 의사소통을 할 때 모국어가 주는 긍정적이거나 부정적인 영향을 의미한다.

[2] 오른쪽 그림: 이현복 (1999), 왼쪽 그림: Varieties of English: http://ic-migration.webhost.uits.arizona.edu/icfiles/ic/lsp/site/IPA/SSAE.htm

거리를 보여준다. 이 그림을 보는 것만으로는 해석하기 어렵지만, 구희산·오연진 (2001)은 다음과 같이 한국어의 /에/를 영어의/ɛ/, /e/와, 그리고 /애/를 영어의/ɛ/, /æ/와 비교하였다.

1.1.1 /ɛ/-/e/와 /에/

한국어의 /에/와 유사한 발음으로 영어의 /e/와 /ɛ/가 있다. 한국어의 /에/는 앞 혀가 입천장을 향해 접근하고 혀의 높이가 다소 높은 전설 중모음이다. /e/는 긴장음인 반면, /ɛ/는 이완음이다. 학자들에 따라서는 이들을 /ei/, /ey/로 표시하여 이중모음으로 구분하기도 한다. 그러나 이들 사이에 음소적 차이는 없다고 본다. /ɛ/는 입을 반쯤 열고 입술을 양쪽으로 당겨서 발음하도록 해야 한다. 이 발음은 한국어의 /에/보다 /애/에 더 가까우나 /애/보다는 혀의 위치를 약간 더 높게 하여 발음하도록 해야 한다.

1.1.2 /ɛ/-/æ/와 /애/

한국어의 /에/는 영어의 /e/에 가까운 음이고, /애/는/ɛ/와 /æ/의 중간음이다. /ɛ/는 /애/보다 혀의 위치가 높으며 이완음이고 입을 반쯤 열고 입술을 양쪽으로 당겨서 발음한다. /æ/는 /ɛ/보다 훨씬 아래턱이 내려가고 /애/보다는 훨씬 입이 더 벌어지는 음이다. 그래서 한국 학생들은 이 두 음을 /애/로 대치시키기 쉽다. 그러나 한국어의 /애/는 /ɛ/에 더 가깝다고 볼 수 있다. 왜냐하면 한국어의 /애/는 전설 모음으로 다소 높은 데서 소리가 나고, 영어의 /æ/는 다소 밑에서 소리가 나면서 음의 긴장도와 길이가 더 길기 때문이다. /æ/는 입에 큰 힘을 가하지 않고 입을 열 수 있는 한 열고 턱을 충분히 낮추어 발음하는 것으로 /ɛ/보다 아래턱을 훨씬 더 내려서 발음해야 한다.

1.2 선행연구

신지영 (2003)에 따르면, 학자마다 /에/와 /애/의 구별 유무에 차이가 있으며 한국어의 단모음이 몇 개인가에 대해서도 견해가 달라 많게는 10 모음, 적게는 7 모음으로 설정하기도 한다[3]. 그리고 많은 학자들이 아직도 /에/와 /애/를 두 개의 모음으로 인정하나, 두 소리를 더 이상 구별하지 않고 하나의 통합된 소리로 보는 학자들도 있다. 이러한 학술적 견해의 차이에도 불구하고, 현재 대부분의

---

[3] 오정란 (1997)은 /위/와 /외/ 중에서 /위/를 단모음으로 보지 않아 9 개의 단모음체계로 정의하며, 배주채 (1996)는 /에/와 /애/의 구별을 인정하여 한국어 모음체계를 8 모음 체계로 보고 있다. 현재 표준어를 쓰는 사람의 발음을 가장 잘 반영하고 있는 신지영 · 차재은 (2011)은 /외/와 /위/를 이중모음으로 인식하며, /에/와 /애/의 발음을 구별하지 않아 7 모음 체계로 보고 있다.

표준어 화자가 더 이상 /에/와 /애/를 두 개의 음소로 구분하지 못한다는 것은 사실이다.

오늘날 세계화가 된 사회에서 언어는 다른 나라 사람들과 소통할 수 있는 중요한 수단이 되었다. 이에 따라 많은 사람들이 다른 언어를 공부하고 싶어하며, 언어 학자들은 제 2 외국어 습득에 대한 연구를 많이 하고 있다. 어떻게 하면 제 2 외국어를 효과적으로 가르칠 수 있는지, 다른 언어를 배울 때 어떤 과정을 거쳐야 하는지, 다른 언어를 배우면서 겪은 어려움을 어떻게 극복해야 하는지 등은 많은 학자들이 연구하는 중요한 화두다.

1960 년대에 행동주의 학자들은 모국어가 외국어 습득에 방해가 된다고 주장하여 이를 모국어 간섭현상 (Linguistic Interference Phenomenon)이라고 불렀다. 지금까지는 제 2 외국어 습득에 모국어 (L1)의 역할에 대한 연구가 주로 많이 나왔는데, 대부분의 학자들은 특히 성인들이 외국어를 배울 때 모국어 (L1)가 주는 영향이 매우 크다고 주장한다. 이 주장은 사람들이 제 2 언어를 배울 때 문법 오류, 발음 오류 등의 실수를 하는 경향을 설명해 준다. 이것은 그 화자가 이미 다른 언어 체계를 머릿속에 가지고 있다는 것을 단적으로 보여주는 근거이다. 예를 들어, 한국인 영어 학습자는 /f/를 /p/로 발음할 수 있으나 절대 /t/, /d/, /g/ 등의 소리로 발음하지는 않을 것이다. 모국어 전이 외에도 제 2 외국어를 습득하는 데 보편 문법, 나이 등 여러 가지 다른 중요한 요인이 있다 (LeGrande 2008).

유명 언어학자인 촘스키의 보편문법이론에 따르면, 모든 인간은 언어의 문법을 지배하는 요소를 태어날 때부터 가지고 있다고 한다. 이런 요소는 모든 자연 언어에 공통적으로 적용되는 원리와 개별 언어에 적용되는 매개변수로 구성되어 있다. 매개변수란 개별 언어에 따라 차이를 보이는 요인을 말한다. 아이들은 모국어를 배우면서 모국어에 맞는 매개변수를 고정해 나간다고 한다 (LeGrande 2008). 따라서 아이들은 아무런 정신적인 문제가 없는 한 모국어를 어려움 없이 배울 수 있다. 하지만 나이가 들면 이 과정이 어려워진다. 이러한 현상을 많은 학자는 주로 결정적 시기 가설 (Critical Period Hypothesis)로 설명한다. 결정적 시기 가설은 언어습득과정을 생물학적 현상으로 보고 원어민이 언어를 배우는 능력은 출생으로부터 유년기 중간쯤까지의 정해진 기간 내에서만 발전한다는 가설이다. 간단히 말하면, 어렸을 때 다른 언어를 배우면 언젠가는 원어민처럼 소통할 수 있으리라는 것이다 (Vanhove J 2013). 하지만 성인이 되어 외국어를 배우게 되면 문법의 습득 혹은 발음의 습득이 어려워져, 대부분 사람들은 그 언어의 완전한 습득이 어렵다고 한다. 두 언어의 유사성도 언어의 습득에 큰 역할을 한다. 두 언어의 원리와 매개변수가 많이 유사하면 제 2 언어로 배우기가 더 쉽고, 반대로 두 언어에 비슷한 점이 많이 없으면 제 2 언어를 습득하는 것이 더 어렵다는 것이다. 예를 들어, 미국인들은 한국어보다 영어와 가까운 로망스어를 배우기가 더 쉽다는 것이다.

성인이 되어 제 2 언어를 배울 때 새로운 소리 체계와 새로운 문법 등 적응하기 어려운 것이 많으나 완전한 성취가 불가능한 일이라고 할 수는 없을 것이다. 일단 개인마다 차이가 있고 배우는 환경도 달라서 사례별로 결과가 조금씩 다를 수 있다. 하지만 이 분야에 연구가 아직 많이 없기 때문에 앞으로 이러한 외국어 습득과정에 대해 더 정확히 이해하게 된다면 더 효과적인 교수법과 학습법을 개발할 수 있을 것으로 희망한다.

최상홍 (2006)은 서울지역 모음 체계에서 단모음 /에/와 /애/의 포먼트 F1 과 F2 의 분석을 통해 세대 간, 성별 간에 나타나는 차이를 살펴보았다. 그 결과 서울지역에서 단모음 /에/와 /애/의 발음에 성별 차이는 없었으나 세대 간에는 명백한 차이가 나타났다. 젊은 세대는 단모음 /에/와 /애/를 변별하여 발음하지 못했지만, 노년 세대는 단모음 /에/와 /애/를 변별하여 발음하고 있다는 결과가 나왔다.

최근 들어 한국인들은 /애/와 /에/를 똑같이 발음하는 경향이 있으나 항상 그렇지는 않았다. 따라서 소수의 학자들은 이 현상을 통합이 아닌 준통합이라고 보고 있다. 통합은 모든 경우에서 두 개의 음소가 음성학적으로 동일하게 발음될 경우, 즉 완전한 통합을 의미한다. 예를 들어, 예전에 다르게 발음했던 영어 단어 horse 와 hoarse 를 이제는 똑같이 발음한다. 두 단어의 음성학적 대조가 완전히 없어진 것이다. 그러나 준통합은 미완성된 통합을 말한다. 두 음소 간의 거리가 표준적인 음성 간의 거리보다는 가깝지만, 완전히 통일되지는 않은 상태다. 이럴 때 화자들은 두 음소를 구별할 수 없고 실제로 발음할 때도 구별하지 않는다고 인지하고 있으나, 그 화자들의 발화를 음성학적으로 분석하면 그들이 지속적으로 두 음소를 구별하고 있다는 것을 확인할 수 있다.

대부분의 논문에서는 서울지역에서 /에/와 /애/가 통합됐다고 주장하고 있다. 그러나 Lee (1994)는 서울지역에서의 통합을 완전한 통합이 아닌 준통합이라고 주장한다. 이 연구는 1994 년에 텍사스 오스틴 주립대에서 공부 중인 대학원생 7 명을 대상으로 /에/와 /애/의 통합이 준통합인지 아닌지를 확인하고자 실험을 했다. 피실험자들은 모두 고학력자로 중산층에 속하는 학생들이었다. 이전에 나왔던 실험들에서는 피실험자의 나이가 어리면 어릴수록 통합이 더 명확하게 나타난다고 주장했는데, 이 실험에서 피실험자의 나이는 29 살부터 36 살까지였다. 방언에 따라 발음에 차이가 있는지를 확인하기 위해 다섯 명은 서울 출신을, 그리고 나머지 두 명은 경상도와 전라도 출신을 대상으로 실험을 진행했다. 문장 읽기, 최소대립어의 쌍 테스트, 의사소통 테스트, 자기지각 테스트 등의 네가지 테스트를 시행하여 다음과 같은 결과가 나왔다.

다섯 명의 서울 출신 피실험자들은 단 한 명도 완전한 통합을 보이지 않았다. 일곱 명의 피실험자들 중에 한 명은 명확히 /애/와 /에/를 구별하였으며, 나머지 여섯 명은 모두 다 준통합을 보여주었다. 이 실험 결과를 보면 표준어, 전라도 방언, 그리고 경상도 방언에서도 /에/와 /애/의 통합은 준통합인 것을 알 수 있다. 대다수의 학자들은 1994 년에는 /에/와 /애/의 통합 현상이 확실히 준통합이었을 수도 있지만, 지금은 완성된 통합이라고 말한다. 그러나 이 준통합 현상이 초급학습자의 발화에서 나타날 수도 있기 때문에, 본 논문에서는 중요한 개념이다.

김선정 (1999)은 미국인들에게는 /에/와 /애/의 구별이 어렵지 않을 것이라고 주장하며, 한국어 교사가 외국인 학생에게 두 모음의 구별을 지나치게 가르치는 것은 바람직하지 않다고 강조했다. 대신, 철자법에 남아 있는 차이점에 대해서는 한국어 발음에서 두 글자가 이미 통합되어 버렸음을 밝히는 것이 옳다고 판단했다. 필자는 김선정의 주장처럼 미국인들에게 /에/와 /애/의 구별이 어렵지 않을 것이라는 것에는 동의하지만, 학습자들에게 철자법에 남아 있는 차이점에 관해 설명하더라도 그들이 두 음소를 의식적으로 구별하지 않을 것이라는 보장은 없다고 본다. 필자가 이렇게 생각하는 것은 학습자이 한글의 로마자 표기법을 사용하기 때문이다.

이 논문에서는 미국인 한국어 학습자가 /에/와 /애/를 구별하는 주요 이유 중 하나는 한국어 로마자 표기법이라고 주장한다. 현재 한국에서 가장 널리 사용되고 있는 체계는 한국어의 로마자 표기법 (Revised Romanization of Korean), 매큔-러시야워 표기법 (McCune-Reischauer Romanization), 그리고 예일 로마자 표기법 (Yale Romanization)이다. 한국어를 배우면서 외국인 학습자들은 자연스럽게 한국어의 로마자 표기법을 접하게 된다. 위에 언급한 로마자 표기법에서 /에/는 주로 /e/나 /ey/로 쓰이고 /애/는 주로 /ae/로 쓰인다. 따라서 필자는 로마자 표기법을 가장 많이 보는 초급학습자는 이 차이를 인식하여 두 소리를 다르게 발음할 가능성이 충분히 있다고 본다.

2. 연구방법

2.1 피실험자

본 연구에서는 미국인 학습자의 /에/와 /애/의 발화를 관찰하기 위해 총 15 명의 피실험자를 대상으로 삼았다. 피실험자 15 명 중 10 명은 한국어를 구사할 수 있는 미국인 학습자로 구성되었는데, 그중 5 명은 한국어 고급 학습자들이고 나머지 5 명은 한국어 초급 실력을 갖춘 학습자들이다. 이렇게 한국어 수준별로 피실험자를 구분한 이유는 한국어 수준이 낮은 미국인 학습자일수록 /에/와 /애/를 더 잘 구분할 것이라고 가설을 세웠기 때문이다. 다시 말해서, 모국어 전이의 영향으로 현재는 통합된 두 음소인 /에/와 /애/를 특히 초급 단계에서 더 잘 구별하여 발음할 수 있다는 것이다.

초급, 중급, 고급 등 학습자들의 수준을 정확히 구분하기가 어려운 것이 현실이다. 하지만 이 논문에서는 피실험자들의 한국어 실력을 최대한 객관적으로 구분하고자 다음의 기준을 통해 학습자들을 분류하였다. 우선 실험은 하와이 대학교 마노아 캠퍼스 학생들을 대상으로 진행되었다. 여기서 하와이 대학교 마노아 캠퍼스 학생들만을 대상으로 조사한 이유는 대상자들의 한국어 교육 배경이 같거나 거의 같은 피실험자들이기 때문에 정확한 자료를 도출하는 데 도움이 되기 때문이었다. 또한, 이 대학에서 한국어를 수강하는 미국인들을 대상으로, 그들이 수강하는 한국어 수업 수준에 따라 두 그룹으로 나누었다. 초급 수업 (KOR 102)을 수강하고 있는 학생 5 명, 고급 수업 (KOR 402)을 수강하는 학생 5 명. 그리고 통제집단으로 나머지 5 명은 한국어를 모국어로 구사하는 교환학생을 선발하였다. 세 그룹을 앞으로 A 집단 (고급 학습자), B 집단 (초급 학습자), C 집단 (원어민)으로 약칭한다. 각 그룹에는 다섯 명씩 포함되어 있다. A 집단에 속한 학생들은 모두 하와이 대학교에 재학 중인 학생들이고 평균 나이는 22 살이다. B 집단에 속한 학생들도 현재 하와이 대학교 재학 중인 학생들이고 평균 나이는 18 살이다. C 집단은 현재 하와이대학교에 유학 중인 학생들이다. 이들 C 집단은 모두 서울 출신이고 평균적으로 미국에 온 지 3 개월 정도 되었으며 평균 나이는 22 살이다.

A 와 B 집단의 정확한 통계자료를 얻기 위해서 한국인이지만 영어를 모국어로 하는 학생들 (교포)은 이 실험에서 배제하였다. 이들이 부모님의 한국어 사용 여부와 그 정도에 따라 한국어 학습 과정에 영향을 받았을 수 있기 때문에 연구 과정에서 배제한 것이다. 다음 도표는 피실험자의 정보를 보여준다.

<표 1> 피실험자 정보

집단	성별	나이	한국어 교육
초급 학습자 (B 집단)	여	19	102
	여	18	102
	여	18	102
	여	18	102
	여	19	102
고급 학습자 (A 집단)	여	19	402
	남	21	402
	남	20	402
	남	28	402
	여	20	402
원어민 (C 집단)	남	23	원어민
	여	22	원어민
	남	19	원어민
	남	25	원어민
	여	21	원어민

2.2 실험 자료

본고에서는 영어가 모국어인 한국어 학습자의 /에/와 /애/에 대한 발화를 실험하기 위해 '계장', '개장', '데사' '대사', '베', '배' 등 6 개의 핵심 단어와 본 실험의 목적을 피실험자가 알아차리지 못하도록 하기 위한 5 개의 삽입어 (filler word)를 사용하였다. 피실험자들은 연구자가 총 11 개의 단어를 무작위로 배열하여 만든 컴퓨터 화면을 보며 알고 있는 단어라면 "나는 (단어) 알아요." 모르는 단어라면 "나는 (단어) 몰라요." 라고 대답하는 방식을 통해 각 단어마다 5 번씩 반복하여 발음했다.

2.3 실험 방법

이번 연구에서는 스펙트로그램에 나타나는 각 모음의 F1, F2 값의 차이를 고찰한다. 소리 성질의 내부 음향 구조를 제시할 수 있는 가장 효율적인 방법인 음향 스펙트럼 분석을 하는 것이다. 김태욱 (2000)에 따르면, 모든 유성음은 성대의 진동에 의한 기본주파수 성분을 가지고 있다. 이 기본주파수가 성도의 공명강을 거치면서 음성의 통과 시점에서의 공명강의 형태에 따라서 특정 주파수 성분이 강조되는 대역이 나타나게 된다. 이처럼 모음 성분 중에서 강조되는 특정 주파수를 포먼트 주파수라고 부른다. 보통 5kHz 이하에 모음은 3~4 개의 포먼트 주파수를 가지고 있으며 낮은 쪽으로부터 제 1 포먼트 (F1), 제 2 포먼트 (F2), 제 3 포먼트 (F3), 제 4 포먼트 (F4)라고 부른다. 이러한 포먼트 주파수는 입의 모양, 혀의 높이 등에 따라 다르게 나타나므로 포먼트를 이용하면 모음의 종류를 구별할 수가 있다. F1 과 F2 의 주파수가 모음의 특성을 많이 결정하므로 이 논문에서 F3 과 F4 를 다루지 않고 F1 과 F2 만을 살펴보고자 한다.

<표 2> 네 가지 포먼트 (구회산·오연진 2001)

포먼트	바탕으로 통일
포먼트에 영향을 주는 요소	1. 구강과 인강의 크기 2. 혀와 턱의 위치
F1	하강: 구강 소, 인강 대, 구강 소. 예) /i/
	상승: 구강 대, 인강 소, 혀의 위치 저, 턱의 하강. 예) /a/
F2	하강: 구강 소, 혀의 위치 고. 예) /a/
	상승: 구강 대, 혀의 위치 저. 예) /i/
F3	하강: 구강 대, 인강 소, 혀의 위치 저. 예) /a/
	상승: 구강 소, 인강 대, 혀의 위치 고. 예) /i/
모든 포먼트	성도가 길수록, 입술이 원순 일수록 낮아짐. 예) /u/

<표 2>에서 보여주듯이, F1 은 혀의 높이를 반영하며 F2 는 혀의 전향성을 반영한다. 즉 혀의 위치가 높아질수록 F1 값은 작아지고 혀가 전방으로 이동할수록 F2 값은 커진다. 포먼트 값은 사람마다 성도의 길이에 따라 많이 달라지고, 여자들의 성도는 남자의 성도보다 짧아서 더 높은 포먼트 값이 나올 가능성이 있다.

필자는 음성 분석기 Praat (ver.5.3.02)를 이용하여 영어 모국어 화자인 한국어 학습자의 발화에서의 /에/와 /애/의 F1 과 F2 를 측정하여 분석할 것이다.

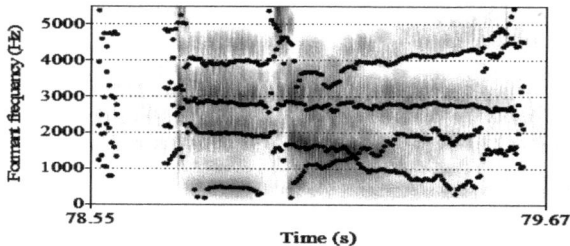

<그림 2> C 집단 중 한 명의 "개장"의 스펙트로그램

Praat 을 사용하면 <그림 2>처럼 어떤 한 음소의 포먼트 값을 확인할 수 있다. 밑쪽에서부터 네 개의 줄은 상대적으로 F1-F4 를 더 쉽게 파악할 수 있게 그려놓은 것이다. 또한, 이 프로그램을 사용함으로써 각 포먼트 값에 대한 정확한 숫자도 확인할 수 있다. 이 방법을 사용하여 피실험자의 핵심 단어의 F1 과 F2 값을 모두 기록하여 분석했다.

피실험자들의 목소리를 최대한 깨끗이 녹음하기 위해서 그들의 목소리를 제외한 모든 소리를 통제할 수 있는 소음이 차단된 격리된 강의실에서 실험을 진행하였고, Olympus WS-210S 녹음기를 사용하여 모음에 대한 자료를 모았다.

3. 연구 결과 및 분석

본 연구의 목적은 영어 L1 의 한국어 학습자를 대상으로 음향음성학적 실험을 통하여 그들의 /에/와 /애/의 발화를 관찰하는 것이다. 음향음성학적 실험에서 측정된 포먼트 주파수를 분석한 결과, F1 에서 영어 L1 의 한국어 초급 학습자들은 (무의식적으로) /에/와 /애/를 구별하여 발음하고 있으나, 고급 학습자들은 한국어 원어민처럼 /에/와 /애/를 구별하지 못했다. F2 에서는 초급 학습자와 고급 학습자 모두 /에/와 /애/를 구별하지 못하는 것으로 나타났다. 다시 말해, F2 에서는 세 집단 모두 /에/와 /애/를 구별없이 발음하고 있었다.

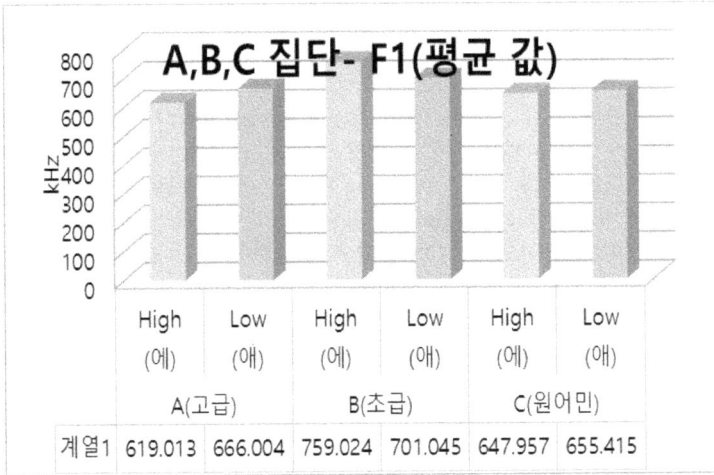

	High (에)	Low (애)	High (에)	Low (애)	High (에)	Low (애)
	A(고급)		B(초급)		C(원어민)	
계열1	619.013	666.004	759.024	701.045	647.957	655.415

<그림 3> 각 집단의 /에/와 /애/의 F1 평균 주파수

<그림 3>은 각 집단에서 /에/와 /애/의 F1 평균 주파수를 보여주고 있다. <그림 3>을 보면 /에/와 /애/의 F1 값 차이에서 초급 학습자 집단이 세 집단 중에서 가장 큰 차이를 보인다는 것을 알 수 있다. 또한, 초급 학습자는 직감적으로 /에/를 /애/보다 높이 발음하는 경향이 있었으며, 이는 과거에 존재하던 /에/와 /애/의 발음차이와 유사하다고 볼 수 있다. 반면에 한국인들과 고급 학습자는 /애/를 /에/보다 혀의 위치를 더 높이 두고 발음하는 경향을 보였다.

<표 3> Fisher's PLSD for F1

	Mean Diff.	Crit. Diff.	P−Value	
A, B	−87.526	57.487	0.0029	S
A, C	−9.177	57.487	0.7539	
B, C	78.349	57.487	0.0077	S

위의 도표는 Post hoc 테스트 Fisher's PLSD 의 결과를 보여준다. 이 테스트를 시행함으로써 각 집단의 차이를 통계표로 확인할 수 있다. 여기서 주목해야 할 것은 P−Value 이다.[4] 이 결과를 바탕으로 각 그룹의 관계를 다음의 방정식으로 정의했다.

---

[4] P−Value 가 0.05 미만이 나오면 그 차이가 유의미하다는 것이고, 반대로 0.05 이상이 나오면 차이가 무의미하다는 뜻이다.

C = A> B (원어민 = 고급> 초급)

위의 방정식에서 ">"는 통계적으로 유의미하다는 뜻이고 "="는 무의미하다는 뜻이다. 이 방정식을 구체적으로 설명하자면, 원어민과 고급 학습자의 /애/와 /에/의 발음에는 중요한 차이가 없다는 의미이다. 도표에서도 A 집단과 C 집단을 비교하는 칼럼의 P-Value 는 0.7539 으로, 그 차이가 무의미하다. A 집단과 B 집단, 그리고 B 집단과 C 집단을 비교하는 칼럼의 P-Value 는 모두 0.05 미만이기 때문에 F1 값에 유의미한 차이가 있다는 것을 알 수 있다. 즉, B 집단의 발음은 A 집단 그리고 C 집단의 발음과 다르다고 볼 수 있다.

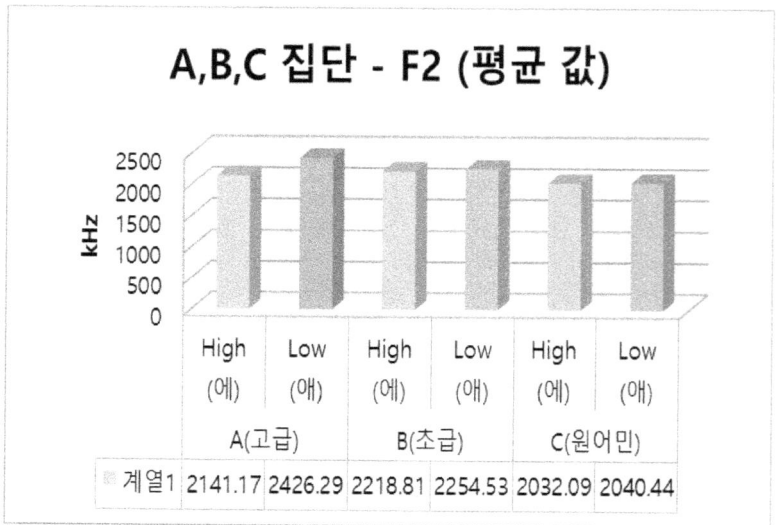

A,B,C 집단 - F2 (평균 값)

	High (에)	Low (애)	High (에)	Low (애)	High (에)	Low (애)
	A(고급)		B(초급)		C(원어민)	
계열1	2141.17	2426.29	2218.81	2254.53	2032.09	2040.44

<그림 4> 각 집단의 /에/와 /애/의 F2 평균 주파수

<그림 4>는 각 집단의 /에/와 /애/의 F2 평균 주파수를 보여주고 있다. 세 집단의 F2 는 F1 과는 다른 경향을 보여주고 있다. 고급 학습자의 /에/와 /애/의 F2 발음에 가장 큰 차이가 나타났으며, 세 집단 모두 /애/의 F2 를 /에/의 F2 보다 혀가 더 앞에 있는 상태에서 발음하는 경향을 보였다.

<표 5> Fisher's PLSD for F2

	Mean Diff.	Crit. Diff.	P-Value	
A, B	47.057	199.192	0.6427	
A, C	247.463	199.192	0.015	S
B, C	200.407	199.192	0.0486	S

위의 도표는 Fisher's PLSD 를 사용하여 각 그룹의 F2 값과 상호 관계를 보여주는데, F1 에서 세 집단 간 발음의 차이를 보여주는 결과와는 다른 양상이 F2 에서 보인다.

여기서는 초급 학습자와 고급 학습자의 발음에는 유의미한 차이가 없으나, 학습자와 원어민의 발음 사이에는 유의미한 차이가 있다. 따라서 이 도표에 나오는 세 집단의 관계를 다음의 방정식으로 정의할 수 있다.

C> A = B (원어민> 초급 = 고급)

이 방정식을 풀어서 설명하자면, 영어 L1 화자 사이에는 차이가 없었으나 미국인들과 한국인들의 /에/와 /애/의 발화에는 유의미한 차이가 나타났다. <표 5>에서 A 집단과 B 집단을 비교하는 칼럼에서는 두 집단의 발음 차이는 무의미하다. 그러나 A 집단과 C 집단을 비교하는 칼럼, 그리고 B 집단과 C 집단을 비교하는 칼럼의 P-value 는 0.05 미만이기 때문에 F2 에서 원어민과 한국어 학습자의 발음 사이에는 유의미한 차이가 있다고 볼 수 있다. 이 도표를 더 자세히 보면, 고급 학습자가 초급 학습자보다 원어민과 더 차이가 난다는 것을 알 수 있다. 이것은 대부분의 사람들의 직감과 정반대 결과일 것이다. 이 특이한 결과를 해석해 본다면, 역시 한국어 로마자 표기법 때문이라고 볼 수 있다. 초급 학습자가 로마자 표기법의 영향을 받아 두 소리를 구별하려 할 때 F1 으로 구분하는 것이 무의식적으로 더 쉬웠을 것으로 해석할 수 있다. 그리고 그들의 실력이 향상되면서 F1 의 차이는 줄어들었고 오히려 F2 의 차이가 더 벌어진 것으로 해석된다.

3.1 C 집단의 결과 분석

지금부터 각 집단의 결과를 분석한다. 먼저 한국인 (C 집단)의 /에/와 /애/의 발음을 기준으로 해서 미국인 학습자들의 /에/와 /애/의 발음이 어떤 차이를 보이는지를 확인한다. 한국어 원어민 화자들의 모음 /에/와 /애/의 포먼트를 측정한 평균값은 다음 도표와 같다.

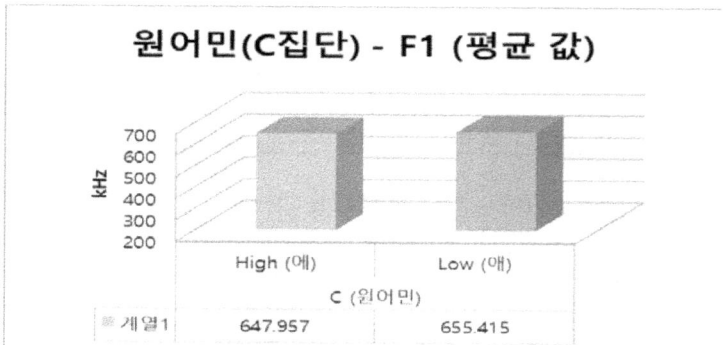

원어민(C집단) - F1 (평균 값)

C (원어민)	High (에)	Low (애)
계열1	647.957	655.415

<그림 5> C 집단의 /에/와 /애/의 F1 평균 주파수

<그림 5>를 보면 먼저 눈에 띄는 결과가 있다. 과거에 /에/가 /애/보다 혀가 좀 더 높이 있는 상태에서 발음되었던 것과는 반대로, 실험 결과에서는 /에/의 F1 평균값이 /애/의 F1 평균값보다 더 낮다는 사실이다. F1 의 값은 모음 발음 시 혀의 높이와 비례하기 때문에 위의 현상은 독특하다. /에/의 평균값이 /애/의 평균값보다 더 높게 나왔어야 했으나 정반대의 결과가 나온 것이다. 두 평균값의 차이가 8.354kHz 밖에 되지 않기 때문에 통계적으로 유의미한 결과라고는 볼 수 없으나, 적어도 현재 서울지역에서 /에/와 /애/의 발음 차이가 존재하지 않는다는 증거로는 해석할 수 있다.

<표 6> 한국어 원어민 화자 – 분산분석 (F1)

			ANOVA Table for F1				
	DF	Sum of Squares	Mean Square	F-Value	P-Value	Lambda	Power
/에/vs/애/	1	2085.443	2085.443	0.412	0.5219	0.412	0.095

위의 표에서는 분산분석(Anova)의 결과를 보여준다. 분산분석이란 종속변수의 분산을 설명하는 독립변수의 유의성을 알아보는 방법이다. 즉, 이 도표를 보면 어느 한 집단이 F1 이나 F2 를 구별하고 있는지를 알 수 있다. <표 6>을 보면 F1 에서 C 집단이 /에/와 /애/를 구별하지 못한다는 것을 알 수 있다.

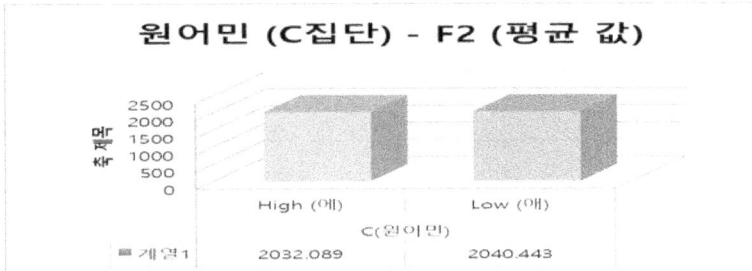

원어민 (C집단) - F2 (평균 값)

<그림 6> C 집단의 /에/와 /애/의 F2 평균 주파수

<표 7> 한국어 원어민 화자 - 분산분석 (F2)

ANOVA Table for F2							
	DF	Sum of Squares	Mean Square	F-Value	P-Value	Lambda	Power
/에/vs./애/		2616.682	2616.682	0.07	0.7914	0.07	0.058

<그림 6>과 <표 7>을 보면 마찬가지 결과를 확인할 수 있다. 결론적으로 한국인들은 두 소리를 구별하지 못한다고 볼 수 있으며, 설령 구별하더라도 /애/를 /에/보다 더 높게 발음하는 경향이 있다고 해석할 수 있다.

3.2 B 집단의 결과 분석

화자들이 /에/, /애/의 모음을 구분하여 발화하는지를 확인하기 위해, 위에서 언급한 실험으로 얻은 /에/와 /애/의 발음자료를 분석해 보았다. 다음 그림과 도표는 그룹 B 의 모음 /에/와 /애/의 포먼트를 측정하여 얻은 평균값을 제시한다.

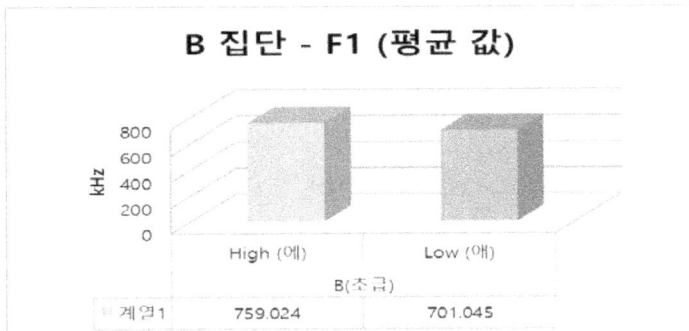

B 집단 - F1 (평균 값)

<그림 7> B 집단의 /에/와 /애/의 F1 평균 주파수

<표 8> 영어가 모국인 한국어 초급 학습자 - 분산분석 (F1)

ANOVA Table for F1							
	DF	Sum of Squares	Mean Square	F-Value	P-Value	Lambda	Power
/에/vs./애/	1	126057.217	126057.217	9.531	0.0024	9.531	0.884

<그림 7>을 보면 초급 학습자는 과거에 쓰인 방식처럼 /에/를 /애/보다 높게 발음하였다. 두 평균값에 57.979kHz 의 차이가 있었다. 이를 고려해 위에 언급된 Fisher's PLSD 실험의 결과 (<표 3>과 <그림 3>)를 보면, B 집단은 유일하게 /에/를 /애/보다 높게 발음하는 집단이었고 다른 두 집단과 다르게 /에/와 /애/를 발음하는 데 명확한 차이가 있었다. 이것은 앞에서 논의된 모국어 전이 현상과 한국어의 로마자 표기법의 영향으로 추측해 볼 수 있다. 초급 학습자는 특히 모국어 전이에 민감하기 때문에, 영어의 /e/와 /æ/를 구별하는 미국인은 두 소리를 조금이나마 구별할 수 있었던 것으로 해석할 수 있다. 한국어의 철자법이나 로마자 표기법도 두 소리를 구분하는 데 큰 영향을 미쳤을 것이다. 특히 초급 학습자들이 한글을 처음 접할 때 한국어의 로마자 표기법을 많이 보게 된다. 로마자 표기법에 따라 /애/는 주로 'æ'로 쓰고 /에/를 'eh'로 쓰는데, 영어에서는 'e'가 'æ'보다 높게 발음된다. 따라서 학습자들은 /애/를 'æ', 그리고 /에/를 'e'로 인식하여 /에/를 /애/보다 더 높게 발음한다고 볼 수 있다.

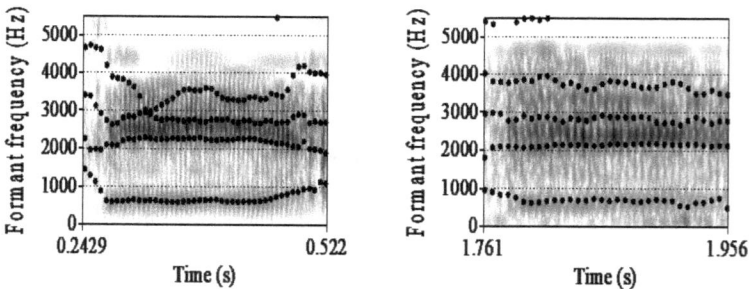

<그림 8> 초급 학습자의 /에/와 /애/의 스펙트로그램

<그림 8>은 초급 학습자 집단 중 한 명의 /에/와 /애/의 스펙트로그램 결과를 보여준다. 눈으로는 두 음소의 차이가 잘 보이지 않으나, 수치를 보면 명확한 차이가 있다.

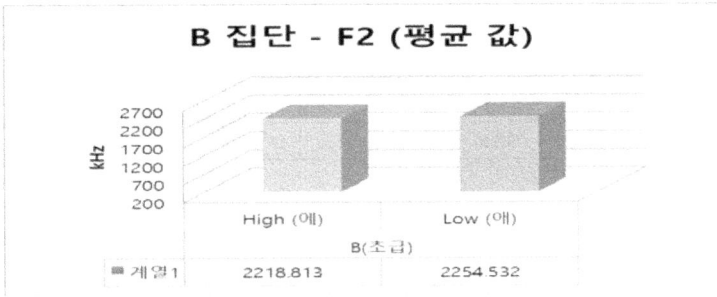

B 집단 - F2 (평균 값)

<그림 9> B 집단의 /에/와 /애/의 F2 평균 주파수

<표 9> 영어가 모국인 한국어 초급 학습자 – 분산분석 (F2)

		\multicolumn{7}{c}{ANOVA Table for F2}
	DF	Sum of Squares	Mean Square	F-Value	P-Value	Lambda	Power
/에/vs./애/	1	47843.368	47843.368	2.709	0.102	2.709	0.355

<그림 9>를 보면 반대 경향이 보인다. 이를 다음과 같이 분석할 수 있을 것이다. 시간이 흐르고 초급 학습자들의 한국어 수준이 향상됨에 따라, 이들이 한국어 원어민 화자의 발음을 닮아간다고 해석할 수 있다. 한글을 배운지 얼마되지 않은 초급 학습자들은 처음에는 두 소리를 구별하기 위해 F1 을 뚜렷하게 발음하지만, 나중에 고급 학습자가 되면 원어민처럼 F1 을 구별하지 못하게 된다.

3.3 A 집단의 결과 분석

다음 도표에서는 그룹 A 의 모음 /에/와 /애/의 포먼트를 측정한 평균값이 제시되어 있다.

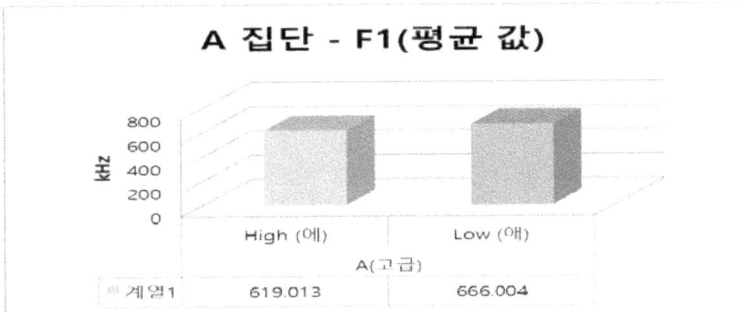

A 집단 - F1(평균 값)

그림 10> A 집단의 /에/와 /애/의 F1 평균 주파수

<표 10> 영어 모국어 화자인 한국어 고급 학습자 – 분산분석(F1)

ANOVA Table for F1							
	DF	Sum of Squares	Mean Square	F-Value	P-Value	Lambda	Power
/에/vs./애/	1	82804.603	82804.603	0.472	0.4932	0.472	0.102

<그림 10>을 보면 고급 학습자들의 결과가 원어민의 결과와 매우 비슷하다는 것을 알 수 있다. 고급 학습자들도 /애/를 /에/보다 더 높게 발음하는 것으로 나타났는데, 두 평균값의 차이가 46.991kHz 밖에 되지 않기 때문에 원어민과 마찬가지로 유의미한 결과라고는 볼 수 없다. 그러나 이것은 초급 학습자들의 결과와 비교하면 당연하다고 할 수 있다. 초급 단계에서 두 소리의 F1 이 통합되면서 원어민과 닮아가기 시작한다. 즉, 고급 단계로 올라가면 원어민처럼 /에/와 /애/를 구별하지 못하게 된다는 것이다.

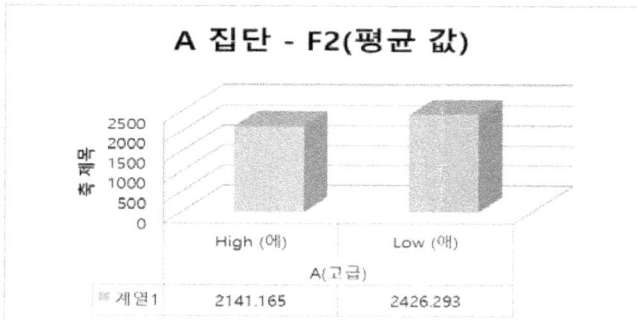

<그림 11> A 집단의 /에/와 /애/의 F2 평균 주파수

<표 11> 영어 모국어 화자인 한국어 고급 학습자 – 분산분석 (F2)

ANOVA Table for F2							
	DF	Sum of Squares	Mean Square	F-Value	P-Value	Lambda	Power
/에/vs./애/		3048674.114	3048674.114	1.348	0.2476	1.348	0.199

그러나 <그림 11>을 보면 초급 학습자의 F2 와 비슷한 결과를 볼 수 있는데, 고급 학습자들도 F2 를 구분할 수 없는 것으로 나타났다. 두 소리를 더 이상 구별하지 못한다는 점에서 원어민들과 비슷하게 발음한다고 생각할 수도 있으나, <표 5>에서 나타났듯이 영어가 모국어인 학습자는 원어민들과는 다르게 발음한다는 것을 알 수 있다.

4. 결론 및 추후 연구 방향

영어가 모국어인 한국어 학습자의 /에/와 /애/의 발화를 관찰하기 위해 음향음성학적 실험을 진행하여 다음과 같은 결과가 나왔다. F1 에서 영어가 모국어인 한국어 초급 학습자들은 무의식적으로 /에/와 /애/를 구별하여 발음하고 있으나, 고급 학습자들은 원어민처럼 /에/와 /애/를 구별하지 못했다. 즉, 초급 학습자는 유일하게 /에/를 /애/보다 높게 발음하였다. 그러나 F2 에서는 모든 집단이 이 둘을 구별하지 않고 발음하는 것으로 나타났다. 다시 말해, 영어가 모국어인 한국어 초급 학습자는 유일하게 /애/와 /에/의 F1 을 구별하였으며, 세 집단은 /에/와 /애/의 F2 를 구별하지는 못 하지만 미국인 학습자들과 원어민의 발음에는 유의미한 차이가 나타났다.

앞서 언급한 바와 같이 미국인들의 한국어 발음, 특히 모음에 대한 연구가 많이 없기 때문에 이 분야에 대해 더 알아보고자 본 연구를 진행하였다. 본 연구는 15 명을 대상으로 실험을 진행하였는데, 표본의 크기가 너무 작아 이 연구의 결과를 일반화하기 어렵다는 점에서 부족함이 있다. 이 연구를 개선하려면 일단 더 큰 규모로 실험을 실행하는 것이 필요하다. 비록 모든 학습자의 발화를 대표하기에는 부족한 작은 규모의 실험이었지만, 매우 분명한 결과를 보여주었다는 점에서 이 연구의 의의를 찾을 수 있을 것이다.

본 연구에서 드러난 것처럼 초급 학습자와 고급 학습자들의 발화에 있어서는 명확한 차이가 있었다. 여기에 중급 학습자들도 포함하여 실험을 다시 진행한다면 한국어 학습의 단계별 특징에 대해 더욱더 정확히 이해할 수 있을 것이다. 또한, 실험 방법의 측면에서도 개선의 여지가 있다. 이 연구에서는 피실험자가 단순한 문장 속에서 지정된 단어를 발음하는 방식으로 분석자료를 수집하였는데, 다른 실험 방법을 사용하는 것도 흥미로운 결과를 가져올 수 있을 것으로 여겨진다. 예를 들어, 학습자의 자연스러운 발화를 관찰하기 위해 핵심 단어를 간단한 이야기 속에 넣어 그것을 읽도록 하는 방법도 있다. 초급 학습자들에게는 더 어려운 방법일 수도 있으나 이 방법을 쓰면 실험의 목적을 알아채지 못하도록 할 수 있다는 점에서 이 연구를 개선하는 데 효과적인 방법이라고 본다.

참고문헌

구희산 · 오연진 (2001). "한국인 영어학습자와 영어원어민의 영어모음 발음 분석." An Analysis of English Vowels of Korean Learners of English and English Native Speakers -(16): 1-12.

김선정 (1999). "영어 모국어 화자를 위한 한국어 발음 교육 방안." A Teaching Method of Korean Pronunciation for English Native Speakers 10(2): 153-169.

김태욱 (2000). 포만트 주파수를 이용한 한국어 음성인식 시스템. 인천, 인하대학교. 국내석사학위논문.

배주채 (1996). 국어 음운론 개설. 신구문화사.

신지영 (2003). 우리 말소리의 체계: 국어 음운론 연구의 기초를 위하여. 한국문화사.

오정란 (1997). 현대 국어 음운론. 형설출판사.

이현복(1999). 한국어 표준발음사전. 서울대학교출판부

최상홍 (2006). "국어 단모음 /에/와 /애/의 세대와 성별 차이에 대한 음성학적 연구 -서울 지역을 중심으로." 나랏말쌈 21(-): 43-59

Lee, J.-H. (1994). "The /e/ -/æ/ merger in Modern Seoul Korean is a 'near-merger'."

LeGrande, E. E. (2008). 제 2 외국어 습득이론 (모국어 전이 및 보편문법)과 영어교수법. 부산, 한국해양대학교 교육대학원. 국내석사학위논문.

Vanhove, J. (2013) "The Critical Period Hypothesis in Second Language Acquisition: A Statistical Critique and a Reanalysis." PLoS ONE 8(7): e69172. https://doi.org/10.1371/journal.pone.0069172

Varities of English: http://icmigration.webhost.uits.arizona.edu/icfiles/ic/lsp/site/IPA/SSAE.html

북한의 체제 유지 수단으로써의 마약 밀수출: 동북아 안보 위협인가?

션 데일리 (SEAN DALY)

MA, Korean for Professionals, University of Hawai'i at Mānoa, 2014

DRUG TRAFFICKING AND NORTH KOREA: A PILLAR OF REGIME STABILITY AND A THREAT TO NORTHEAST ASIAN SECURITY

Since 1948, the proceeds of North Korean state drug trafficking have contributed to regime stability despite economic hardship, chronic food insecurity, and an unfavorable security environment. Although it is widely accepted among experts that the proceeds of North Korea's drug trafficking operations are funneled into North Korea's nuclear and missile programs, North Korean drug trafficking as an issue goes largely ignored by North Korea experts and academics. It is popularly believed that North Korean drug trafficking began in the 1970's as part of a fundraising effort to secure Kim Jong-il's succession. However, an overwhelming amount of evidence exists which shows that North Korean agents were actively involved in drug smuggling operations prior to, during, and after the Korean War. While North Korean drug manufacturing and smuggling operations have evolved over time, evidence shows that they are massive in scale and have been a consistent source of funding for the North Korean regime since the country's inception. North Korea's drug manufacturing operation, a carryover from the Japanese colonial period, has been used for a variety of military and political purposes including the consolidation of the North Korean regime, succession, the organization of pro-North special forces units in South Korea, subversion in the South, North Korean Workers Party funding, and arms purchases. Although drug addiction was not a problem for North Korea historically, reports show that changes in North Korea's narcotics distribution tactics over the past decade have led to widespread methamphetamine addiction in North Korea's Northern provinces. It is questionable whether North Korea's substandard health, legal, and educational systems are equipped to address the humanitarian implications of widespread meth addiction among a malnourished population. It is unacceptable that the North Korean regime is bolstering its stability and benefitting financially from a drug trafficking program which is exacerbating the suffering of the North Korean people. Even more disconcerting is that estimates place North Korea's drug trafficking profits at between 200 and 500 million dollars annually, funding which is likely channeled to the regime's nuclear and missile programs. It is irresponsible for North Korea experts to ignore what is clearly a valuable funding source for the North Korean regime and its illegal weapons programs. It is time for experts and politicians to take a serious look at North Korea's drug program. If extensive measures are not taken to further evaluate and ultimately curb North Korean drug trafficking, drug revenues will continue to propel advances in North

Korean nuclear and missile technology and the world will be left wondering where the funding came from.

1. 서론

권력 강화와 체제 유지를 목적으로 북한이 정부 차원에서 6.25 전쟁 전부터 현재까지 마약 거래에 개입하고 있었던 흔적이 분명히 드러나고 있다. 2004 년 미 의회조사국 보고에 따르면 북한은 2000 년대 초중반에 마약 거래로 연간 1 억~5 억 달러의 매출을 올렸다 (Perl 2007:10). 이러한 상황을 고려해 보면, 2001 년 무기를 포함한 북한의 합법적 총수출액은 8 억 4 천만 달러였고, 한국, 미국, 일본과 EU 로부터 받았던 식량 원조는 3 억 달러 정도로 추정된다 (Central Intelligence Agency 2003: 813-814).

북한의 마약 거래에 대한 통계의 신뢰도는 높지 않지만, 고질적인 경제난에 처한 북한 정부에게 마약 거래가 중대한 자금줄이란 것은 부인하기 어렵다. 그럼에도 불구하고 대부분의 북한 전문가들은 핵 문제나 안보 문제에만 전념할 뿐, 북한의 마약 거래와 마약중독 문제는 간과하고 있다. 그러나 북한이 마약 거래를 통해 얻는 이익이 핵 프로그램에 쏟아 붓는 자금의 중요한 돈줄 중에 하나로 추정되므로, 이 문제는 결코 무시할 수 없다.

일반적으로 북한의 마약 거래 규모 및 그 유래와 중독 문제에 대한 북한 전문가들의 이해는 부족한 상황이다. 북한 전문 학술지 '북한 리뷰 (North Korea Review)'에 2010 년에 실린 '북한 마약 거래의 진화: 국영에서 민간 참여까지 (Evolution of North Korean Drug Trafficking: State Control to Private Participation)'에서는 북한 정부가 1970 년부터 마약 거래에 착수해 1976 년에는 정부 차원에서 처음으로 양귀비를 재배하기 시작했다고 오보했다 (Yun and Kim 2013: 56). 이 논문은 브루스 커밍스, 빅터 차 등 주요 학자로 구성된 '북한 리뷰'의 편집국 심사를 통과했음에도 불구하고 북한 마약 거래의 역사적 유래에 대해 잘못된 이해를 보여주고 있다.

사실상, 북한 정부 차원에서 진행되는 마약 거래와 밀수출 등은 1970 년대부터가 아니라 건국 선포 당시에도 진행되고 있었고, 1940 년대 말부터 현재까지 마약 제조업과 밀수출은 지속적으로 진행되고 있다. 국민대 교수 안드레이 란코프는 북한의 메탐페타민[1]

---

[1] 필로폰, 메스암페타민, 히로뽕, 얼음, 빙두, 백색의 공포, 공포의 백색가루, 악마의 가루, 스피드, 아이스, 크리스탈 등으로 알려진 마약이다. 향정신성 물질인 메탐페타민은 염산 에페드린(Ephedrine Hydrochloride) 등 가정용품을 원료로 합성된다 (마약류 용어사전. 메스암페타민 2013).

중독 문제에 대한 논문에서 북한 외교관들은 1970 년대에 처음으로 외국에서 마약을 밀수출하다가 적발됐다고 밝혔다 (Lankov and Kim 2013: 47). 그러나 당시 한국 국방부와 서울 경찰국장의 발표에 의하면, 북한은 이미 1949 년에 국제 마약 거래에 연관되어 있었고, 북한 공작원들은 노동당 간부의 명령에 따라 마약을 남한으로 밀수출하고 현금화해 노동당 정치 자금을 벌어들였으며, 이 자금으로 정복 세력 조성 및 특수부대 조직까지 하고 있었다.

학계뿐 아니라 미 국무부와 미국 마약 단속국 역시 북한 정부가 1970 년대가 되어서야 양귀비의 대대적인 재배와 국제 마약 거래에 착수했다고 보고 있지만, 사실 일제 강점기 때 시작된 수출용 양귀비 재배가 중단된 적이 있다는 증거는 없다 (Perl 2007: 11; United Nations ODC 1949). 유엔 마약 범죄 사무소(UNODC)의 기록에 따르면, 1943 년 북한의 연간 아편 제조량은 34.7 톤이었고 남한의 경우에는 5.6 톤이었다. 1937 년부터 1944 년까지의 일제강점기 시기에 조선 북쪽 지역은 연간 평균 6,459 헥타르 크기의 양귀비밭을 기반으로 연 평균 34.5 톤의 아편을 제조했다 (United Nations ODC 1949).

한국 전쟁 후에 남한에서는 아편 제조가 불법이 되었지만, 북한의 아편 제조에 대한 정보는 알려진 것이 없었다. 그러나 1990 년대와 2000 년대에 북한의 아편 제조량이 연간 40 톤가량으로 추정되는 것을 고려하면, 북한산 아편에 대한 수요가 여전히 높았다는 것을 알 수 있다. 예를 들어, 1950 년대와 1960 년대에는 북한산 아편이 한국 내 아편 중독의 병폐를 촉진했다 (제 5 직장에서 헤로인 2003; Cha 2004; 한영진 2006: 111, 112). 미 국무부에 의하면 1995 년 북한의 양귀비밭 규모는 연간 4 천 200-7 천 000 헥타르를 차지했다고 한다 (Shantry and Mishra 2005: 142). 1961 년 미국 대외원조법 (Foreign Assistance Act of 1961) §489 항(a)(3)에 의거하면 연간 최소 1 천 헥타르의 양귀비를 재배하는 국가는 주요 불법 마약 생산국으로 규정한다 (U.S. Department of State INCSR 2002).

북한의 마약 문제는 학계에서도, 국제 사회 차원에서도 주목을 끌지 않았기 때문에 북한 전문가들조차도 북한의 마약 문제에 대한 이해가 부족하다. 전후 일제의 조선총독부 해산으로 마약 제조업을 물려받은 북한은 건국 초기부터 마약 거래를 권력 체제 유지 수단으로 사용했다. 즉, 대남 수출을 통해 마약을 현금화함으로써 북한 당국은 정치 자금을 벌어들이고, 대남 정복 세력 및 특수 부대를 조직하는가 하면, 한국 사회를 파괴하기 위해 민간인들의 마약 중독을 꾀하기도 했다. 1970 년대에 들어 김정일은 39 호실을 설립하고 북한 마약 거래를 관리하였다. 그는 마약으로 번 비자금을 가지고 지지 기반을 확고히 하는 데 사용하여 권력 세습을 확정했다. 그 이후로 김정일은 북한의 외교 네트워크를 마약 밀수출의 수단으로 활용하고 있고, 현재까지 50 여 명의 북한 대사관원, 공작원 등이 20 여 개국에서 마약을 밀반입하다가 적발되는 사건들이 연이어 일어나고 있다.

그런데 2005 년쯤부터 북한의 마약 거래에서 새로운 양상이 보이기 시작했다. 국제 사회에서 북한 대사관원에 대한 단속을 피하고 마약 거래에 책임을 지는 국가 이미지를 보이기 위해 북한이 반마약 국가법 준수 계획을 발표하고 아편 거래를 감소시키려는 움직임을 드러냈던 것이다. 하지만, 뒤늦게 시도한 반마약 이미지는 오래가지 못했다. 2005 년을 기점으로 북한은 대사관원 대신 국제 범죄조직을 통해 마약을 유통하기 시작했고 아편 제조를 줄이는 반면에 메탐페타민을 대대적으로 제조하기 시작했던 것이다. 외교 네트워크를 국영 마약 유통망으로 사용하면서 엄격하게 관리하던 북한은 50 여 년 동안 국내에서는 마약 중독 문제가 없었다. 그러나 북한은 결국 협력 상대인 범죄 조직들을 관리하지 못해 북한산 마약이 북한 내 암시장에 유통되기 시작했다.

북한에서는 이미 의료 체계의 몰락으로 인해 의약품 부족 현상이 심각하고 반 마약 프로그램은 소극적으로 진행되고 있다. 저렴하고 구입하기 쉬운 메탐페타민이 만능약으로 널리 알려지면서 북한 내 마약 중독 문제가 심화되고 있다. 한편, 북한산 마약의 품질은 세계 최고 수준으로 수요도 높고 주변국에서 높은 가격으로 판매되므로 북한 정부에 큰 이익이 된다. 북한 정부는 마약으로 벌어들인 자금을 권력 세습 및 강화, 대남 정복 세력 조성, 김 씨 일가의 전용 정치 자금 조성 및 핵 미사일 프로그램에 사용함으로써 동북아시아의 안정을 위협하고 있다. 이에 더해 메탐페타민 오남용으로 인한 발생되는 사회적, 경제적 비용은 북한의 안정뿐만 아니라, 동북아 지역의 안정에 대한 위협이 된다. 이러한 위협을 막기 위해 중국, 한국, 일본 등 주변국들은 마약 퇴치 활동, 사법 처리 비용, 생산력 상실 등을 통해 북한산 마약의 유통을 막는 데 막대한 비용을 지출하고 있다. 북한의 마약 거래를 주시하지 않으면, 북한은 마약 거래로 수익을 끊임없이 올리고, 핵무기나 미사일 개발에 계속 투자할 수 있기 때문에, 당사국들과 북한 전문가들은 북한의 마약 거래 문제를 심각하게 다루어야 할 시점에 놓이게 되었다.

2. 북한 마약 거래의 원인과 역사

마약 거래를 포함한 불법 외화벌이 행위는 북한 권력 체제의 공고화 및 세습 과정과 불가분의 관계를 갖고 있다. 북한 정부는 1970 년대 김정일의 세습 과정에서 북한 국영 사업에 대한 대규모 구조조정을 단행했다. 이 과정에서 대규모 마약 재배와 거래를 포함하는, 불법 외화벌이 업무를 맡는 39 호실은 김정일에 예속되었다. 그리고 김정일은 39 호실이 벌어들이는 비자금을 세습 과정에 사용할 수 있도록 북한 재계를 맡게 되었고, 그 이후로 돈을 세탁하고 뇌물을 주고받음으로써 자신의 권력을 강화했다. 북한은 워낙 폐쇄적인 나라이기 때문에 정부의 불법 행위에 대한 개입을 증명하기가 어려운 경우가 많지만, 마약 거래의 경우에는 그 증명이 뜻밖에도 간단하다. 이미 지난 60 년 동안 북한 대사관원과 공작원 수십 여 명이 외국으로 마약을 밀수출하다가 적발되었기 때문이다.

2.1 권력 강화 수단

북한 지도부는 오래전부터 마약 제조 및 밀수 등으로 벌어들인 외화를 자금줄로 확보함으로써 권력을 공고화했다. 1974 년 김정일은 노동당 중앙위원회 재정경리부를 분리, 개편하여 39 호실을 설치했다. 39 호실은 위조지폐 생산 및 유통, 마약 밀매 등을 전담했고, 김정일은 이를 통해 조성한 개인 비자금으로 간부들과 혁명 원로들의 지지를 확보하기 위해 그들에게 뇌물 및 대접을 하는 등, 마약 관련 사업을 정치 수단으로 활용했다. 김정일은 세습과정에서 당원들을 측근으로 포섭하기 위해 이렇게 불법으로 벌어들인 외화로 당의 운영자금을 조달하기도 했다 (현인애 2011). 39 호실이 설치된 다음 해에 조선노동당창건 30 돌 경축대회에서 김정일은 참가자들에게 컬러 TV 를, 간부들에게는 외제차와 같은 큰 선물을 주는 관행을 만들기도 했다. 이러한 선물공세에 쓰는 돈을 국가 예산에서 **뺄낼** 수 없었기 때문에, 김정일은 39 호실을 활용해서 자금을 긁어모으고 사용하는 정책을 펼쳤다 (현인애 2011).

노동당에서 가장 권위 있는 재정 기관인 39 호실은 김정일의 지도 아래 대성무역총국을 인수하여 북한의 대외무역 업무를 맡게 되었고 대성은행 역시 맡아 노동당의 외화를 관리하게 되었다. 그리고 북한의 경제 확장을 위해 외화 관리, 안전과 비밀 유지 업무를 맡는 38 호실도 설치되었고, 39 호실은 대회보험총국, 수도건설총국 등 북한의 주요 경제 기관들을 모두 흡수했다 (디지털 북한 백과사전 38 호실). 39 호실은 이렇게 확장되면서 북한 외화벌이의 핵심기관이 되었다. 그 예로 김 씨 일가의 생계비를 버는

'릉라 888'이 39 호실의 관할 하에 있고, 39 호실, 38 호실과 재정경리부는 북한의 국영 전자공업, 금광업, 수산업, 제련업, 식료업, 무역업, 대외보험, 건설 등을 모두 운영하고 있다. 39 호실이 운영하는 이 모든 기관은 김정일의 통치를 위한 비자금 마련에 동원되고 김정일의 권력을 강화했지만, 39 호실은 궁극적으로 마약 거래, 위조지폐 발행 등 불법 행위에 종사하면서 북한의 고질적인 침체에 기여했다 (현인해 2011).

북한 경제는 인민경제, 군수경제, 그리고 궁정경제로 나누어져 있다. 인민경제의 경우는 내각에서, 군수경제는 자연과학위원회에서 운영하고 있다. 가장 우선시되는 궁정경제는 외화벌이 기관과 금융기관을 소유하고 있는 39 호실에서 관장하고 있다. 당 중앙위원회 조직지도부는 39 호실의 직속기관이지만 1988 년 당 중앙위원회 조직비서로 근무했던 김정일은 자신의 지위를 활용해 39 호실 체계를 전국으로 확장함으로써 모든 도, 시, 군에 39 호실 소속 단위들을 설치했다. 김정일은 이 체계를 통해 얻은 이익을 극대화하기 위해 매년 '외화벌이 목표'를 만들고, 산하 기관들에 이를 문건으로 발송했다. 외화벌이를 잘하는 시군 단위 담당자들은 김일성이나 김정일의 이름이 음각된 스위스 시계 등을 선물로 받았다는 이야기가 있을 만큼, 39 호실은 북한의 재정 관리뿐만 아니라 권력 체제 강화와 유지에 중요한 역할을 했다고 할 수 있다 (한영진 2006: 107-109).

2.2 39 호실과 국영 아편 거래

1970 년대에 39 호실은 대규모 아편 생산에 들어갔다. 그때부터 현재까지 북한이 정부 차원에서 마약 제조와 거래에 종사하고 있다는 증거는 다수 존재한다. 1970 년대부터 현재까지 북한 대사관원들이 마약을 밀반입하다가 적발된 사건들이 많았고, 1990 년대 초반에는 국제 암시장에서 아편 가격이 인상되자 김정일이 양귀비꽃을 심어 현금화하라는 지시를 하달했다는 보고도 다 (이주일 2009). 1970 년대부터 2000 년대까지 노동당 39 호실은 아편 제조와 수출을 본격적으로 진행했다. 39 호실의 지도하에 집단농장이나 정치범 수용소에서, 또는 주민들이 대대적으로 양귀비꽃을 심었고 매년 6 월 중순부터 양귀비꽃 농부들은 진을 채취했다. 각 앵속갓에서 채취되는 9g 정도의 즙은 39 호실이 운영하는 작업반에 보내어졌다. 39 호실이 지정한 원천기지라는 작업반은 지역마다 채취한 진을 모으고 즙을 농축시킬 수 있는 공장으로 보내는 일을 했다 (한영진 2006: 111).

2.3 국영 마약 공장, 생산량과 가치

북한의에서 아편 정제, 헤로인, 메탐페타민 등을 제조하는 마약 공장은 나남제약공장이다. 나남제약공장은 1949 년에 설립된 국영청권제약공장이 전신으로 여러 차례 조직이 개편되는 과정에서 이름이 바뀐 것이다. (나남제약공장; 한영진 2006: 112). 2001 년 탈북한 나남제약공장 노동자의 증언에 따르면, 150~200 명의 북한 공원들이 나남제약 내 마약을 생산하는 소위, '백도라지직장'이라 불리는 곳에서 일한다고 한다. (황형준 2008).

북한이 주요 아편 생산국이란 사실은 이미 널리 알려져 있다. 1990 년대 말에 미국 시사잡지 유에스뉴스앤월드리포트 (U.S. News & World Report)는 북한이 6800 헥타르 크기의 양귀비밭에서 연간 44 톤의 아편을 생산하는 것으로 추정했다 (제 5 직장에서 헤로인 2003). 2004 년에 빅터 차는 북한의 연간 아편 생산량이 40 톤이라는 통계를 뉴욕타임스 기사에 제시했다 (Cha 2004). 그리고 데일리 NK 기자 한영진은 북한에서 마약을 생산하는 공장의 연간 정제 능력을 100 톤으로, 연간 생산량을 40 톤으로 추정했다 (한영진 2006: 111, 112).

북한 국영 공장의 마약 생산량 추정 수치는 다양하게 제시되고 있는데, 달러로 계산할 때 적게는 연간 7 천만 달러, 크게는 연간 10 억 달러로 추산되고 있다 (세계 제 3 위의 마약 수출 2003). 2005 년 미 의회 조사국 보도에 따르면, 북한의 2004 년 마약 거래는 2 억 달러 정도의 수익을 냈다 (한영진 2006: 2010). 국가정보원 통계에 의하면, 북한은 연간 마약 밀수출로 10 억 달러를 벌어들이는 것으로 추산된다 (제 5 직장에서 헤로인 2003). 이들 자료를 토대로 보면, 북한의 마약 제조와 밀수량이 어마어마한 규모일 것이라고 추정된다 (세계 제 3 위의 마약 수출 2003; 미 상원 행정위 2003; Perl 2007: 10).

2.4 북한 정부 개입 증거

미 국무부의 2005 년 연례 보고서인 '국제 마약통제 전략보고서'는 북한이 외화벌이를 위해 마약 밀매에 조직적으로 개입하고 있었다고 주장했다 (윤황 2007: 120; U.S. Department of State INCSR 2005). 이듬해인 2006 국제 마약통제 전략보고서는 북한의 마약 거래는 수십 년에 걸쳐 정부 차원에서 진행되고 있었다고 밝혔다. 그뿐만 아니라, 그간 외국으로 파견된 북한의 외교기관 소속 공관원과 대외무역회사 관계자들은 북한 정부를 위해 마약을 직접 운반했다가 체포되거나 추방당한 사례가 적지 않았다 (윤황 2007: 120). 예를 들면, 2007 년 미국 의회 조사국은

1976년부터 2007년 사이에 20개 국가에서 북한과 연관된 50개의 마약 압수 건수를 실증했다 (Perl 2007: 6). 외교관들의 면책 특권을 고려하면, 밝혀지지 않은 마약 관련 사법 건수 역시 상당히 많을지도 모른다.[2]

---

[2] 지난 수십 년 동안 해외에서 북한 공관원이 마약을 밀수출하다가 추방되거나 체포된 사건들이 속출하였다. 예를 들면 1976년 5월에 이집트는 북한 외교관이 가지고 있던 대마 400kg을 압수하였고, 1979년 5월과 8월에는 라오스 주재 북한 공관원들이 마약과 거액의 비자금을 운반하다가 체포되어 추방당했다 (Perl 2007). 그해 말에 인도주재 북한 공관원은 공항에서 대마초 밀반입을 시도하다가 적발됐고, 이듬해 2월, 북한 공관원들은 이집트에서 400kg의 헤로인을 외교행낭을 통해 밀반입하다가 강제 추방당했다. 1985년에는 동독주재 공관원이 150 포대의 헤로인과 150kg의 모르핀을 밀반입하려 추방되었으며, 같은 해 말에는 북한 공작원이 파나마에서 마약을 판매하다가 추방되었다. 1991년 스웨덴은 북한 공관원을 마약밀반입으로 구속했고, 1994년에 러시아는 북한 정보원들을 마약 판매로 체포했다. 1994년 중국 당국은 북한산 마약을 북한 대사관을 통해 밀반입한 중국인을 체포했다 (Perl 2007: 6, 7). 또, 같은 해에 러시아 당국은 러시아 마피아와 마약을 거래하는 북한 공작원을 체포했다 (Perl 2007: 6, 7). 1995년 1월과 7월에는 중국이 헤로인 500g을 소지한 북한 공관원과 사회안전성 요원을 마약 혐의로 체포한 바 있다. 그다음 해에는 잠비아와 러시아에서 북한 공관원들이 체포되었다 (코카인 2.4kg과 80만 달러 상당의 아편). 1997년 4월 일본은 북한 화물선에서 70kg의 각성제를 압수하고 이에 대한 수사를 펼쳤다. 그다음 달에 중국은 900g의 마약을 운반하던 북한인 8명을 마약 밀매 혐의로 체포했다. 7월에는 러시아가 5kg의 마약을 밀매하려는 북한인을 잡았다. 1998년에 멕시코 주재 북한 대사관원 2명과 시리아 주재 북한 외교관 2명이 이집트로 로힙놀 약 50만 알을 밀반입하다 적발되었고 러시아에서도 코카인 35kg 등의 마약 밀반입을 시도하다가 적발됐다 (윤황 2007: 125; Perl 2007: 6, 7). 미 의회 조사국의 2007년 보고서인 '마약 거래와 북한 (Drug Trafficking and North Korea)'은 1998년부터 파악된 북한의 마약 밀수출 사건들을 자세히 나열했다. 1998년 8월 독일 당국은 베를린에서 북한 외교관으로부터 북한산 헤로인으로 추정되는 물건을 압수했고, 1999년 2월 북한 대사관원이 중국 선양에서 아편 9kg을 판매하려다 적발되었다. 1999년 4월 프라하 공항 당국은 불가리아에서 55kg의 로힙놀을 운반하던 외교관을 적발했다. 1999년 5월 대만 경찰이 북한산 메탐페타민 157kg을 밀수하던 마약조직 범죄자 4명을 체포한 뒤, 5개월 후에는 일본 당국이 북한산 메탐페타민 564kg을 대만 배에서 압수했다고 보고했다. 2000년 1월 일본 당국은 250kg의 북한산 메탐페타민을 압수한 것과 관련해 총련 (재일본조선인총연합) 산하의 무역 회사 직원 몇 명을 체포했다. 2001년 말에 필리핀 당국은 메탐페타민 800kg을 운반하는 북한 배에게 정선(停船)을 명하고 밀수품을 압수했다. 2002년 일본 당국과 대만 당국은 해상에서 북한산 메탐페타민 150kg과 북한산 헤로인 79kg를 압수했다. 2003년 호주 경찰은 헤로인 125kg을 운반하던 북한국적 선박을 압수했다. 2004년 이집트 주재 북한 외교관 2명은 항불안약 클로나제팜 약 15만 알을 밀수하다가 적발되었고, 그해 말에 터키 당국은 북한 외교관 2명을 캡타곤 (Captagon)이란 엠페타민 밀수혐의로 체포했다. 그리고 12월 불가리아 주재 외교관들은 시가로 약 7백만 달러로 추정되는 캡타곤 약 50만 알을 외교관 번호판을 단 자동차로 운반하다가 적발되었다 (Perl 2007: 6-8; Turkey Arrests Two 2004). 위에 나열한 북한 정부 차원에서 진행된 수많은 마약 밀수 사건들을 고려하면, 북한의 마약 밀수출은 북한 정부의 주도하에 조직적으로 진행된 외화벌이 사업이라는 것을 부인할 수 없다.

2.5 북한산 마약의 대외적 흐름

북한의 마약 무역의 특성 중 하나는 대외적 흐름이다. 39 호실의 주요 목적은 외화벌이이기 때문에, 북한산 마약은 내수 시장이 아니라 해외로만 흘렀다. 39 호실은 제조한 마약, 위조지폐, 담배 등을 해외로 밀수출해서 외화를 벌어들인 것이다. 39 호실 지도자들은 이익을 극대화하기 위해 마약침체를 겪은 국내 시장 대신 세계 시장에서 마약을 판매했다. 북한은 해외 대사관들을 통해 마약을 밀수출해서 현금화했다. 모스크바, 베이징, 홍콩, 싱가포르를 포함해 세계 17 개국에서 지국을 운영했는데, 39 호실은 항구와 연결역 사이마다 위성 사무실도 설치했다 (Bechtol 2010: 5). 북한산 마약은 2000 년대 초까지 해외로만 흘렀기 때문에 북한 내에서는 마약 환자에 대한 문제가 없었지만, 2000 년대에 들어 북한의 마약 생산업의 성격과 마약의 흐름이 많이 바뀌면서 상황이 변했다.

3. 북한 마약 사업의 유래

지금까지 북한 정부의 마약 밀수출에 대한 연구들은 북한이 정부 차원에서 마약을 제조하고 수출하기 시작한 시기가 1970 년대였다고 주장했다. 그러나 사실상 북한 당국의 대남 마약 밀매는 북한 단독 정권 수립한 당시부터 시작된 일이다. 처음부터 북한의 마약 밀수출은 권력 체제의 유지 수단이었지만, 2000 년에 들어 북한의 마약 무역의 양상이 변하면서 이제는 오히려 체제 안정에 위협이 되었다. 따라서 마약 수출업의 성격 변화가 의미하는 바와 그것이 북한 체제에 미칠 영향을 이해하기 위해 북한의 마약 산업의 역사에 대한 이해가 필수적이다.

3.1 마약 사업의 유래

북한이 건국부터 현재까지 지속해서 마약 자금을 체제 유지 수단으로 사용하고 있는 것에 대해 북한만 탓할 수는 없다. 북한 당국은 일제강점기 말에 일본으로부터 마약 생산업을 물려받았다. 유엔 국제 연합 마약 범죄 사무소가 1949 년 1 월 작성한 「전세계 아편 제조」란 보고서는 일제 강점기 조선이 아편 수출국이었던 현실을 보여준다. 당시 한반도 북쪽은 조선에서 제조되는 총 아편의 85%를 재배했다. 유엔 보고서는 그 당시 조선 주민들이 제조하는 아편은 수출용이었기 때문에 조선 내에서는 아편 중독 문제가 없었다고 보고했다. 1937 년~1943 년에 조선은 서울에 있는 공장에서 연평균 34.5 톤의 아편을 제조하고 33 톤을 수출했다. 제 2 차 세계대전이 끝난 후에 재조선 미육군사령부 군정청이 남한에서 아편 제조를 금지하였는데, 당시의 북한 아편 제조에 관한 정보는 없다 (United Nations ODC 1949).

3.2 북한의 대남 아편 공세 (1949~1970)

1949 년 4 월에 한국 국방부는 남조선 노동당 중앙조직의 '전남반란 사건'이라는 남한 전복 구상 계획을 적발하여 남노당 관계자 60 여 명을 체포했다고 발표했다. 이들은 각 지역에 파견되어 특수부대들을 조직하고 남한 전복을 위한 준비를 갖추다가 적발되었다. 국방부의 보도에 따르면 이들이 조직한 특수부대들은 "북한으로부터 매월 천만원 이상 군자금용 아편을 받아 흉계를 꾸미고 유격대를 강화하며, 살인, 방화를 일삼고, 국군에 있어 최고 지도자인 채 참모 총장에 이르기까지 모략을 하며 가진 악질적인 행동을 한 것이다 (전향의사표명 1949)."

당시 동아일보는 북한에서 남한으로 마약을 밀수하다가 체포된 간첩의 진술을 정리하여 중요한 점 네가지를 발표했다. 첫째, 북한은 건국 이후 1 년 이내에 김일성을 포함하는 정부 차원에서 남한으로 마약을 밀수출하고 있었다. 둘째, 아편 밀수출 작전 중 일부 목표는 한국 시민들을 대대적으로 마약에 중독되게 하려는 것이었다. 셋째, 북한 정부의 마약 밀수출 동기 중에 하나는 체제 강화를 꾀하고, 공산당의 정치자금을 충당하는 것이었다. 마지막으로, 북한은 마약 밀수출로 얻은 수익을 통해 군사 증강을 하려 했다. 기사는 다음과 같이 보도했다:

> 북한에 있는 김일성과 박헌영에게 연락을 취하여가며 당공작비로 북한 괴뢰정부로부터 천만원 이상의 공작비를 화폐로 받아 오는 반면 매월 아편 10 킬로 이상을 주문진과 포항으로 밀수입하고 동족을 아편으로 말살할 것도 기도하여 시내돈암동 이사이 박세영 북창동 육구김 김재신 삼구 신당동 일칠이 이준철 사륙 인천부 송림동에 있는 김희진 삼육 등을 시켜 각지에서 아편을 매각케하는 한편 심지어는 인천항으로부터 향항상해 등지에 내다가 팔아서 정치자금에 충당하여 오든 것이다. 이 같은 수단으로 특수부와 일반 유격대를 증강하여 가며 그들을 동원시켜 요원 암살과 방화 테러를 조장하였다 (여순반란사건총주모 1949).

1949 년 11 월 30 일 서울 경찰국장 김태선은 기자회견을 열어 북한 정부의 마약 밀수를 개탄하며 마약 밀수는 국제적인 공산당 구상의 일부라고 주장했다. 또한, 김 국장은 노동당의 정치 자금

충당과 한국 주민의 보건 약체화 구상이 북한의 동기라고 지적했다. 김 경찰군장의 연설은 아래와 같다.

최근 북한괴뢰집단에서 중국인 밀선을 이용하여 국제적인 공산당지령으로 남한국민의 보건 약체화시키는 동시에 이석으로 얻은 돈으로 남로당 자금에 충당하려는 매국매족을 기도하고 있는데, 그 실례로는 지난 21 일 서울 시내 신당동 모처에서 북로당원과 안상렬 삼사를 체포하여 취조한 결과 안은 남로당과 연락하고 남한의 국민을 아편으로 건강을 마비시키는 동시에 그 돈으로 남로당 운영자금으로 충당하라는 북로당의 지시를 받고 아편을 밀수입하고 있던 것이라고 한다. 현재 아편이 밀수입되는 관계로 피해는 악극단원 일부와 소수의 문화인들이라는 정보도 들었다 (금경찰국장기자회견담 1949).

1953 년 2 월 경향신문 기사는 북한의 마약 전술이 효과가 있었음을 시사한다. 당시 최전선을 방문 중이던 미국 스펠만 대주교는 유엔군 병사 중 상당수가 아편 중독 환자들이었다고 경고했고, 서울시 관계 당국은 북한산 아편의 중독이 유행함을 인정했다. 경향신문 기사는 북한 공작대들이 마약 유입으로 작전비를 충당하고 유엔군들을 중독케 하려는 동기를 가지고 있었다는 것을 보여준다. 당시 서울 당국은 직원과 기밀비 부족으로 북한의 마약 전술에 속수무책이었기 때문에, 북한의 마약 공세는 소기의 목적을 달성하고 있었다 (마약전술 1953).

1954 년 10 월 체포된 북한 공작원의 진술에 따르면 북한의 아편 전술은 중국에서 유래되었고, 중국이 막대한 양의 아편과 아편 정제 기술지도원 70 여 명까지 북한으로 보냈다고 한다. 북한은 마약 수출로 번 자금을 대남 공작에 사용하고, 마약 수출의 궁극적인 목적은 한국의 국민보건과 사회안전을 문란시키는 것이었다 (대남공작 1954).

대한민국 치안국 역시 북한 공작원들이 아편을 자금줄로 사용하며 마약 투입으로 남한의 멸망을 꾀하고 있었다고 확인했다. 치안국은 1954 년 7 월부터 10 월까지 전국에서 발생한 930 여 건의 아편 관련 범행들을 나열하는 것으로 북한 마약 전술의 폭넓은 규모를 보여주었다 (아편전술의 적침공작 1954).

12 월 대한민국 특무대는 남한에 있는 북한 정복 세력들의 마약 운수와 판매 방법을 포착하고 공개했다. 정부는 이를 '괴뢰집단의 아편공세'라 규정하고, 북한 공작원들이 공작 자금을 벌어들이기 위해 대규모로 아편과 모르핀을 지참해 남하하고 있었고 북한 첩보

기관들은 마약 거래 사업들을 각종 가게로 위장하여 마약을 밀매하고 있었다고 발표했다 (괴뢰아편공세 1954).

한국은 국내 마약법의 집행뿐만 아니라 외교적 차원에서도 북한 마약 전술 문제와 관련해 국제적 지원을 호소했다. 1955 년 1 월 양유찬 주미한국대사는 북한 공작원들이 중국과 일본 공산주의자 공모자들과 함께 마약뿐만 아니라 무기와 폭약을 한국으로 밀수출하고 있다고 개탄했다. 양 대사가 한국이 인접해양주권을 지키기 위해 만든 이승만 라인 [3]의 폐지를 거부한 이유 중 하나로 북한의 밀수 행위를 꼽은 것을 고려하면, 한국 정부가 북한 마약 거래 문제에 얼마나 민감하게 반응했는지를 알 수 있다. 양 대사는 미국 떨레스 국무장관에게 한국 방문을 요청함으로써 한국이 북한의 밀수 행위에 대해 얼마나 우려하고 있는지를 보여주었다 (마약과 무기 미술 1955).

1955 년에 들어 북한 아편 전술로 촉발된 마약 중독 문제는 전국으로 확대되었지만, 한국 국내에서는 충분한 주목을 받지 못했다. 예를 들면, 당시에 마약중독자의 숫자는 40,000 명으로 추산되었지만, 보건부에 등록된 마약 중독자는 3000 명 밖에 안 되었다. 게다가 당시 한국의 마약 중독자 수용소는 150 명 밖에 수용할 수 없었기 때문에, 중독자들이 거리에서 마약으로 인한 범죄를 [4] 일으켜 범죄율이 증가하고 있었다. 당시 보도에 따르면, 80% 이상의 중독자들이 좀도둑 범죄들을 일으키고 있었다. 한국은 마약취체법을 적용하여 마약 제조와 판매가 적발될 시에 재정의 몰수와 처형으로 단속을 강화하고 있었지만, 환자 개개인의 습성 문제 때문에 환자를 위한 수용시설의 증가 없이 단속만으로는 마약범죄를 근절하기가 쉽지 않았다 (나라 좀먹는 마약 1955). 1955 년 말, 경찰은 북한이 "생아편, 흑아편, 헤로인, 몰핀, 코카인, 액체마약, 코데인, 앵속, 양귀비" 등으로 밀수출품을 다변화시켰다고 보도했다 (각종 림약 밀반입 1955). 다시 말하자면, 한국 정부가 중독 치료를 소극적으로 진행하는 동안 북한의 대남 마약 전술은 다양화되고 강화되었던 것이다.

그 이후로도 주요 범죄 사건들이 계속 일어나자 한국 정부는 마약을 단속하기 시작했다. 예를 들면, KNA 기 아편 밀수 사건이

---

[3] 1952 년 대한민국은 이승만 해양 주권선을 일방적으로 선언했다. 이 라인은 한국과 일본 간 영토 분쟁의 큰 원인이 되었기 때문에 미국 정부는 이승만 라인을 폐지하라고 압박하며 국제법적으로 근거 없는 라인이라고 주장했다. 이승만 라인은 1965 년 한일 협약으로 폐지되었다.

[4] 마약을 사기 위해 저지른 범죄나 마약 의 영향을 받아 일으킨 아동 학대나 가정 내 폭력 등의 범죄.

발생한 1958 년에는 중독 문제가 심각한 사회 병폐로 대두하자 마약 중독이 망국병으로 지칭되면서 정부가 반마약 조치들을 취했다 (마약 단속 1958). 마약 중독 문제를 해결하기 위해 한국은 관계부처 합동기관을 설립하고 밀매업자와 중개업자를 강력하게 단속했다. 또한 특수 수사반을 설립하고, 마약환자에 대한 치료, 입건 등 여러 조치를 단행함으로써 중독 환자를 줄여 나갔다. 보건사회당국이 이렇게 마약 문제를 우선시하면서 마약 중독자는 총 15,000 여 명 감소했다 (마약 단속 1958).

이렇게 한국 정부는 마약 환자를 줄이는 데는 성공했으나 애초에 이러한 문제의 원인을 제공한 북한의 마약 밀수출을 봉쇄할 수는 없었다. 1960 년 판문점에서 유엔 군사령부 소속 매덕슨 장군은 북한의 주상준 소장과 만나 한국군이 "북한간첩이 소지하였던 백류봉도의 마약 및 기타 마취성약품을 압수하였다"고 주장하며, 휴전선 남방에서 적발된 북한 간첩 40 명이 마약을 밀반입하고 있었다고 비난했다 (간첩 마약 밀수 1960). 한국 정부가 일련의 노력을 통해 마약 무역을 근절하려 하였지만, 북한의 마약 거래 사업의 호전으로 전국의 마약 환자 숫자는 여전히 4 만 명을 초과한다고 1966 년 대한민국 검찰은 보고했다 (조직 밀조단 1966).

북한 마약 문제에 대한 대부분 연구는 북한 당국의 마약 제조와 밀수출이 1970 년대 초에 시작되었다고 주장하지만, 남한에 파견되어 대규모 마약 밀매 사업과 아편 밀반입을 하다가 검거된 북한 공작원의 진술을 고려하면, 북한이 건국 선포부터 정부 차원에서 계획적으로 마약 제조와 대남 마약 밀수출에 개입하고 있었음이 틀림없다.

4. 북한 마약 제조업의 성격 변화

2000 년대 초중반에 북한의 양귀비 재배가 감소 추세를 보이고 북한 공무원의 마약 밀거래 사건이 뜸해지면서 미 국무부는 2005 년에 북한 정부의 마약 거래가 감소했다고 주장했다. 2000 년대 후반 북한 정부는 국내 마약법을 엄격화하며 3 개의 국제 마약 금지 조약을 비준함으로써 정상화하는 조짐을 보였다. 미 국무부는 북한 정부의 마약단속이 몇 년 연속으로 진전을 보이고 있다고 강조했다. 그렇지만 이는 마약 거래의 실질적 감소가 아니라 국제 사회의 마약 단속을 회피하기 위해 북한이 마약 제조와 거래 방법을 다변화하려던 것이었다. 즉, 북한은 국제 사회의 단속을 대비해 양귀비 재배 대신 메탐페타민을 대대적으로 제조하며 마약 유통로를 바꾸고, 불법 금융 거래를 신중히 감춤으로써 대외적으로 반 마약 이미지를 얻는 데 성공했다.

4.1 마약으로 번 비자금과 방코델타 아시아

6.25 전쟁 전부터 수출용 아편을 대대적으로 재배한 북한의
마약 제조업은 2005 년쯤 들어 그 성격이 크게 변화하기 시작했다.
당시 미국은 북한의 핵확산을 막기 위해 북한 핵 프로그램의
비자금줄을 차단하는 데 노력을 다하고 있었다. 2005 년 초에 미국
부시 행정부는 대북 제재 방법을 검토하며, 몇 차례에 걸쳐 북한
핵문제를 유엔 안보리에 제기할 것이라고 경고했다 (Sanctions
against North Korea). 그해 3 월, 미 국무부는 연간 국제마약 통제
전략 보고서를 통해 북한이 마약 밀수출로 벌어들인 비자금을
마카오 은행에 보관하여 세탁하고 있다고 고발했다. 같은 보고서에
의하면, 국제 통화 기금(IMF)은 마카오 금융계에 대한 2004 년
조사를 통해 마카오에 자금 세탁 방지 조치가 부족하다는 결론을
내렸다. IMF 와 미 국무부는 마카오의 금융제도가 사행성 도박산업,
송금, 환율 등의 자금 세탁 방법에 취약하다고 보고했다 (U.S.
Department of State INCSR 2005). 북한은 불법 행위로 번 자금을
보관하고 유통하기 위해 마카오 금융 제도의 취약점들을 이용했다.
즉, 마약 제조 및 밀수출과 화폐 위조로 번 비자금을 마카오 소재
방코델타아시아 (BDA)와의 거래를 통해 세탁하고 있었다.

그해 9 월 중국이 제 4 차 6 자회담을 재개하여 미·북이 한반도의
비핵화 청사진으로 알려지게 된 공동성명에 합의하자, 미국은
일방적으로 북한의 BDA 계좌에 있는 비자금을 동결시켰다. 미
정부가 대북 제재에 대한 유엔 안보리의 동의를 구하지 못하자 미
재무부는 반테러 애국법 (Patriot Act) 311 조를 기반으로 BDA 를
테러조직의 불법 자금 세탁에 연루된 의심 대상으로 지정하고,
북한의 불법 금융 행위에 관한 정보를 한국, 중국, 유럽 연합을
포함한 세계 40 여 개국에 통보했다. 그 40 개국 중 중국, 베트남 등
24 개국은 미국과 함께 미국의 대북 제재에 참여함으로써 BDA 와의
모든 거래를 중단시키려고 했다 (윤황 2007: 123, 124).

윌리엄 베이티 금융범죄차단망 부국장의 명의로 BDA 의 돈세탁
우려를 언급한 문서는 북한이 마카오에서 운영하는 무역회사인
조광무역을 간접적으로 언급했다. 조광무역은 1994 년 처음으로
미화 위조지폐의 제조와 유통으로 적발되었고, 2000 년대 들어서
마카오에서 거래하는 북한 업체들을 통제했다 (양성원 2006; 마카오
조광무역 2005).[5] 베이티의 보고서는 조광무역이 위폐 발행과 유통,
위조 담배와 마약의 제조 및 국제적 밀매를 일삼는 등 불법행위에

---

[5] 조광무역은 2000 년 남북정상회담의 개최를 위해 2 천 235 억원을 북으로 송금한
것으로 유명해졌다 (양성원 2006; 마카오 조광무역 2005).

종사하는 동안, BDA 가 조광무역의 불법자금 운용 사실을 알면서도 조광무역 등 북한 기업들과 수백만 달러의 대규모의 의심스러운 거래를 감행했다고 주장했다 (U.S. Department of the Treasury a 2005). 예를 들면, BDA 는 2002 년 북한 단위 관계자들로부터 출처가 분명하지 않은 미화 5000 만 달러를 예금받은 바 있다 (서재정 2007).

미 재무부 보고서에 의해 거래가 마비된 BDA 는 파산을 피하고자 북한이 활용하는 계좌 50 개를 통한 거래를 중단함으로써 2400 만 달러의 북한 비자금을 동결시켰다 (이상언 2007). 베이티의 보고서는 BDA 가 20 여 년 동안 북한 기관 및 정부가 운영하는 유령 회사들과 거래를 했고, 북한 공작원들에게 은행 시스템에 대한 접근을 허락하는 대가로 돈을 요구했다고 설명했다. 이로 인해 북한 공작원들은 수백만 달러의 불투명한 거래를 감행하여 마약 밀수출 등 불법 행위로 번 비자금을 세탁할 수 있었다고 주장했다 (U.S. Department of the Treasury a 2005).

이런 의혹 때문에 미 재무부는 BDA 를 대상으로 18 개월 간의 수사에 착수하였고 BDA 에 대한 규제를 발표했다. 수사 결과에 따르면 BDA 당사는 대규모 현찰의 출처에 대한 우려가 있었음에도 불구하고 거래 유치를 위해 북한과 거래를 하며 부가적인 혜택까지 제안했다. 미 재무부는 수사를 통해 BDA 가 불법적 목적으로 보이는 자금 이체, BDA 내의 계좌들 사이의 의심스러운 대규모 자금 이체, 그리고 제삼자를 통한 자금 이체를 북한에 허락했다는 것을 밝혀냈다 (U.S. Department of the Treasury a 2005). 이렇게 국제 사회가 북한의 국제 금융 거래를 엄단하면서 북한의 마약 제조업은 새로운 양상이 보이기 시작했고 북한의 마약 정책은 변화했다.

4.2 반마약 국가법과 국제 협정, 북한 마약 거래의 감소?

BDA 사건을 포함해 미국의 대북 비자금 세탁 단속이 본격적으로 진행되자 국제사회는 북한 마약 밀수출에 대한 우려로 북한국적 여행자나 파견인, 북한 선박들을 단속하고 있었다 (허진: 보안성 포고문 2006). 북한이 마약 제조업의 흔적을 감추기 시작했는지, 아니면 마약 제조와 밀수출을 줄였는지는 확인할 수 없지만, 미 국무부는 2005 년을 기점으로 북한 정부의 마약 거래가 극도로 감소했다고 주장했다.

미 국무부의 국제마약통제전략보고서(2005)는 북한이 2004 년 정부 차원에서 외화벌이를 위해 순시선 등 귀중한 국가 자산을 활용해 마약 밀매에 개입했을 가능성이 높다고 추정했다. 2006 년 국제마약통제전략보고서는 북한 정부가 2005 년에도 마약 제조 및 밀수출, 밀매로 번 자금에 대한 세탁을 감행했을 가능성이 높다고 평가했지만, 미 국무부는 2006 년부터 북한의 마약 거래가 감소했다고 주장했다 (U.S. Department of State INCSR 2005; U.S. Department of State INCSR 2006). 2007 년도 국제마약통제전략보고서에 의하면, 2006 년에는 북한 정부나 북한인이 참여한 국제 마약 밀수출 사건이 없었으며 몇 년간 북한 마약 거래의 증가도 없었다 (U.S. Department of State INCSR 2007). 이듬해의 보고서 역시 북한과 관련된 마약 거래가 대폭 줄고 5 년간 북한 정부 차원에서 진행된 마약 거래 사건이 없었다고 보고했다 (U.S. Department of State INCSR 2008).

2007 년 3 월 1 일 북한의 마약 제조와 밀수출을 감소했다고 한 보고서가 출판된 지 2 주 후인 3 월 14 일, 6 자회담에 적극적으로 참가 중이었던 북한은 [6] 정상국가로서 국제사회의 신뢰를 받기 위해 3 개의 마약 금지 국제 조약을 비준하겠다고 선포했다 (U.S. Department of State INCSR 2007; 문명호 2007). 북한이 '마약단일협약 (Single Convention on Narcotic Drugs, 1961)'과 '향정신성물질에 관한 협약 (Convention on Psychotropic Substances, 1971)', '마약 및 향정신성물질의 불법거래방지에 관한 UN 협약 (Covention Against Illicit Traffic in Narcotic Drugs and Psychotropic Substances, 1988)'에 가입한 것으로, 미국과의 관계 정상화 움직임을 보이고 있었다.

하지만, 국제 핵 협정을 포함해 국제 의무를 준수하지 않는 북한이 마약 협정을 제대로 이행할 의사를 가지고 있었는지 의심스럽다. 특히, 북한이 마약 제조와 밀수출로 벌어들인 자금을 핵과 미사일 개발에 사용하고 있다고 널리 추정되고 있었던 것을 고려하면 이러한 의혹은 더욱 증폭된다. 유엔 회원국 중 이 3 개의 마약 조약을 마지막으로 비준한 북한은 3 월 19 일에는 BDA 에 동결된 2 천 500 만 달러를 이체받을 때까지 6 자회담에 참가하지 않겠다고 주장하며 북한 회담 대표들이 귀국하기도 했다 (문명호 2007; Arms Control Association 2013). 미국이 북한의 요구에 응하면서 북한은 6 월에 영변 플루토늄 원자로의 가동을 중단하고 6 자회담에 참가하며 표면적으로는 책임 있는 국가로 가장하였으나, 뒤로는 비밀리에 진행하고 있던 위성으로 포착하기 불가능한 우라늄 농축 프로그램을 본격적으로 확대하고 있었다 (Arms Control Association 2013). 우라늄을 기반으로 한 비밀 핵 무기 프로그램이 없다는 공식 성명에도 불구하고, 북한이 비밀 핵 무기 프로그램을

---

[6] 북한은 마약 금지 국가 조약을 비준하기 몇 주 전에 6 자회담에서 2•13 합의를 채택했다.

실행하고 있었던 것을 고려할 때, 과연 마약 밀수출로 핵 개발 비자금을 벌어들인 북한 정부가 뒤늦게 비준한 국제 마약 조약을 준수할 의사를 실제로 갖고 있었는지는 의심스러울 수밖에 없다.

3 개의 국제 마약 조약에 비준하기 1 년 전, 북한은 마약법을 엄격화하여 국내의 마약 제조 및 거래와 수출을 단속하기 시작했다. 2006 년 3 월 초에 북한 인민보안성은 마약 제조, 거래나 수출에 종사하는 주민들의 사형을 집행할 거라고 선포했다 (허진: 보안성 포고문 2006). 그리고 2007 년 12 월 19 일 최고인민회에서 채택한 형법부칙 11 조와 12 조는 마약 거래죄 및 마약과 마약 원료 보관죄를 사형에 처한다고 밝히고 있다:

제 11 조 (극히 무거운 형태의 마약 밀수, 밀매죄), 제 12 조 (마약 및 마약원료의 보관, 공급질서위반죄): 마약 밀수, 밀매행위의 정상이 극히 무거운 경우에는 사형 및 재산몰수형에 처한다 (형법부칙 일반범죄 2007).

북한은 39 호실이 감행하는 마약 거래뿐만 아니라 화폐 위조죄와 외화 도피죄에 대한 법률까지 최고인민회의 상임위가 부칙으로 채택하면서 그 처벌의 범위를 넓혔다.

제 5 조: 화폐 위조행위의 정상이 극히 무거운 경우에는 사형에 처한다.

제 9 조: 외화를 다른 나라 은행이나 회사 같은 데 맡긴 자는 5 년 이하의 로동교화형에 처한다. 정상이 무거운 경우에는 5 년이상 10 년이하의 로동교화형에 처한다 (형법부칙 일반범죄 2007).

위조지폐 발행, 마약 거래와 돈세탁으로 악명을 떨친 북한 정부는 2012 년 9 월에는 대규모 외환 유통을 총살에 처할 죄로 규정하기도 했다 (북한의 사형제도 2012: 19). 위에 언급된 사항들은 모두 39 호실이 주관하는 행위들을 규정하지만, 39 호실은 법의 적용대상이 아니다. 예를 들면, 1976 년에 마약 거래 혐의로 스웨덴에서 추방당한 외교관은 20 년 후에 다시 블라디보스토크에서 북한 노동당 외교 비서의 부회장 역할을 하다가 위조지폐 거래 혐의로 체포된 사건도 있었다 (Chesnut 2007). 그리고 전 북한 외교관의 진술에 의하면, 마약을 밀반입하다가 추방당하는 북한 외교관들은 귀국한 후에 처벌을 받지 않는다 (Chesnut 2007). 북한 공식 성명에 따르면, 외교관들도 마약법에 의한 처벌의 대상이 된다. 하지만, 공무원들이 마약을 밀반입하고 현금화한 것이 북한 당국으로부터 받은 명령이었다면, 결국 그들은 명령을 따르다가 처벌을 받는 억울한 희생양이 되는 것이다.

이 엄격한 마약에 관한 부칙들은 분명히 정부가 개입된 마약 거래를 막기 위해 만든 것이 아니었다. 이런 엄격한 부칙들이 만들어진 진짜 이유는 무엇이었을까? 그것은 북한이 자국 주민의 건강 보호에 책임을 진다는 이미지를 얻기 위한 노력으로 해석할 수도 있다. 그러나 실제로 정부개입의 이유는 따로 있다. 아편 전쟁으로 영향을 받은 중국은 마약 거래를 엄격하게 통제했기 때문에, 북한에서 싼 가격으로 팔리는 마약이 중국에서는 상대적으로 비싸게 팔린다. 따라서 북한은 정부 차원에서 제조하는 마약의 절도를 견제하고 마약 거래에서 독과점을 유지하기 위한 수단으로 엄격한 마약법을 제정했다 (허진: 보안성 포고문 2006).

2003 년이 되어서야 북한이 처음으로 광범위한 마약법을 제정한 것은 세계 기준으로 보면 상당히 뒤늦은 것이었다. 조선민주주의 인민공화국 마약관리법은 2003 년 8 월에 채택되고 2005 년 여름에 수정·보충되었다. 마약관리법 1 조는 이 법이 마약의 이용, 생산, 공급, 수출입을 관리하는 제도라고 규정하면서, "마약에 의한 사회적 위험을 미리 막기" 위해 가결된 법이라고 하고 있다 (마약관리법 2005). 북한 마약법은 세 가지 목표를 위해 제정되었다고 할 수 있다. 먼저 마약 중독자의 증가를 막고, 마약 거래 경쟁자를 견제하며, 마지막으로 국가를 정상화하기 위해 법 제정이 가결되었다고 해석할 수 있다. 그러나 2000 년대 초중반에 제정된 마약법으로 인해 북한의 마약 제조가 감소했는지, 아니면 북한 당국이 일시적으로 마약 제조와 밀수출을 잘 감추었는지는 불투명하다. 마약법의 제정의 목적이나 효과가 어떠했든지 간에, 2000 년대 중반, 마약에서 벗어난 듯했던 북한의 반마약 이미지는 오래가지 못했다.

4.3 다시 떠오르는 국영 마약 거래

미 국무부 국제마약통제전략보고서(2011)에 의하면 북한 정부 차원에서 마약 제조와 거래가 중단되거나 감소되었다는 증거는 부족하다고 하였으며, 2000 년대 후반에 북중간 마약 밀매에 대한 보고와 북한 내 마약 남용이 늘었다는 탈북자의 보고가 증가했다 (U.S. Department of State INCSR 2011). 2010 년 2 월 초에는 무역 업무를 담당하는 북한 신의주시의 중견 간부가 김치통에 2kg 의 히로뽕을 넣어 중국으로 밀반입하다가 마약 거래 혐의로 체포되었다 (김성진 2010). 중국 당국은 2010 년 6,000 만 달러의 북한산 마약을 압수했다고 보도하며 적발되지 않은 북중간 마약 거래의 규모는 훨씬 더 막대할 것으로 추정했다 (김현아 2011).

국제마약통제전략보고서(2013)는 북한 내에서 마약 남용이 증가하고 있으며 대량의 메탐페타민이 2012 년에도 제조되고 있었다고 보고했다. 북한산 메탐페타민이 중국으로 흘러가고 있지만, 북-중간 마약 거래는 외교적으로 민감한 문제이기 때문에 중국은 마약의 출처가 북한인지 확인하지 않고 있다. 이러한 중국의 방관은 북-중간 마약 거래 문제의 심각성을 가중하고 있다. 누구나 중국에서 메탐페타민의 원료를 쉽게 구입할 수 있고, 중국과 북한의 용이한 근접성 때문에 북중 국경 지역에서의 마약 중독 문제는 심화되고 있다 (U.S. Department of State INCSR 2013).

북한은 2000 년대 들어서 마약관리법, 국제 조약 등을 통해 표면적으로나마 마약을 관리하려는 노력을 보여왔다. 그리고 2000 년대 중반, 북한이 일련의 노력을 통해 일시적으로 마약 제조와 밀수출을 감소시켰다고 미 국무부는 주장했다. 2000 년대 말에는 북한 대사관원의 마약 밀수출 사건이 적발된 적이 없어, 미 국무부는 북한 정부 차원에서 감행한 마약 제조와 밀수출업이 폐지되었다는 확신을 가졌다. 그러나 북한의 아편 제조업이 감소될수록 북한산 메탐페타민 문제는 심화되었고, 북한 공무원들의 밀반입 행위에 대한 새로운 증거도 나타나기 시작했다.

2013 년 3 월 조선일보 기사에 의하면 북한 공무원들은 외화벌이를 위해 여전히 마약 밀수출에 종사하고 있었다. 2013 년에 귀순한 북한 공작원은 2012 년 12 월 주요국에 주재하는 북한 대사관들이 대량의 마약을 보급받고 2013 년 4 월까지 현금화하라는 지시를 받았다고 진술했다. 즉, 북한 정부는 대사관에 파견된 공작원들에게 태양절 (太陽節)[7] 전에 '1 인당 30 만 달러씩 충성 자금을 상납하라'는 지령을 내렸다 (이용수 2013). 귀순한 공작원은 "통상 해외 공관이 1 년 동안 바치는 충성 자금이 10 만 달러 정도"라고 설명하고, "공관마다 '원수님(김정은)이 젊어서 그런지 너무 통이 크다'고 했다"고 덧붙였다 (이용수 2013).

국영 방송인 조선중앙통신사는 마약 거래 의혹을 공식적으로 부인하며, 북한의 마약 거래에 대한 고발은 북한을 범죄국가와 불량배국가로 낙인 찍고 대북 제재를 정당화하며 북한 외교관에 대한 감시를 강화하려는 미국의 구상이었다고 주장했다. 조선중앙통신사는 또한 "사랑하는 부모형제와 지어는 자기를 낳아 키워준 조국을 헌신짝처럼 쥐버리고 저하나의 안락을 위해 도주한 인간쓰레기의 입에서 무슨 온전한 소리가 나오겠는가" 라면서,

---

[7] 태양절은 김일성의 출생 연월일인 1912 년 4 월 15 일을 기념하는 공휴일로 체육대회, 전시회, 공연행사, 결의대회 등의 경축행사를 즐긴다 (태양절 2013).

북한의 마약 거래에 대해 진술한 탈북자의 증언을 인신공격으로 무력화시키려고 했다. 조선중앙통신사는 북한 내 마약 문제와 마약 거래를 다음과 같이 부인했다:

> 우리 나라에서는 인간을 정신적 불구자로 만드는 마약의 비법적인 사용과 거래, 생산이 존재하지 않는다. 공화국은 마약통제관련 국제협약들에 가입하였으며 외부로부터의 마약류입통제를 국제법과 국내법에 준하여 엄격히 진행하고 있다. 마약범죄행위에 대하여 론의할 때 누구보다 먼저 문제시해야 할 나라는 다름아닌 미국이다. 올해초에만도 남조선강점 미군이 2000 명에게 동시에 투약할 수 있는 많은 량의 마약을 남조선에 밀반입하려던 범죄가 드러나 커다란 사회적 물의를 일으켰다. 마약의 람용과 밀매, 비법적인 생산과 같은 심각한 사회적 문제를 안고 있는 미국이 우리의 있지도 않는 마약판매를 떠들고 있는 것은 언어도단이다 (조선중앙통신사 론평 2013).

북한의 공식적인 부인에도 불구하고, 본 논문이 앞서 조명하였듯이, 북한 정부의 마약 거래 개입과 북한 내 마약 문제에 대한 증거는 반박할 수 없을 정도로 많다. 2000 년대에는 북한 마약 제조업의 성격이 많이 변했는데, 가장 의미심장한 변화는 초점이 아편에서 메탐페타민으로 바뀌었다는 것이다. 북한이 아편 제조 대신 은밀하게 메탐페타민 제조업에 더 중심을 둔 것으로, 일시적으로는 반마약 이미지를 달성하고 BDA 에서 동결된 자금을 회복시키는 등 단기적이나마 이익을 얻었지만, 메탐페타민 제조와 밀매에 착수함으로써 받은 장기적인 악영향은 적지 않을 것이다. 건국부터 지금까지 체제 유지 수단으로 사용한 마약은 이제 사회적 병폐는 물론, 국가 안정에 대한 위협이 될 수 있는 양상까지 보이고 있다.

4.4 메탐페타민 중독 확산

처음부터 북한 정부가 제조한 마약은 수출용이었다. 마약 제조업의 목적은 정치 자금, 김 씨 일가의 비자금, 무기 구입 자금, 남한에 있는 정복 세력 함양 자금 등을 벌어들이는 것이며 국내 소비는 목적이 아니었다. 사회를 엄격하게 통제하는 북한 당국은 아편 제조를 관리할 수는 있었다. 그러나 북한 정부는 2000 년대 초를 기점으로 위성으로 포착하기 쉬운 양귀비 재배를 감소시키고 화학적 합성 물질인 메탐페타민을 암암리에 대규모로 제조하기 시작했다. 북한이 중독성이 강하고 부엌에서도 만들 수 있는 메탐페타민을 제조하기 시작하면서 북한 내 마약 환자가 대폭 늘어나기 시작했다.

북한 전문 학술지인 북한 리뷰 (North Korea Review) 2013 년 봄호에서 북한 전문가인 안드레이 란코프가 북한 메탐페타민 환자 문제에 대한 실태 보고서를 게재하자, 한국과 미국의 매체는 북한의 마약 문제로 시끌시끌해졌다. 란코프는 이화여대 북한학과 김석향 교수와 함께 2007 년 이후에 귀순한 북한 북쪽 출신의 탈북자들을 인터뷰했다. 인터뷰에 응한 탈북자들은 북한 내 메탐페타민 문제가 급작스럽게 발생하여 확산됐다고 거의 만장일치로 진술했다. 필자들은 인터뷰한 탈북자들의 진술이 과장되었을 가능성이 있다고 시인했지만, 인터뷰에 응한 탈북자들 대부분이 자신들이 북한에서 살았던 지역에서 메탐페타민 사용이 다반사인 게 현실이라고 주장했다. 진술이 과장되었을 가능성을 감안하더라도 란코프 교수의 보고는 놀랄 만하다. 예를 들면, 북한 건설 노동자였던 한 응답자는 약 70%의 동료들이 암페타민을 복용했다고 증언했다. 인터뷰에 응한 다른 탈북자들은 10 대 북한 주민 중 대다수가 약물을 사용한다고 진술했다 (Lankov and Kim 2013: 47).

'북한에서 들불처럼 번지는 마약 남용, 해결책?'을 제목으로 한 8 월 20 일 WSJ 기사에서 김석향 교수는 북쪽 성인들 대부분이 메탐페타민을 1 회 이상 사용했다고 보고하며, "그중 최소 40~50%는 심각하게 중독된 상태로 추산된다"고 설명했다 (Strother 2013). 북한 내 정확한 마약 중독자 비율을 알 수는 없지만 한국 내 탈북자들도 마약 문제에 당면해 있는데, 이는 마약 중독이 재발하여 발생했을 가능성이 있다. 2013 년 9 월 3 일 대한민국 법무부가 지난 5 년간 투옥된 탈북자 중 마약 사범은 22%로 가장 높은 비율을 차지하고 있다는 보고서를 국회에 제출했다. 한국 형사 정책 연구원 보고서에 따르면, 북한 주민들은 북한 사회에서 마약을 쉽게 접했기 때문에 마약의 불법성에 대한 인식이 부족하다. 그리고 탈북자 진술과 주변국의 보고들을 고려하면, 북한 내 만연한 마약 사용은 더이상 의심의 여지가 없다. 이런 상황에서 왜 메탐페타민이 북한 내 병폐가 되고 있는지를 이해하기 위해서는 북한 마약 제조업의 여러 가지 특성을 먼저 고려해야 한다 (김영권 2013).

5. 북한 메탐페타민 중독 문제의 특성과 원인

북한 당국은 마약 밀거래를 국제사회로부터 숨기기 위해 마약 유통을 국제 마약범죄조직에 맡겼다. 이에 따라 북한 당국은 종전에 외국으로만 흘렀던 마약 유통로에 대한 통제력을 잃었고 북한산 메탐페타민은 북한 내에서도 팔리게 되었다. 북한 주민들은 보건과 교육 제도가 무너진 상태에서 메탐페타민을 만능약으로 인식하고 널리 사용하고 있다. 메탐페타민에 들어가는 재료들은 저렴할 뿐만 아니라 구입하기도 용이하고 질이 좋아 수요가 높다. 그러나 메탐페타민의 중독성이 높은 반면에 메탐페타민 중독을 치료할 의료 서비스가 부족하기 때문에 이미 영양 부족 문제가 심각한 북한에서는 메탐페타민으로 인한 악영향이 상당하다. 또한, 국제 사회가 북한의 불법 외화벌이 행위를 단속할수록 북한이 도리어 마약 거래에 점점 의지할 가능성이 있다.

5.1 밀반입 단속과 유통 아웃소싱

북한 내 메탐페타민 중독 문제가 생긴 첫 번째 이유는 마약 거래의 아웃소싱(outsourcing)이다. 1970 년부터 북한 대사관원, 공작원과 여행자들이 마약을 밀수출하다가 적발된 사건이 많아, 밀수출 대상국들은 북한의 마약 밀반입을 단속했다. 또한 국제 사회가 마약 유통을 차단하려는 노력들을 해왔기 때문에 북한은 새로운 수출 전략을 도모할 수밖에 없었다. 따라서 2000 년대 들어 북한은 일본의 야쿠자, 러시아의 마피아와 대만 범죄 집단들 등 국제범죄조직들과 사업 관계를 구축하고 중국 내 신흥 폭력조직을 마약 밀매 하부조직으로 육성하였다 (Kan and Bechtol 2010).

대사관 체계와 외교관 면책 특권을 이용하여 마약을 밀수출해왔던 북한은 범죄조직과 거래하여 주변국, 특히 중국의 동북 3 성지역을 중심으로 마약을 본격적으로 판매하기 시작했다 (윤황 2007: 120). 범죄조직들은 북한으로부터 질 좋은 마약을 안정적으로 공급받을 수 있기 때문에 다른 범죄조직보다 북한과 거래하는 게 유리하다. 그리고 19 세기 아편전쟁 때문에 마약에 민감한 중국은 마약 거래를 엄격히 통제하고 있기 때문에 중국 내에서는 마약 값이 비싸다. 이는 북한을 통한 마약 거래를 부추기는 요인으로 작용한다 (허진: 보안성 포고문 2006). 또한, 다른 범죄조직과 달리, 북한의 국영 마약 제조업은 마약 단속이나 국가 규정과 같은 비효율적인 요소에 대응할 필요가 없기 때문에 마약 밀수출업에 경쟁적 우위를 가지고 있고 그로 인해 북한이 다른 경쟁자들보다 마약을 효율적으로 저렴하게 제조하고 싼 가격으로 팔 수 있다 (Chesnut 2007: 80-111). 게다가 북한 대사관원들이 마약을 밀반입하다가 적발되면 북한의 이미지가 손상되지만, 범죄집단을 유통업자로 활용하면 적발시에 관련사실을 부인하여 북한의 마약 거래 개입을 숨길 수 있다. 이렇게 북한은 마약 유통을 아웃소싱함으로써 대 중국 마약 수출을 촉진해왔고, 중국의 마약 암시장을 크게 잠식하고 있다. 미 국무부는 중국 당국이 2009년에 압수한 북한산 마약량이 2008년보다 2배로 증가했다고 보고했다 (양정아 2011).

그러나 북한은 마약 거래를 아웃소싱 함으로써 마약 거래를 통제할 능력을 잃었다. 북한 정부는 체제 유지를 목표로 마약을 거래하고 있었는데, 거래 상대인 범죄조직들은 북한 정부와는 다른 목적으로 마약 거래에 종사한다 (Chesnut 2007: 80-111). 북-중 국경지역에서 마약을 거래하는 조직들은 북한의 안정이 아닌 조직의 이익, 조직의 강화나 개인의 이익을 추구한다. 따라서 범죄조직들의 선호나 시장의 힘에 따라 수출용으로 제조된 북한산 메탐페타민은 중국을 거쳐서 북한으로 되돌아가는 경우도 있고, 북한 내에서 밀매되는 경우도 있어 북한 주민들 역시 마약을 구할 수 있게 되었다. 또한, 북한 내 의약품 부족과 마약으로 인한 위험 요소에 대한 무지 등이 또 다른 원인으로 작용하여 북한 내 마약 중독 문제가 불거지게 되었다.

5.2 의약품 부족, 의료 체계의 몰락

북한은 의약품 부족이 심각하기 때문에 가벼운 질환으로 아픈 사람들이 마약 밖에 복용할 의약품이 없는 경우가 많다. 북한은 1960년대부터 의약품을 포함한 화학공업에 집중적으로 투자하여 화학 기술 발전, 전문가 육성, 과학교육 강화 등의 포괄적 정책을 펼쳤지만, 원자재 공급 부족 때문에 화학공업 발전 계획이 초기에 불발되었다. 소련으로부터 화학 부문에서 지원을 많이 받았던 북한의 화학공업이 공산권의 몰락으로 큰 타격을 입은 지 몇 년 후, 고난의 행군이 시작되었다. 기근 동안 의약품 공장을 비롯한 화학 공장에서 사용하던 기계들이 강탈되었고, 전문인력은 식량을 구하기 위해 출근을 못 하게 되었다. 기계 설비도 부족한 상황에 기계들이 부식되고 노동자들이 이탈하면서 의약품 공업의 상태는 더욱 악화되었다 (김진숙 2012).

2000년 초에 북한 보건성은 "필수의약품에 대한 연구와 생산을 강화함으로써 의약품을 좀 더 풍부하게 공급"하는 것이 역점사업 계획의 최우선이라고 공포했다 (김진숙 2012: 123). 김정일은 "선군시대의 요구에 맞는 제약공장발전"과 의약품 부족 문제 해결을 위한 가장 빠르고 효과적인 방법은 "우리 식의 효능 높은 고려약을 더 많이 생산하고, 고려약을 규격화"하는 것이라고 주장했다 (김진숙 2012: 124). 이 목표를 달성하기 위해 김정일은 제약공업 연구를 촉진했다. 하지만 한국의 보건복지부 사무관 김진숙이 극명하게 지적한 대로 북한이 의약품 부족을 해소하기 위해 해야 할 일은 고려약이나 연구 투자가 아니라 간단한 항생제, 해열제와 소화제 등의 일반적인 약품을 만드는 것이다 (김진숙 2012).

현재 북한의 보건의료체계는 심각한 위기에 봉착해 있다. 한양대학교 의과대학 예방의학교실 신영전 교수에 의하면 1990 년 이후 북한의 의료체계 지원이 감소되어 의료 시설이 제대로 운영되지 않고 있고 의약품 부족으로 인하여 주민들은 치료를 받지 못하는 상황이다 (북한 보건의료체계 2013). 2013 년 여름, 최혜경 남북어린이어깨동무 사무총장은 북한 병원을 방문하고 나서 의약품과 의료소모품 부족이 심각했다고 보고했다 (강태호 2013).

대북 지원 단체인 국제 사면 위원회(Amnesty International)의 2010 년 보고서 (The Crumbling State of Health Care in North Korea)는 북한은 환자들이 약국이 아니라 국영 병원이나 의료 시설에서 약을 무상으로 공급받는 체제지만, 고질적인 의약품 부족 때문에 의약품이 품절된 경우가 많고 마취제나 항생제 부족으로 인해 환자들이 돈을 내지 않은 경우에는 약을 공급받지 못하며 마취 없이 수술을 받는 사례가 비일비재하다고 설명한다. 보고서에 따르면 북한 환자들은 국영 의료 시설의 기능을 단순한 약 공급처로 인식하며, 의료시설보다 암시장에서 약을 더 쉽게 구할 수 있고 의사보다 시장에서 약을 파는 사람들의 처방을 믿는다고 한다 (Amnesty International 2010: 22).

감기몸살, 설사, 열병 등은 의약품으로 쉽게 고칠 수 있는 병이지만 의약품 부족 때문에 북한 주민들은 암시장에서 받는 처방과 약품, 그리고 마약을 믿고 사용할 수밖에 없다 (김민세 2007). 게다가 메탐페타민, 헤로인 등 마약을 만병통치약으로 간주하는 경우가 흔하다. 중국에서 합법적으로 일하는 북한인 최 씨의 2007 년 익명 진술에 의하면,

> 함흥 주민들 사이에는 소량의 마약 복용은 병 치료에 아주 좋다는 생각이 퍼져 있다. 감기 몸살이나 설사병, 혈압, 안면마비로 입이 돌아갔을 때 필로폰 (메탐페타민)이나 알약 (헤로인)을 흡입하면 효과가 아주 좋다. 모두가 그렇게 안다… 쌀밥 먹고 사는 함흥 사람들은 대부분 한 두 번 경험이 있다고 보면 된다. 나도 감기몸살로 온몸이 뼈가 쑤시듯 아파 헤로인을 복용한 경험이 있다… 아파도 마땅히 치료할 수 있는 약은 없지만, 마약은 주위에 넘쳐나니 치료제로 사용할 수밖에 없는 것이 북한의 현실이다 (김민세 2007).

북한의 의약품 부족 실태를 고려하면 최 씨의 진술은 우려스럽다. 의약품 부족 실태의 예를 들어보겠다. 2013 년 8 월의 유엔 상주조정관실의 홍수 보고서에 따르면, 북한 의료 시설을 방문하고 병원 기록을 검토한 유엔 보건 전문가들은 29%의 수해 지역 인구가 설사병을 앓고 있으며 의약품을 제공받지 못 한 사람이 거의 68 만 명이었다 (조은정 2013). 급성영양실조에 걸리기 쉬운 아이, 임산부나 노약자를 포함해 의약품을 공급받지 못 한 사람들은 대체 치료법을 시도하지 않겠는가?

북한 사람들은 아무렇지도 않은 듯이 간단한 병의 치료용으로 마약을 1 회 이상 복용하고 아이의 병치레에도 마약을 투약하는 게 현실인데, 문제는 메탐페타민의 중독성이 강하기 때문에 한 번만 먹었을 지라도 만성중독에 빠지는 사람이 있다는 것이다. 이화여대 김석향 교수는 탈북자들의 마약 경험을 조사한 결과, 일부 북한 사람들은 마약이 중독성이 없고 언제든 끊고 싶으면 며칠 동안 잠만 자면 된다고 믿는다고 설명한다 (Strother 2013). 그리고 북한 주민들이 간단하게 해결할 수 있는 질병뿐만 아니라 마약에 대한 의존성을 제거하기 위해 다른 종류의 마약을 사용하는 경우 역시 많다 (Strother 2013).

이런 식으로 북중 접경지대에서의 마약 문제는 불거지고 있다. 중국 단둥에서 근무하는 익명의 조선족 무역업자는 "신의주에서 먹고 살만한 사람들은 가정 부인들까지도 마약을 하다 보니 마약에 손을 안 대면서 유능한 젊은 대방을 찾기가 어렵다"고 개탄했다. 함북 출신 가정주부는 "애 아빠도 마약을 한다. 가끔은 저녁에 함께 하자고 권하는데, 나까지 하면 누가 돈을 벌어 애들 먹여살리겠나"라며 "시아주버니와 형님네 가족은 17 살 난 딸까지 세식구가 저녁이면 함께 필로폰 (메탐페타민)을 한다"고 익명의 진술을 통해 마약 사용이 만연해 있다고 지적했다 (김민세 2007). 그런데 북한 내 의약품 부족, 마약의 위험성에 대한 무지라는 요소뿐만 아니라 메탐페타민이 제조하기 쉽고, 탐지하기 어렵다는 점 역시 원인으로 작용하여 북한의 메탐페타민 중독 문제는 확대되고 있다.

5.3 용이한 제조 및 적발의 어려움

아편용 양귀비 재배는 노동집약적이고 소중한 농지를 차지하는 반면, 메탐페타민은 상대적으로 제조하기 쉽고 귀중한 농지를 빼앗지 않는다. 메탐페타민은 원료가 싸고 쉽게 구할 수 있고 아편과는 달리, 빠른 시일 안에 제조할 수 있는 마약이다. 미법무성산하 사법연구소(NIJ) 보고서에 의하면, 다른 종류의 마약과 달리 메탐페타민은 제조하기 쉬워 고등학교 수준의 화학 교육을 받았던 사람은 생활 화학 가정용품과 농업 용품을 이용해서 메탐페타민을 제조할 수 있고, 인터넷 검색으로 만드는 방법을 쉽게 접할 수 있다 (Hunt 2006). 메탐페타민은 처음에 국가 차원에서만 제조되었으나 제조하기 쉬운 마약이기 때문에 이제 민간 차원에서도 제조되고 있다고 추정된다.

또 다른 문제는 메탐페타민의 경우 이것의 밀반입을 적발해 내기가 매우 어렵다는 것이다. 반입자들은 메탐페타민을 물에 녹여 밀반입한 다음에 건조하여 사용하거나 팔 수도 있고, 세탁용 세제, 머스터드, 생선 등 식용품 냄새로 메탐페타민 탐지를 막을 수 있다 (이용수 2013). 또한, 북한은 부정부패가 만연하기 때문에 마약을 밀수하다가 적발되는 경우 경비대에 뇌물만 주면 무사히 지나간다는 보고와 증언이 적지 않다 (김나리 2007).

5.4 저렴한 가격과 구입의 용이성

현재 대부분의 북한 메탐페타민 문제에 대한 보고서나 탈북자 증언의 공통점은 북한 사람들이 손쉽게 메탐페타민을 구할 수 있다는 점이다. 탈북자의 마약에 대한 진술을 해석한 데일리 NK 기사는 "마음만 먹으면 언제든지" 구입할 수 있고 주변 사람들이 마약 사용을 권하는 게 흔하다고 주장했다(김민세 2007). 그리고 메탐페타민은 저렴한 비용으로 만들 수 있기 때문에 공급물량이 넉넉하다. 2010 년에 귀순한 북한 외교관의 진술에 의하면 1 회 투약분의 메탐페타민 (0.03g)의 생산 원가는 100 원밖에 안 되며 중국에서는 6 배의 값으로 판매된다고 한다. 자유아시아방송 2013 년 9 월 보고에 의하면 1g 의 메탐페타민은 북한에서 70 원 (11 달러)의 가격으로 구매할 수 있고 가난한 북한 주민들은 집단으로 사서 흡입한다 (문성휘 2013). 1g 의 메탐페타민이 중국에서 73 달러로 판매되는 것을 고려하면 북한 메탐페타민은 상당히 저렴하다 (Havoscope 2013).

5.5 고품질에 따른 높은 수요

또한, 북한산 마약의 질은 최상급으로 수요가 높다. 북한 공장에서 만든 마약은 민간 차원에서 제조 가능한 마약보다 수준이 높아서 국내외의 수요가 높고, 범죄조직들은 사업의 관점에서 북한산 마약을 선호한다. 한국 안보 부서 관계자의 설명에 따르면, 정부 차원에서 제조하기 때문에 북한산 마약은 세계 최고의 수준이라 세계 시장에서도 북한 마약의 선호도가 높다 (윤원준 2011; 이용수 2013). 새누리당 윤상현 의원에 따르면, 중국만 아니라 한국에서도 반입된 마약의 절반 이상이 북한산으로 추정된다

(고동석 2012). 아시아의 마약 암시장은 북한산 메탐페타민 등의 마약으로 넘쳐나고, 특히 북중 접경지대에서 쉽게 구할 수 있다고 한다. 불행하게도 앞으로 국제사회가 북한의 불법 외화벌이 행위들을 강하게 단속하게 되면 현재 재정난에 처해 있는 북한은 마약 사업을 확장할 가능성이 있다.

5.6 미국 $100 신권발행으로 인한 마약 문제의 악화 가능성

북한 정부 차원에서 진행하는 마약 제조업은 자국 내 중독 문제를 촉발시켰으며, 2013 년 10 월 미국의 $100 신권 도입을 기점으로 북한의 마약 문제가 더욱 악화할 가능성이 있다. 1950 년대부터 외화 위조 발행을 통해 자금을 수입한 북한 정부가 발행하는 슈퍼노트는 미국 화폐 100 달러짜리 지폐와 거의 분간이 안 될 정도로 정확한 위조기술을 선보인다. 북한은 39 호실의 주도하에 위폐 발행으로 1990 년대부터 연평균 약 1500 만 ~ 2500 만 달러를 수입했다 (김중호 2011: 37-63; Nanto 2009: 1). 경제 위기에 처한 북한에 이것은 미미한 액수의 금액이 아니다.

미국 재무부는 북한의 슈퍼노트 발행에 대비하기 위해 2013 년 10 월 $100 신권을 도입했다. 현재 유통되는 신권은 위조 방지 기능을 가지고 있고, 3 차원 기술, 특수 홀로그램, 색깔이 바뀌는 기술 등을 활용하여 위조하기 불가능한 지폐로 주목을 끌고 있다 (U.S. Currency). 신권이 유통되면 될수록 북한 슈퍼노트의 유효성이 떨어지면서 북한은 외화벌이 유입 적자를 극복하기 위해 마약 제조업을 강화할 가능성이 있다. 북한 마약 중독 문제와 마약 거래 문제가 악화할 가능성을 배제하고서라도, 북한 마약 문제의 현재 상황은 우려할 만하다.

6. 마약 문제의 부담으로 인해 체제 안정에 위협?

북한 정부는 건국부터 마약 제조와 밀수출을 권력과 체제 유지를 위한 수단으로 사용하고 있었지만, 2000 년대에는 북한 마약 문제의 성격이 변화했기 때문에 원래 수출용으로 제조된 마약이 국내에서 소비되기 시작하였고, 결국 마약은 권력과 체제의 불안정을 일으킬 수 있는 원인이 되었다. 과연 마약이 어떻게 북한 권력의 안정을 위협할 수 있는지를 이해하기 위해 메탐페타민의 신체적, 정신적 영향과 메템페타민으로 인한 사회적 악영향을 이해해야 한다.

6.1 신체적 정신적 악영향

메탐페타민은 지속해서 강한 흥분반응을 일으키며 행동, 동기 부여, 처벌과 보상, 수면, 학습, 작업 기억에 중대한 역할을 하는 두뇌의 도파민 수치를 감소시키기 때문에 중독환자들은 운동과 기억 수행능력 등이 떨어지는 현상을 보인다 (전용안 2006; 도파민). 신체적으로 나타날 수 있는 문제는 거식증, 활동항진, 피로, 이갈이, 부정맥, 설사병, 고혈압, 가쁜 호흡, 심장병, 불면증, 마비, 파킨슨병, 정신증적 이상 등이 있다. 만성적 남용이나 대량투여가 경풍, 저체온증, 신장부전증, 심장 마비, 뇌졸중, 사망을 일으키는 경우도 적지 않다. 메탐페타민을 오남용함으로써 나타날 수 있는 심리적 문제로는 불안장애, 우울증, 과민성, 공격성, 과대망상, 정신신체장애, 발모광 (발모벽), 더마틸로마니아 (강박적 피부 뜯기), 환각, 편집증과 엠페타민성 정신병에 이르게 된다. 중독 위험성이 높은 메탐페타민은 사고, 자살, 살인 등으로 인한 사망과도 깊이 연관돼 있다 (The Merck Manual; Cruickshankl and Dyer 2009).

6.2 메탐페타민 남용으로 인한 사회적 영향

메탐페타민이 일으키는 악영향은 중독 환자에 한정되지 않고 메탐페타민 남용으로 인한 범죄율을 증가시키는 등 사회적 비용도 크다. 북한의 마약으로 인한 사회적 비용에 관한 정확한 정보나 믿을 만한 통계는 아직 없다. 하지만, 미국 연방 수사국, 랜드 마약 정책 연구소, 미국 몬태나, 네바다, 하와이 등 주 정부와 법 집행 기관들이 면밀히 검토한 메탐페타민으로 인한 사회적 비용에 관한 조사 결과를 살펴봄으로써 북한 내 메탐페타민 문제가 사회 질서나 권력 체제를 위협할 만한 문제가 될 가능성을 파악할 수 있었다.

미국 연방 수사국의 2006 년 통계에 따르면 미국 네바다 라스베이거스와 클라크 카운티에 강도 사건, 가정 폭행 등 강력범죄율이 2005 년보다 32% 이상 상승했다 (클락 카운티 강력범죄율 2007). 관련 법 집행기관들은 범죄율 상승은 메탐페타민 남용이 급증함으로써 발생한 문제라고 해석했다 (클락 카운티 강력범죄율 2007). 2004 년 미국 연방수사국의 하와이 담당자인 특별 수사관 찰스 굿윈은 국회 법 집행과 마약 정책 위원회에서 메탐페타민이 미치는 사회적 악영향에 대해 증언했다. 굿윈 특별 수사관은 하와이에서 90%의 재산범죄는 마약과 관련된 범죄라고 주장하였고, 굿윈의 진술에 의하면 2000 년대 초반에 경찰을 폭행한 사건은 5 년 사이에 5 배 정도로 늘어났으며 메탐페타민이 그 주요 원인이었다. 그리고 2002 년 미국 하와이 연방 검사 에드 쿠보는 하와이의 아동 학대 사례 중에 90%는 메탐페타민과 관련되었다고 주장했다 (The Federal Bureau of Investigation 2004; 메탐페타민 사회적 비용 2011). 굿윈은 2004 년 하와이 내 메탐페타민 사용자의 숫자는 3 만 명이라며, 법 집행, 마약 수사, 교육, 치료, 약물상담,

업무 효율성 저하, 생산인력 감소 등 메탐페타민으로 인한 연간 공공
지출은 5 억 달러로 추정된다고 보고했다 (The Federal Bureau of
Investigation 2004; 메탐페타민 사회적 비용 2011). 2010 년
하와이 고교생을 조사한 결과, 20%의 응답자가 메탐페타민을
복용한 바 있다고 응답했다. 같은 해 하와이에서 마약 오남용으로
인한 사망 사건 중에 30%는 메탐페타민과 관련되었다는 통계도
있다 (메탐페타민 사회적 비용 2011).

　미국 몬태나 주는 메탐페타민 남용으로 막대한 사회적 비용을
치르고 있다. 2008 년 몬태나의 법무장관 보고서에 의하면 50%
이상의 입양 자녀들은 메탐페타민과 관련된 가정 문제 때문에
입양되었고, 몬태나 주는 이 자녀들을 양육하는 데 연간 1 천 200 만
달러를 지출한다 (Montana Department of Justice a 2008: 8).
몬태나 주에서 실형을 사는 50%의 성인들은 메탐페타민과 연관된
죄로 감금되었고, 그로 인해 해마다 6 천만 달러의 비용이 소요되고
있다 (The Montana Meth Project; Montana Department of
Justice b 2009).

　2009 년 몬태나 법무 장관 보고서인 몬태나 내 메탐페타민
남용의 경제적 비용 (The Economic Cost of Methamphetamine
Use in Montana)이란 보고서는 결근율 상승, 투옥으로 인한 소득
감소 등의 생산 인력 감소로 인해 발생한 2005 년의 경제적 손해가
6 천 500 만 달러라고 지적했다. 또한, 2005 년 공중위생 부담은
3 천 900 만 달러로 계산되었고, 2007 년 메탐페타민 사용자에게
학대를 당한 피해자의 치료 비용은 1 천 100 만 달러로 계산되었다.
보고서는 범죄, 의료, 법 집행, 등 몬태나 주의 메탐페타민과 관련된
비용 지출 원인들을 구별하여 2005 년 총비용을 3 억으로
추정하였다 (Montana Department of Justice b 2009).

　국가적 차원에서 연구를 실행하는 민간 두뇌집단인 랜드의 마약
정책 연구소는 마약 퇴치 활동, 사법당국의 비용, 생산력 상실 등을
기타 요인으로 들어 미국의 메탐페타민 문제와 관련된 경제적
비용이 2005 년에 234 억 달러에 달한다고 발표했다. 보고서는
메탐페타민 중독자 및 메탐페타민을 사용하다가 사망한 사람과
관련된 비용은 전체 비용의 3 분의 2 이며 체포, 수사, 기소, 수감
기타 등 메탐페타민을 복용하다가 저지른 범죄와 관련된 비용을
포함하는 경우에는 총비용에 42 억 달러가 추가된다고 밝혔다
(RAND 103). 미국은 메탐페타민으로 인해 생산 활동에서 6 억
8 천 700 만 달러 정도의 손해를 입는다. 전국에서 메탐페타민
문제로 격리된 자녀에 대한 비용을 계산하면 9 억 500 만 달러가
덧붙는다. 미국은 마약 퇴치운동을 하기 위해 연간 5 억 4 천 600 만

달러를 지출하고 있는데, 이는 마약 문제에 대해 미국이 상당히 높은 위험인식을 갖고 있다는 것을 보여준다. 그리고 미국이 메탐페타민 문제와 관련해 지불하는 총비용이 234 억 달러인 것을 고려하면, 마약 문제가 경제 성장에도 장애물이란 것을 파악할 수 있다 (Nicosia et al. 2005; 美 메탐페타민 경제비용 2009).

위에 나열된 미국의 메탐페타민 문제들은 북한의 사례를 직접적으로 시사하고 있는 것은 아니지만, 메탐페타민 남용이 사회적으로 얼마나 심각한 문제를 일으키는지를 보여주고 있다. 따라서 이러한 미국의 사례를 통해 유추해 보면, 북한 역시 메탐페타민의 남용으로 인해 지불할 경제적 비용이 만만치 않으며, 주민의 건강, 사회 질서, 권력 체제의 안정이 위협을 당하고 있을 가능성이 크다는 것을 알 수 있다. 경제적 비용 면에서는 북한과 미국을 비교할 수 없지만, 일반인을 대상으로 제공되는 마약 피해에 대한 공교육과 마약 남용 치료 서비스 등이 미국보다 훨씬 부족한 북한에서의 마약 남용 문제는 심각한 사회적 부작용을 초래할 것이라고 예상된다. 메탐페타민은 범죄율 증가를 가속화하여 북한 사회를 파괴하고, 생산 감소 등으로 피폐해진 북한의 경제를 더 악화시키고 있다. 메탐페타민 문제는 막대한 비용을 요구하기 때문에 경제적 어려움에 처한 북한의 권력 체제 안정과 직결된다 (북 주민 마약 실태 2013).

미국의 2012 년 마약 사용과 건강에 대한 전국연구 (National Survey on Drug Use and Health)에 의하면 미국인의 4.7%에 해당하는 1 천 200 만 명이 자신의 일생에 메탐페타민을 적어도 한 번 사용한 경험이 있다고 응답했다 (U.S. Department of Health and Human Services). 메탐페타민을 사용한 경험이 있다는 미국 인구의 비율은 5%로 상당하다. 반면, 북한인의 마약 사용에 대한 정확한 통계는 없지만, 북중 국경지역에서 살던 탈북자 대부분은 메탐페타민에 노출되거나 복용한 적이 있을 것이라고 한다 (Lankov and Kim 2013: 55, 56; Fish 2011). 이화여대 북한학과 교수 김석향은 메탐페타민을 적어도 한 번 사용한 경험이 있는 북쪽 북한인 중에 40~50%는 중독성이 있을 것이라고 주장한다 (Strother 2013). 북한 마약 문제와 관련해 제기된 수치들은 추측에 불과하다. 그러나 북한 공무원의 진술과 대다수 탈북자의 증언을 고려하면, 북한 내 약물 남용은 매우 심각한 수준에 이르렀을 뿐만 아니라, 수십 년 동안 북한 체제의 유지 수단으로 이용한 마약이 이제 북한 권력 체제 안정에 위협이 되었다는 것에는 반론의 여지가 없어 보인다.

7. 결론

마약 거래가 경제적 어려움에 처한 북한 정부에 막대한 자금을 제공하고, 북한이 그로 인해 얻는 수익을 무기 프로그램에 투자하고 있을 가능성이 크므로, 주변국들은 북한의 마약 거래를 주시해야 한다. 학계의 북한학 전문가들이 북한의 마약 문제에 대한 이해가 부족하기 때문에 마약으로 인한 북한의 사회 문제에 거의 주목하지 않고 있으나, 국제 사회와 세계 법률 집행 기관들은 심각한 우려를 드러내고 있다. 학계는 현재 메탐페타민 문제와 관련된 일련의 증거들에 침묵하고 있으나, 2013 년 11 월 미국 마약단속국(DEA) 국장 미셸 리온하트는 "북한이 세계 마약 거래에서 메스암페타민의 주요 공급원으로 떠올랐음을 계속해서 보여주고 있다"고 주장했다 (이연철 2013).

그러나 북한의 마약 제조와 밀수출 문제는 어제오늘 일은 아니다. 북한 정부는 60 여 년 동안 정부 차원에서 마약 거래에 개입하여 한국 국민들과 남측 군인들을 마약에 중독시키려 하였고, 마약 밀수출로 벌어들인 자금을 남한에 있는 정복 세력 조성, 한국 내 특수부대 조직, 군사 증강, 정치 자금과 김 씨 일가의 전용 비자금 보충, 당원들과 북한 주민 사이에 지지 및 김정일의 권력 세습을 견고히 하기 위한 수단 등으로 권력을 강화하고 체제를 유지하는 데 쓰고 있었다.

유엔 기록에 의하면 일제 강점기 조선은 대량의 아편을 제조했다 (United Nations ODC 1949). 조선총독부 해산으로 인해 아편 제조업을 물려받았던 북한은 1940 년대 말에 남한으로 마약을 밀수출하기 시작하였고 1950 년대 중반부터 한국 내 북한산 마약 중독 문제가 불거지기 시작했다. 현재의 한국은 마약 청정국으로 알려져 있지만, 1955 년과 1965 년 통계에 따르면 그 당시에는 4 만여 명의 마약 중독자가 있었다. 70 년대부터 김정일이 전담하는 39 호실의 외화벌이 사업과 수십 명의 북한 마약 운반자들이 적발되면서 북한은 세계 마약 거래에서 주요 공급국으로 지목되었다.

2000 년대 중반에 국제 사회가 북한 대사관원과 마약 거래로 벌어들인 비자금을 단속하자 북한의 마약 제조업은 새로운 양상을 보이기 시작했다. 2005 년에 미 국무부는 북한이 아편 제조를 줄였기 때문에 북한 정부의 마약 거래가 감소됐다고 주장하였고, 이듬해인 2006 년에 북한 정부는 국가의 마약법을 엄격화했다. 2007 년에 북한은 3 개의 국제 마약 금지 조약들을 비준하겠다고 선포하였지만, 마약 협정을 뒤늦게 비준한 북한이 제대로 이행할 의사를 가지고 있었는지는 의심스러웠고, 북한의 반마약 이미지는 오래가지 못했다.

2000 년대 후반에는 북한의 메탐페타민 거래에 대한 보고와 탈북자 증언이 늘어나기 시작하였고 2010 년에는 중국 당국이 대규모의 북한산 마약을 압수했다고 보도했다 (김현아 2011). 2013 년에 한국으로 귀순한 북한 공작원에 따르면 북한 주요국 대사관들은 대량의 마약을 보급받아서 현금화하라는 지시를 받았다고 진술했다 (박성우 2013).

북한은 2000 년대 중반에도 비자금의 출처인 마약 거래를 미국 몰래 지속하면서도, 반마약 이미지를 달성하고 BDA 에서 동결되었던 자금을 회복했다. 그렇지만 실제로는, 북한은 마약 거래를 줄이는 대신 유통을 아웃소싱하고 위성으로 포착하기 쉬운 양귀비 대신, 은밀하게 제조하기 쉬운 메탐페타민을 대대적으로 제조하기 시작했다. 북한 정부는 아편 제조를 엄격하게 관리했지만, 메탐페타민은 그렇게 관리할 수 없었다.

마약 유통을 아웃소싱함으로써, 실상 북한은 마약 거래를 통제할 능력을 잃었기 때문에 북한산 메탐페타민이 북한 내에서도 팔리게 되었다. 의약품 부족, 일반인을 위한 마약 관련 교육의 부족, 마약 남용 치료 서비스의 부족 등으로 북한 내 마약 환자가 대폭 늘어나기 시작했다. 어느 나라를 막론하고 마약 퇴치 활동, 사법당국의 부담, 생산력 상실, 부모 없는 아이의 양육 부담, 중독을 위한 치료 서비스 부담 등을 고려하면 광범위한 메탐페타민 남용으로 인한 사회적 부담은 클 수밖에 없다. 경제적 어려움에 처한 북한 권력 체제에 메탐페타민의 경제적 부담은 체제 불안정성의 원인이 될 수 있고 동북아 안정에 대한 위협이 될 가능성도 있다.

북한이 워낙 폐쇄된 나라이기 때문에 국제사회는 북한의 국제 마약 거래와 자국 내 중독 문제를 쉽게 해결할 수 없다. 따라서 국제 사회는 북한 마약 문제를 해결하기 위해 전방위적 종합대책을 마련해야 한다. 첫째는 북한 인권, 보건, 교육을 위한 국제구호기관과 비영리단체는 북한 내에서 마약의 악영향에 대한 교육과 치료 서비스를 보건 및 교육 지원과 연결시켜야 한다. 보건 제도가 부족한 북한에서는 마약이 의약품으로 인식되고 마약 중독자는 치료를 받아야 할 정신질환자 대신 범죄인으로 분류된다. 후진적 교육, 보건과 법률 제도가 존재하는 한 북한 국영 마약 퇴치 운동은 효과가 없고, 오히려 마약 문제만 다변화될 것이다. 북한에서 교육, 보건 프로그램을 진행하는 국제 단체들이 청소년을 대상으로 마약 남용 예방 교육과정을 마련하여 북한의 보통교육 제도에 도입한다면 큰 효과를 거둘 수 있을 것이다. 북한이 최근 들어서 반마약 법을 엄격화하는 것은 북한 정부가 마약 중독 문제를 사회 질서에 대한 위협으로 인식하고 있다는 것을 보여준다. 그러므로 여러 국제 비영리단체로부터 교육 지원을 받는 북한이 반마약 교육 지원도 받아들일 가능성이 있다. 마약 치료 전문인력이 부족하고 북한 주민들이 북한인 의사를 신뢰하지 않은 상황에서 북한정부는 법적 차원에서 사후 법제 대책에만 주력하고 있다. 따라서 북한에서 봉사하는 국제 의료진은 마약 남용에 대한 지식을 널리 펼치는 방법을 찾는 데 노력을 기울여야 한다.

둘째, 열린북한방송, 자유아시아방송, 자유조선방송, 북한 내 정보를 전하기 위한 외국 방송들이 북한 마약 문제뿐만 아니라 마약 중독의 예방, 마약의 악영향, 마약 중독 치료, 반마약 교육 프로그램 설립에 대한 정보를 전달하면 북한 내 마약에 대한 수요 억제에 기여할 수 있다. 셋째, 국제 차원에서 북한 마약 유통 네트워크의 본질을 이해할 필요가 있다. 중국과 한국은 북한 정부를 위해 마약을 유통하는 중간 상인을 대상으로 출처, 통로 등에 대한 정보를 수집하고, 반대급부로 제보자에게 보상금을 제공할 수 있다. 이를 통해 당사국들은 북한 마약을 유통하는 국제범죄조직에 대한 정보를 교환하고 북한 마약 밀매 단속 전략을 강구해야 한다.

넷째, 중국은 북한과의 국경에 검문소, 마약 탐지 장비, 인력, 탐지견 등을 확충해 마약 밀수 단속을 강화할 수 있다. 중국의 적극적 참여를 유도하기 위해 미국과 한국은 중국에 최첨단 마약 탐지 장비 등의 전문적 지원을 제안할 수 있다. 중국은 중앙 정부 차원에서 마약 단속을 본격적으로 시행하고 있으나, 법 집행에서 비리가 빈발하고 집행 제도의 투명도가 낮다. 다섯째는 마약과 마약 원료의 유통 통로를 파악한 이후 관계국들은 동북아 지역의 항만과 해상을 중심으로 마약 유통 차단 프로그램을 실시할 수 있다.

여섯째, 중국은 국내 마약 원료물질의 판매를 엄격히 관리하고 추적해야 할 것이다. 중국은 이미 마약 원료물질의 관리와 추적 조치를 적용하고 있으나 메탐페타민 문제의 막대한 규모를 고려해 단속 조치를 개선해야 할 것이다. 마지막으로 중국은 동북지역에서 중국과 북한 사이를 오가는 중국과 북한 주민을 위해 국제적 기준에 맞는 중독 치료 센터를 설립하고 교육 프로그램을 제공할 수 있다.

메탐페타민으로 인한 사회적·경제적 부담이 크지만, 그보다 더 우려스러운 현실은 북한이 마약으로 막대한 비자금을 조달하는 것이다. 북한은 마약 거래로 벌어들인 연간 5억 달러 혹은 1억 달러 정도의 자금을 핵과 미사일 개발 등 무기 프로그램과 대남 정복 세력 조성에 투자하고 범죄조직들에 자금을 제공하고 있기 때문에, 이는 미국, 한국, 동북아시아의 안정에 위협이 된다. 북한의 마약 거래를 주시하지 않으면 북한은 마약 거래를 통해 지속적으로 자금을 조달할 것이고, 계속 핵이나 미사일 개발 자금으로 사용할 수 있기

때문에, 늦었지만, 지금이라도 북한 전문가들과 관련국들은 북한의
마약 거래 문제를 본격적으로 파악하고 다루어야 할 것이다.

참고문헌

間諜通(간첩통)海麻藥密輸(마약밀수)유엔側(측),傀儡非難軍事停戰委(괴뢰비
　　난군사정전위)서1960년. 동아일보 정치면, 3월 17일,
　　http://newslibrary.naver.com/viewer/index.nhn?articleId=19600317002091
　　01027&editNo=2&printCount=1&publishDate=1960-03-
　　17&officeId=00020&page No=1&printNo=11668&publishType=00010
　　(검색일: 2013년 10월 29일).

강태호. 2013년. "북 소아병원 가보니 의약품 부족 심각." 한겨레, 8월 20일,
　　http://www.hani.co.kr/arti/politics/defense/600218.html (검색일: 2013년 8월
　　25일).

傀儡阿片攻勢(괴뢰아편공세) 工作員續續檢擧(공작원속속검거). 1954년.
　　동아일보 2면, 사회 12월 13일,
　　http://newslibrary.naver.com/viewer/index.nhn?articleId=19541213002092020
　　21&editNo=1&printCount=1&publishDate=1954-12-
　　13&officeId=00020&pageNo=2&printNo= 9783&publishType=00020
　　(검색일: 2013년 11월 2일).

金警察局長記者會見談(금경찰국장기자회견담) 南韓(남한)에
　　阿片密送(아편밀송) 1949년. 경향신문 2면, 11월 30일,
　　http://newslibrary.naver.com/viewer/index.nhn?articleId=19491130003292020
　　06&edit No=1&printCount=1&publishDate=1949-11-
　　30&officeId=00032&pageNo=2&printNo =1010&publishType=00020
　　(검색일: 2013년 10월 23일).

김나리. 2007. 북한, "부정부패의 왕국." 란코프 교수. 자유아시아방송. 6월22일,
　　http://www.rfa.org/korean/in_focus/corruption_lancov-20070622.html
　　(검색일: 2013년 11월 11일).

고동석. 2012년. "국내 반입 마약 절반 이상 北노동당 39호실 유통." 일요서울.
　　2월 6일, http://www.ilyoseoul.co.kr/news/articleView.html?idxno=55168
　　(검색일: 2013년 10월 29일).

김중호. 2011년. 북한의 외화수요에 대한 미국의 전략적 대응, 한국수출입은행.
　　수은북한경제 pp. 37-63.

김민세. 2007년. 함흥 상류층 10명 중 1명은 중독. 데일리NK, 6월27일,
　　http://www.dailynk.com/korean/read.php?num=43001&cataId=nk00500
　　(검색일: 2013년 10월 24일).

김성진. 2010년. "北무역관리, 중국 단둥서 마약거래 혐의 체포." 한국일보. 6월
　　10일,
　　http://news.hankooki.com/lpage/politics/201006/h2010060809542674760.htm
　　(검색일: 2013년 9월 11일).

김은지. 2013년. "최근 5년간 탈북자 수감자 중 마약사범 최다." 미국의 소리,
　　9월 3일, http://www.voakorea.com/content/article/1742260.html (검색일:
　　2013년 9월 20일).

김영권. 2013년. "탈북자 마약범죄, 한국 법제도 이해 부족에서 시작." 미국의 소리. http://m.voakorea.com/a/1750623.html (검색일: 2013년 10월 23일).

김진숙, 2012년. 북한 의약품정책과 정치경제적 영향 분석, 통일문제연구, 하반기(통권 제58호). P. 123-124.

김현아. 2011. "마약의 주범은 북한당국." 자유아시아방송, 9월 5일, http://www.rfa.org/korean/commentary/ae40d604c544/khacu-09052011101509.html (검색일: 2013년 8월 28일).

나라를좀먹는痲藥患者(마약환자) 1955. 경향신문 2면 사회. 1월 22일. http://newslibrary.naver.com/viewer/index.nhn?articleId=1955012200329202001&editNo=1&printCount=1&publishDate=1955-01-22&officeId=00032&pageNo=2&printNo=27 68&publishType=00020 (검색일: 2013년 11월 3일).

對南工作(대남공작)에阿片戰術(아편전술) 1954년. 동아일보, 2면, 정치, 10월 16일, http://newslibrary.naver.com/viewer/index.nhn?articleId=1954101600209202003&editNo=1&printCount=1&publishDate=1954-10-16&officeId=00020&pageNo=2&printNo=9722& publishType=00020 (검색일: 2013년 11월 8일).

디지털 북한 백과사전. 당38호실. http://www.kplibrary.com/nkterm/read.aspx?num=335 (검색일: 2013년 9월 23일).

마약관리법, 2005. 북한법제정보센터, http://world.moleg.go.kr/KP/law/24555 (검색일: 2013년 11월 20일).

痲藥(마약)과武器密輸(무기밀수)1955년. 경향신문, 1면 정치. 1월 9일. http://newslibrary.naver.com/viewer/index.nhn?articleId=1955010900329201022&editNo=1&printCount=1&publishDate=1955-01-09&officeId=00032&pageNo=1&printNo=2755&publish Type=00020 (검색일: 2013년 11월 5일).

痲藥團束(마약단속)에는 密輸路封鎖(밀수로봉쇄)만이捷徑(첩경) 1958년. 경향신문 1면 사회, 3월. 26일. http://newslibrary.naver.com/viewer/index.nhn?articleId=1958032600329201006&editNo=2&printCount=1&publishDate=1958-03-26&officeId=00032&pageNo=1&printNo=3924& publishType=00020 (검색일: 2013년 9월 22일).

마약류 용어사전. 메스암페타민. 한국마약퇴치운동본부. http://www.drugfree.or.kr/drug_bbs/board.php?board=term&page=5&command=body&no=225 (검색일: 2013년 12월 2일).

痲藥密輸(마약밀수)에 地下點(지하점)조직 密造團(밀조단) 사건1966년. 경향신문. 3면 사회, 1월 21일, http://newslibrary.naver.com/viewer/index.nhn?articleId=1966012100329203008&editNo=2&printCount=1&publishDate=1966-01-21&officeId=00032&pageNo=3&printNo =6235&publishType=00020 (검색일: 2013년 9월 14일).

메탐페타민 사회적 비용 5억 달러 육박. 한국일보. 2011년 10월 19일.

http://www.koreatimes.com/article/690623 (검색일: 2013년 11월 14일).

美 메탐페타민 경제비용 연 234억달러. *연합뉴스*. 2009년 2월 4 일. http://www.yonhapnews.co.kr/economy/2009/02/04/0301000000AKR2009020 4143800009.HTML (검색일: 2013년 8월 22일).

문명호 칼럼: 북한의 국제사회를 향한 손짓. 2007년. *자유아시아방송*, http://www.rfa.org/korean/commentary/mmh/nk_gesture_toward_world-20070319.html (검색일: 2013년 9월 12일).

문성휘. 2013년. 북, 올해 마약중독자 크게 늘어. *자유아시아방송*. 9월 17일. http://www.rfa.org/korean/in_focus/drug-09172013095823.html (검색일: 2013년 10월 20일).

미 상원 행정위 북한 관련 증언록: "마약·위폐·미사일은 김정일의 생명줄." 2003년. 신동아. 6월 24일. http://shindonga.donga.com/docs/magazine/shin/2003/06/24/20030624050001 6/200306240500016_1.html (검색일: 10월 16일).

박성우. 2013년. 북한 외교공관은 돈세탁 공간. *자유아시아 방송*. 2013년 3월 29일. http://www.rfa.org/korean/weekly_program/news_analysis/co-ps-03292013132159.html (검색일: 2014년 3월 20일).

'북 주민 마약실태' 발표한 김석향 교수. *자유아시아 방송*. 2013년 9월 30일. http://www.rfa.org/korean/weekly_program/rfa_interview/rfainterview-09302013105803.html (검색일: 2013년 9월 7일).

북한 보건의료체계는 누가 설계했을까: 어린이의약품지원본부 4차 강연회. 2013년. 통일 공식 블로그. 7월 10일. http://blog.unikorea.go.kr/3479 (검색일: 2013년 8월 29일).

북한의 사형제도: 전체주의 국가기구. 2012년. *Worldwide Human Rights Movement (FIDH)*, p. 19. http://www.fidh.org/IMG/pdf/kr-report-high-rez.pdf (검색일: 2013년 10월 12일).

三分之二(삼분지이)는北韓等地(**북한**등지)서各種麻藥密搬入(각종마약밀반입)루-트, 1955년. 동아일보 3면, 사회. 12월 3일. http://newslibrary.naver.com/viewer/index.nhn?articleId=19551203002092030 03&editNo=1 &printCount=1&publishDate=1955-12-03&officeId=00020&pageNo=3&printNo=10106 &publishType=00020 (검색일: 2013년 10월 31일).

서재정. 2007년. BDA는 주범 없는 공범? 한반도 브리핑 49 위조지폐 증거 없는 돈세탁 주장. *프레시안* http://www.pressian.com/article/article.asp?article_num=40070425142009&Section=05 (검색일: 2013년 10월 14일).

'세계 제3위의 마약 수출' 북한정권의 내막. 2003년. *조갑제*. 5월 2일, http://www.chogabje.com/board/view.asp?cpage=0&C_IDX=1545&C_CC=AZ (검색일: 10월 16일).

阿片戰術(아편전술)의赤侵工作(적침공작)1954년. 동아일보. 2면 사회 11월 24일, http://newslibrary.naver.com/viewer/index.nhn?articleId=19541124002092020 16&editNo=1&printCount=1&publishDate=1954-11-24&officeId=00020&pageNo=2&printNo=9764&publish Type=00020

(검색일: 2013년 11월 9일).

양정아. 2011. 北, '백도라지 사업' 전면 추진하나, *NKVision.*
   http://www.nkvision.com/read.php?num=59 (검색일: 2013년 8월 29일).

麗順叛亂事件總主謀(여순반란사건총주모)
   共產黨首魁(공산당수괴)로暗躍(암약) 1949년. *동아일보,* 2면, 4월 10일,
   http://newslibrary.naver.com/viewer/index.nhn?articleId=19490410002092020
   01&editNo=1 &printCount=1&publishDate=1949-04-
   10&officeId=00020&pageNo=2&printNo=7 871&publishType=00020
   (검색일: 2013년 10월 24일).

이상언. 2007년. 미국 BDA 자금 조사 곧 종결. *중앙일보.* 1월
   29일.http://nk.joins.com/news/view.asp?aid=2877640 (검색일: 2013년 10월
   24일).

이연철. 2013년. 미 감찰, 북한산 마약 밀거래 조직원 5명 기소. *미국의 소리.*
   11월 21일. http://m.voakorea.com/a/1794220.html (검색일: 2014년 3월 20일).

이용수. 2013년. 전세계를 상대로 '마약 장사'하는 북한, 한국까지 위협한다.
   조선일보. 7월 17일, http://m.chosun.com/article.html?contid=2013071602639
   (검색일: 2013년 11월 12일).

이용수. 2013년. 北 내달 초까지 마약 팔아 1인당 30만달러 상납 지시,
   조선일보, 3월 20일,
   http://news.chosun.com/site/data/html_dir/2013/03/20/2013032000207.html
   (검색일: 2013년 9월 30일).

이용수. 2013년. 北 내달 초까지 마약 팔아 1인당 30만달러 상납 지시,
   조선일보, 3월 20일,
   http://news.chosun.com/site/data/html_dir/2013/03/20/2013032000207.html
   (검색일: 2013년 9월 30일)

이주일. 2009. 북한의 특이한 아편생산방법. *자유북한방송.*
   http://www.fnkradio.com/board.php?board=fnkradiob112&page=281&comma
   nd=body&no=98 (검색일 2013년 10월 1일).

위키백과 기여자, "도파민," *위키백과,*
   http://ko.wikipedia.org/w/index.php?title=%EB%8F%84%ED%8C%8C%EB%
   AF%BC&oldid=113 25634 (검색일: 2013년 11월 18일).

위키백과 기여자, "태양절," *위키백과,*
   http://ko.wikipedia.org/w/index.php?title=%ED%83%9C%EC%96%91%EC%
   A0%88&oldid=11629485 (검색일: 2013년 12월 3일).

윤원준. 2011. 북 감싸줬더니 중서 무더기 마약장사 중국이 뿔났다. *동아일보,*
   http://english.donga.com/srv/k2srv.php3?biid=2011070521408 (검색일:
   2013년 8월 28일).

윤황. 2007년. 동북아 평화질서구축의 쟁점: 북한의 국제범죄 유형과 특징,
   統一問題硏究, 상반기호, 통권 제 47호. p. 120-124.

敵巧妙(적교묘)한痳藥戰術(마약전술),1953년. *경향신문,* 2면, 사회, 2월 4일,
   http://newslibrary.naver.com/viewer/index.nhn?articleId=19530204003292020
   01&editNo=1&printCount=1&publishDate=1953-02-
   04&officeId=00032&pageNo=2&print No=2053&publishType=00020

(검색일: 2013년 11월 10일).

轉向意思表明(전향의사표명)1949년. *경향신문*, 4면, 4월 10일, http://newslibrary.naver.com/viewer/index.nhn?articleId=19490410003292040 07&editNo=1&p rintCount=1&publishDate=1949-04-10&officeId=00032&pageNo=4&printNo=779& publishType=00020 (검색일: 2013년 10월 24일).

정용안. 2006년. 약물 중독 환자의 뇌신경계 핵의학 영상. *대한핵의학회*. Vol. 40, No. 1,http://ksnm.or.kr/upload/journal/40010201.pdf (검색일: 2013년 9월 23일).

제5 직장에서 헤로인 密造, 생산 기술자는 정상길, 조선뉴스프레스, 2003년 11월호, http://monthly.chosun.com/client/news/viw.asp?nNewsNumb=200311100063 (검색일: 2013년 11월 7일).

조선중앙통신사 론평 제재강화를 위한 추악한 모략설, 2013년, KCNA 조선통신, 3월 26일.

조은정. 2013년. 유엔 '북한 수해지역 설사병 늘어...의약품 부족.' 미국의 소리. 11월 18 http://www.voakorea.com/content/article/1735863.html (검색일: 2013년 11월 10일).

클락카운티 강력범죄율 32% 증가. 2007년. *라스비키*. 10월 1일. http://lasvk.com/news.php?mode=view&num=366 (검색일: 2013년 10월 2일).

한영진. 2006년. 김정일 비자금 총판 39호실의 실체: 김정일의 호화로운 생활속에 증가되는 북한 주민의 강제노동, *북한연구*(국내편), 3월호, pp. 107- 112.

허진. 2006년. 보안성 포고문, 누구를 사형하려고 하나? *자유아시아방송*, 3월 24일, http://www.rfa.org/korean/defector_corner/jung_young/nk_vow_not_execute_c onvicted-20060324.html (검색일: 2013년 8월 23일).

현인애. 2011년. 김정일 집권과 노동당의 위상, *한국행정학회 추계학술대회* http://scholar.googleusercontent.com/scholar?q=cache:Kt5-66G9pCAJ:scholar.google.com/&hl=en&as_sdt=0,5%201980 (검색일: 2013년 9월 20일).

형법부칙(일반범죄): 주체96(2007)년 12월 19일 최고인민회의 상임위원회 정령 제2483호로 채택. *북한법제 정보센터*. world.moleg.go.kr/fl/download/20257/XRWQ8WAS7O1947CYS2XM (검색일: 2013년 12월 2일).

황형준. 2008년. "양귀비 직접 재배해 마약 제조"...북한군의 '백도라지 사업,' *동아일보*. 12월 8일, http://news.donga.com/3/all/20081208/8668334/1 (검색일: 2013년 11월 20일).

Abuse Across the Northern Areas of North Korea, *North Korea Review*, Vol. 9, No. 1, McFarland & Company Inc. Spring, p. 47, http://mcfarland.metapress.com/content/006pn78u21333536/fulltext.pdf (accessed October 20, 2013).

Amnesty International. 2010. *The Crumbling State of Health Care in North Korea*. p. 22. http://amnesty.or.kr/wp-content/uploads/oldfiledown/NK%20Health%20Report.pdf (accessed November 12, 2013).

Arms Control Association. 2013. *Chronology of US-North Korean Nuclear and Missile Diplomacy*. http://www.armscontrol.org/factsheets/dprkchron, (accessed October 15, 2013).

Bechtol, B. 2010. Criminal Sovereignty: Understanding North Korea's Illicit International Activities. Strategic Studies Institute, p. 5, http://www.strategicstudiesinstitute.army.mil/pdffiles/pub975.pdf (accessed October 4, 2013).

Central Intelligence Agency (CIA). 2003. North Korea, *CIA World Factbook*, pp. 813, 814.

Cha, V. 2004. North Korea's Drug Habit, *New York Times*, June 3, http://www.nytimes.com/2004/06/03/opinion/north-korea-s-drug-habit.html (accessed August 27, 2013).

Chestnut, S. 2007. Illicit Activity and Proliferation: North Korean Smuggling Networks. *International Security*. Vol. 32, No. 1, pp. 80-111.

Cruickshankl, C. C. and K. Dyer. 2009. A Review of the Clinical Pharmacology of Methamphetamine. *Addiction*. Vol. 104, No. 7, http://onlinelibrary.wiley.com/doi/10.1111/j.1360-0443.2009.02564.x/full (accessed October 14, 2013).

Department of the Treasury. 2005. *Finding that Banco Delta Asia SARL is a Financial Institution of Primary Money Laundering Concern*. http://www.fincen.gov/statutes_regs/patriot/pdf/noticeoffinding.pdf (accessed on November 5, 2013).

Fish, I. Stone. The Black Hole of North Korea. *The New York Times*. August 8, 2011. http://www.nytimes.com/2011/08/09/opinion/09iht-edfish09.html?_r=0 (accessed October 24, 2013).

Havoscope, Global Black Market Information. 2013. *Meth Prices*. http://www.havocscope.com/black-market-prices/meth-prices/ (accessed November 10, 2013).

Hunt E.D. 2006. Methamphetamine Abuse: Challenges for Law Enforcement and Communities, *National Institute of Justice*, http://www.nij.gov/journals/254/methamphetamine_abuse_print.html (accessed November 18, 2013).

Kan, P. R. and B. Bechtol, 2010. Criminal Sovereignty: Understanding North Korea's Illicit International Activities., Strategic Studies Institute. www.strategicstudiesinstitute.army.mil/pdffiles/pub975.pdf (accessed September 17, 2013).

KNA기 아편 밀수사건이란? 1958년 3월 21일 전 KNA 경리과장과 전 KNA 승무원 포함한 3명이 북한 간첩과 접촉해 북한으로 미화 1000달러를 송금하여 아편을 사고 KNA기로 아편을 한국에 밀수하려던 사건이다. KNA課長等(과장등) 爲先三名送廳(위선삼명송청) 阿片航空便(아편항공편) 密輸事件(밀수사건). 동아일보. 3면 사회. 1958년 03월22일. http://newslibrary.naver.com/viewer/index.nhn?articleId=19580322002091030 24&editNo=1&printCount=1&publishDate=1958-03-22&officeId=00020&pageNo=3&printNo=10943&publishType=00010 (검색일: 2013년 12월 3일).

Lankov, A and S. Kim. 2013. A New Face of North Korean Drug Use: Upsurge in

Methamphetamine Abuse Across the Northern Areas of North Korea, *North Korea Review*, Vol. 9, No. 1, McFarland & Company Inc. Spring, p. 47, http://mcfarland.metapress.com/content/006pn78u21333536/fulltext.pdf (accessed October 20, 2013).

Merck. Amphetamines. *The Merck Manual*. http://www.merckmanuals.com/professional/special_subjects/drug_use_and_de pendence/amphetamines.html?qt=&sc=&alt= (accessed November 3, 2013).

Montana Department of Justice. *Methamphetamine in Montana: A Follow-up Report on Trends and Progress. April 2008.* Page 8. http://wyoming.methproject.org/documents/MT_AG_Report_Final.pdf (accessed November 22, 2013).

Montana Department of Justice. *The Economic Cost of Methamphetamine Use in Montana.* February 2009. http://montana.methproject.org/documents/MT%20DOJ%20Cost%20of%20 Meth%20in%20Montana%20Report.pdf (accessed November 15, 2013).

Nanto, D. 2009. North Korean Counterfeiting of U.S. Currency. *Congressional Research Service.* June 12. http://www.fas.org/sgp/crs/row/RL33324.pdf (accessed November 12, 2013).

Nicosia, Nancy and Rosalie Liccardo Pacula, Beau Kilmer, Russell Lundberg, James Chiesa. *The Economic Cost of Methamphetamine Use in the United States.* RAND Drug Policy Research Center. 2005. http://www.rand.org/content/dam/rand/pubs/monograph s/2009/RAND_MG829.pdf (Accessed December 3, 2013).

Perl, R. F. 2007. *Drug Trafficking and North Korea: Issues for U.S. Policy*, Congressional Research Service, p. 10, January 25, http://www.fas.org/sgp/crs/row/RL32167.pdf (accessed October 15, 2013).

Sanctions against North Korea. *Global Policy Forum*. http://www.globalpolicy.org/security-council/index-of-countries-on-the-security-council-agenda/north-korea.html (accessed October 3, 2013).

Shanty, F. and P. P. Mishra. 2005. *Organized Crime: From Trafficking to Terrorism*, Volume 1, ABC-CLIO Inc, Page 142.

Strother, J. 2013. 북한에서 들불처럼 번지는 마약 남용, 해결책은? *Wall Street Journal*, 8월 20일, http://realtime.wsj.com/korea/2013/08/20/%EB%B6%81%ED%95%9C%EC% 97%90%EC%84%9C-%EB%93%A4%EB%B6%88%EC%B2%98%EB%9F%BC-%EB%B2%88%EC%A7%80%EB%8A%94-%EB%A7%88%EC%95%BD-%EB%82%A8%EC%9A%A9-%ED%95%B4%EA%B2%B0%EC%B1%85%EC%9D%80/ (검색일: 2013년 10월 12일).

The Federal Bureau of Investigation (FBI). *Charles L. Goodwin: Testimony before the House Government Reform Subcommittee on Criminal Justice, Drug Policy and Human Resources.* August 2, 2004. http://www.fbi.gov/news/testimony/the-poisoning-of-paradise-crystal-methamphetamine-in-hawaii (accessed on December 1, 2013).

The Montana Meth Project. *Meth in Montana.* http://montana.methproject.org/About-Us/index.php, (accessed December 2, 2013).

United Nations Office on Drugs and Crime (UNODC). 1949. *Opium Production Throughout the World*, January 1, http://www.unodc.org/unodc/en/data-and-analysis/bulletin/bulletin_1949-01-01_1_page005.html#f50 (accessed September 10, 2013).

U.S. Currency. Know Your Money: *$100 신권*. http://www.newmoney.gov/ko.htm (검색일: 2013년 11월 3일).

U.S. Department of Health and Human Services (NIH). *Methamphetamine Abuse and Addiction*. National Institute on Drug Abuse. http://www.drugabuse.gov/sites/default/files/methrrs_web.pdf (accessed October 19, 2013).

U.S. Department of State. 2002. International Narcotics Control Strategy Report (INCSR). http://www.state.gov/documents/organization/8692.pdf (accessed August 22, 2013).

U.S. Department of State. 2005. International Narcotics Control Strategy Report. http://www.state.gov/j/inl/rls/nrcrpt/2005/vol2/html/42394.htm (accessed October 4, 2013).

U.S. Department of State. 2005. International Narcotics Control Strategy Report (INCSR). http://www.state.gov/j/inl/rls/nrcrpt/2005/vol1/html/42367.htm (accessed August 22, 2013).

U.S. Department of State. 2006. International Narcotics Control Strategy Report (INCSR)., http://www.state.gov/documents/organization/62379.pdf (accessed August 22, 2013).

U.S. Department of State. 2007. International Narcotics Control Strategy Report (INCSR). http://www.state.gov/j/inl/rls/nrcrpt/2007/vol1/html/80859.htm (accessed October 28, 2013).

U.S. Department of State. 2008. International Narcotics Control Strategy Report (INCSR). http://www.state.gov/j/inl/rls/nrcrpt/2008/vol1/html/100780.htm (accessed September 29).

U.S. Department of State. 2011. International Narcotics Control Strategy Report (INCSR). http://www.state.gov/j/inl/rls/nrcrpt/2011/vol1/156362.htm#northkorea (accessed November 8, 2013).

U.S. Department of State. 2013. International Narcotics Control Strategy Report (INCSR). http://www.state.gov/j/inl/rls/nrcrpt/2013/vol1/204049.htm#North_Korea (accessed October 23, 2013).

Yun M. and E. Kim, 2010. Evolution of North Korean Drug Trafficking: State Control to Private Participation, *North Korea Review*, Vol. 6, No. 2, McFarland & Company Inc. p. 56. http://mcfarland.metapress.com/content/k2057683u3278p25/fulltext.pdf (accessed September 3, 2013).

한국의 성착취 목적의 인신매매 근절 노력에 대한 검토

고재림 (Jaerim Gauh)

MA, Korean for Professionals, University of Hawaiʻi at Mānoa, 2014

A CRITICAL REVIEW OF SOUTH KOREA'S APPROACH ON THE ERADICATION OF HUMAN TRAFFICKING FOR THE PURPOSE OF FORCED SEXUAL EXPLOITATION

According to the U.S. Department of State's 2013 Trafficking in Persons Report (TIP), the South Korean government was ranked in good standing at Tier 1 status for fully complying with the Trafficking Victims Protection Act's (TVPA) minimum standards for the elimination of trafficking and has maintained this rank since 2002 for 12 consecutive years, however, the country still remains to be a source, transit and destination country for human trafficking of women and children. This paper examines South Korea's human trafficking and argues that its main purpose is to meet the demands of prostitution, which remains illegal in the country and its' supply is facilitated through sexual exploitation by coercion. This comes to question the South Korea government's approach on eradicating human trafficking. This paper will discuss how societal and institutional issues present in South Korea facilitate human trafficking. Also, in this paper, the status of underage prostitution will be addressed and highlight the necessary tools for eradicating human trafficking which include a comprehensive legislation and policy, transparency, effective rule of law, increase prostitution-related research, accurate data and a reformed regulation and education. I will conclude by proposing a solution with suggestions.

1. 서론

2013 년 미 국무부의 인신매매 보고서에서 한국 정부는 양호한 1 등급 [1] 평가를 받아, 2002 년부터 12 년 동안 연속으로 인신매매 근절을 위한 최소 기준을 충족하는 등급을 유지해 왔다. 그러나 한국은 여전히 여성과 아동의 인신매매 출발국, 송출국, 대상국으로 보고되고 있다. 본 논문에서는 한국에서 발생하는 성착취적 인신매매를 조사하여 그 주요 목적이 국가의 성매매 시장의 수요를

---

[1] 이 논문의 제 3 항에서 더 자세히 설명한다.

충족하기 위한 것이며, 한국 사회에서 성매매가 불법임에도 불구하고 성매매 시장이 여전히 활발한 이유는 성매매 시장의 공급이 강제적 성착취 수단을 통해 가능하기 때문임을 강조하고자 한다. 이를 위해 한국 정부의 인신매매 근절에 대한 접근 방식이 효율적인지에 대한 검토가 필요하다. 본 논문은 한국 내에 존재하는 사회·제도적 문제들이 어떻게 인신매매를 용이하게 하는지를 살펴보고자 한다. 강제 성매매 및 그와 인신매매의 연관관계를 밝히고 청소년들의 성매매 현황을 다룰 것이다. 현행 법집행 및 처리 과정상의 문제점을 진단·평가하고 종합적인 법률과 정책의 부족, 미흡한 법의 집행, 성매매관련 연구 부족 및 부정확한 통계자료, 그리고 규제와 교육의 부족 등을 지적하면서 이를 기반으로 보다 실효성 있는 해결책을 모색하여 제시하고자 한다.

2. 인신매매와 강제적 성착취

본 논문에서는 유엔의 인신매매에 관한 정의를 사용할 것이며 그 내용은 다음과 같다.

> 인신매매는 착취를 목적으로 사람을 모집, 운송하거나 인계하거나, 은신처를 제공하거나, 사람을 인계받는 행위를 의미하는 것으로, 위협, 강제력, 혹은 기타 형태의 강압, 납치, 사기, 기만, 권력 남용의 수단을 사용하거나 취약한 처지를 이용하거나, 혹은 다른 사람을 통제하기 위한 동의를 얻어내기 위해 비합법적 대가나 이득을 제공하거나 받는 행위를 의미한다. [2]

같은 조항에서 '착취는 최소한 성매매 행위에 대한 착취, 혹은 다른 형태의 성적 착취, 강요된 노동이나 노동력의 제공, 노예제도나 그와 유사한 형태의 서비스, 또는 육체 조직의 제거라는 행위를 포함한다'고 명시하고 있다. 여성과 미성년자들이 성매매와 성착취를 목적으로 인신매매되는 경우가 많으며, 현실에서 존재하는 거의 모든 성매매는 의정서가 정의한 불법 수단 중 하나 이상이 사용되기 때문에 성매매 또한 인신매매의 한 종류에 해당된다고 할 수 있다.

인신매매에 대한 정의에서 주목해야 할 것은 피해자의 '동의'가 아닌 피해자에 대한 '착취행위'이다. 그러나 피해자가 동의를 하더라도 착취행위에 해당할 수 있는 '강제적 동의'도 있다. 이것은 간접적인 협박을 통해서 발생하는 상황이다. 예를 들어 피해자가 직접 영향을 받지 않더라도 가족에게 올 수 있는 위해을 막고

---

[2] 유엔의정서 (2000) 제 3 조에서 정의하는 '인신매매.'

주변인들을 보호하기 위해서 동의하기 싫어도 동의를 하는 경우가 강제적 동의이다. 많은 경우 강제적 방법에 의한 동의가 행해지고 있으나 윤락업은 은밀히 진행되기 때문에 이러한 착취행위를 발각하기 힘든 것이다.

착취행위를 적발하는 일이 힘겨운 이유는 착취가 강제적 동의를 통해서만 이루어지는 것이 아니기 때문이다. 강제적 동의는 단지 여러가지 요인 중에 하나일 뿐이며 더더욱 심각한 문제는 법집행에 있어 가해자나 피해자의 식별을 제대로 하지 못하는 것에 있다. 관련자가 과연 착취당하는 피해자인지 자발적인 가해자인지, 이를 구별하는 법집행 절차는 존재하지 않는다. 이제까지 성시장 전선에서 성거래와 대면하는 성노동자들은 오랫동안 주로 가해자로 여겨져 왔지만, 많은 경우에 오히려 이들이 피해자인 사실을 발견하게 된다. 성매매와 관련된 쟁점 중에 성매매 문제에 대한 접근 방식 및 절차와 관련해 오랫동안 부정확한 인식과 사회적 선입견이 존재했다. 이 때문에 성노동자들은 자발적으로 활동하는 가해자로 취급받고 체포 대상으로 여겨져 온 것이 현재까지 이어지는 문제이다. 그러나 성노동자들을 아무리 체포하여도 윤락 업소에서 성노동자수가 하락하는 경향은 나타나지 않고, 이와 상관없이 업소들이 지속적으로 영업을 하는 부분에 주목할 필요가 있다.

체포된 노동자들을 통해 드러난 형태 중 현저한 것은 대부분 성산업 진출이 자발적인 것이라기 보다 주변 상황 때문에 어쩔 수 없이 시작된 것이라는 점이다. 이런 상황들은 개인이 직접 만들어낸 것이라기 보다는 주변에서 이들의 취약성을 기회로 활용하여 음모를 꾸민 것으로 드러났다. 예를 들어 업소에서 성노동자를 보충할 필요가 생길 때는 취약한 대상을 찾는 것이 첫 단계이며 이들은 주로 여성과 미성년자들이다. 재정적인 부담에 힘들어하고 부채가 있으면 이들은 더더욱 취약해지면서, 업소와 지배종속적 관계를 형성하게 되고 그것이 바로 출발점이 되는 것이다.

여성가족부는 많은 경우 성매매를 강제적인 것으로 보고 자발적인 성매매가 가능할 수 없다고 주장한다. 상대적으로 낮은 사회적 지위에 있는 여성과 미성년자들이 감당하기 힘든 사회적 요구에 현실적으로 대응할 수 있는 능력이 없기 때문에 자신이 원하지는 않지만 성산업에 진출하게 되는 것이기 때문에 이는 자발적인 선택으로 볼 수 없는 것이다. 여기서 짚어볼 부분은, 상기한 바와 같이, 성매매와 관련해 자발성과 착취 간에 애매모호한 부분이 있다는 것이다. 이러한 모호성 때문에 성매매의 유형을 구별하는 것은 상당히 어려운 과제이다. 특히 인터넷 성매매는 자신이 직접 성매매를 선전하는 것인지, 아니면 포주 밑에서 착취를 당하며 강제로 성매매를 선전하는지 판단하기 어렵다. 이런 형태는 성매매의 자발성을 구별하기 어려운 경우 중에 하나이다. 이 때문에 성착취적 인신매매와 자발적인 성노동(sex work)을 제대로 구별하지 못하고 가해자와 피해자를 식별하지 못하는 문제가 반복된다.

2012 년 국제노동기구 (ILO) 보고서 [3]에 의하면 강제 노동의 피해자는 전 세계적으로 2090 만명에 이르고 있다. 전 세계에서 1,000 명 중에 3 명은 강제 노동의 피해자라는 것이다. 그러나 이 수치는 추정치일 뿐이고 실제로는 훨씬 더 피해자가 많을 것으로 추산하고 있다. 이 보고서에서는 인신매매도 강제 노동 범주 안에 포함하기 때문에 이 추정치는 강제 노동과 성착취 목적의 인신매매 영역을 모두 포함한다 (ILO 2012). 국제노동기구 보고서는 강제 노동을 세 가지 유형으로 나눈다. 아래 그림 1[4]에서 보듯이 강제적 노동 착취 (1420 만명), 강제적 성착취 (450 만명), 그리고 국가 부과 강제적 노동 [5] (220 만명)으로 분류하고 있다. 강제적 노동자 총 2090 만명 가운데 1870 만명(90%)은 개인이나 기업에 의한 민간 경제에서 착취를 당하고 있고, 그 중에 450 만명(22%)은 강제적 성착취 피해자들이다. 그러나 이러한 강제적 노동 착취와 강제적 성착취 유형이 절대적인 것은 아니며 중복되는 부분들도 있다는 것에 주목해야 한다.

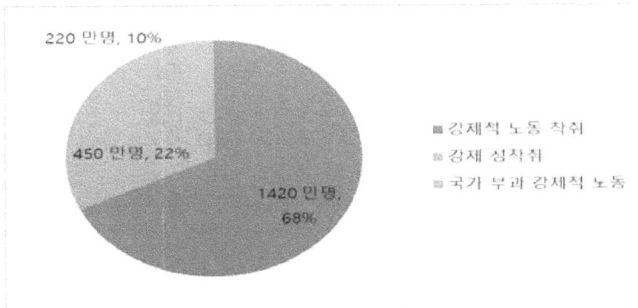

220 만명, 10%

450 만명, 22%

1420 만명, 68%

■ 강제적 노동 착취
▨ 강제 성착취
▥ 국가 부과 강제적 노동

<그림 1> 강제 노동의 유형

그렇다면 일반적인 인신매매와 성착취를 위한 인신매매를 구분하는 것은 가능한지에 대한 의문이 생긴다. 해마다 수십만명의

---

[3] International Labor Organization (ILO) 2012 Global estimate of forced labour Executive summary.

[4] http://www.ilo.org/global/about-the-ilo/newsroom/news/WCMS_181961/lang--en/index.htm

[5] 국가 부과 강제적 노동은 예를 들어 감옥, 군대와 반란군에 의해 부과된 일을 말한다.

여성과 아동이 성적 거래를 위해 인신매매되고 있는 상황에서 일반적 인신매매와 성착취적 인신매매를 구별하는 것은 가능하지 않다고 한국 여성인권 진흥원은 주장한다. 한국 여성인권 진흥원의 주장을 뒷받침하는 유엔 자료는 인신매매의 약 80%가 성착취를 목적으로 이루어지는 것으로 추산한다. 매년 60 만명 ~ 80 만명에 이르는 사람들이 제 3 국으로 인신매매를 당하며 그중에서 80%가 여성과 아동들이다 [6]. 그러나 인신매매의 모든 피해자들이 오직 성매매 거래에 의해서만 착취를 당하는 것은 아니다. 인신매매 피해자들에 대한 착취는 다양한 형태를 보인다. 아래 그림 2[7]를 보면 중국, 일본, 한국에서 인신매매 피해자들이 가정내 노동, 불법 입양, 부채상환성 강제 노동, 신부 밀매, 성매매 등의 다양한 형태로 착취를 당하고 있음을 알 수 있다.

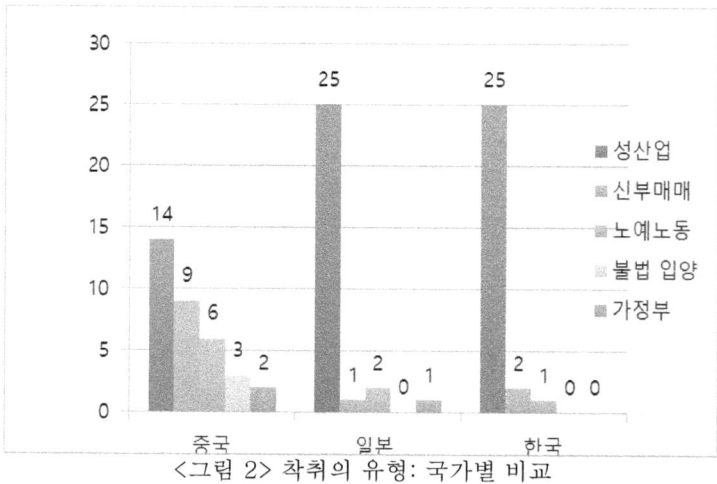

<그림 2> 착취의 유형: 국가별 비교

2006 년 유엔마약범죄사무소의 <인신매매: 세계적인 약식 보고서>를 요약한 그림 3[8]에 따르면, 알려진 피해자는 대부분 성인 여성과 소녀들이며, 그들은 특히 성적 인신매매의 대상으로 이러한 공격에 취약하다. 소수의 알려진 남성 피해자들과 강제 노동

---

[6] UN Protocol to Prevent, Suppress and Punish Trafficking in Persons Especially Women and Children, 2000

[7] http://www.hks.harvard.edu/cchrp/isht/study_group/2010/pdf/Human%20Trafficking%20in%20East%20Asia.pdf

[8] United Nations Office on Drugs and Crime Trafficking in Persons: Global Patterns, April 2006 http://www.unodc.org/pdf/traffickinginpersons_report_2006ver2.pdf

피해자들에 대한 분석을 보면 대부분의 남성 인신매매 피해자들은 여성들이나 어린 아이들이 하지 못하는 특별한 종류의 노동을 위해 착취당하고 있다고 한다. 그림 3 의 오른쪽을 보면 세계적 차원에서 인신매매의 목적은 87%가 성착취이고 강제 노동은 28%이다. 따라서 인신매매의 주요 목적은 성착취이며 인신매매와 성착취는 거의 같은 의미라고 생각해도 과언이 아닐 것 같다.

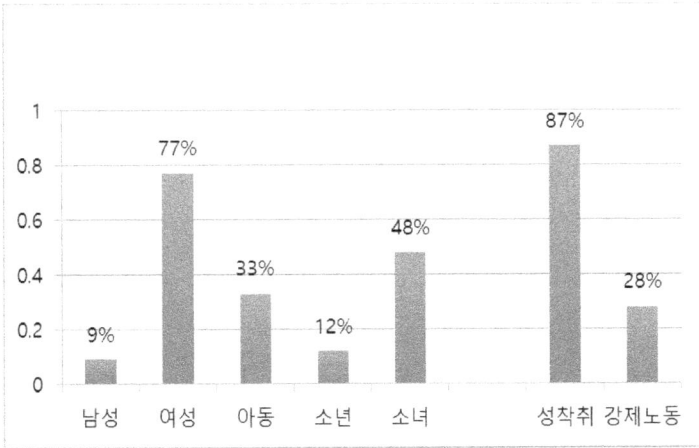

<그림 3> 피해자 프로필과 세계적인 차원의 인신매매의 목적

　인신매매는 장기매매까지 이어지고 있어 장기매매 또한 인신매매의 심각한 부분으로 부각되고 있지만, 이 논문의 논의 영역을 벗어나는 주제이기 때문에 본 논문에서는 다루지 않겠다. 위에 언급한 자료들을 통해 성착취 목적의 인신매매와 다른 인신매매의 경우를 어느 정도 구분하는 것은 가능하지만, 제한된 정보로 인해 그 구분에도 한계가 있다. 인신매매 자체가 불법 행위이기 때문에 실증 연구가 어렵고, 이 범죄 과정에 복잡하고 중층적인 원인과 결과가 뒤섞여 있기 때문이다 [9]. 여성과 미성년자들은 인신매매의 주된 피해자들로 이러한 공격에 취약하다. 인신매매가 성공할 경우, 여성들은 대부분 강제 노동보다는 그들이 제공할 수 있는 성적 거래 때문에 가치가 있다. 따라서 인신매매를 당한 여성 대부분이 성착취 목적의 인신매매를 당하고 있는 것으로 추론할 수 있다. 게다가 한국사회의 경우 여성의 사회진출이 활발해지고 있기는 하나 여전히 존재하는 여성들에 대한 보이지

---

[9] 이나영, 성적 인신매매, 어떻게 볼 것인가? 과정과 쟁점을 중심으로.

않는 차별 또는 성 불평등이 존재하고, 부담스러운 생활비 급증은 여성들로 하여금 재정적인 부담을 느끼게 한다. 이러한 차별과 부담은 여러 다른 환경적 요인들과 함께 여성들이 착취 행위에 취약해지는 이유라고 할 수 있다.

3. 한국과 북한의 현황

2013 년 미 국무부의 인신매매 보고서는 각 국가의 상황을 평가하여 네 가지 등급으로 구별한다. 1 등급은 '인신매매 피해자 보호법'[10]의 최소한의 기준을 준수하는 국가들이다. 2 등급은 다시 두 가지로 나누어져 있다. 하나는 순수한 2 등급으로 '인신매매 피해자 보호법'의 최소한의 기준을 완전히 충족하지는 못하지만 준수하려고 노력하는 국가들이다. 다른 하나는 2 등급 감시 대상국[11]으로, 최소한의 기준을 준수하려고 노력함에도 불구하고 피해자수가 상당히 증가하는 추세를 보이며 피해자수를 감소시키는 노력의 증거를 제공하지 못하는 국가들이다. 이 국가들은 해당 보고서 다음 해까지 인신매매 피해자 보호법을 준수하기 위한 조치를 취했다는 근거를 제시해야만 2 등급 감시 대상국에서 제외될 수 있다. 마지막 3 등급은 '인신매매 피해자 보호법'의 최소한의 기준을 준수하지 않고 그 준수를 위한 노력도 하지 않는 국가이다 (U.S. Department of State). 아래 그림 4 는 동아시아 -태평양 지역에서 각국의 등급을 색으로 표시한 지도로, 한반도의 경우에는 남한이 1 등급 (녹색)이고 북한이 3 등급(빨강)인 것을 확인할 수 있다.

---

[10] Trafficking Victims Protection Act

[11] 2013 Trafficking in Persons Report, U.S. Department of State
http://www.state.gov/j/tip/rls/tiprpt/countries/2013/215495.htm

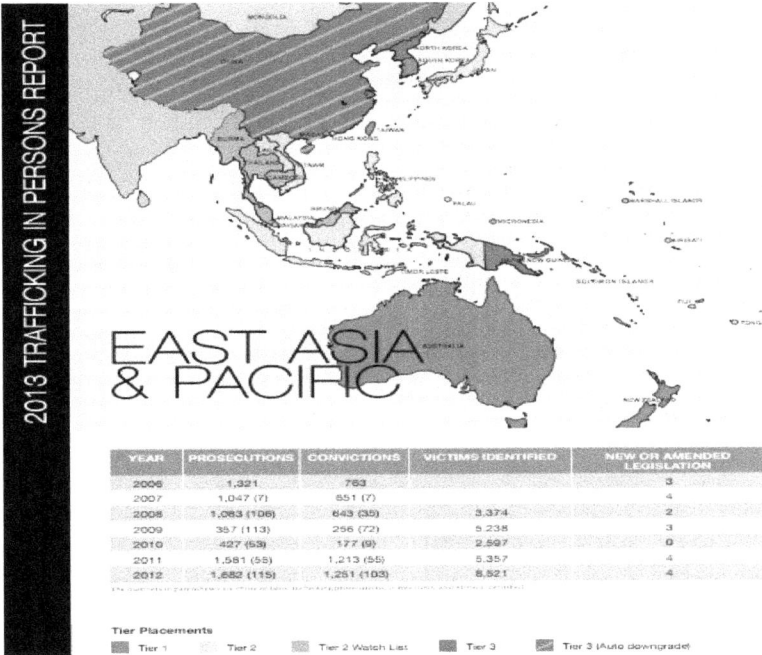

YEAR	PROSECUTIONS	CONVICTIONS	VICTIMS IDENTIFIED	NEW OR AMENDED LEGISLATION
2006	1,321	763		3
2007	1,047 (7)	651 (7)		4
2008	1,083 (106)	643 (35)	3,374	2
2009	357 (113)	256 (72)	5,238	3
2010	427 (53)	177 (9)	2,597	0
2011	1,581 (55)	1,213 (55)	5,357	4
2012	1,682 (115)	1,251 (103)	8,521	4

Tier Placements
Tier 1　Tier 2　Tier 2 Watch List　Tier 3　Tier 3 (Auto downgrade)

<그림 4> 2013 년 인신매매 보고서: 동아시아 및 태평양

　한국은 2002 년부터 인신매매의 근절을 위한 최소 기준을 지속적으로 준수해 왔고, 지난해 2013 년에도 1 등급 순위를 받아 12 년 동안 1 등급을 유지해 왔다. 그러나 여전히 한국은 남성과 여성의 강제적 성착취와 노동을 목적으로 하는 인신매매의 출발국, 송출국 및 대상국으로 보고되고 있다 [12]. 러시아, 파키스탄, 키르기스탄, 우즈베키스탄, 카자흐스탄, 모로코, 콜롬비아, 몽골, 중국, 필리핀, 태국, 캄보디아, 북한, 베트남, 일본, 기타 동남아 국가로부터 인신매매의 대상국인 한국으로 입국한 일부 여성들은 강제 노동에 시달리고 매춘을 강요당하고 있다. 특히 저개발국에서 온 일부 여성들은 취업이나 한국 남성과 결혼하기 (위장 결혼) 위해 국제 결혼업소를 통해 모집되어 한국에 도착한 이후 매춘이나 노동을 강요당하고 있다.
　이들 여성들은 국내에서 출발하여 미국, 캐나다, 일본, 호주 등으로 운송되기도 한다. 대부분의 피해자들의 경우, 빚을 지면서 인신매매범에게 복종을 강요당하고 착취를 당한다. 그들이 입국하는

---

[12] 2013 Trafficking in Persons Report, U.S. Department of State

데 들었던 비용을 빚으로 계산해 그것을 갚아야만 여권을 돌려주는 방식으로 이들을 성적 착취의 대상으로 만든다. 대부분의 경우 결국 여권을 돌려받지 못하고 성착취만 당하게 된다. 선택의 여지가 없고 당연하게 빚을 갚아야 한다는 여성들의 심리적 상태를 이용한 것이다. 이들은 한국으로 이주할 때 이미 브로커에게 빚을 지고 입국하고 그 굴레에서 벗어나지 못하고 착취를 당하게 되는 경우가 대부분이다. 외국인 여성은 연예인 비자, 결혼 업소 등을 통해 합법적으로 입국할 수도 있지만, 불법적인 수단을 사용해 허위문서를 소지하고 입국하는 경우도 있다. 연예인 비자(E-6)의 강화된 규정에도 불구하고 이런 불법적인 방법으로 입국하는 외국인 여성들은 한국에 출입하면서 계속 강제적 성착취를 당한다.

외국인 여성뿐만 아니라 한국 여성도 국내외에서 강제적 매춘을 경험하고 있다. 한국에서 청소년을 대상으로 하는 상업적 성착취는 여전히 문제가 되고 있다. 부모와의 갈등, 가정 폭력, 학업과 관련된 압력 등, 가정환경에서 오는 다양한 갈등을 겪는 청소년들이 집에서 가출 혹은 탈출을 하는 사건들이 상당하다. 2012 년 서울시 보고서에 의하면 가출한 한국 청소년들은 20 만명으로 추정되고, 4 명 중 1 명은 생계 문제로 성매매 시장으로 유입되고 있다고 보고하고 있다 [13]. 이들 청소년의 대부분은 15 세 이전 가출로 중고등학교를 중퇴한 상태이며 배고프고 잘 곳이 없어 성매매 업소로 유입되는 경우가 많다. 서울시 설문 조사에 의하면 175 명의 가출 여성 청소년들 중에 절반은 성산업으로 유입되었으며, 이들 중에 40.7%가 성폭력을 경험한 것으로 밝혀졌다 [14].

2013 년 3 월 정부는 인신매매관련 형법의 개정을 통해 인신매매를 별개의 범죄로 정의하고, 그와 관련한 모든 형태의 착취를 금지하였다 [15]. 같은 해 미 국무부의 보고서에 따르면, 성착취 목적의 인신매매에 대한 유죄 선고가 증가되고 있고 피해자들에 대한 지속적인 지원이 이루어지고 있으나, 적극적으로 인신매매 피해자를 파악하는 공식적인 절차를 실시하지 못하고 있다 [16].

---

[13] 서울시, '가출 청소년 성매매 방지 특별대책'
http://spp.seoul.go.kr/main/news/news_report.jsp?searchType=TITLE&searchWord=%BC%BA%B8%C5%B8%C5&list_start_date=&list_end_date=&pageSize=10&branch_id=&branch_child_id=&pageNum=1&communityKey=B0158&boardId=13884&act=VIEW

[14] Jennifer Chang, 'South Korea's runaway teen prostitution'
http://www.aljazeera.com/indepth/features/2012/11/2012111263348392255.html

[15] 이 논문의 제 6 항에서 더 자세히 설명한다.

[16] 2013 Trafficking in Persons Report, U.S. Department of State

　북한의 경우에는 2003 년 이래 11 년째 3 등급 국가이자 인신매매의 출발국으로서 남성, 여성과 아동을 강제노동, 강제결혼 그리고 성적 인신매매를 위해서 모집하는 것으로 밝혀졌다. NGO 와 연구자들은 현재 대략 1 만 명에서 2 만명으로 추산되는 북한인들이 중국에 거주하고 있고 그 중 70%가 여성이라고 한다.[17] 이 추정치 중에 북한 주민들이 인신매매 피해를 당하는 숫자에 대한 믿을 만한 정보는 없지만, 이들 대부분은 중국에서 불법이민자 신분 때문에 인신매매에 취약하다. 또한 중국에서 여성에 대한 수요가 높기 때문에 탈북여성은 특별히 인신매매에 취약하다. 이들이 중국인에게 시가 170 만원 정도로 팔려가 강제로 위장 결혼 등의 수단을 통해 중국 남성에게 성착취와 가정부로서 노동착취를 당하는 경우가 보고되었다. 북한에서부터 인신매매된 탈북 여성들은 공급과정을 거치면서 가격이 비싸진다. 한 명당 약 9~33 만원에 공급된 탈북 여성은 도매가로 약 56~90 만원에 넘겨지며, 소매가 약 130~170 만원으로 중국 가정집에 팔린다[18].

　2011 년 12 월 김정일의 죽음 이후 국경 보안이 크게 강화되어 북한을 이탈할 수 있는 북한주민의 수를 줄인 것으로 보고되었지만, 최근에 많은 북한 여성과 소녀들이 불법으로 중국으로 이주했다. 이들 대부분은 촉진자의 도움를 받아 식량, 일자리, 자유 등 더 나은 삶을 찾기 위해 중국 국경을 넘지만, 탈북 직후 강제로 결혼, 매춘 노동으로 착취를 당한다. 일부 북한 여성들이 도착 시에 소개업자에 의해 유인되어 마약에 취하거나 납치를 당하는 사건들도 보고되었다. 이처럼 북한은 '인신매매 피해자 보호법'[19] 의 최소한의 기준을 준수하지 않는 국가이기 때문에 3 등급 국가로 분류된다.

　다음으로 한국 성매매 산업의 산업규모 내역 (2010 년 현재)을 살펴보려 한다. 아래 그림 5,6,7,8 에는 그 현황이 잘 나타나 있다[20]. 먼저 그림 5 는 성매매 집결지 및 거래 규모를 나타내는데, 총 거래 규모는 5765 억원으로 추정된다. 성매매 집결지는 1102 개의 유리방, 249 개의 맥·양줏집/방석집, 198 개의 기지촌, 그리고 257 개의 여관·여인숙을 포함하며 전체 약 1806 개의 업소가 운영되고 있었다. 업소당 연간 성매매 건수는 각각: 5271 건, 3870 건, 2758 건, 2729 건 (전체: 4441 건)으로 추정되는데, 이 수치를 업소수에 곱해 보면 연간 총 성매매 건수를 추정할 수 있다. 유형별 총 성매매

---

[17] 2013 Trafficking in Persons Report, U.S. Department of State

[18] http://news.chosun.com/site/data/html_dir/2012/08/22/2012082201227.html

[19] Trafficking Victims Protection Act

[20] 여성가족부 <2010 성매매 실태조사>

건수는 다음과 같다: 580 만 9 천건, 96 만 4 천건, 54 만 6 천건, 70 만 1 천건 (전체: 802 만건)이다. 성매매 집결지 별 성매매 평균 가격은 각각 다음과 같다: 6 만 9900 원, 8 만 4500 원, 12 만 5700 원, 2 만 9400 원 (전체: 7 만 1900 원)이다. 연간 성매매 건수와 이 평균 성매매 가격을 곱하면 전체 성매매 거래액을 확인할 수 있다. 유형별로 각각 4059 억원, 815 억원, 686 억원, 206 억원 (전체: 5765 억원)이다. 기지촌보다 유리방이나 맥·양줏집/방석집의 성매매 거래 규모가 훨씬 큰 것은 성매매가 대부분 기지촌에서 이루어진다고 생각하는 한국인의 사회적 통념을 깨뜨리는 결과이다. 이 자료는 또한 많은 성구매자가 미군이 아니라 한국 남성들이라는 것을 보여주기도 한다.

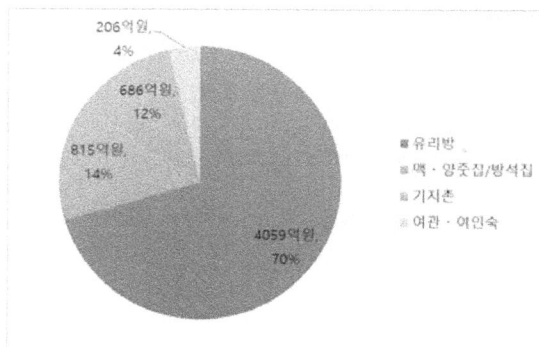

<그림 5> 성매매 집결지 거래 규모 (5765 억원)

그림 6 은 성매매 알선업체의 거래 규모로, 전체 성매매 알선업체는 3 만 5926 개로, 1 만 9150 개의 일반유흥주점 (단란주점 등), 6706 개의 노래연습장 운영업 (노래방 등), 2342 개의 마사지업 (안마시술소 등), 4973 개의 비알코올 음료점업 (티켓다방 등), 1612 개의 이용업 (이발소 등), 827 개의 무도유흥주점 (나이트클럽 등) 그리고 316 개의 미용 관련 서비스업 (휴게텔 등)을 포함한다. 업소당 연간 성매매 건수는 각각: 980 건, 531 건, 815 건, 677 건, 785 건, 1106 건, 1643 건으로 추정되고 있다. 유형별 연간 성매매 건수는 각각 2117 만건, 527 만건, 385 만건, 265 만건, 132 만건, 56 만건, 35 만건으로, 총 3517 만 건이다. 업소 유형별 성매매 평균 비용은 각각 16 만 8700 원, 16 만 600 원, 11 만 6300 원, 10 만 600 원, 9 만 8700 원, 19 만 2 천원, 9 만 7800 원이다. 전체 거래액은 각각 3 조 5729 억원, 8459 억원, 4477 억원, 2661 억원,

1298 억원, 1076 억원, 338 억원이며, 성매매 알선업체의 거래 규모는 총 5 조 4030 억원으로 추정하고 있다.

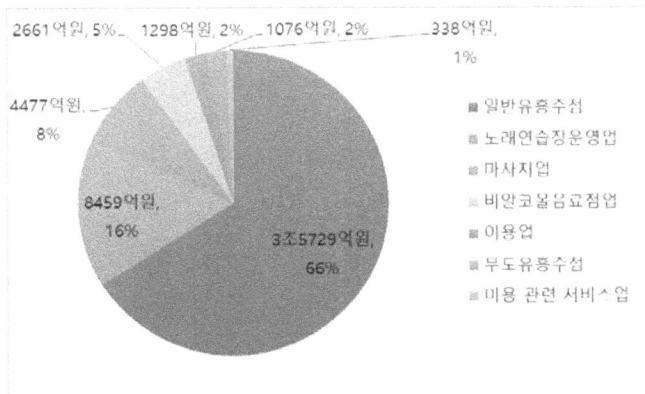

<그림 6> 성매매 알선업체 거래 규모 (5 조 4030 억원)

그림 7 의 변종 성매매에는 휴게방, 키스방, 대딸방, 기타 (전화방, 화상방, 이미지룸) 등을 포함한다. 그림 7 의 변종 성매매와 그림 8 의 인터넷 및 해외 성매매 거래는 성매매 공급자를 대상으로 한 조사가 아니라 남성 성구매자 조사를 통해 연간 성매매 건수와 거래액을 추정한 것으로, 각각의 유형별 업소 수는 표시되지 않았다. 연간 성매매 건수는 유형별로 다음과 같다: 74 만건, 26 만건, 34 만건, 33 만건, 총 167 만 건이다. 전체 거래액은 유형별로 다음과 같다: 1316 억원, 326 억원, 435 억원, 473 억원이다. 변종 성매매의 거래 규모는 약 2550 여 원으로 추정하고 있다.

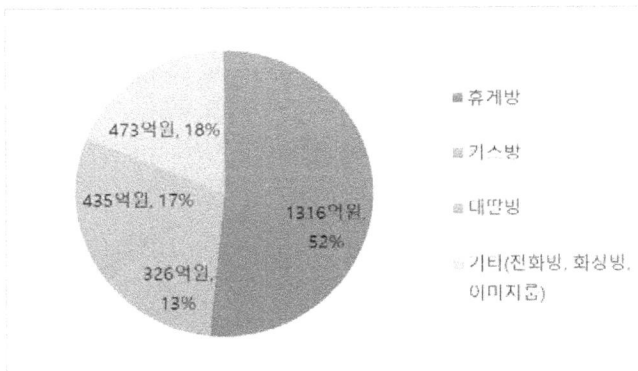

<그림 7> 변종 성매매 거래 규모 (2550 억원)

그림 8, 인터넷 및 해외 성매매의 전체 거래 규모를 살펴보면 인터넷을 통한 연간 성매매 건수는 121 만건이며 거래액은 1718 억원으로 조사되었다. 해외 성매매는 94 만건으로 총 거래액은 2195 억원으로 조사되었다. 즉, 인터넷 및 해외 성매매의 전체 거래 규모는 총 3913 억원으로 추정된다. 이 추정치는 전술한 바와 같이 성매매 공급자를 대상으로 한 조사가 아니기 때문에 보수적인 추정치로 볼 수 있다는 점에 주목해야 하고, 인터넷 및 해외 성매매의 특성상 성매매 거래액은 현실적으로 정확히 측정하기 힘들다.

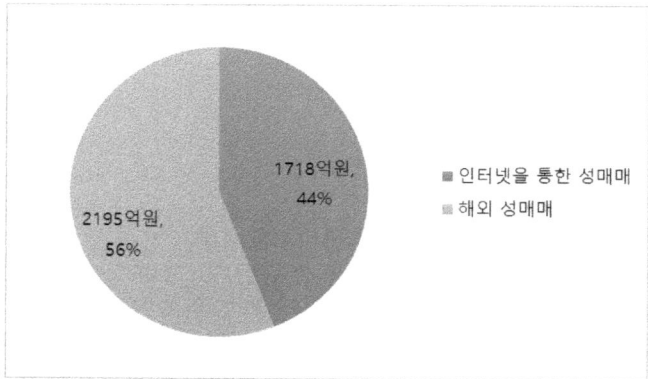

1718억원, 44%

2195억원, 56%

■ 인터넷을 통한 성매매
■ 해외 성매매

<그림 8> 인터넷 및 해외 성매매의 거래 규모 (3913 억원)

연간 성매매 산업의 전체 건수는 4699 만건이며, 거래액은 총 6 조 6267 억원으로 추정되고 있다. 전국 성매매 집결지와 성매매 알선업소, 변종 성매매 업소, 인터네 및 해외 성매매 거래액을 집계한 값으로, 이는 같은 시기 영화산업의 매출 1 조 2 천억원의 5 배를 넘는 수준이다. 이들의 성매매 액수의 비중은 다음과 같다. 가장 높은 비중을 차지한 성매매 알선업체를 통한 성매매는 81.6% (5 조 4030 억원), 성매매 집결지는 8.7% (5765 억원), 인터넷 및 해외 성매매는 5.9% (3913 억원) 그리고 변종 성매매는 3.9% (2550 억원)이다. 알선업체 중에서도 단란 주점 등을 포함한 일반유흥주점을 통해 이뤄진 성매매 액수가 3 조 5729 억원 (53.9%)으로, 전체 성매매 거래액의 절반을 넘어선 것으로 나타났다 [21].

---

[21] 여성가족부 '2010' 성매매 실태조사'

4. 성착취적 인신매매를 용이하게 하는 사회·제도의 문제

한국의 사회·제도적인 문제들이 성착취적 인신매매를 용이하게 하고 있다는 점을 제기하고자 한다. 일단 한국사회에서 성매매에 대한 잘못된 선입견과 인식 부족은 반인신매매 움직임에 걸림돌이 되고 있다. 이러한 특성을 드러내는 것이 성착취적 인신매매를 효과적으로 근절하는 첫걸음이 될 것이다. 우선 이러한 문제의 중심에 교육 부족이 있기 때문에 한국 교육 제도에서부터 그 문제점을 지적하겠다. 익명의 한 가출 청소년은 "학교 선생님까지 포함하여 자신을 매춘하는 것이 잘못된 것이라고 아무도 알려주지 않았다... 한국 수업에서 여학생들에게 어릴 때부터 가르쳐야 하는데 그렇지 않다 [22]." 청소년 가출은 개인의 문제라기 보다는 사회의 문제이다. 가출은 청소년들이 건강한 사회구성원으로 자리매김하고 생산 활동에 적극적으로 동참하는 것을 어렵게 만들어, 청소년 자신뿐 아니라 사회적으로도 큰 손실을 가져오기 때문이다 [23].

성매매에 관련한 연구 부족 및 부정확한 통계자료는 종합적인 법률과 정책의 부족으로 이어진다. 성착취적 인신매매는 지하조직을 통해 이루어져 그 과정이 복잡하고 기괴하기 때문에 이와 관련된 정확한 정보를 수집하는 것이 어렵다. 그러나 입법과 개정, 정책 설립과 결정 과정에서 통계자료나 연구자료를 바탕으로 하는 경우가 많기 때문에 정확하고 투명한 자료가 필요하다. 인신매매에 관한 정확한 자료를 마련하려면 자료 수집 방법론도 다시 살펴봐야 한다. 예를 들어 성매매 피해자수에 관한 자료를 수집할 때는 외국인 이주 여성만 포함할 것이 아니라 한국인 여성도 피해자수에 포함하는 것이 적절하다. 사회적인 통념은 경제적으로 지위가 낮은 개인들만을 인신매매의 피해자로 여기는데 이는 잘못된 것이며 인신매매의 핵심에 재정적인 문제가 있다는 이론은 이미 시대에 맞지 않는다. 인신매매 문제는 단순히 빈곤이나 성불평등의 문제가 아니며, 이렇게 문제를 단순화시키는 것은 성착취적 인신매매의 본질을 제대로 파악하는 데 걸림돌이 된다.

정부와 공무원 조직의 행정의 불투명성 때문에 법과 그 시행에 불일치가 생기고 인신매매 방지 활동이 비효율적으로 이루어지며 이들이 부패하는 경우도 문제다. 필리핀 정부의 경우는 인신매매를 막기 위한 포괄적인 법제도와 보호정책이 있어도 공무원들의 부패 때문에 그 정책이 효과적이지 못한 대표적인 예이다. 행정의

---

[22] Jennifer Chang, 'South Korea's runaway teen prostitution'
http://www.aljazeera.com/indepth/features/2012/11/2012111263348392255.html
[23] 백혜정, 방은령 '청소년 가출 현황과 문제점 및 대책 연구'

불투명성으로 인한 규제 부족이 법의 집행을 방해하고 있는 것이다.

한국에 들어온 많은 외국인 이주 여성은 성착취적 인신매매에 취약하다. 이들은 국경을 넘으면서 자유권을 잃고 국내에서는 시민권이 없어 보호대상이 되지 못하기 때문에 경찰에 도움을 청하는 데 주저한다. 많은 경우, 이들은 외국인/불법 신분 때문에 법의 보호를 못받으면서 가해자 취급을 당하거나 추방을 당하는 경우도 흔하다. 또 위에서 언급한 인터넷을 통한 인신매매 및 성매매의 규제와 관련된 법률의 필요성도 대두되고 있다. 이를 어떻게 규제할지 검토할 필요가 있다.

5. 관련 법률과 정책

강제적 성착취 목적의 인신매매는 다국적 문제이고 여러 국가에서 성매매 산업이 지속적으로 유지·성장하고 있기 때문에 다른 국가의 법률을 참고하고자 한다. 미국과 필리핀 성착취적 인신매매 방지를 위한 법률은 한국 법률보다 비교적 더 발전되어 있기 때문에 선택하였다. 한국의 관련 법률과 정책의 부족한 점에 대해 보충하고자 하는 목적으로 이들의 법률을 살펴보고자 한다.

2001 년 한국은 유엔 회원국으로서 '인신매매, 특히 여성과 아동을 대상으로 하는 인신매매의 방지, 퇴치, 처벌에 관한 의정서 (이하, 인신매매 의정서, the Palermo Protocol to Prevent, Suppress and Punish Trafficking in Person, especially Women and Children)'에 서명을 하였다 [24]. 이 의정서는 인신매매를 다음과 같이 정의한다.

착취를 목적으로 위협이나 무력의 행사 또는 다른 형태의 강압, 납치, 사기, 기만, 직권남용 또는 피해자의 취약한 지위를 이용하거나, 타인에 대한 통제력을 가진 사람의 동의를 위해 금전적 보상이나 이익을 수수하여, 개인을 모집, 이송, 운송, 이전, 은닉, 또는 인수하는 행위를 말한다. 여기서 착취는 성매매, 기타 형태의 성적 착취, 강제노동 및 서비스, 노예 및 노예와 유사한 관행, 노역, 장기적출 등을 포함한다" (동 의정서 제 3 조 a).

---

[24] 2000 Protocol to Prevent, Suppress and Punish Trafficking in Persons, Especially Women and Children, Supplementing the United National Convention against Transnational Organized Crime, UN Treaty Series, Vol. 2237, 319 면 참조. 인신매매 의정서는 2000 년에 제정되어 ' 국제조직 범죄에 대한 유엔협약 (United Nations Convention Against Transnational Organized Crime)'의 부속 의정서로 채택되었다. 동 협약은 인신매매 이주자의 밀입국, 무기밀매에 관한 3 개의 의정서를 두고 있다.

동 의정서의 정의에 의하면, 유엔의 현대판 노예제도 착취유형에는 강제노동 (forced labour), 성매매를 통한 성착취 (exploitation of prostitution of others), 여성에 대한 폭력 (violence against women), 강제결혼 (forced marriage), 채무노예 (debt bondage), 이주노동자 착취 (exploitation of migrant workers), 아동매매 (sale of children), 아동 성매매 (child prostitution), 아동 포르노그래피 (child pornography), 아동 노동 (child labour), 성관광 (sex tourism), 무력 활동을 위한 아동의 이용 (use of children in armed forces), 불법 입양 (illegal adoption), 장기매매 (trafficking in human organs) 등이 포함된다 [25]. 이런 노예제도 착취유형들은 모두 밀접히 연관되어 있으며 각 유형이 서로 배타적인 것이 아니다. 이런 문제들은 몇 가지 유형들이 서로 얽혀 있으며 성착취 목적의 인신매매에도 깊이 연결된다.

인신매매 의정서에 서명을 한 한국은 이행입법의 미비로 비준은 못한 상태이다. 이 비준을 위해 법무부의 형법 개정안이 2011 년 7 월에 나왔지만 18 대 국회에서 통과되지 않았다. 19 대 국회에 그 개정안이 제출됐지만, 이 형법 개정안은 인신매매 의정서의 이행입법으로는 많이 부족하다. 이행입법이 되려면 인신매매 범죄자의 처벌을 위한 규정을 신설하는 것이 필요하다. 형법 개정안에서 기존의 약취, 유인죄를 보완하는 것 보다는, 더 포괄적인 인신매매의 정의와 규정와 관련해 미국과 필리핀 정부가 하는 것처럼 인신매매 피해자에 대한 보호와 지원을 포함하는 것이 필수적이다.

2004 년 한국은 <성매매특별법>을 제정하였는데, 이는 성매매처벌법과 성매매방지법을 동시에 지칭하는 용어이다. 성매매처벌법의 공식 명칭은 <성매매 알선 등 행위의 처벌에 관한 법률> [26] 이고 성매매방지법의 공식 명칭은 <성매매방지 및 피해자보호 등에 관한 법률> [27] 이다. 하지만 최근까지 한국에는 인신매매에 대한 법률이 별도로 존재하지 않았다. 단지 <성매매 알선 등 행위의 처벌에 관한 법률> 내 일부 조항 (2 조(정의))이 인신매매와 관련된 부분을 정의하고 있었다. 이에 따르면 다음과 같다.

---

[25] Combating Trafficking in Persons, Handbook for Parliamentarians No. 16, UNODC, 2009, 18 면

[26] 법률 제 10697 호 성매매처벌법.

[27] 법률 제 10997 호 성매매방지법.

　　"성매매 목적의 인신매매"라 함은 성을 파는 행위 또는 형법 제 245 조의 규정에 의한 음란행위를 하게 하거나, 성교행위 등 음란한 내용을 표현하는 사진·영상물 등의 촬영 대상으로 삼을 목적으로 함을 일컫는다.

　　이 일부 조항은 인신매매에 관한 행위의 범위 및 유형을 성을 파는 행위, 음란한 행위, 성교 행위에만 국한하기 때문에 법의 적용에 한계가 있으며 부적절하다. 인신매매의 정의에 대한 토대가 없고 더불어 착취의 성격 및 행위를 그 내용에 포함하지 않는 것이 해석의 여지를 남겨 이러한 법률상의 헛점이 남용될 수 있기 때문이다. 이러한 헛점을 메꾸지 못한 상태로 2013 년 3 월 인신매매와 관련된 부분의 형법 개정안이 국회를 통과하였다. 이 개정안은 인신매매죄 신설과 범죄단체조직죄 처벌조항 개선을 주요 내용으로 했지만, 인신매매에 대한 정의가 없는 상태에서 어떻게 인신매매의 범죄성을 주장할 것인지, 그의 대한 처벌규정이 명확하지 않은 상태에서 이 법을 어떻게 현실에 적용할 수 있을지가 모호하다. 뿐만 아니라 이 조항은 성매매와 인신매매 행위의 핵심이 되는 착취의 성격을 약화시킨다. 성매매와 인신매매 알선 수단은 착취 없이는 발생할 수 없는 행위이기 때문에 착취에 대한 형법 언급이 없다는 것은 이 법의 큰 헛점이다. 더불어 인신매매 보고서에서 8 년 동안 1 등급을 유지해 온 한국이 형법에 인신매매에 대한 정의, 착취에 대한 언급, 그리고 아직까지 별도의 인신매매 관련법이 없는 것은 중대한 문제이다.

　　그럼에도 불구하고 2004 년도 성매매방지법 제정과 시행으로 인한 한국 성매매 현실의 변화는 성매매 여성의 생활과 경험에 큰 변화를 가져왔다. 성매매여성과 업주와의 관계는 오랫동안 폭력과 감금 등을 통한 지배종속적 관계가 지속되고 있었다. 그러나 성매매방지법 제정, 그 중에서도 채권무효 관련 조항과 경찰 단속 강화 등으로 성매매여성은 선불금을 갚지 않아도 되게 되었다. 이에 선불금 혹은 빚이 감소되어 업주의 지배와 통제를 상대적으로 덜 받게 되었다. 또한 수입 분배 차원에서도 업주 위주로 이익분배가 이루어지던 것이 일정 부분 변했다고 한다.

　　2009 년 현재 성구매 남성과 여성의 기소율은 각각 17.4%와 20.6%로 여성이 높다 [28]. 이것은 범죄자와 피해자에 대한 인식과 그 구분에 있어 경찰의 교육과 훈련이 부족한 탓으로 보인다. 처벌의 대상이 잘못된 경우가 많다. 이는 또한 처벌 과정에 대한 문제이기도 하다. 국내 성매매 및 인신매매 관련 기소율은 정확하지 않은데,

---

[28] 여성부 자료집.

대부분의 사건 수사 및 처리가 신고유예 되기 때문이다. 법정 밖에서 당사자간 해결로 사건성이 없어져 버리면, 실제로 사건을 유발하거나 범죄행위를 한 경우에도 법적 처벌을 받지 않고 있기 때문이다.

앞서 언급한 것처럼 한국은 미국무부 인신매매보고서(TIP)에 1 등급 국가로 분류되어 있다. 하지만 현실은 인신매매의 출발지, 경유지, 목적지의 역할을 하고 있다. 한국에서 성적 인신매매 대한 감정은 양면이다. 경찰청에서 인신매매 사건을 담당하는 경감 이현일은 미 국무부의 인신매매 보고서를 인용하며 한국이 1 등급 국가이며 관련 의정서를 준수하기 때문에 문제는 거의 없다고 주장했다[29].

2013 년 3 월 국회는 인신매매관련 형법의 일부개정안을 제정하였으며 인신매매죄 신설과 범죄단체조직죄 처벌조항 개선을 주요 내용으로 통과되었다. 개정 내용은「인신매매 방지의정서」의 이행입법으로 장(章)명을 '약취와 유인의 죄'에서 '약취, 유인 및 인신매매의 죄'로 변경했다. 인신매매 관련 처벌조항을 신설하는 한편, 목적범 형태의 약취, 유인 등의 죄에 "추행, 간음, 결혼, 영리, 국외이송의 목적" 외에도 "노동력의 착취, 성매매와 성적 착취, 장기적출" 등 신종범죄를 목적으로 하는 경우를 추가하였다. 또한 결과적 가중범을 신설하고 상해와 치상, 살인과 치사 등의 법정 형을 구분하여 책임주의에 부합하도록 하고, 종래 방조범의 형태로 인정되던 약취, 유인, 인신매매 등을 위해 사람을 모집, 운송, 전달하는 행위를 범죄의 독자적인 구성요건으로 보고 처벌하도록 하여, 인류 공통의 범죄인 약취, 유인과 인신매매죄에 대한 규정이 한국 밖에서 죄를 범한 외국인에게도 적용될 수 있도록 세계주의 규정을 도입하였다[30].

이 개정안은 2013 년 6 월에 발표되는 미국무부 인신매매 보고서에서 한국의 등급이 강등될 것을 염려해 서둘러 통과되었다는 비난을 받고 있다. 개선된 부분이 있기는 하지만 이번에 통과된 인신매매법은 단순히 인신매매의 처벌에 중점을 두어 인신매매의 방지나 피해자 지원에 대한 부분은 포함되어 있지 않아 아쉬움이 있다. 한국 정부는 인신매매 근절에 대한 접근 방식을 좀 더 효율적으로 바꾸어야 할 것이다. 현재로서는 인신매매 통제정책의 형사법적 대응과정에 문제점과 한계가 있다.

6. 해결책 및 제안

---

[29] http://koreatimes.co.kr/www/news/nation/2013/10/113_144301.html

[30] 공익법센터 어필 APIL http://www.apil.or.kr/m/post/1297

한국은 인신매매, 특히 지속적인 성착취 목적의 인신매매 문제에 대한 대책이 시급하다. 저자는 우선 청소년들이 성착취적 인신매매에 취약한 대상이기 때문에 이들에게 이러한 사실을 인식시켜 두는 것이 초기 예방을 하는 데 도움이 될 수 있다고 본다. 미국에서 성교육은 교육제도의 중요한 부분으로, 성에 관련된 질병과 10 대 임신을 예방하기 위한 도구이다. 한국의 교육제도에도 더 보강된 형식의 성교육이 도입되어야 할 것이다.

제도적 차원에서 몇 가지 대안을 제시한다면, 한국정부는 우선 기존의 형법을 개정해야 한다. 여성단체와 시민단체 및 국회의원들은 인신매매 방지법이 실제 효력을 발휘할 수 있도록 조정하는 데 노력을 기울여야 할 것이다. 과거에는 인신매매 방지법의 부재로 인신매매와 관련된 범죄에 대해 경미한 처벌만이 가능했지만, 앞으로는 인신매매를 중범죄로 규정하고 이에 합당한 처벌을 하여야 할 것이다. 성착취적 인신매매를 가능케 하는 연예인비자, 취업비자, 학생비자 등의 심사에 있어서도 더욱 신중을 기해야 할 것이다. 또한 정부기구와 비정부기구의 파트너십 강화를 통해 국내 및 국제 인신매매(특히 성착취적 인신매매)에 대한 정보교환을 활발히 하여야 할 것이다. 이를 계기로 성착취적 인신매매(성매매 포함)의 수사에 있어 피해자와 가해자를 정확히 구별할 수 있도록 교육제도의 교환도 이루어진다며 좀 더 효과적인 성착취 목적의 인신매매를 방지할 수 있을 것이다.

미국의 최근 노력을 보면 한국도 몇 가지 도움을 받을 수 있을 것이다. 일단 인신매매 범죄자를 중범죄로 다루어 형량을 조절해야 할 것이고, 단순히 범죄자의 처벌에 집중할 것이 아니라 피해자에 대한 보호를 보장해 주는 법적 조치도 따라야 할 것이다. 이러한 법적 조치가 한국의 인신매매법에 명시되어야 하고 이를 실행할 수 있는 법적, 제도적 장치가 마련되어야 할 것이다. 예를 들면 미국 텍사스에서처럼 주류 판매업소나 숙박업소에 인신매매 핫라인 번호를 부착하는 것을 의무화하는 방안 등이 작지만 좋은 시작이 될 수 있을 것으로 생각된다.

7. 결론

본 논문은 한국의 성착취적 인신매매를 조사하여 그 현황과 관련 법령 및 대책에 대해 살펴보았다. 한국은 다양한 형태의 법령과 인신매매 방지를 위한 노력을 하고 있으나 인신매매가 음성적으로 이루어지기 때문에 실제로 방지는 쉽지 않은 것이 현실이다. 한국의 경우 최근까지도 성매매에 대한 법은 존재했지만 인신매매에 대한 법이 존재하지 않았다. 올해 들어 인신매매법이 통과되었지만 아직은 그 실효성이 입증되지 않았다. 하지만 과거 성매매법의 실효성에 대해 의심을 갖지 않을 수 없다.

　　인신매매 특히 성착취 목적의 인신매매는 많은 경우에 사회적 약자인 여성과 청소년들 대상으로 벌어지고 있어 더 큰 사회적 문제가 되고 있다. 각국은 이들을 보호해야 할 의무가 있으므로 성착취 목적의 인신매매에 대한 더욱 각별한 관심과 노력이 필요할 것이다. 한국 사회에 뿌리 깊게 남아 있는 유교사상과 가부장적 전통의 영향을 받은 남성들의 왜곡된 성문화도 현대 한국 사회에서 성매매 범죄의 증가에 한 몫을 차지하고 있으므로 이에 대한 홍보와 교육도 병행되어야 할 것이다.

참고문헌

박찬걸. "성매매처벌법상 성매매피해자 규정에 대한 검토." 한국피해자학회 발표 논문. 2011.10.22

백혜정, 방은령 '청소년 가출 현황과 문제점 및 대책 연구." 2009.

이나영. "성적 인신매매, 어떻게 볼 것인가? 과정과 쟁점을 중심으로." 성매매방지 국제심포지움. 2012.6.5

Shihoko Fujiwara. "[Japan] The Status of South Korean Women Trafficked to Japan and Existing Support Systems. 2012.6.5

http://www.hks.harvard.edu/cchrp/isht/study_group/2010/pdf/Human%20Trafficking%20in%20East%20Asia.pdf

http://www.humantrafficking.org/countries/south_korea

http://www.ilo.org/wcmsp5/groups/public/---ed_norm/---declaration/documents/publication/wcms_181953.pdf (ILO 2012 Global estimate of forced labour Executive summary)

http://www.state.gov/documents/organization/192596.pdf (Trafficking in Persons Report 2012 – Japan)

http://www.state.gov/documents/organization/192587.pdf

http://www.yourhoustonnews.com/tomball/news/new-human-trafficking-laws-take-effect/article_d722e12d-5baa-5414-8ce8-40f7e03baf0e.html

http://www.stop.or.kr/teach/001_01_00.html (여성인권 진흥원 웹사이트
　　→출처: 유엔의정서 (2000) 제3조에서 종의하는 '인신매매' (UN Protocol to Prevent, Suppress and Punish Trafficking in Persons Especially Women and Children, 2000)

영화 속 색채와 색채의 상징성이 관객에게 미치는 심리적·감성적 영향: 박찬욱 감독의 <스토커>를 중심으로

알렉산드라 해거 (ALEXANDRA HAGER)

MA, Korean for Professionals, University of Hawai'i at Mānoa, 2014

THE PSYCHOLOGICAL AND EMOTIONAL ASPECTS OF COLOR AND COLOR SYMBOLISM IN FILM: FOCUSING ON PARK CHAN-WOOK'S *STOKER*

The introduction of color remains one of the biggest changes to come to filmmaking since its advent. Color has provided filmmakers with a vast and complicated set of tools for stylistic and symbolic expression. It has become such an integral part of the movie making process that its absence alone carries significant implications for a film. Despite the important stylistic and symbolic implications of color, it remains a relatively under studied aspect of the filmmaking process. While existing research focusing on color in cinema has centered on color's symbolic usage, there is another aspect of color in film that poses an interesting subject for research. That is the psychological aspect of color usage in film. While there has been some research on the use of color to represent the central character's psychological state, there has been little research into the use of color to impact the emotions or psychological state of the viewer. Although colors emotional and psychological effects have been widely researched within the fields of color theory and color psychology, these effects have yet to be researched in relation to the filmmaking and film viewing process. This paper looks at the development of color technology and the awareness of color's various symbolic and psychological effects by filmmakers. It uses color theory and existing research on color psychology to posit that the use of color has an emotional and psychological impact on the viewer, and that filmmakers use their awareness of color's psychological effect to enhance the viewer's perception of such emotions as fear, sadness, and anxiety within a film. Using Korean director Park Chan-wook's most recent film *Stoker*, this paper examines both Park's symbolic use of color as well as his use of color for its psychological effect on the viewer. Of particular interest is director Park's technique of filling the frame with shades of a single color using either tinting or elaborate set design, thereby enhancing the psychological impact of such colors on the viewer. This paper focuses on the use of this technique with the colors blue and red to increase the audience's perception of anxiety, tension, fear and horror throughout the film.

KLFC MA Scholarly Papers 4.
ⓒ 2019 Sang Yee Cheon & Dongkwan Kong

1. 서론

역사적으로 영화산업에 가장 큰 영향을 미친 기술적 발전을 꼽으라면 소리가 영화에 도입된 유성 영화가 가장 먼저 언급되고, 그다음으로 언급되는 것이 영화의 색채 기술이다. 영화 초창기에 한 프레임 한 프레임씩 손으로 색채를 넣은 것을 포함하면 영화 제작자와 감독들은 색채 영화를 발전시키기 위해 수없이 많은 시도를 해왔다. 무성 영화 시기에 프랑스 영화 제작의 개척자 조르주 멜리에스 (Georges Melies)는 색채 틴트를 [1] 통해 영화의 환상적인 느낌을 강조했다. 미국 영화감독 D.W. 그리피스 (David Lewelyn Wark Griffith)는 1915 년 <국가의 탄생(Birth of a Nation)>에서 색채 틴트를 통해 장면의 감정적인 분위기를 전달했다(Parkinson 2012). 색채는 감정적, 현실 및 비현실적, 그리고 상징적인 요소로 당시부터 현대의 영화감독에 이르기까지 중요하면서 복잡한 역할을 한다.

색채 사용의 복잡함은 영화에서뿐만 아니라 일상생활에서조차도 이해하기 어렵다. 색채는 각 사회에서 문화적 특징 및 상징적 의미를 지니고 같은 색채라도 사람마다 다르게 인식된다. 그래서 연구의 대상으로서 색채는 매우 어려운 주제이다. 그것은 사람마다 사회마다 다른 부분을 어떻게 이해하고 분석해야 할지에 관한 문제이다. 그러나 색채는 어려운 만큼 영화의 이해에 있어 매우 중요한 요소이다. 영화 요소로서의 색채의 중요한 역할에도 불구하고, 색채에 대한 연구는 장르, 소리, 오퇴르주의 (Auteurism) 등 다른 영화학 분야에 비해 활발하지 않았다 (Vacche and Price 2006). 현재까지 영화 속의 색채를 분석하고 이해하고자 하는 연구는 색채의 상징적인 의미 및 표현을 중심으로 이루어졌으며 그것은 감독들이 전달하고자 하는 영화 속 상징적 의미를 이해하는 데 매우 중요한 연구였다. 한편 영화 속 색채 연구의 또 따른 분야인 색채심리학에 대한 연구는 주로 색채가 수용자에게 미치는 일반적인 영향에 관한 연구였다. 이런 연구는 영화 속에서의 색채의 사용이 관객의 심리에 영향을 미칠 수 있다는 것을 증명하나 그 영향에 대해 구체적으로 분석한 연구는 거의 없다. 색채를 통해 영화가 관객에게 미치는 심리적·감성적 영향도 영화의 이해를 위해 필요한 중요 연구 대상이다.

본 논문은 색채심리학에 관한 선행 연구를 적용하여, 영화 속 색채의 상징성과 그 색채가 관객들에게 미치는 심리적·감정적

---

[1] 틴트필름이라는 용어는 수작업에 의한 착색, 또는 현상소에서 컬러를 입힌 흑백필름을 말하며, 이 논문에서 틴트는 전체 화면을 한 색상으로 구성하는 것을 의미한다.

영향을 살펴보고자 한다. 이를 위해 역사적으로 영화 속에서 색채의 사용이 어떻게 변화하는지, 그리고 영화 및 색채에 관한 이론들을 감안하여 감독들은 어떤 경우에 어떤 이유로 특정한 색채를 사용하는지를 파악하고자 한다. 필자는 선행 연구 및 언론에 나타난 감독과의 인터뷰, 그리고 영화 이론을 바탕으로 감독의 색채 사용에 대한 의도를 파악하고, 색채심리학에 관한 연구를 참고해 영화 속 색채가 관객에게 미치는 영향을 분석하고자 한다.

색채에 관한 기존 연구를 보면, 실험적이거나 독특한 색채의 사용으로 유명한 감독들 몇 명이 자주 언급된다. 영국의 알프레드 히치콕, 중국의 장이모, 박찬욱 등 다수의 감독이 영화 속 색채에 관한 연구의 주요 대상이 되었다. 영화 기술이 발전해 온 서양 사회에서 프랑스의 영화감독 장뤼크 고다르, 영국의 알프레드 히치콕, 미국의 우디 앨런과 마틴 스콜세지 등 다양한 감독들은 실험적인 색채 사용으로 영화계의 주목과 인정을 받았지만, 그들을 중심으로 하는 색채에 관한 연구는 찾기 어려울 정도로 적다 (장미영 2007). 아시아에서도 감독의 색채 사용을 분석하는 연구는 찾기 어려우며, 기존의 연구는 주로 중국의 장이모 감독을 중심으로 이루어져 왔다. 박찬욱 감독은 한국이나 해외에서도 인지도가 높은 편이지만, 그의 독특한 시각적 스타일에도 불구하고 그의 색채 사용을 분석하는 연구는 많지 않다.

박찬욱 감독은 뚜렷한 색채, 독특한 화면 구성과 관객들을 불쾌하게 만드는 잔인한 장면을 사용하기로 유명한 감독이다. 그의 독특한 스타일에 대한 연구 중 박찬욱 감독의 <친절한 금자씨>를 분석하는 초보군의 <영상 색채의 심리적 표현과 서사구조와의 관계>(2009)는 본 논문의 목적과 유사한 선행연구다. 이 연구는 기호학을 바탕으로 색채가 영화의 분위기와 주인공의 심리 상태 및 변화를 표현하고 영화의 이야기를 진행한다고 주장한다. 이 주장에 따르면, 영화 제작 시 감독이나 촬영감독 등의 제작진은 색채에 의미를 부여하며 의도적으로 화면의 색채를 통해서 특정 의미를 전달한다 (초보군 2009). 김향란(2006)은 영화의 내러티브와 분위기, 그리고 전달하고자 하는 상징적 의미와 색채를 연결해 색채가 영화의 내러티브 요소로 관객에게 스토리에 감정을 전달한다고 주장한다. 이러한 연구는 감독들이 색채의 내면적인 의미 및 상징을 통해 관객과 소통을 한다고 주장하고 있다. 본 논문에서는 감독이 이러한 상징적 의사소통과 더불어 색채의 심리적 영향을 인식하고 이를 통해 관객들에게 무의식적으로 영향을 준다는 것을 말하고자 한다. 이러한 무의식적 영향이 선행연구에서 언급한 분위기를 생성하며, 색채심리학 연구를 통해 관객이 인식하는 분위기의 근원을 이해할 수 있다.

2. 이론적 배경

2.1 영화 속 색채의 기술 발전

색채 영화 기술은 영화 초창기부터 수많은 도전과 발전을 거듭해왔다. 색채 기술의 발전은 영화 제작자에게 추가적인 표현 도구를 제공하기 위한 것이며 동시에 영화 기술 자체처럼 사람들의 세계를 더 정확하게 재현하기 위한 것이다. 이러한 욕망은 현대 사회의 끊임없는 그래픽 디스플레이 (LCD, OLED 등) 또는 컴퓨터 그래픽 (CG) 기술 발전에서도 확인할 수 있다. 이러한 기술 발전으로 인해 영화 제작자의 표현력이 점점 향상되었으며 영화 제작 시 고려해야 할 요소도 많아졌다.

오늘날의 색채 기술은 50 년 전에 사용된 기술과는 많이 다르다. 그동안 영화 발전사에서 색채에 관한 시행착오는 현대의 색채에 대한 인식 및 형식에 많은 영향을 미쳤다. 그래서 영화 색채를 이해하려면 우선 영화 색채의 역사를 어느 정도 알아야 한다.

영화의 색채 기술은 각 시대의 색채 스타일에 큰 영향을 미쳤다. 영화 초기에는 기술의 한계로 인해 틴트 방식을 통해 한 장면 전체에 한 가지 색채만 넣을 수 있었으며 당시 색채는 주로 분위기를 전달하기 위해 사용되었다. 한 가지 색채를 넣는 또 다른 방식은 서론에서 언급했던 것처럼 손으로 한 프레임 한 프레임씩 색을 입히는 것이었다. 이런 방식은 에이젠슈타인(Sergei Eisenstein)의 <전함 포템킨 (Battleship Potemkin)>에서 빨간색 깃발처럼 상징적인 의미를 전달하는 방법이었다 (Parkinson 2012). 현재의 영화 속 색채 기술이 과거와는 완전히 다름에도 불구하고, 최근 영화 속에서도 비슷한 색채 사용 형식을 볼 수 있다. 박찬욱 감독의 영화 <스토커>(2012)에는 전체 화면에 파란색 틴트가 들어간 장면이 있는데, 이러한 틴트는 차갑고 무서운 분위기를 형성한다. 한편 주인공 인디아 스토커의 생일 선물을 꾸미는 노란 색 리본, 노란 색 침대 등 영화에서 나타난 노란색 모티프는 달걀의 노른자처럼 인디아의 어린 시절을 상징한다.

색채 기술이 급속히 발전하던 1930 년대에는 3 원색 필름이 사용되면서 더 많은 색상을 보여줄 수 있었다. 그러나 사용할 수 있는 색채가 많아지면서 새로운 문제들이 나타났다. 그 중 하나는 관객들의 색채에 대한 인식이었다. 1930 년대에는 테크니컬러

3 원색 방식의 [2] 높은 제작비용 때문에 테크니컬러를 사용할 제작사를 찾기 어려웠는데, 월트 디즈니는 이런 3 원색 방식의 테크니컬러를 사용한 제작사였다 (Vacche and Price 2006). 디즈니는 테크니컬러 방식을 애니메이션 시리즈에 적용한 <실리 심포니스 (Silly Symphonies)>를 통해 컬러 영화의 가능성을 보여주었다. 그러나 이런 영화로 인해 색채 영화는 애니메이션, 뮤지컬 등과 같은 장르에서만 다루게 되었고 환상같은 멋진 광경을 묘사하는 데 사용된다는 인식을 갖게 되었다. 오늘날과 달리 당시에는 흑백 영화는 진지한 주제와 어울리며, 색채는 애니메이션, 뮤지컬, 웨스턴 등 특정장르에만 어울린다는 인식이 지배적이었다. 최근에 제작된 <이상한 나라의 앨리스 (Alice in Wonderland)> (Tim Burton 2010)와 <아바타(Avatar)> (James Cameron, 2009)는 이러한 인식이 여전히 남아있다는 것을 보여준다.

1940 년대에 테크니컬러는 색채 영화 제작 방식에 대한 독점권을 가지고 있었으며, 테크니컬러 방식을 사용 시 제작사는 테크니컬러사(社)[3]가 보내는 기술자 및 컬러 고문을 써야 했다. 당시 테크니컬러의 컬러 고문은 나탈리 칼머스 (Natalie M. Kalmus)였으며 당시 제작된 색채 영화는 대부분 그녀의 영향을 받았다. <색채 의식(Color Consciousness)>에서 칼머스는 영화의 색채는 자연스러워야 한다고 주장했다. 칼머스는 관객들의 색채에 대한 심리적인 반응을 지적한다. 단조로운 소리를 들을 때 빠진 반곡점을 찾으려 하는 것처럼 색채가 자연스럽지 않을 때 사람은 무의식적으로 이에 적응하려고 한다. 그러나 그 과정에서 불편을 느낄 수 있다. 칼머스는 흑백은 단조로워서 사람의 관심을 끌지 못하는 반면, 컬러는 눈부시지 않을 때 흑백보다 훨씬 흥미롭고 다양할 수 있다고 주장한다. 칼머스는 또 색채의 심리 및 상징적인 힘을 설명한다. 색채를 통해 영화 제작자는 관객에게 분위기 및 감성을 전달하고 관객은 이를 통해 내러티브에 더 심도있게 몰입할 수 있다 (초보군 2009).

칼머스에 따르면 감독은 모든 장면에서 나타나는 모든 색깔을 인식하고 다른 색깔과 충돌하거나 뒤로 사라지지 않도록 색채를 결정해야 한다. 동시에 감독은 색채를 통해 관객에게 의미, 감성, 분위기 등을 전달하고자 한다.

---

[2] 테크니컬러 3 원색 방식은 테크니컬러사가 개발한 3 개의 네거티브필름을 통해 3 색을 분해해 촬영하는 방식을 말한다. 1932 년에 개발된 "Three-strip Technicolor" 촬영기술은 1950 년대까지 미국에서 가장 많이 사용된 색채영화 기술이었다.

[3] 테크니컬러사(社)는 1914 년에 설립된 영화기술 개발회사 Technicolor Motion Picture Corporation 를 말한다.

할리우드처럼 한국의 영화사업도 초기부터 표현력을 강화하기 위해 영화에 색채를 도입하려는 시도가 있었음을 볼 수 있다. 나운규 감독의 <벙어리 삼룡>(1929)에서는 "칼로 사람을 베는 장면을 붉고 푸르게 착색하여 부분적인 색채효과를 내었다" (강민수 2010). 그러나 한국 영화산업 자체처럼 색채영화에 관한 시도도 역시 많은 실패를 거듭했다. 한국 최초의 색채 극영화로 알려진 <여성일기> (최성관 1957)는 색채영화를 시도했다 실패한 대표적인 예다. <여성일기>는 색채영화로 관심을 많이 받았지만, 개봉 후 일주일 만에 종영되었다. <여성일기>의 실패 원인은 영화 촬영방법에서 찾을 수 있다고 강민수는 설명한다. "색채 영화에 대한 상식이 전혀 없이 기존의 흑백영화와 마찬가지로 작업한 것이 문제였다." 조명이 정확해야 하고 필터를 필요로 했으나 당시 컬러 리버설 필름을 필터 없이 부족한 조명 환경에서 촬영하여 <여성일기>의 색채는 제대로 재현되지 않았고 칼머스가 주장한 것처럼 보기 불편했다. 이러한 실패는 테크니컬러가 강조한 컬러 고문과 같이 영화 제작진에 색채를 인식하고 이를 담당하는 사람이 필요함을 증명했다.

<여성일기> 이후 한국 색채영화의 본격적인 시작까지는 거의 10 년이 걸렸다. 1961 년에 제작된 신상옥 감독의 <성춘향>은 이스트먼 코닥 필름으로 촬영하여 일본에서 현상되었다. <성춘향>은 한국 영화에서 처음으로 색채의 다양한 표현력과 예술성을 관객에게 보여주었고, 관객의 반응은 제작사에 색채영화의 상업성을 입증했다. 이후 국내 영화시장에서 색채영화의 점유율이 지속적으로 상승했다. 이러한 색채영화의 발전 과정에서 한국 영화산업은 칼머스와 테크니컬러의 영향을 받지 않았다. 그래서 <성춘향>과 같은 색채영화는 할리우드와 달리 원색 및 밝은 색상을 피하지 않았고, 이후 다양한 장르의 영화가 색채로 촬영되었다.

미국에서 1950 년대 테크니컬러는 기술 독점권을 잃었고, TV 의 출현과 컬러 영화 제작 비용의 감소로 영화산업이 변화하기 시작했다. 1960 년대 들어 컬러 TV 가 도입되면서 처음으로 색채영화가 흑백 영화보다 더 많이 제작되었다. 한국에서도 1960 년대 경제 발전과 산업화로 인해 짧은 시간 내에 흑백 영화가 색채영화로 전환되었다. 1980 년대에는 컴퓨터 기술을 통해 영화 속에서 더 많은 컬러를 표현할 수 있게 되었고 과거에 흑백으로 촬영된 영화를 컬러판으로 다시 제작할 수 있게 되었다. 이후 컴퓨터 기술과 화면 및 모니터 기술이 발전되면서 훨씬 더 많은 색상을 보여줄 수 있게 되었고, 이전의 필름 기술과 달리 상영하면서 발생하는 필름 손상 및 색상 왜곡 현상이 더 이상 발생하지 않았다

(초보군 2009). 이 덕분에 현재의 영화 색채에 관한 연구도 가능하게 되었다.

2.2 색채 이론

영화에 나타나는 색채나 일상생활에서 보이는 색채를 이해하고 분석하려면 색채이론에 대한 이해가 선행되어야 한다. 색채는 고대 그리스부터 아리스토텔레스와 같은 철학자가 관심을 가지고 보던 대상으로, 당시부터 발전해 온 이론은 색채가 무엇인지, 색채를 어떻게 구별하고 부르는지, 그리고 각각의 색채가 무엇을 상징하는지에 대해 다룬다. 우리는 과학과 기술의 발전을 통해 색채란 무엇인지에 대한 답을 찾게 되었다. 색채를 정의하자면, "빛이 1초에 30만 km의 속도로 공간을 직진하면서, 어떤 물체에 부딪치거나 물체를 투과할 때 빛이 분해되면서 우리 눈에 보이는 빛 (가시광선)이 색채이다" (김성식

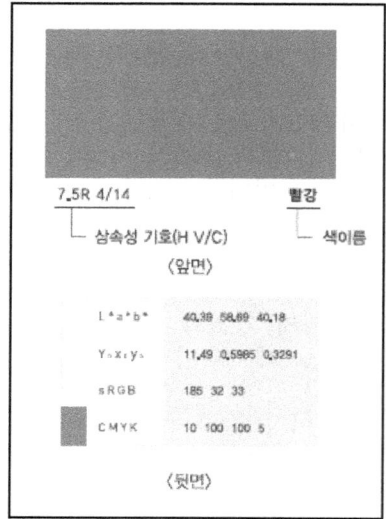

<그림 1>
공공디자인색채표준가이드
2009

2003). 그러나 아직 색채에 대한 의문은 많이 남아 있으며 그에 대한 논의는 활발하게 진행되고 있다.

본 논문에서 쓰인 색채를 구별하고 부르는 방법을 이해하기 위해 색채 명에 대한 논의를 먼저 살펴본다. 무지개에 나타나는 일곱 가지 빨강, 주황, 노랑, 초록, 파랑, 남색과 보라 색상 외에 널리 인정되고 합의된 표준색채의 이름은 없다 (Bleicher 2005). 언어에 따라 색채 명이 달라지고 상업적인 이유로 색 이름이 변하기도 한다. 한국에서는 국가표준인증종합정보센터가 색동코리아라는 사업을 통해 '국민들의 색채감성 향상과 산업계의 색채표준 활용을 위해 색채표준 체계 및 정보를 제공'하며 색채에 관한 정보를 표준화하고자 하고 있다. 색동코리아가 제공하는 표준색 공공디자인 색채표준가이드 (2009)는 표준색의 이름, 색상, 평도, 채도 등 각 색채에 대한 색 값 정보를 통합하여 산업계 및 디자인계를 위한 표준을 정한다. 이러한 표준은 어떤 색채를 지칭하거나 색채를 정확하게 측정, 전달, 구현 등을 하기 위한 것이다. 제공된 표준은

<그림 1>에서 보이는 것처럼 한국 산업표준에 따라 색의 삼속성 기호 (Hue Value/Chroma 즉, 색상의 명도/채도), 표준색 이름, 그리고 색 표로 구성된다 (2009). 본 논문은 색동코리아가 제공하는 색채분석 프로그램으로 영화 화면 캡처를 분석하며, 제공된 표준색 이름에 따라 색채를 지칭한다.

다음으로 현대 사회에서 나타나는 색채의 특징을 살펴본다. 현대 사회에 나타나는 색채에 대해 연구하는 색채 이론가 데이비드 바첼러 (David Batchelor)는 그의 <Chromophobia>에서 색채가 어떻게 변했는지와 영화 속 색채의 경향을 살펴본다 (Bleicher 2005). 바첼러는 영화 화면은 사람들이 색상을 선택하는 방식을 바꿨으며 색채에 대한 인식도 평면적으로 바뀌었다고 주장했다. 이러한 변화의 원인은 컴퓨터 기술의 발전과 동시에 일어난 색채의 디지털화이다. 바첼러는 미술계의 전통적인 튜브 그림물감과 컬러 팔레트와 현대 사회의 캔 페인트 및 색 표를 비교한다. 전통적으로 미술가는 컬러 팔레트에서 손으로 색채를 섞었으며 전통적인 색상환(color circle)과 같은 색채이론에 영향을 미쳤다. 반면, 오늘날은 색채를 선택할 때 컴퓨터에서 색표, 컬러 피커, 색 견본 등의 색채 기술을 사용해서 원하는 색채를 정확히 선택할 수 있다. 이러한 기술로 인해 현대에는 각각의 컬러 간의 관계에 대한 인식이 사라지고 있으며, 위에 언급한 색채 표준 가이드처럼 색 견본에서 한 색채는 다른 색채와 분리되어 인식된다.

바첼러가 주장하는 색채에 관한 변화는 특히 디자인과 컴퓨터 그래픽 분야에서 확인할 수 있으나, 영화 관객이나 일반인이 화면에 나타난 색채를 인식할 때는 무의식적이라 할지라도 색채 간의 관계를 인식한다. 이것은 어렸을 때 색상환과 보색대비와 같은 기본적인 색채이론의 개념을 배우기 때문일 수도 있다. 박찬욱 감독의 영화 속에서는 색채 간의 복잡한 관계를 이용하는 것을 볼 수 있다. 특히 파란색과 빨간색을 더 눈에 띄게 하는 효과를 <친절한 금자씨>, <박쥐>와 <스토커>에서 사람 간의 차이, 강력한 경고, 눈에 띄는 대비 등을 위해 사용하는 것을 볼 수 있다. <스토커>에서 또 하나의 인물이 된 스토커 가족의 집에 사용된 다양한 색상들은 박찬욱 감독과 제작진의 색채 관계에 대한 인식을 보여준다. 예를 들어 스토커 가족의 집에서 계단과 입구의 벽 색깔은 파랑과 초록 사이에 있는 청록색인데, 이 색은 조명에 따라 파란색처럼 보이기도 하고 초록색처럼 보이기도 한다. 이러한 장면은 색채들 사이의 관계뿐만 아니라 색채와 조명의 관계를 잘 보여준다.

2.3 색채의 상징성

　　많지 않은 영화 색채에 관한 연구 중 본 논문을 포함한 대다수는 색채의 상징적인 의미에 대한 연구이다. 그만큼 색채는 영화 요소로서 상징적 의미를 위해 사용되며 영화를 분석함에 있어 중요하게 생각된다. 그러나 색채의 상징적인 의미를 분석하려고 할 때 항상 주의해야 할 것이 있다. 그것은 각각의 색채의 상징적인 의미에는 문화적 특징이 있을 수도 있다는 점이다. 그래서 어떤 작품을 분석하려면 그 작품이 만들어진 배경부터 살펴봐야 한다. 또한, 색채의 문화적 특징에 있어 작품을 시청하는 사람이 인식하는 상징적 의미와 작품을 만든 사람이 전달하려고 한 의미에 차이가 있을 수도 있다.

　　본 논문에서는 상징적인 의미가 어디서 발생하는지를 살펴본다. 각 색채는 다양한 의미를 가질 수 있으며 색채가 의미를 가지게 하는 원인 중 하나는 사람의 경험이다 (Bleicher 2005). 아이는 어느 한 색채를 처음 볼 때 경험이 없으므로 그 색채가 무슨 색채인지 또는 그 색채가 어떤 의미를 지니는지를 모른다. 그러나 경험을 통해서 아이는 그 색채를 지닌 사물과 그 색채와 연결된 감정을 알게 되어 색채의 상징적인 의미를 인식하기 시작한다 (초보군 2009). 어떤 상징적인 의미는 모든 사람의 일반적인 생활에서 나타나기 때문에 전 세계적으로 비슷하게 인식된다. 예를 들자면 빨간색은 위험, 죽음, 애욕, 정열, 사랑 등과 같은 의미를 공통적으로 지닌다. 비슷하게 파란색은 바다와 하늘의 색깔로 자연, 물, 공기 등이 연상된다. 그러나 이러한 보편적인 의미 외에도 문화에 따라 특별한 의미, 즉 의미의 차이가 있다. 예를 들어 인도에서는 서양 사회와 반대로 검정은 결혼식에서 사용하여 그러한 상징적인 의미를 지니고, 흰색은 장례식에 사용해서 죽음을 상징한다 (Bleicher 2005).

　　색채는 문화뿐만 아니라 종교, 시대, 나이, 성별, 지역, 개인 등에 따라 연상되는 상징적 의미가 달라진다. 색채 연상은 개인의 경험에 의존하는 것이며 색채 기호는 인도에서 결혼과 장례식에 쓰이는 색채처럼 사회적 통념으로 인한 상징적인 의미를 나타낸다. 한국 근대의 역사만 봐도 사회 통념 등과 색채 인식의 밀접한 관계를 볼 수 있다. 전통적으로 빨간색(적색)은 파란색(청색)과 같이 한국 문화에서 중요하게 여기는 색채였다. 홍(紅), 주(朱), 황(黃)색을 비롯해 빨간색을 지칭하는 다양한 어휘의 존재가 이것을 증명한다. 그러나 빨간색은 6.25 전쟁

2002 년 월드컵을 위한 'Be the Reds 캠페인' 티셔츠

및 북한을 연상시키게 되면서 한국 사회에서 부정적인 이미지를 가지게 되었다 (김기정 2004). '빨갱이'와 같은 단어는 빨간색과 사회주의 및 공산주의의 연상 현상을 증명하며, 한국에서 2000 년대까지 빨간색의 이미지는 불안하고 부정적인 것이었다. 한국 사회의 빨간색에 대한 인식은 2002 년 월드컵으로 인해 다시 변하게 되어, 이후 밝고 긍정적인 이미지를 가지게 되었다.

연상과 기호를 통해 색채는 사람에게 의미와 감성을 전달할 수 있으며, 예술 제작자는 색채를 통해 작품에 더 다양한 의미를 넣는다. 색상이 다양한 만큼 그 색채가 전달할 수 있는 상징적인 의미와 감성도 다양하다. 표 1 과 2 (초보군 2009)는 색채 변화와 감성 또는 상징적인 의미와의 관계를 보여준다. 표 1, 2 와 같이 색상의 명도에 따라 전달하는 감성과 의미가 크게 달라진다. 예를 들어 밝은 빨간색은 행복, 봄, 젊음 등의 이미지를 전달할 수 있으며 어두운 빨간색은 힘, 답답함, 무거움 등의 이미지를 전달한다.

\<표 1\> 무채색 연상언어 통계표

흰색	청순, 결백, 신성, 웨딩드레스, 청정
회색	평범, 소극적, 차분, 쓸쓸함, 안정, 스님
검은색	밤, 악함, 강함, 신비, 정숙, 슬픔, 불안, 상복, 모던, 장엄함

\<표 2\> 유채색 연상언어 통계표

색상/톤	밝은 색의 경우	순색의 경우	어두운 색의 경우
빨간색	행복, 봄, 온화함, 젊음, 순정	기쁨, 정열, 강렬, 위험, 혁명	힘, 답답함, 무거움
주황색	따뜻함, 기쁨, 명령, 애정, 희망	화려함, 약동, 무질서, 명예	가을, 풍요, 칙칙함, 노후됨, 엄격, 중후
노란색	미숙, 활발, 소녀	황제, 환희, 발전, 노폐, 경박, 도전	신비, 풍요, 어두움, 음기
연두색	초보적인, 신록, 목장, 초원	생명, 사랑, 산뜻, 소박	안정, 차분함, 자연적인
초록색	양기, 온기, 명령, 기쁨, 평화, 희망, 건강, 안정, 상쾌, 산뜻	희망, 휴식, 위안, 지성, 고독, 생명	침착, 우수, 심원함 (깊은 숲, 바다, 산 등 연상)
파란색	젊음, 하늘, 신(神), 조용함, 상상, 평화	희망, 이상, 진리, 냉정, 젊음	어두움, 근심, 쓸쓸함, 고독, 반성, 보수적
남색	장엄, 신비, 천국, 환상, 차가움	차가움, 영국, 왕실, 이해	위엄, 숙연함, 불안, 공포, 고독,

			신비
보라색	귀인, 고풍, 고귀, 우아, 부드러움, 그늘, 실망, 근엄	고귀, 섬세함, 퇴폐, 권력, 도발	공포, 불안, 무거움
자주색	도회적, 화려함, 사치, 섹시	궁중, 황관, 권력, 허영	신비, 중후, 견실, 고풍, 고뇌, 우수, 칙칙함

<표 1, 2> 초보군 2009

물론 표 1 과 2 에서 언급된 색상과 상징보다 더 많은 상징적·감성적인 의미를 가질 수 있으나, 표 1과 2 는 영화 색채를 분석할 때 제작자가 어떤 의미·감성을 전달하기 위해 어떤 색채를 사용했는지를 이해하기 위한 기본적인 근거가 될 수 있다. 본 논문은 표 1 과 2 를 바탕으로 박찬욱의 <스토커>에 나타난 색채의 상징적·감성적 의미를 해석하고자 한다. 색채 분석 과정에서는 또 하나의 요소를 살펴봐야 한다. 그것은 색채의 심리적인 영향이다.

2.4 색채심리학

위의 표에서는 색채 연상 언어로서 많은 감정이 언급되었다. 색채와 감정의 관계는 주로 피카소의 청색 시대처럼 제작자의 감성, 또는 영화의 경우처럼 영화 속 인물의 감정과 같은 축에서 분석된다. 그러나 영화 색채에는 또 다른 분석 대상이 있으며 그것은 색채가 관객의 감정에 미치는 심리적 영향이다. 뉴욕 영상예술 대학교수 페티 벨렌토니(Patty Bellantoni)는 <If It's Purple Someone's Gonna Die> (2012)에서 영화와 색채심리학을 연결시켜 여러 영화를 분석하였다. 벨렌토니는 대학에서 강의를 하면서 색채 사용에서 색채의 심리적·감성적 영향에 대한 인식과 의도를 학생들에게 알리기 위해서 실험을 했다. 학생들에게 다음 수업에 빨간 것을 가져오라고 하였는데, 이를 통해 놀라운 결과를 관찰했다. 많은 학생들이 누구나 예상할 수 있는 빨강 페인트, 색 견본 등을 가져온 데 반해, 어떤 학생들은 매운 계피 맛 사탕과 뜨겁게 느낀 파스 등의 빨간색 느낌을 주는 물건들을 가져왔다. 또한, 이 '레드데이 (Red Day)' 수업에서 학생들은 긴장, 화, 흥분 등의 '빨강'으로 대변되는 행동들을 보이기 시작했다. 벨렌토니 교수는 각기 다른 색채를 이용해 다른 수업 학생들과 이와 같은 실험을 몇 번에 걸쳐 했다. 할 때마다 학생들이 가져온 것들과 각 색채가 학생에게 미치는 영향은 놀라웠다 (Bellantoni 2012). 벨렌토니 교수는 심리학자가 아니고 그가 실행한 실험도 과학적이라고 보기는 어렵지만, 이 실험은 색채의 심리적·생리적 영향을 이해하기 쉽게 보여준다. 이 실험이 보여주는 심리 및 생리적 영향은 심리학 분야에서 많이 연구되었으며, 인테리어 디자인에서 많이 사용되고 있다.

인테리어 디자인, 즉 실내장식과 더불어 의학 분야에서도 색채의 심리적·물리적 영향에 대한 연구가 오래 전부터 시작되었다. 1957년에 색채심리학, 색채 치료, 생리학, 생물학, 물리학, 디자인 등 다양한 분야에서 색채에 관한 연구를 발전시키기 위해서 국제색채학회 (I.A.C.C)가 설립되었다 (Mahnke 1987). 이어서 국가별로 다양한 색채학회가 설립되어 색채에 대한 연구, 색채 표준화 등 다양한 노력이 이루어졌다. 이 중에서 색채심리학은 색채 치료 병원, 공공시설 등의 실내장식과 같은 분야에서 많은 발전을 이루었다. 그러나 벨렌토니 교수처럼 색채심리학을 예술 및 미디어와 연결하는 연구는 여전히 적었다. 1987년에 출판된 <Color and Light in Man-Made Environments>에서 프랭크와 루돌프 만케(Frank H. and Rudolf H. Mahnke)는 주요 색상의 심리적 성격과 연상 및 영향을 살펴보기 위해 건물 바닥, 천장, 벽에 사용되는 색상이 미치는 심리적 영향을 분석했다. 이들의 연구에 따르면 색상과 명도, 채도 등에 따라 색채의 심리적 영향이 달라지는 것뿐만 아니라 노출 시간과 색채의 위치에 따라서도 그 영향이 달라진다고 주장했다. 예를 들어 영향이 강한 빨간색은 짧은 동안 노출이 될 때 자극적인 영향을 미쳐 맥박수를 높이고 긴장감을 일으킬 수 있으며 이러한 영향은 시간이 지날수록 줄어들고 오히려 표준보다 낮은 맥박수를 보였다 (Mahnke 1987).

만케의 연구에 따르면 색채의 선호, 내포, 감성적 연상 등은 집단 내에서 비슷하게 나타나며, 문화 특성상 나타나는 특별한 연상을 제외하면 여러 나라와 여러 민족을 비교할 때 일반적이고 공통적인 결과가 나타난다. 그래서 특히 빨강, 파랑, 초록 등 주요 색상의 경우에는 사람의 문화와 배경에 따라 심리학적 영향은 크게 달라지지는 않았다. 빨간색 (특히 밝은 경우)은 자극적이며 열정, 열렬, 활동, 강력 등 긍정적인 연상이 있고, 공격적이고, 극심, 잔인 등 부정적인 연상도 가지고 있다. 모든 면에서 빨강의 반대인 파란색은 편안함, 내성적인 색채이다. 긍정적으로 파란색은 침착, 안전, 편안, 사색 등과 연결되고, 반면 공포, 우울, 차가움 등의 부정적인 연상과도 관련이 있다. 초록색은 파란색과 비슷한 영향을 미치며 초록의 부정적인 의미는 파랑과 조금 다르다. 초록색은 자연이 연상되어 긍정적으로는 조용함, 상쾌함으로 인식되지만, 부정적으로 초록색은 유죄, 부패, 질병 등을 떠오르게 한다 (Mahnke

1987). 만케의 연구처럼 대부분의 색채에 대한 심리 연구는 물리적 공간 또는 물건이나 제품의 사용에 관해 이루어졌으며 디지털 기술이 발전되면서 디지털 영상에서 나타난 색채에 대한 연구도 이뤄지기 시작했다.

현대 사회에서 사람은 "다양한 매체로부터 끊임없이 영상자극으로부터 색채의 영향을 받는다" (김성식, 2003). 이 영향은 단순한 물체에 대한 정보 전달만이 아니라 다양한 감정, 심리 및 신체적 영향도 말한다. "색은 심리적, 생리적으로 인간에게 영향을 미치는 에너지를 지니고 있다 (김성식 2003)". 색채는 역사 및 사회적으로 나타나는 상징적인 의미로 인해 심리적인 영향도 미칠 수 있지만, 에너지를 지니는 빛으로 신체의 근육, 정신, 그리고 신경 작용에도 영향을 미칠 수 있다. 극단적인 예이지만, 1997 년 일본에서 600 여 명의 아이가 포켓몬이라는 애니메이션을 보면서 간질 발작 (epileptic seizure)을 일으켰다. 나중에 이 발작은 미사일에 맞아 큰 폭발이 일어나는 장면이 있는 한 에피소드에서 빨간색과 파란색 빛이 빠른 속도로 점멸하기 때문이었다는 것이 밝혀졌다. 색채는 심리적으로 사람들이 보는 물질, 공간 등에 대한 온도 감각, 무게, 소리, 시간 등의 지각에 영향을 미친다 (Mahnke 1987). 영화에서는 색채의 이러한 영향을 통해 진지함, 공포, 긴장 등 감성적인 느낌을 줄 수 있고, 속도, 시끄러움, 조용함, 깊이 등 장면의 감각적인 요소를 지각하는 데 영향을 미칠 수도 있다. 이에 대한 가장 대표적인 예는 화면 속 빨간색 자동차가 더 빠르게 보이는 것이다.

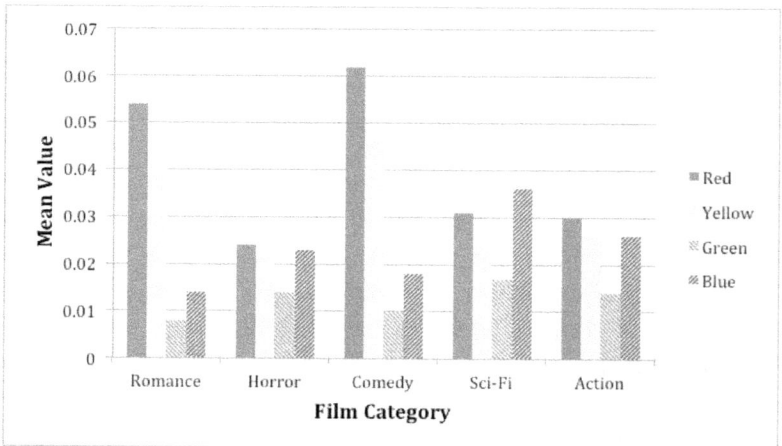

<그림 2> Lin et al. 2012

색채가 감각과 심리에 미치는 영향은 각각의 영화 장르에서 특정 색채를 사용하는 경향에서도 확인된다. 행복, 가벼움, 시끄러움, 정열 등의 의미를 전달하는 빨간색과 노란색은 로맨스와 코미디 영화에서 가장 많이 사용되고 있고, 이 장르에서는 색채의 포화도도 다섯 가지 대표 장르 중 가장 높다. 공포 영화에는 잔인한 장면이 많아서 빨간색이 많을 것이라는 예상과는 달리 파란색이 가장 많이 사용된다고 한다 (Lin et al. 2012). 박찬욱 감독의 영화는 대부분 스릴러 영화로 분류되며 여러 장르를 결합하기 때문에 <그림 2>에서 지적한 다섯 장르에는 없지만, 그의 영화는 공포 영화와 비슷한 경향을 보인다.

3. 연구 범위 및 방법

위에 언급한 바와 같이 색채에 관한 연구는 많은 분야에서 진행되어 왔는데, 색채 이론은 대부분 디자인, 미학, 기호학 등에서 연구되고 색채 심리학, 신경 과학, 의학, 광학 등 과학적인 관점에서도 연구된다. 본 논문은 색채의 다양한 측면을 감안하여 영화에서의 사용을 분석하고자 한다. 특히 색채가 지닌 상징적인 의미와 감성적인 영향을 파악하려고 한다. 독특하고 창의적인 색채 사용에 대해 고려할 때 먼저 떠오르는 감독 중 한 분은 한국의 박찬욱 감독이다. 특히 그의 영화는 다양한 감성과 상징을 담고 있어서 이러한 연구에 좋은 대상이 될 수 있다고 생각한다. 본 논문은 언론에서 영상이 자주 언급된 그의 최신작 <스토커>(2012)를 중심으로 영화 속 색채 추세를 분석하고자 한다. 앞서 언급된 색채 심리학에 관한 선행연구를 적용해 영화 속 색채가 관객에게 미칠 수 있는 감성적인 영향을 파악한다.

영화 속 색채를 분석할 때는 가장 기본적이고 심리적 영향이 가장 큰 빨간색과 파란색을 그 대상으로 한다. 여기서 빨간색이나 파란색이라고 할 때는 그 색채를 기본으로 구성되는 여러 색상을 포함한다. 예를 들면 빨간색은 빨간 검정, 밝은 빨강, 흐린 빨강 [4] 등의 다양한 명도와 채도를 포함한다. 색채의 심리적 영향과 상징을 분석하기 위해, 이러한 다양한 색상을 표 1 과 2 처럼 밝은 색, 순색, 어두운 색으로 나누어 분석한다. 본 논문에서는 화면의 색채 구성을 확인하기 위해 두 가지 프로그램을 사용했다. 우선 전체 화면의 주요 색채를 파악하기 위해 마틴 크리빈스키(Martin Krzywinski)의 색채분석사이트(http://mkweb.bcgsc.ca/color_summarizer/?analyze)를 사용한다.

---

[4] 국가표준인증종합정보센터가 제공한 <공공디자인색채표준가이드>(2009)에 따라 표준색이름.

이 사이트에 화면캡처 파일을 올려 프로그램에서 이미지를 300 픽셀로 바꾸면 위 <그림 3>과 같이 평균과 중간 치의 색상, 명도, 채도, RGB, 색 값이 제공된다. 이러한 색 값과 함께 '어두운 순수 파란색'과 같은 이미지에 대한 색채 묘사도 제공된다. 본 논문은 이 색채 묘사와 색 값을 통해 장면이 전달하는 심리, 감성, 상징 등의 요소를 분석한다.

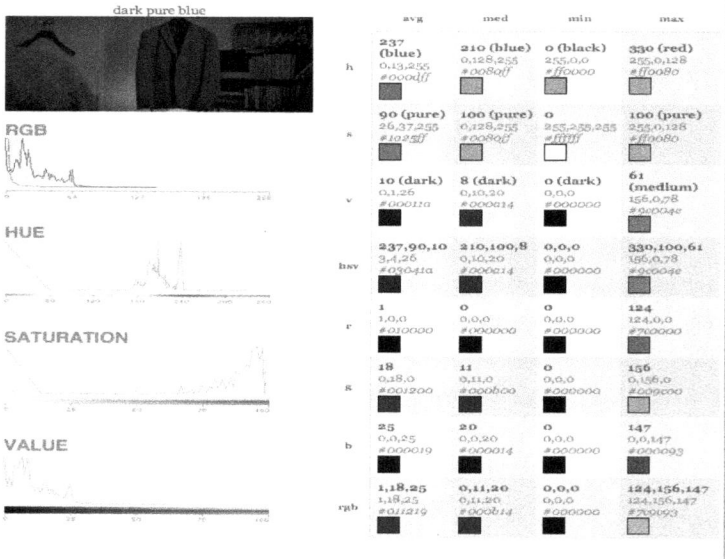

<그림 3> Mkweb Image Color Summarizer

이미지의 정확한 색채 구성을 알기 위해 <그림 4>에서 볼 수 있는 색동코리아가 제공하는 한국표준 색 색채분석 (KSCA)이라는 프로그램을 사용한다. 이 프로그램을 통해 빨강과 파란색이 전체 화면을 얼마나 차지하는지, 그리고 화면의 색상 구성을 파악한다. 이 프로그램은 화면 색상을 56 색 이하로 감소시킨 다음, 각각 색채의 비율, 표준 색 이름과 RGB 등 색채 구성 정보를 제공한다. 이러한 정보를 통해 본 논문은 심리적 영향의 강도와 색채 사용에 관한 경향을 분석하고자 한다.

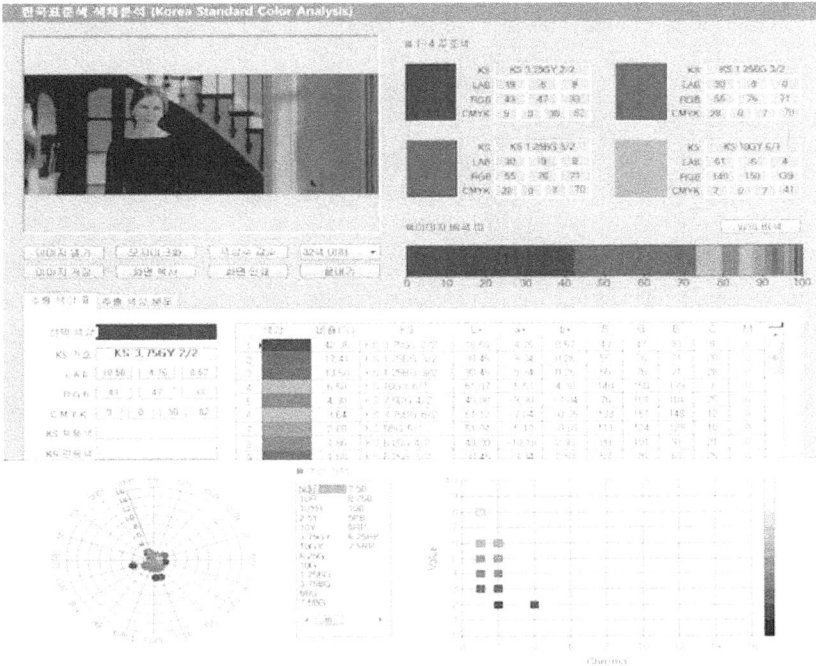

<그림 4> 한국표준색 색채분석 (Korean Standard Color Analysis)

영화 색채 분석을 위해 화면캡처 방법을 사용하는데, 화면캡처를 선택하는 방법은 다음과 같다. 우선 다음 영화 분석 부분에서 설명하는 바와 같이, 영화의 일반적인 주제와 주요 상징성을 분석해서 전, 중, 후반으로 나누었다. 영화를 두 번 보면서 주요 상징, 주제, 그리고 강력한 감정과 관련된 장면에서 화면을 캡처했다. 총 383 개의 화면캡처 중에서 색채가 중요 역할이나 강력한 영향을 미치는 화면과 색채가 영화의 주요 상징을 표현하기 위해서 사용되는 화면을 선택했다. 선택한 화면캡처 총 61 개를 앞서 언급한 Color Summarizer 를 통해 분석해 각각의 화면에 관한 색채 묘사를 얻었다. 이러한 정보를 통해 위의 표 1 과 2 에서 나타난 상징적, 감성적 의미와 만케가 언급한 심리적·감성적 영향을 전, 중, 후반의 주요 상징, 감성과 내러티브의 맥락에 따라 분석하였다.

3.1 영화 분석

박찬욱 감독의 <스토커>(2012) [5] 는 그의 첫 할리우드 진출작으로 흥미로운 연구 대상이다. 미국 배우 웬트워스 밀러가 쓴 각본에서부터 박찬욱 감독이 존경하는 히치콕 감독의 영향이 크다. <스토커>는 시각적, 청각적 요소를 통해 긴장감과 공포심이 가득한 장면들을 연출하는 영화라고 말할 수 있다. 미국과 한국 언론에서 <스토커>는 예술성이 높고 박찬욱의 독창적인 스타일을 보여주는 작품으로 좋은 평가를 받았다. <스토커>는 할리우드 제작 시스템에서 제작된 작품이지만, <친절한 금자씨>와 <박쥐>처럼 박찬욱 감독과 정정훈 촬영감독이 협력한 작품이기도 하다. 그래서인지 <스토커>는 할리우드의 영향에도 불구하고 그들의 시각적인 스타일을 유지한다. 또한, <스토커>에서 박찬욱 감독이 내러티브 및 인물의 일부를 표현하기 위해 상징적인 요소를 사용하는 것도 한국에서 제작된 영화와 마찬가지로 보인다.

<스토커>는 주인공 인디아 (미아 와시코브스카 분)의 성장에 대한 이야기로, 관객에게 악은 태어났을 때부터 가지고 있는 유전적인 것인지 환경의 영향으로 가지게 되는 것인지를 묻는다 (Treifenbach, 2013). <스토커>의 이야기를 요약하자면, 주인공 인디아는 18살 생일날 갑작스러운 사고로 아빠를 잃는다. 이후 찰리 (매튜 구드 분)라는 존재조차 몰랐던 삼촌이 그녀 앞에 나타난다. 인디아의 엄마 이블린 (니콜 키드먼 분)이 젊은 시절 남편처럼 생긴 찰리를 반갑게 받아들이면서 세 명의 인물 사이에 긴장이 가득한 관계가 시작된다. 찰리의 등장과 동시에 스토커 가족 주변의 사람이 사라지기 시작하고 인디아는 자신에 대해 새로운 것을 알게 된다.

영화 속 상징 및 모티프를 살펴보면, 각각의 인물에게 부여된 색채와 반복된 상징적인 이미지가 있다. 영화 전반에 순수한 소녀인 인디아에게는 노란색이 부여된다 (이주현, 2013). 이 색채와 함께 새알의 이미지가 반복된다. 박찬욱 감독은 한 인터뷰에서 새알과 새 모티프의 상징적인 의미를 설명했다. <스토커>에서 주인공 인디아가 성장하는 과정이 새가 알에서 부화하는 것과 비슷하며, 이 새 모티브는 동시에 인디아가 영화 내러티브에서 사냥감에서 포식자로 변하는 것도 상징한다 (Smith 2013). 비슷한 맥락에서 영화에서 자주 나타난 초록색은 사냥이 일어날 숲을 상징한다. 이처럼 박찬욱 감독은 노골적인 표현보다 은근한 상징적인 표현을

---

[5] <스토커> (2012) 제작: 20 세기폭스 서치라이트 픽처스(20th Century Fox Searchlight Pictures), 감독: 박찬욱, 출연: 미아 와시코브스카 Mia Wasikowska (인디아 스토커 역), 매튜 구드 Matthew Goode (삼촌 찰리 스토커 역), 니콜 키드먼 Nicole Kidman (이블린 스토커 역), 재키 위버 Jacki Weaver (숙모 그웬들린 스토커 역).

선호한다 (Bisley, 2013). 그래서 그의 영화를 이해하려면 색채를 포함한 상징적인 요소를 분석해야 한다. 본 논문은 다음과 같이 <스토커>의 색채 사용을 분석한다.

3.2 영화 색채

박찬욱 감독만큼 영화 속에서 색채를 가지고 노는 감독이 없다는 생각이 든다. 그의 영화를 살펴보면 <복수는 나의 것>부터 최신작 <스토커>를 비롯해, 색채가 중요한 역할을 하지 않은 영화가 없었다. 특히 복수 3 부작의 마지막 편 <친절한 금자씨>는 박찬욱 감독의 심리 및 상징적 도구로서의 색채에 대한 관심을 증명하는 대표적인 작품이라고 말할 수 있다. 국내 극장 개봉 시, <친절한 금자씨>는 두 가지 버전으로 상영되었다. 일반 상영관에서는 컬러 버전이 상영되는 한편, 디지털 상영관에서는 컬러와 흑백이 전환되는 버전이 상영되었다. 그의 최신작 <스토커>도 상징적인 측면에서 색채를 강조한다. 흑백 그림에 초록색만 넣은 홍보 포스터부터 엔딩 크레딧의 에밀리 웰스의 <Becomes the Color>라는 노래까지, 색채는 영화에서 중요한 존재이다.

<스토커>를 전, 중, 후반으로 나누면 전반부는 찰리의 도입과 세 주인공의 관계 형성으로 구성된다. 이 때문에 전반부에서 파란 틴트처럼 전체 화면이 한 색채로 구성되는 장면은 거의 없으며, 그러한 장면은 주로 찰리의 정체를 암시하기 위해서 나타난다. 전반 부분의 색채 특징 중 하나는 인디아의 젊음과 순수함을 상징하는 노란색이 자주 보인다는 것이다. 시간이 지날수록 노란색이 나타나는 장면이 줄어들고 파란색과 어두운 빨간색 장면이 늘어난다. 전반부의 긴장감은 오히려 음악, 대사, 프레이밍 (framing) [6]등을 통해 만들어진다. 청록색 집 안의 애매하고 묘한 색상과 조명은 시각적으로 이러한 긴장감을 높인다.

중반부는 찰리가 사냥하는 부분으로 인디아가 찰리의 정체를 파악하기 시작한다. 영화의 중반에서 긴장감은 제일 높고 화면 틴트가 제일 많이 사용된다. <스토커>의 중반을 대표하는 장면은 찰리가 스토커 가족 앞에 갑작스럽게 등장하는 인디아의 숙모 그웬돌린을 사냥하고 죽이는 장면이다. 파란색 틴트가 이 장면에서 가장 많이 사용되며 두 가지 다른 빨간색이 이 부분에서 나타난다. 첫째는 파랑 및 초록과 대비되는 진한 빨간색이며, 둘째는 엄마 이블린의 방에 있는 붉은 색 (빨간 검정색/진홍)이다. 이 빨간색들은 다양한 역할을 한다. 심리적으로 이 빨간색은 관객의 긴장 또는

---

[6] 프레이밍은 화면의 구도와 구성을 말한다.

맥박수을 높이는 데 영향을 주었으며 그 방에서 일어난 장면들에 긴장감이 가득하게 만든다. 또한, 이 색채는 이블린과 인디아 각각의 욕망을 표현하며 동시에 스토커의 피를 가지고 있지 않은 이블린의 위태로운 위치를 상징한다.

영화 전반에서는 노란색이 중요한 역할을 했으며, 위에 언급한 빨간색은 영화 후반에 중요한 역할을 한다. <스토커>의 후반은 이야기의 결론이며 인디아가 성인이 되는 부분이다. 인디아는 자신에 대해서, 찰리에 대해서, 그리고 아빠의 죽음에 대한 사실을 발견하면서 자신을 위한 길을 스스로 선택하게 된다. 인디아가 성인이 되는 것을 상징하고 표현하는 색채는 이전에 언급된 빨간색이다. 영화의 마지막 장면에 빨간색의 중요한 역할은 이를 증명하는 것이다. 인디아가 자신의 길을 선택하는 장면에서도 빨간색은 중요한 역할을 한다. 빨강이 인디아가 스스로 찾고 선택하는 '자신의 색깔'이라고 생각하면 영화 전체에서 나타나는 노랑과 빨강의 대비는 새로운 의미를 가지게 된다. 영화의 첫 장면과 마지막 장면을 비교하면 이러한 변화를 볼 수 있다.

<캡처- 2, 3> <스토커>의 오프닝 장면에서 인디아는 도로의 노랑선을
건너면서 자신의 이름을 지운다. 영화 결론에서는 같은 장면이
나타나면서 인디아가 찌른 보안관의 피가 노랑선에 떨어진다.

각각 주요 인물에게 부여된 색채를 다시 살펴보면 위에 언급한 세 가지 원색인 노랑, 빨강, 파랑은 스토커 가족 각각에게 부여된다. 인디아는 노랑이며 찰리는 파랑이고 이블린에게는 빨강이 부여된다. 노랑은 인디아의 젊음을 상징하며 파랑은 다른 사람과 잘 관계하지 못하는 찰리의 차가움 또는 반사회적인 인격장애를 상징한다. 영화에서 가장 일반적인 인물인 이블린은 빨강으로부터 보호를 받는데, 동시에 빨강은 이블린의 정열을 표현한다. <스토커>에서 색채는 이러한 상징적인 의미만으로 사용되는 것이 아니다. 색채가 전체 화면의 절반을 차지하게 되면서 영화 분위기가 바뀐다. 즉, 이들 색채가 관객에게 심리적인 영향을 미친다. 다음 부분에서는 영화 속에서 가장 큰 영향을 미치는 파랑과 빨강 색상의 심리적인 사용을 분석한다.

3.2.1 파란색

어둡고 바랜 파랑 (Dark Faded Blue)	
상징, 감성	어두움, 근심, 쓸쓸함, 숙연함, 불안, 공포, 신비
심리 영향	공포, 우울함, 추위를 느끼게 한다
채도	색상
VALUE	HUE

<색채 표 1>

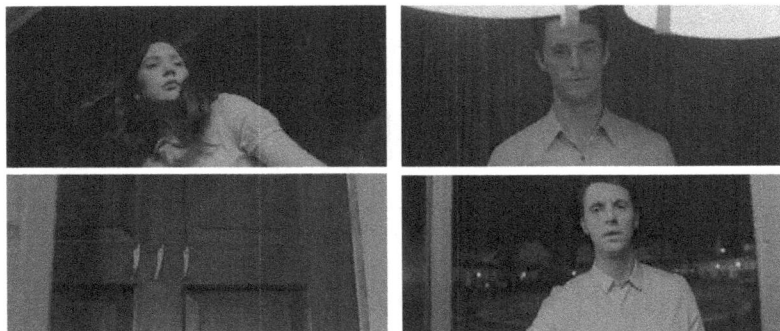

<캡처- 4~7>

　　박찬욱 감독이 심리적 영향을 위해 많이 활용하는 색채 중 하나는 파란색이다. 특히 그의 최신작 <박쥐>와 <스토커>에서 파란색은 특정 장면에서 눈에 띄게 전체화면을 채운다. 일반적으로 파란색은 편하거나 침착하게 하는 영향을 미치지만, 어두운 경우에 오히려 공포심과 긴장을 줄 수 있어 <그림 2>에서 보다시피 공포영화에 많이 사용된다. <스토커>도 역시 마찬가지다. 파란색은 불가사의한 찰리 삼촌을 대표하는 색채이며 그의 존재를 더 공포스럽게 한다. <캡처-5>의 장면이 이러한 현상을 잘 보여준다.

찰리는 인디아와 대화하면서 일어나는데, 전체화면의 74%는 파란 검정 (KS 5PB 2/1)이다. 이 장면에서 찰리의 묘한 표정은 파란색의 영향으로 인해 더 무섭게 보인다.

<스토커>에서 파란색의 심리적인 효과가 가장 큰 부분은 역시 파란색이 가장 많이 나타나는 중반 부분이다. <스토커>의 중반은 두 가지 '사냥' 부분으로 나눌 수 있다. 첫 번째 사냥은 찰리 삼촌이 그웬돌린을 죽이는 장면이며 편집을 통해서 찰리가 사냥하는 것, 인디아가 찰리의 정체를 발견하는 것과 이블린이 적극적으로 찰리에 대한 관심을 표현하려는 것이 동시에 일어난다. 각각의 장면을 분석하면 찰리가 나타난 장면에서 <캡처-5, 7> [7]파랑 틴트를 통해 흰색 부분을 포함한 전체화면이 파랑 색상으로 구성된다.

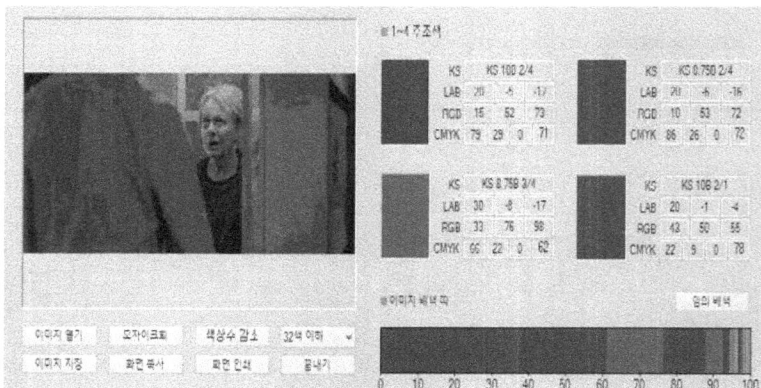

<KSCA 색표- 1> 찰리가 그웬돌린을 죽인 장면

<KSCA 색표-1>은 찰리가 인디아의 숙모 그웬돌린을 죽이는 장면을 분석한다. 여기서 화면의 90% 이상은 여러 어두운 파란색상으로 구성된다. 인디아가 찰리가 냉동고에 숨긴 스토커 저택을 관리했던 믹개릭 부인의 시체를 발견하는 장면도 역시 마찬가지다. 이러한 장면에서 박찬욱 감독이 사용한 파랑 틴트는 공포심을 높이는 효과를 지니며 관객에게 추위를 표현하고 느끼게 하는 효과도 있다. 이러한 색채의 사용은 찰리가 저지른 살인행위의 차갑고 반사회적인 성격을 관객이 물리적으로 느낄 수 있게 표현한다. <색채 표-1>에 표시된 명도를 보면 영화에서 사용된

---

[7] <캡처-4~7> (시계 방향으로) 4. 인디아가 믹개릭 부인의 시체를 담은 지하층 냉동고의 문을 여는장면. 5. 식탁에서 찰리가 인디아와 대화는 장면. 6. 그웬돌린의 호텔 객실 문. 7. 찰리가 그웬돌린을 죽이는 장면.

파란색의 명도는 매우 낮다. 즉, 화면을 차지한 파란색은 검정과 매우 가깝다. 이 낮은 명도는 파란색의 부정적인 심리 영향을 일어나게 한다. 파란색이 밝은 경우 또는 순수한 파랑의 경우에 <표 1, 2>에서 제시한 긍정적인 감성 및 심리적 반응이 발생할 수 있지만, <스토커>에서는 어두운 파랑으로 인해 파랑의 부정적인 영향만 보인다.

　　<스토커>의 후반에 나타난 파란색은 중반과 달리 색상 틴트가 화면 절반을 차지하는 장면이 거의 없다. 여기서 나타난 파란색은 순수 파랑이나 어두운 파랑이 아니라 초록과 섞인 청록색이다. 그래서 후반부에서 나타난 파란색의 심리적 영향은 중반보다 더 애매하다. 영화의 후반은 주로 집안에서 일어나는 일을 다루기 때문에 각각 방의 벽 색깔이 큰 영향을 미친다. 이중 입구와 계단의 청록색이 대표적인 예이다. 여기서는 관객에게 미치는 심리적 영향보다 조명을 통해 각각 인물의 심리적 상태가 표현된다. 예를 들어 이블린이 찰리와 인디아의 관계를 발견한 뒤 주황과 어두운 파랑을 통해 정신적인 혼란과 우울함과 공포를 표현한다.

3.2.2 빨간색

　　빨간색은 색상 중 가장 자극적인 색채이다. <스토커>에 나타난 빨강 색상은 파랑처럼 주로 어두운 빨간색이며 순수한 빨강은 눈에 띄지 않는다. 순수한 빨간색이 눈에 띄지 않더라도 <스토커>에서 나타난 빨강의 심리적인 영향은 크다. <스토커>의 독특한 빨간색은 주로 이블린의 방에 존재한다. 벨렌토니의 레드데이(Red Day)나 만케가 설명한 빨강 벽과 천장의 심리적인 영향처럼, 이블린 방에서 일어난 장면들은 긴장감을 높이는 영향을 미친다.

어둡고 진한 빨강 (Dark Rich Red)	
상징, 감성	힘, 답답함, 무거움, 정열, 위험, 강렬, 피
심리 영향	심리적으로 가장 자극하는 색채, 긴장, 맥박수를 높이는 영향, 눈에 가까워지는 느낌을 준다.

채도	색상
VALUE	HUE

<색채 표 2>

<캡처- 8~11>

만케는 빨강 벽이 공격적이고 전진된 느낌을 준다고 주장했는데, 이것은 <캡처-8~10> [8] 에서 확인할 수 있다. 빨강 벽과 빨강 소파, 꽃 등이 숨막히는 압박감을 준다. 이블린의 방은 관객에게 다가오면서 좁고 작아 보인다. 이런 빨간색은 또한 관객을 공격하는 느낌을 주면서 긴장감을 높인다. 이 장면에서 펼친 대화는 엄마와 딸의 사이 좋은 대화가 아니라 인디아가 엄마를 공격하는 내용이다.

전체 화면을 차지하지 않더라도 빨간색은 강렬한 느낌 또는 의미를 전달할 수 있다. <스토커>에서는 빨강 표시를 통해 죽음을 예시하면서 주의를 전달한다. 그웬돌린의 죽음 직전 호텔의 빨강 간판과 공중전화 박스의 빨강 표지판은 관객에게 그웬돌린의 죽음을 암시하는 표시다. 인디아가 찰리와 함께 인디아의 급우 윕을 죽이는 장면 직전에 인디아가 식당 주차장에서 윕을 만나는데, 여기서도 식당의 간판이 두 사람에게 빨강 빛을 비치면서 펼쳐질 죽음을 예시한다. 빨강은 강력한 만큼 조금만 사용해도 눈에 띈다. 그래서 영화 제작 시 빨강을 사용하는 것이 적극적인 선택이었다는 것을 알 수 있다. <스토커>에서는 스토커 가족의 집의 빨간 문, 이블린의 옷차림, 첫 장면과 마지막 장면의 꽃에서 흘러내린 피 등, 상징적인 사용이 심리적인 사용보다 더 많다. <스토커>에서 빨강은 피, 정열, 성인 등 다양한 것을 상징한다. 이블린의 경우, 빨간색은 그를 찰리와 인디아에게서 보호하는 것을 상징한다. 한편, 인디아가 그린 빨강 꽃병 무늬와 마지막 장면에서 나타난 빨강 꽃과 피는 인디아가 성인이 되어 자신의 색깔을 발견하는 것을 상징한다. <스토커>에서 나타난 빨간색은 등장한 장면수에 비해 영화에 큰 영향을 미친다.

---

[8] <캡처- 8~11> 8~10. 인디아가 이블린 방에서 이블린의 머리를 빗기면서 대화하는 장면. 11. 인디아와 찰리의 관계를 발견한 뒤 전 남편과 인디아가 사냥한 새들과 물건을 태우는 장면.

4. 결론

색채만큼 영화의 내러티브, 분위기, 감정, 예술성 등 다양한 측면에 영향을 미치는 것은 없다. 오늘날 색채의 부재 자체는 의미를 지닌다. 따라서 영화 제작 과정에서 감독, 촬영감독, 의상 디자이너, 세트 디자이너 등의 제작진은 색채에 대해 인식하고 적극적으로 색채를 선택해야 한다. 영화 속 색채를 선택하는 작업에서는 많은 것을 고려해야 한다. 색채의 채도에 따라 현실적이거나 환상적인 느낌을 줄 수 있다. 색채의 명도에 따라 기쁨, 슬픔, 공포 등 감정적인 분위기가 달라진다. 강력한 색채대비는 눈에 부실 수 있고 보기 불편할 수도 있다. 그러나 색채대비가 없으면 화면이 평평하게 보일 수 있다. 물론 각각의 색상이 사람에게 심리적인 영향을 미칠 수 있다는 점도 항상 인식해야 한다.

역사를 보면 영화 개척자는 색채의 표현력을 이용하기 위해 색채 기술을 발전시키려는 수많은 시도를 했다. 이 과정에서 관객과 영화 제작자의 영화색채에 대한 인식이 변하면서 색채는 어느새 거의 영화의 필수 요소가 되었다. 한국의 경우에는 색채를 잘 활용할 수 있도록 하는 기술, 지식과 시설을 설립하는 과정은 다른 나라보다 늦게 시작했고 많은 실패를 겪었지만 한국의 첫 색채 영화 <성춘향>이 성공한 이후 한국 영화산업은 굉장히 빠른 속도로 색채영화로 전환되었다. 현대 한국 영화계에서 독창적인 색채 사용으로 인정을 받는 감독들이 다수 있으며, 그 중 박찬욱 감독은 최근 그의 첫 할리우드 진출 작품 <스토커>를 통해 할리우드 제작체제에서 그의 독창적인 시각적 스타일을 보여줄 수 있었다. 이 영화는 문화 차이와 상관없이 색채가 많은 상징적인 의미와 감성을 전달할 수 있다는 것을 보여줬다.

색채심리학은 과학과 의학의 측면에서 많이 연구되었다. 그러나 이러한 연구는 영화 색채에는 적용되지 않았다. 본 논문은 색채의 심리학 측면을 살펴보면서 기존의 연구 성과들을 영화 속에서 나타나는 색채에 적용하고자 했다. 심리적 영향이 가장 큰 파랑과 빨강의 경우 영화 속에서 그 사용을 쉽게 볼 수 있었다. 특히 <스토커>에서는 주로 어두운 색상을 이용해 전체 화면을 거의 한 색상으로 채우면서 심리적 영향을 강화한다. 이러한 결과는 유지상 (Lin Chih-Hsiang)의 장르에 따른 색채 사용의 성격에 대한 연구에서 확인할 수 있다. <스토커>와 같은 공포 영화는 주로 낮은 명도와 채도의 파란색을 사용한다. 반면 코미디와 로맨스는 채도가 높은 순수한 색채를 사용하고 빨강과 노랑을 다른 장르보다 더 많이 사용한다. 이러한 현상을 보면 무의식적이더라도 색채의 심리적 영향은 영화 속 색채에 영향을 미친다. 앞으로 이러한 현상을 더 잘 이해하기 위해 과학적인 분석이 필요하다고 생각한다. 특히 영화에서 노출된 색채가 관객에게 얼마나 큰 영향을 미치는지는 매우 흥미로운 연구 대상이 될 수도 있다.

참고문헌

공공디자인 색표준 가이드(2009). 색동코리아 프로젝트. 국가표준인증종합정보센터.

강민수 (2010). "한국색채영화의 역사적 과정 및 특성 연길." 조치원읍, 홍익대학교 산업대학원. 국내석사학위논문.

김기정 (2004). "한국인의 빨간색 색채인식 변화와 활용에 관한 연구; 월드컵을 전,후로." 서울, 이화여자대학교 교육대학원. 석사학위 청구논문.

김성식 (2003). "영상 커뮤니케이션의 색채가 심리에 미치는 영향에 관한 연구." 서울, 단국대학교 멀티미디어대학원. 국내석사학위논문.

김향란 (2006). "영화의 내러티브 요소로서 색채의 상징성에 관한 연구 - 장이모 감독의'연인'을 중심으로." A Study on Symbolism of Colors as Narrative Factor of Cinema 2(2): 29-40.

이주현, 정예찬. (2013). "박찬욱의 <스토커> 숏 바이 숏 분석." 씨네 21. 서울, 씨네이십일 주식회사.

장미영 (2007). "영화<친절한 금자씨>의 복식과 상징성에 관한 연구." 서울, 이화여자대학교 대학원. 국내석사학위논문.

초보군 (2009). "영상 색채의 심리적 표현과 서사구조와의 관계." 공주, 공주대학교 대학원. 국내석사학위논문.

Bellantoni, P. (2012). If It's Purple, Someone's Gonna Die: The Power of Color in Visual Storytelling, Taylor & Francis.

Bisley, A. (2013, August 8, 2013). "The Master: An Interview with Park Chan-wook." Retrieved September 18, 2013, 2013, from http://lumiere.net.nz/index.php/an-interview-with-park-chan-wook/.

Bleicher, S. (2005). Contemporary Color Theory and Use, Thomson/Delmar Learning.

Lin, Chih-Hsiang, Fang-yi Wu, I.Ping Chen (2012). "Characteristic Color Use in Different Film Genres." Empirical Studies of the Arts 30(1): 39-57.

Mahnke, F. H. (1987). Color and light in man-made environments, New York: Van Nostrand Reinhold.

Parkinson, D. (2012). History of Film. New York, Thames & Hudson Ltd.,.

Smith, J. (2013, March 7, 2013, 3:09pm CST). "Park Chan-wook talks STOKER, Hitchcock and Crosscutting With Mr. Beaks!." Retrieved

November 11, 2013, 2013, from
http://www.aintitcool.com/node/61340.

Treifenbach, A. (2013, March 14, 2013). "Interview: 'Stoker' Roundtable
Interview with Chan-wook Park." Retrieved September 18, 2013, 2013,
from http://www.destroythebrain.com/news/movie-news/interview-
stoker-roundtable-interview-with-chan-wook-park.

Vacche, A. D. and B. Price (2006). Color: The Film Reader, Routledge.

여성가족부의 다문화 이해 제고를 위한 교육프로그램 매뉴얼 분석

글로리아 강 (GLORIA KANG)

MA, Korean for Professionals, University of Hawaiʻi at Mānoa, 2014

ANALYSIS OF MOGEF'S EDUCATION PROGRAM MANUAL FOR ENHANCEMENT OF MULTICULTURAL UNDERSTANDING

South Korea, one of the most homogeneous countries in the world, is currently facing sweeping change through its evolution into a more diverse, multicultural nation. The government perceives a smooth transition into a multicultural society as a solution to other social issues of low marriage rates, low birth rates, and expected economic and social implications of an aging society. However, various social problems such social injustice, weak social integration, and discrimination have simultaneously presented themselves in the advent of multiculturalism. Although various programs are in place to resolve such issues, they are largely based on cultural activities such as visits to museums and lack long-term effects of increased multicultural awareness. Additionally, the programs vary by organization and region, and lack cohesive uniformity. The Ministry of Gender Equality and Family (MOGEF) developed a comprehensive education program to address such current issues. Therefore, an in-depth analysis of MOGEF's Education Program Manual for Enhancement of Multicultural Understanding can shed insight on the South Korean government's overall approach regarding multicultural affairs. This paper attempts to examine the broad themes present in MOGEF's Education Program Manual for Enhancement of Multicultural Understanding, address problematic concerns, and offer suggestions for future change and development.

1. 서론

이 시대 한국 사회의 최고의 키워드 중 하나는 '다문화'이다. 최근 언론뿐만 아니라 정치, 교육, 인권 등 다양한 사회 분야에서 다문화 현상이 큰 관심과 주목을 받고 있다. 하지만 오랫동안 '단일민족성'을 유지해온 한국사회가 새로운 다문화 현상에 순조롭게 적응하는 것은 쉽지 않은 문제이다. 그동안 다양한 사람들과 어울려 살지 않았기 때문에 보통의 한국인은 자신과 배경이 다른 사람들과 함께 공존하는 법에 익숙지 않다. 이런 갈등들은 다른 다양한 사회적 통증을 야기한다. 한국의 이주민은 인종차별, 불평등, 인권 침해 등을 겪으며 한국사회의 일원으로 적응하는 것에 어려움과 고통을 느낀다. 나아가 이주민 자녀와 다문화 가정의 아이들은 학업성적이나 사회 적응력이 보통의 한국 아이들에 비해 심각하게 낮은 편이다. 이런 문제들은 모든 국민의 삶의 질에 영향을 미치며 사회 양극화와 범죄율 증가 등 더욱 심각한 문제를 야기할 가능성이 있다.

한국 정부는 다문화 사회로의 순조로운 이행을 낮은 결혼율, 저출산, 고령화 현상으로 야기되는 경제적·사회적 문제의 해법으로 여긴다. 특히 이민자 가족의 출산율이 내국인 가족보다 높기에 이들이 한국의 저출산과 고령화 문제를 해소하는 역할을 할 수 있다고 본다 (설동훈, 2008). 이에 따라 정부는 한국 사회의 기존 구성원과 다른 문화와 다른 언어를 사용하는 이방인들을 통합하기 위해 적극적으로 다양한 정책과 프로그램을 추진하고 있다. 이 시점에서 한국 정부의 다문화 현상에 대한 접근 방식을 살펴보는 것은 의미 있는 작업이다. 특히 여성가족부가 제공하는 다문화 이해 교육을 통해 다문화에 대한 태도 내지는 새로운 형태의 다문화 목표를 검토해볼 필요성이 있다. 본 논문은 한국 여성가족부가 제정한 다문화 이해 제고를 위한 교육 프로그램 매뉴얼 (이하 매뉴얼)을 심도 있게 분석하고, 다문화 사안에 대한 정부의 전반적인 접근 방식을 분석하고자 한다. 특히 본 논문에서는 여성가족부의 매뉴얼에 드러나는 광범위한 특징 및 개선점을 검토하고, 다문화 관련 사안들의 미래지향적인 변화와 발전을 위한 제안을 하고자 한다.

본 논문에서 여성가족부의 매뉴얼을 검토하는 데 있어, 먼저 '다문화', '다문화 가정', 그리고 '이주민 가정'을 정의할 필요가 있다. '다문화'는 다양한 문화의 줄임말로 여러 나라의 생활 양식을 뜻한다. '다문화 가정'은 '국제결혼 또는 이중문화가정, 서로 다른 인종의 부부 사이에서 태어난 자녀를 중점으로 하여 혼혈인 가족 등으로 불리던 국제결혼가족의 새로운 개념'이다 (네이버 사전). 즉 다문화 가정의 구성원은 다양한 국적과 문화를 갖고 있으며, 이는 이주민 가정과 다른 개념이다. 다문화 가정과 달리 '이주민 가정'은 그 구성원이 동일한 국적을 가지며 조국에서 다른 나라로 이주해 소수집단으로 살아가는 가족을 칭한다. 본 논문은 이상에서 정리한 '다문화', '다문화 가정', 또는 '이주민 가정'의 정의를 사용할 것이다. 그러나, 본 논문에서 이후 언급하겠지만, 다문화라는 표현의 사용에 혼란이 생기는 경우가 많다. 특히 언론에서는 이 표현을 한국으로 귀화한 외국인을 칭하는 등 다문화·다문화인이라는 표현이 혼재되어 사용되고 있고, 이주민 가정과 다문화 가정이 포괄적으로 모두 다문화 가정이라고 불리는 것이 현실이다.

2. 전체 현황

2.1 전체 현황과 통계

한국에서 다문화 사회로의 발전은 전 지구의 글로벌화 현상과 불가분의 관계가 있다. 특히 1980년 말, 1988년 서울 올림픽의 영향으로 한국은 세계 무대에 서기 시작했다. 1990년대 초 김영삼 정부가 핵심 과제로 세계화 정책을 펼치면서 한국인들이 외국으로 떠나기 시작한 동시에 한국으로 이주하는 외국인의 수가 증가하기 시작했다. 특히 노동시장 인력난을 해소하기 위해 한국은 다른 나라의 노동력을 받아들이기 시작했다. 1993년에 외국인 산업연수생 제도가 도입되면서 3D 업종 (어렵고, 더럽고, 힘든 일) 중심으로 국내에 체류하는 외국인 근로자가 급격히 증가했다.

한국에서 다문화 현상의 또 다른 특징은 결혼이주자의 증가이다. 1990년대 농촌 지역에 사는 한국인 남성들이 결혼 상대를 찾기 어려워지면서, 정부는 농촌 되살리기 운동의 일환으로 농어촌 남성과 중국교포 여성의 성혼 사업을 추진하였다. 이후 국제결혼은 계속해서 증가했고 2000년대 초부터 국제결혼 과정에 중개업자들이 개입하면서 필리핀, 베트남, 러시아 등 다양한 나라에서 결혼이주민이 한국에 오면서 이러한 증가 추세는 계속됐다. 국제결혼의 확대를 통해서 한국 정부는 결혼율과 출산율의 증가라는 두 마리의 토끼를 잡을 수 있었다.

이주민 비중을 크게 차지하는 또 다른 외국인 집단은 조선족이다. 조선족 동포는 혈통 상으로는 한민족이지만 국적상으로는 중국 국민이다. 이전에는 주로 친척 방문을 위해 한국에 입국하는 경우가 많았던 조선족은 1990년대 중반부터 노동 이주의 목적으로 국내에 입국 정착하기 시작했다. 또한, 2000년대 후반에는 유학을 위해 이주하는 외국인의 수가 늘어나기도 했다. 한국 대학들이 세계에서 그 경쟁력을 높이려는 목적으로 다른 나라 유학생을 적극적으로 유치하면서 한국의 다문화 사회 확장에 영향을 미쳤다. 또한 한류의 세계화로 한국어를 배우기 위해 입국하는 유학생의 수가 증가하고 있다.

<표1> 체류외국인 증감 추이

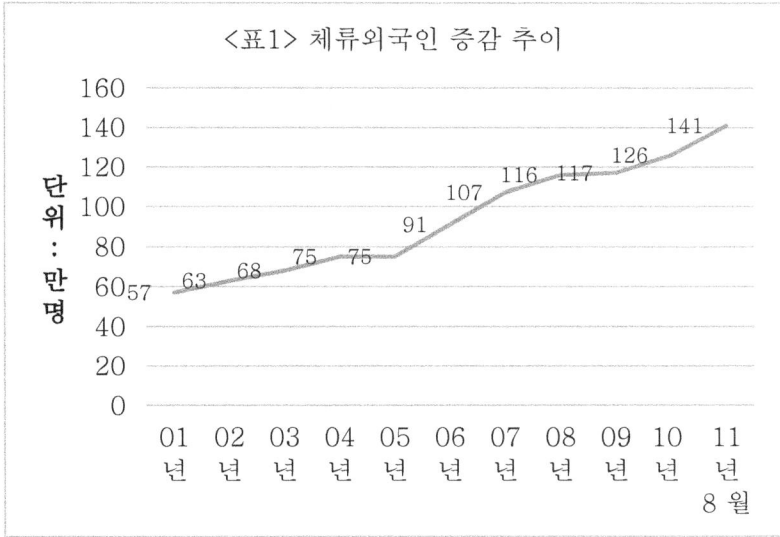

출처: 법무부 출입국외국인정책본부, 출입국외국인정책통계월보 (2011년 9월)

　통계에 따르면 2001년 한국 체류외국인은 57만 명으로 집계되었다. 2004년과 2005년 사이에 그 수가 잠시 침체하였으나 체류외국인의 수는 꾸준히 증가 추세를 보이며 2011년 8월에 141만 명에 달했다. 앞으로도 이주 장벽이 생기지 않는 이상 증가 추세가 계속될 것으로 예측된다.

<표2> 인구대비 체류외국인 현황　　　　(단위: 명, %)

구분	2008년	2009년	2010년	2011년	2012년
체류외국인	1,158,866	1,168,477	1,261,415	1,395,077	1,445,103
인구	49,540,367	49,773,145	50,515,666	50,734,284	50,948,272
인구대비 체류외국인 비율	2.34%	2.35%	2.50%	2.75%	2.84%

*통계청 (KOSIS)의 "주민 등록인구통계" 출처: 출입국·외국인정책본부

　'인구대비 체류외국인 현황'을 보면 한국에서 체류외국인의 수가 증가하는 것뿐만 아니라 인구대비 체류 외국인 비율이 증가하고 있다는 사실을 알 수 있다. 다문화 가정이나 이주민 가정의 출산율이 한국인 가정보다 높다는 사실을 고려했을 때, 외국인이 한국

사회에서 지속적으로 더 많은 비중을 차지하고 많은 영향을 미칠 것으로 예상할 수 있다. 이주 유형별 현황은 다음과 같다.

<표 3> 이주 유형별 현황

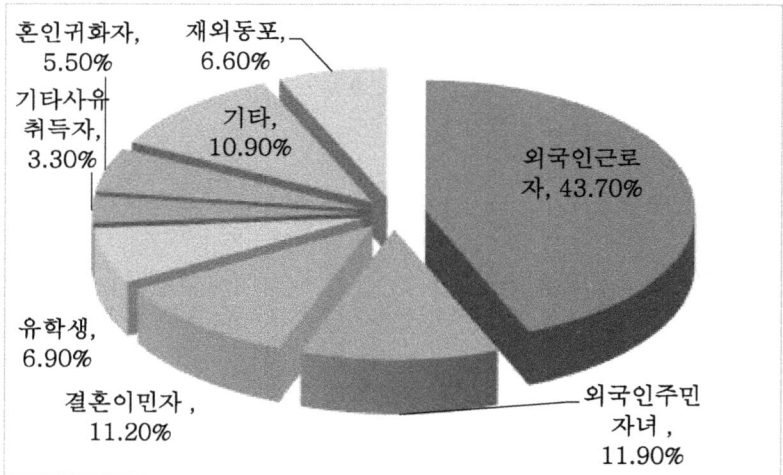

출처: 행정안전부 (2011). 2011년 지방자치단체 외국인주민현황

한국에 체류하는 이주민의 유형을 살펴보면 외국인 근로자가 43.7%로 가장 큰 비율을 차지하고 있다. 다음으로 외국인주민 자녀와 결혼이민자가 각각 11.9%, 11.2%를 차지하고 있다. 이 세 유형의 이주민이 한국 다문화 사회의 주 구성원이다. 모든 통계는 불법 체류자를 포함하지 않는다는 사실을 고려했을 때 외국인 체류자의 수는 통계적으로 반영되는 것보다 사실상 상당히 높을 것으로 예측할 수 있다.

그렇다면 증가하는 외국인 인구에 대한 한국인들의 입장은 어떤가? 이 질문에 대한 해답을 모색하기 위해 최근 한국사회의 다문화 수용성 관련 연구가 진행됐다. 고아라 (2005)가 진행한 수도권 초등학생의 인종편견에 대한 연구에 따르면 외국인의 배경에 따라 인종편견이 다르다고 나타났다. 수도권 초등학생들은 흑인에 대하여 '비위생적이다, 어색하다, 불친절하다, 어리석다, 게으르다, 폭력적이다, 알고 싶지 않다' 등의 편견을 가장 강하게 나타냈다. 동남아인의 경우에는 '가난하다, 지위가 낮다'는 등의 편견이 강해 피부색에 따른 차별적 태도가 그대로 반영되었다. 반면에 백인이나,

미국 및 서양 국가 출신에 대해서는 매우 긍정적인 견해를 밝혔다. 한국보다 경제적으로 강하거나 선진국 출신일 것 같은 인종에 대해 긍정적인 반면, 한국보다 경제적으로 약하다고 알려진 국가 출신에 대한 태도는 매우 폄하적이었다.

<표 4> 이주민의 영향에 대한 인식

	2003년	2010년	변화	척도 설명
이민자들은 일반적으로 한국경제에 도움을 준다	3.43	3.39	.04	매우 반대 1점 매우 찬성 5점
이민자들이 한국인의 일자리를 뺏는다	2.72	2.82	.10	
이민자들은 새로운 아이디어와 문화를 가져옴으로써 한국사회를 좋게 만든다	3.02	3.06	.04	

자료: 이상림 (2011)에서 재구성

이와 유사하게 이상림 (2011)은 이주민의 영향에 대한 인식을 알아보기 위해 한국인들을 조사했다. 2003년에 한국인들은 '이민자들은 일반적으로 한국경제에 도움을 준다'는 인식에 대해 비교적 찬성하는 모습을 보였으나 7년 후에는 지수가 3.43에서 3.39로 떨어지면서 이민자들에 대해 좀 더 부정적인 태도를 보이게 된 것을 확인할 수 있다. '이민자들이 한국인의 일자리를 뺏는다'는 인식에 대해 2003년에 약간 반대하는 입장에서 2010년에는 찬성 반응이 증가하는 변화를 보였다. 마지막으로 '이민자들은 새로운 아이디어와 문화를 가져옴으로써 한국사회를 좋게 만든다'는 인식도 찬성하는 방향으로 증가 추세를 나타냈다. 전체적으로 봤을 때 한국 사회에서 이민자에 대한 인식은 부정적인 편이다.

한국에 체류하는 외국인의 증가 추이와 이에 대한 부정적 견해를 반영하는 한국인의 태도를 봤을 때, 외국인의 통합을 위한 교육뿐만 아니라 한국인들의 다문화 이해 제고를 위한 교육의 필요성을 알 수 있다.

2.2 다문화 교육 현황

물론 현재 다문화와 관련된 다양한 사업 및 프로그램이 실행되고 있다. 그러나 각 부처와 지역마다 추진하는 프로그램이나 교육이 독립적으로 운영되기 때문에 통합된 다문화에 대한 접근 방식을 보기 힘들고 이런 프로그램은 전체적인 효율성이 떨어진다고 볼 수 있다. 현재 이루어지고 있는 다문화 교육의 대부분은 소수의 집단을 대상으로 한국의 언어, 풍습, 전통예절, 음식 만들기 등을 가르치는 제한된 내용으로 이루어져 있다. 다수를 대상으로 하는 교육에서는 시민단체나 다문화 센터 등을 통해 작은 규모로 글로벌 에티켓, 타인의 인권 존중 등을 가르치고자 하지만 이민자에 대한 부정적 인식을 바꾸기에는 그 효과가 미흡하다. 특히 이러한 다문화 교육의 주된 영역과 그 대상은 학교의 학생으로 한정되어 있다.

그 중에 한 사례는 무지개 청소년센터의 다문화이해 반편견 프로그램이다. 무지개 청소년센터 (2007)에서 발표한 다문화이해 반편견 프로그램 같은 경우에 교사들이 재량활동 시간에 임의로 이 프로그램을 선택해 활용할 수 있게끔 되어 있다. 즉 교사는 학생들의 특별활동 시간에 다문화이해 반편견 프로그램을 자유롭고 비체계적으로 사용한다. 이 프로그램이 교육과정의 일부가 아닌 교사의 선택에 따라 주관적인 방식으로 이용된다는 것이다. 또한 보건복지부 · 무지개 청소년센터 (2009)의 "교과서로 만나는 다문화 이해교육"은 초등학생을 대상으로 다문화 현상에 대해 배우면서 다문화 사회에 필요한 기본적 태도를 기르도록 하고자 하지만 그 대상과 내용 부분에서 한계를 나타내고 있다. 국가인권위원회에서 출범한 다문화 교육은 인권이라는 관점에서 다문화 사회와 인권, 한국사회 이주민의 법적 지위와 쟁점, 이주노동자와 인권, 국제결혼 이주여성과 인권, 다문화 가정 아동·청소년과 인권, 차별과 편견 없는 다문화 사회 만들기 등을 다룬다. 하지만 다문화 허용성보다는 인권 위주로 구성된 교육이기 때문에 이 교육 내용을 실제 상황에서 활용하고 다양한 현장에 적용하기는 어렵다. 더불어 인권이라는 무거운 주제의 측면에서 다문화 문제에 접근하기 때문에 한국인 대다수가 이를 쉽게 받아들이기 힘들다.

이런 다양한 프로그램이 전체적으로 통합되지 않고 있다는 것도 큰 문제 중 하나다. 이 때문에 중복 사업이나 서비스 사각지대가 많이 발생하고 있으며 이민정책을 총괄적으로 조정하는 기능을 가진 정부 기관이 부재한 상태이다 (설동훈 외, 2011; 한국 여성정책연구원, 2010). 교육부의 다문화 교육은 주로 학생이나 교사를 대상으로 이뤄지며 문화체육관광부는 다문화 교육의 중심을 문화와 예술에 두고 있다. 여성가족부는 거시적인 틀 내에서 대상별로 체계적으로 다문화 교육을 이뤄가고 있지만, 정부나 공공기관이 범사회적 차원에서 개발한 다문화 교육의 필요성을 느끼면서 '다문화 이해 제고를 위한 교육프로그램'을 개발했다.

여성가족부는 1981년에 정무장관 제2실 신설로 출범한 후에 여성부와 여성가족부로 변경되었으며 여러 차례 그 명칭이 바뀌었다. 2010년에 가족·청소년·아동 (다문화가족과 건강가정사업을 위한 아동 업무에 한함) 관련 업무를 보건복지부로부터 이관받아

여성가족부로 자리를 잡았다. 여성가족부의 주요 목적은 여성정책의 기획·종합 및 여성의 권익증진, 청소년의 육성·복지 및 보호, 여성·아동·청소년에 대한 폭력피해 예방 및 보호, 그리고 가족과 다문화 가족정책의 수립·조정·지원 등 네 가지다. 2013년에 발표한 여성가족부의 비전은 간단하게 "여성 행복, 가족 행복, 국민 행복"이다 (여성가족부, 2013).

여성가족부는 매뉴얼을 통해 정부 차원에서 한국인을 포함한 모든 국민을 위한 포괄적인 다문화 프로그램을 제공하고자 한다. 여태까지의 다문화 교육은 문화 체험이나 언어 교육에 기반을 두어 다문화에 대한 전체적인 인식이나 이해력을 높이지 못했다는 것이 새로운 프로그램의 출발점이다. 이전의 교육 내용은 너무 과거나 역사 위주로 이루어졌으며 현대 한국 사회와는 괴리가 크다. 소수자를 주류집단에 동화되도록 하는 방법에서 벗어나 세계화가 지속되는 상황에서 문화적 능력을 향상시키려는 노력이 필요하다. 이런 상황 속에 여성가족부의 매뉴얼은 정부 차원의 다문화 이해 제고를 위한 통합적인 프로그램이라는 점에서 독자적이며 의미가 있다. 따라서 이에 대한 심도 있는 검토는 다문화에 대한 정부의 접근 방식을 제대로 이해하는 데 큰 도움이 될 것이다.

3. 다문화 교육 이론

Sleeter & Grant (1987)에 따르면 다문화 교육은 다섯 범주로 구분된다.

<표 4> Sleeter & Grant (1987)의 다문화 교육 범주

교육 방법	특징	예	주요 사항
1) 문화차이 가르치기 Teaching the Culturally Different	-사회 목적은 동화. -소수자의 학교 적응을 돕는 지식과 기능 및 주류 언어를 가르치는 제일 기본적인 문화 교육 방식.	-문화 체험.	-학생의 모국어를 인정하고 환영하나 주류 언어와 문화에 최대한 빨리 적응시키려는 동화 정책. -이 두 가지 다문화 교육
2) 인간관계 Human Relations	-통일성, 관용, 그리고 용인의 분위기를 촉진. -적극적 내성 활성화와 소수자의 자신감 추구. -사회에 존재하는	-비하 표현을 검토하면서 문화적 소수와 대수의 차이점과	범주는 사회에 존재하는 권리와 특권을 언급하지 않음. -도입하기 가장 쉬우면서 간단한 다문화 교육

	고정관념 감소.	유사점에 대한 기본 교육을 함.	방식이기에 세계적으로 가장 많이 사용됨.
3) 단일 집단 연구 Single Group Studies	-다문화 가정 아이들에게 자신을 억압하는 요소들과 권리 및 특권의 불평등에 대해 가르치기. -소수자 본인이 가진 배경의 역사와 문화를 배움으로써 얻는 지식과 마음가짐 등이 목표 달성에 어떻게 도움이 될 수 있는지를 가르침.	- 소수집단의 역사와 역사적으로 존재했던 억압에 대해 배우기.	-소수집단을 주류집단과 과도하게 구분 지으면 사회 통합에 부정적 영향을 미칠 수 있음.
4) 다문화 교육 Multicultural Education	-비판적 사고법과 다중이해관 및 구조적 평등을 제대로 인식시키는 것이 초점. -더불어 교육을 통해 학생들의 다문화주의와 다문화 인식도를 높임. -평등한 기회 제공과 다양한 집단 존중심 향상과 동시에 집단 간에 권력 평등 및 대체적 생활 방식에 대해 가르치기.	-학생들의 다양한 언어 사용을 촉진.	-Sleeter & Grant가 진정한 '다문화 교육'으로 간주한 방식.
5) 다문화적· 사회 재구성적 교육 Education That Is Multicultural and Social	-사회 변화가 교육과정의 필수적인 요소. -사회 불평등의 체계적 요소와 성, 사회계급, 인종, 그리고 문화와 관련된 이슈가	-현재 교육 방식의 혁신적 재구성. -학생들이 기존 현상을 항상 지적하고	-Sleeter & Grant가 가장 추천하는 방법. -다문화 교육 방식이 장기적으로 가장 효율적이지만 실행하는 데 많은 노력과 자원이

Reconstruc-tionist	초점. -개인의 인생 경험을 중심 시발로 삼아 억압과 대안적 시각을 고민해봄. -사회적 행위와 자율권을 강화하려는 노력도 존재함.	다른 집단과 사회 변화를 실현하는 것을 적극 지원.	필요하기 때문에 실현하기 쉽지 않음.

<표4>의 (1) 문화차이 가르치기는 아주 간단한 기본 동화정책이며, 마지막 (5) 다문화적·사회 재구성적 교육으로 갈수록 사회 불평등을 논의하는 정도가 증가한다. (5)로 갈수록 장기적 효과도 상승하지만 그만큼 진행하는 데 있어서 더 큰 비용과 자원을 필요로 하다. Vincent (1992)는 (1) - (4)를 "주류 다문화"로 판단한다. 다시 말해서 모든 학교, 공동체, 그리고 전체적인 사회를 변형시키기보다 개혁을 하고자 하는 다문화를 말한다. Vincent (1992)에 의하면 "주류 다문화 교육은 학교를 이해와 개입의 주 장소로 삼기 때문에 학생과 교사가 더 중요하고 폭넓은 사회적, 경제적, 정치적 요소에 대해 논의하지 못한다." 주류 다문화는 정치적으로 안전하고 주류 이념과 대치되지 않는다. 결론적으로 '주류 다문화 교육'은 주류 문화에 대한 사상적 헤게모니에 의문을 제기하지 못한다. 반면에 '다문화적· 사회 재구성적 교육'에서는 혁신적 사회 변화가 교육과정의 필수적인 요소다.

본 논문에서는 여성가족 매뉴얼이 Sleeter & Grant (1987)의 다섯 가지 다문화 교육 방식 중 어떤 방식을 선택해 교육을 진행하고 있는지를 확인하고, 이러한 이론적 틀을 적용하여 어떻게 다문화 교육을 더 효율적으로 진행할 수 있을지를 논의해 보겠다.

4. 여성가족부 다문화이해 제고를 위한 교육 프로그램 매뉴얼

여성가족부는 정부 차원에서 다양한 대상별, 상황 및 주제별, 과정 및 수준별로 체계화된 교육을 제공하기 위해 2011년 11월에 매뉴얼을 제정했다. 면접 및 자문조사, 문헌연구 및 기존 프로그램 시연회 연구를 통해 다문화 이해 교육에 필요하다고 여겨지는 주제를 선택해 프로그램을 구성하면서 다음과 같은 다섯 가지 주제와 목표를 강조했다.

<표 5> 교육 프로그램 주요 주제

주제	목표
A. 이주의 증가와 우리 사회	다문화 가족의 증가 및 이주와 우리 사회 변화에 대한 지식 강화 및 이주에 대한 재개념화.
B. 문화와 일상의 글로벌화	글로벌 사회의 인적, 문화적 자원 이동 및 활동에 대한 인식 강화. 한류 같은 문화교류의 중요성 강조.
C. 집단과 개인 / 차이와 다양성	차이와 다양성에 대한 존중의 필요성 강조. 문화 차이와 개인 취향이 다르다는 점을 인식화.
D. 한국인 정체성 / 한국사회 구성원 다양화	한국 사회 구성원이 다양할 수 있으며 일반화의 위험성에 대해 교육. 이주민의 문화와 언어는 중요한 사회 문화적 자산이라는 점을 강조.
E. 편견과 고정관념	개인이 가진 편견이나 고정관념에 대해 생각해보고 바로잡기.

여성가족부의 매뉴얼은 이 다섯 가지 주제에 따라 교육대상을 청소년, 일반 국민, 공무원 및 관련 시설종사자, 그리고 다문화 가정 구성원으로 분류했다.

<표 6> 전체 프로그램 개요

교육 대상	프로그램 구성		
	프로그램 명	활용 동영상	주제
청소년	우리 사회의 다문화 구성원 증가에 대해 알아볼까요?	1. 행복한 소망이 집 2. 우리는 글로벌 가족, 우리 사회는 다문화사회	A. 이주의 증가와 우리 사회
	내가 경험하는 다문화	5. 세계와 연결된 일상	B. 문화와 일상의 글로벌화
	이주민의 언어와 문화는 우리 문화를 풍부하게 해요	7. 이주민의 문화와 언어도 우리의 자산 6. 교류의 역사와 문화의 발전	D. 한국인 정체성 (한국 사회 구성원 다양화)
	색안경을 끼고 보지 말아요	9. 색안경을 끼고 보지 말아요	E. 편견과 고정관념
일반 국민	이주의 증가와 우리 사회의 다문화화	2. 우리는 글로벌 가족, 우리 사회는 다문화사회 3. 누구나	A. 이주의 증가와 우리 사회

		이주민이 될 수 있어요	
	문화의 교류와 발전	6. 교류의 역사와 문화의 발전	B. 문화와 일상의 글로벌화
	다양한 이주민과 함께 살아가기	4. 다양해지는 한국사회 구성원	D. 한국인 정체성 (한국사회 구성원 다양화)
	고정관념과 편견에 대해 알아봅시다	8. 문화를 보는 눈과 개인을 이해하는 마음 10. 고정관념과 편견 줄여가기	E. 편견과 고정관념
공무원 및 시설 종사자	이동하는 세계인구와 변화하는 한국사회	2. 우리는 글로벌 가족, 우리 사회는 다문화사회 3. 누구나 이주민이 될 수 있어요	A. 이주의 증가와 우리 사회
	한국사회에서 이주민의 정체성 드러내기	4. 다양해지는 한국사회 구성원 7. 이주민의 문화와 언어도 우리의 자산	D. 한국인 정체성 (한국 사회 구성원 다양화)
	집단과 개인, 다양성과 차이에 대한 상호 존중	8. 문화를 보는 눈과 개인을 이해하는 마음	C. 집단과 개인/ 차이와 다양성
	고정관념과 편견 줄여가기	10. 고정관념과 편견 줄여가기	E. 편견과 고정관념
다문화 가족 구성원	새로운 문화창조	6. 교류의 역사와 문화의 발전	B. 문화와 일상의 글로벌화
	다문화가족 구성원 간의 문화 이해와 가족관계 증진	8. 문화를 보는 눈과 개인을 이해하는 마음	C. 집단과 개인/ 차이와 다양성
	함께 어울리며 살아가기	7. 이주민의 문화와 언어도 우리의 자산	D. 한국인 정체성 (한국 사회 구성원 다양화)

출처: 여성가족부 (2011). 다문화 이해 제고를 위한 교육프로그램 매뉴얼

활용 동영상은 애니메이션을 통해 다문화 교육을 실행하고자 제작되었다. 여성가족부는 시청각 자료가 사람들을 동기화시키고

정보를 제공하고 사례를 제시하는 데 매우 유용하게 이용될 수 있다고 판단해 동영상을 제작한 것이다. 동영상을 통해 교실 내에서 재현하기 어려운 주제에 다가갈 수 있고 비디오 속 인물이 모델이 되는 학습효과를 거둘 수 있다. 특히 다른 자료에 비해 시청각 자료는 교육 대상자의 흥미를 유발할 수 있다는 점이 가장 큰 장점이다. 보완 강의 내용은 동영상에 언급되는 내용을 다시 강조하고, 참가자들에게 개인 의견, 이야기를 발표하게끔 유도한다. 참고자료로 기사나 통계 등을 제공하면서 동영상의 내용을 보충한다.

<표 7> 동영상 인물 묘사

이름	묘사
소망이	6학년 여학생 주인공. 엄마가 돌아가신 후 아빠가 베트남 여성과 결혼했다. 소망이는 현재의 엄마와 잘 지내며 본인의 다문화 가정에 대해 자랑스럽게 생각한다.
희망이	소망이의 초등학교 1학년 여동생. 엄마는 베트남에서 왔고 아빠는 한국 사람이다. 이국적인 외모 때문에 지나가는 사람의 시선을 끌기도 한다.
엄마	베트남에서 결혼중개업체를 통해 소망이 아빠와 결혼하게 된다.
아빠	베트남 여성과 재혼한 소망이와 희망이의 아빠.
삼촌	같은 회사에서 근무했던 몽골 출신 여성과 사귀게 되고 결국 그 여성과 결혼하게 된다.
숙모 (솔롱거)	몽골 출신 여성이자 소망이의 숙모.
주변인	아들들이 국제결혼을 하기 전에 외국인에 대한 선입견이 많았던 할머니, 소망이와 희망이의 선생님, 소망이와 희망이의 친구들, 기타 등등.

여성가족부 (2011). 다문화 이해 제고를 위한 교육프로그램 매뉴얼: 기초연구보고서

동영상에 나오는 소망이와 그 가족들의 생활을 통해 한국 사람들이 다문화에 대해 가진 편견 및 고정관념을 성찰할 수 있다. 특히 희망이와 다른 사람들의 접촉을 통해 다문화 가정 구성원의 일상생활에 대해 배울 수 있다. 제작된 동영상은 다양한 다문화와 관련된 상황을 재현하면서 흥미로운 방식으로 시청자에게 교훈을 전달하고자 한다. 먼저 청소년 대상 교육은 다른 대상과 달리 '행복한 소망이 집'을 본다. '행복한 소망이 집'에서 소망이의 다문화 가정의 모습을 보여주며 각 구성원을 자세히 설명한다. 피부색이 서로 다른 소망이와 희망이는 "너무 예뻐서…애들이 쳐다본다"고 하면서 청소년이 다가가기 쉽게 인종차별에 접근한다. 소망이의

모든 가족 구성원을 소개하면서 다문화 가정도 한국인 가정과 다름없다는 것을 자세히 설명한다. 청소년 교육은 다른 대상의 교육과 달리 '집단과 개인/차이와 다양성'이 언급되지 않는다.

일반 국민을 대상으로 하는 교육은 청소년 대상 교육이 다루는 주제를 똑같이 다룬다. 다만 일반인 대상 교육에는 소망이 가족에 대한 자세한 소개가 없고 어린 몽골 출신 학생이 본인이 몽골 사람이라는 사실을 숨기려고 하는 '이주민의 언어와 문화도 우리의 재산' 동영상이 포함되지 않는다. '이주민의 언어와 문화도 우리의 재산'에서는 모든 이주민의 실력과 문화가 한국사회의 자산이 될 수 있다는 내용으로 초등학생의 경험을 위주로 제작됐다. 대신, '누구나 이주민이 될 수 있어요'에서는 주민센터에서 서툰 한국어 때문에 어려움을 겪고 있는 중국인 여성을 소개하면서 삼촌이 외국에 살면서 느낀 어려움 같은 개인 경험을 소개한다. 같은 맥락에서 '다양해지는 한국사회의 구성원'을 통해 옆집에 이사 온 이주민 가족을 소개한다. 이 두 동영상과 보충 강의 내용에 추성훈, 다니엘 헤니 등 외국에서 성공한 한국인 또는 한국에서 성공한 외국인을 언급한다. 마지막으로 청소년 대상 교육에 없었던 '문화를 보는 눈과 한국사회의 구성원'에서는 외국인을 만날 때 왜 한 나라의 모든 사람이 다 똑같다고 생각하면 안되는지를 설명하는 성인용 상황이 포함된다.

공무원 및 관련 시설종사자를 대상으로 하는 교육은 '문화와 일상의 글로벌화'를 다루는 대신 '집단과 개인 / 차이와 다양성'을 강조한다. 이미 공무원 및 관련 시설종사자는 다문화 현상에 대한 지식이 있을 확률이 높기 때문에 성인 대상 교육과 거의 비슷하지만 '교류의 역사와 문화의 발전' 대신 '이주민의 문화와 언어도 우리의 자산'을 본다. 참고 강의에서 다문화 개념과 상식을 자세히 정의하고 외국인 근로자의 고용 등에 관한 법, 다문화가족 지원법, 국적법 등 다문화와 관련된 법적 지식을 제공한다. 더불어 이 교육에서는 다문화적 감수성, 다문화 역량, 문화 간 역량을 언급하며 인권에 대한 심화 있는 참고자료도 제공한다. 청소년과 일반 성인 대상 교육과 달리 기관 규모에서 다문화에의 접근 방식과 의무를 가르치고자 한다.

마지막으로 다문화가족 구성원 대상 교육은 이주민 가정이 아닌 소망이네처럼 한국인이 외국인과 결혼해서 꾸민 가정을 위한 교육이다. 이 교육에서는 '이주의 증가와 우리 사회'와 '편견과 고정관념'을 다루지 않는다. 다문화 및 글로벌 현상보다는 다문화 가족이 문화 차이로 인해 가족 내에서 겪을 수 있는 문제들에 초점을 맞춘다. 가족 구성원끼리 서로의 문화를 존중해야 한다는 것을 강조하고 다문화 가정은 다른 한국 가정과 다름이 없으며 사실 한국 사회에 다문화 가정의 역사가 길다는 내용을 전한다. 흥미로운 부분은 한국인 대상 교육에서는 이주민 가정을 비롯한 모든 다문화 사회 구성원을 언급하지만 실제로 이주민 가정을 대상으로 한 별도의 교육은 없다는 것이다. 한국인과 다문화 가족에 속한 외국인 배우자나 혼혈 자녀를 위한 교육만이 존재하는 것이다.

5. 프로그램 특징

5.1 지식 교육 기반

먼저 모든 교육 내용은 대상과 상관없이 실증적 내용을 중심으로 다문화 현상에 대한 일반적 지식확장을 목표로 삼고 있다. 글로벌화라는 국제적 현상 속에서의 한국의 역할. 거시적 수준의 개념을 발표하고 통계나 도표를 통해 다문화 사회의 도래를 설명하고자 한다. 모든 교육에서 한국의 다문화 현상 추이, 이주민이 이민을 택한 원인 등을 살펴보면서 다문화에 대한 지식 교육을 강화한다.

다음으로 한국 역사에 대한 교육이 큰 비중을 차지한다. "조선 개국 초기에는 태국, 자바 등지에서 조선에 조공을 바치기 위해 많은 사신이 왕래했었고" 언급하는 등, 역사적으로 국제결혼은 한국사회에 자주 볼 수 있는 현상이었다는 점을 전달하면서 다문화에 대한 명분을 쌓는다. 한국 역사의 인도공주 등을 언급하며 한국의 단일민족성을 역사적 사실과 근거로 깨고자 하는 것이다. 즉, 다문화 현상에 대한 역사적 명분을 구축하면서 교육 참가자들이 현재의 다문화를 쉽게 받아들일 수 있도록 한다.

마지막으로 다문화 사회를 세계 글로벌 현상의 일부로 설명한다. 특히 한국인들에게 익숙한 한류 현상과 자주 접할 수 있는 외국 유명인을 예로 언급하여 다문화에 대한 또 다른 명분을 만든다. 또한, 한국 제품 재료의 원산지를 분석하면서 한국인이 매일 세계화를 자주 접할 수 있다고 주장하기도 한다. 이러한 지식과 다른 나라가 비슷하게 경험하는 세계화를 언급하면서 다문화는 한국만의 현상이 아님을 설명한다.

5.2 고정관념 감소

다문화 교육에서는 동영상을 통해 일상생활에서 볼 수 있는 다문화와 관련된 다양한 고정관념을 제시하고 이런 고정관념을 바로잡고자 한다. 소망이 가족의 이야기 속에서도 할머니는 외국인에 대한 부정적인 감정이 있었지만 외국인 며느리 두 명을 얻은 후에 변한 마음에 대해 말한다. 할머니는 다문화 가정의 장점을 말하며 새로운 형태의 가족에 대한 자부심을 나타낸다. 할머니의 변화를 통해 고정관념이 잘못됐다는 것을 인식할 수 있고 다문화 가정의 장점에 대해 숙고해 볼 수 있다. 다른 동영상에서는 다문화 센터에서 언어의 장벽으로 인해 어려움을 당하는 중국인 동포의 모습을 보여주는데, 시청자는 이를 통해 외국인의 상황에 대해 공감할 수 있다. 더불어 한국인이 외국에 나갈 경우에 똑같은 경험을 할 수 있다는 점을 강조하여 고정관념의 위험성을 보여준다.

청소년을 대상으로 제작된 동영상에는 자신이 몽골 출신이라는 한 아이에 대한 이야기가 담겨 있다. 고정관념 때문에 받는 상처로 인해 자신의 정체성에 대해 두려움을 갖는 아이의 모습을 통해 이러한 이들에 대한 동정심과 이해를 높이고자 한다. 또 다른 몽골 남학생은 학교에 처음 갔을 때 고정관념의 피해자가 된다. 학생들은 새로 온 남학생이 외국인이기 때문에 공부를 잘 못 할 것이라는 선입견으로 이 학생을 멀리한다. 하지만 몽골 남학생은 뛰어난 지식으로 결국 대회에서 대단한 성과를 거둔다. 이 동영상은 한국 사회가 고정관념으로 인해 사회적 자산이 될 수 있는 외국인의 실력을 파악하지 못하고 놓칠 수도 있다고 주장한다. 따라서 모든 학생이 스스로의 고정관념에 대해 반성하고 잘못된 생각을 고쳐야 한다는 마음가짐을 보여준다.

5.3 문화 차이가 아닌 개인의 차이

마지막으로 다문화 교육은 모든 차이가 문화 차이가 아닌 개인의 차이일 수 있음을 말한다. 희망이가 고등어를 싫어한다고 말할 때 선생님은 바로 희망이가 다문화 가정의 아이이기 때문에 고등어를 싫어하는 것이라고 생각한다. 하지만 희망이의 어머니는 한국사람도 고등어를 싫어할 수 있으며, 모든 차이가 반드시 문화적 차이인 것은 아니라고 강조한다. 이를 통해 외국인은 한국인처럼 개인적 차이를 갖고 있고 이들이 한국인과 결코 다르지 않다는 것을 보여준다. 또한 문화적 차이도 한국 사회의 자산이 될 수 있다는 점이 다문화 교육에서 중요한 내용이다. 외국인의 언어와 문화는 글로벌한 시대에 꼭 필요한 자산이기 때문에, 외국인도 본인의 문화적 배경에 대해 자부심을 가져야 한다고 강조한다.

회사원들이 모여 다른 나라 사람에 대한 이야기를 나누는 동영상에서 회사원들은 외국인에 대한 일반화된 편견을 표출한다. 동남아시아에서 온 사람들은 한국어를 빨리 배우고 어떤 나라 사람들은 불친절하다는 등 개인의 경험을 바탕으로 집단에 대한 입장을 구축하는 모습을 보여준다. 하지만 소망이와 소망이 아빠는 이런 일반화의 문제점을 지적하고 비판한다. 이 동영상은 개인을 존중해야 하고, 모든 차이가 항상 문화적 차이가 아니라 개인의 차이일 수도 있다는 가능성을 인식해야 할 필요성을 강조한다.

6. 문제점

6.1 사회 불평등 문제 제기의 부재

Sleeter & Grant (1987)의 다문화 교육 이론을 적용했을 때 여성가족부의 다문화 이해 제고를 위한 교육 프로그램은 제2단계인 '인간관계' 수준에 도달해 있다. 여성가족부의 다문화 교육에는 제일 기본적인 '문화차이 가르치기'의 단순한 문화체험을 넘어서서 통일성, 관용, 그리고 용인의 분위기를 촉진시키는 요소들이 존재한다. 소수자에게 개인의 문화적 배경에 대한 자신감을 고취시키고 사회에 존재하는 고정관념을 지적하고 소수와 다수의 차이점과 유사점에 대한 기본 교육을 확실히 도입한다. 하지만 여성가족부의 다문화 교육이 다문화 교육 이론에서 말하는 제2단계로밖에 도달하지 못한 점은 문제이다. 더욱 장기적인 효과를 발휘하기 위해 다문화 교육 방식을 발전시킬 필요성이 있다.

더욱 효율적인 방식으로 발전시키기 위해 다문화 교육에 소수를 억압하는 사회적 체계에 대한 내용이 절실하다. 소수인 외국인이 자신을 억압하는 사회적 요소를 이해해야 사회에 적응하고 이 억압 요소에 대응할 수 있는 능력을 향상시킬 수 있을 것이다. 또한 한국인은 주류집단으로 누리는 권리 및 권력이 자연스러운 것이 아니라 사회 권력과 기회의 양극화라는 점을 인식할 필요성이 있다. 주류집단은 자신들이 받는 보이지 않는 혜택이 사회 구성원 모두에게 제공되지는 않는다는 사실을 이해하고 사회평등에 기여하고자 노력을 기울이는 적극적 자세가 필요하다. 앞으로의 교육 프로그램은 다수의 사회 권리의 불평등에 대한 인식을 향상하고 이들이 담론에 참여할 수 있는 장을 마련해야 한다.

또한 '다문화 이해 제고를 위한 프로그램'은 소수자의 언어와 문화가 한국사회에 기여하는 자산이라는 점을 강조하면서 이들 소수자의 자존감을 강화하고자 노력한다. 하지만 앞에서 봤듯이 다양한 교육과 정책에도 불구하고 외국인에 대한 한국인들의 태도는 부정적인 추세를 보이고 있다. 현재의 프로그램은 다문화에 대한 기본 이해의 제고에 도움이 될 수는 있지만, 소수자의 중요성에 대한 주장은 약하다. 이론적 접근을 통해 다문화의 유익성을 강조하지만, 자세한 사례를 들지 못하고 소수자가 실제로 실력을 발휘할 기회도 미흡하다. '다문화 교육'이 발전하기 위해서는 소수자에게 모국어를 배울 수 있는 기회가 주어지는 등 소수자가 자신의 정체성에 대한 자존감을 형성하고 다수의 한국인들도 다문화의 유용성을 실감하여야 외국인에 대한 태도가 좋아질 수 있다. 교육 과정에 실제로 소수가 실력을 발휘할 수 있도록 하는 제도적 뒷받침을 갖추고 있지 않으면 다문화 교육 프로그램은 실행력이 부족한 이상적 설교 그 이상도 이하도 아니다.

6.2 '한국적' 특성에 중점을 두는 동화

모든 동영상과 교육내용은 이주민의 '한국적' 특성을 강조한다. 소망이 엄마는 다른 '한국 며느리'와 다름없고 희망이는 다른 '한국 아이'와 똑같다는 내용에서 볼 수 있는 것처럼 현재의 다문화 교육에서는 이주민과 한국인의 유사점에 주목하면서 한국 문화와 한국인이 변화의 기준점이 된다. 또한 다문화 가정은 행복한 '한국 가정'이라는 것이 가장 중요한 것으로, 국제결혼을 한 여성은 한국 가족의 구성원으로서 한국 사람과 다름없다고 말한다. 문화 차이가 아닌 개인의 차이를 강조하면서 외국인이 보통의 한국인과 매우 유사하다는 주장을 하지만, 그럼에도 존재할 수 있는 문화적 차이에 대한 존중은 부족하다. 다문화 이해 교육은 한국의 단일민족성을 거부하지만, 모두의 비슷한 점에만 주목한다는 점에서 결국 동화를 요구하는 접근 방식을 보여준다.

하지만 두 문화와 언어 속에서 '한국적' 특성만이 환영받는다는 교훈을 전한다면 본인의 문화와 타협해야 하는 이주여성과 그의 자녀들은 정체성에 대한 혼란을 느낄 수 있다. 이런 상황에서는 더 많은 외국인이 자신의 배경을 숨기고 더욱 '한국적'으로만 보이려는 노력을 할 것이라는 우려가 있다. 다문화 현상이 지속되면서 이주민의 다양성도 증가할 것으로 예상되는 상황에서 타문화를 존중하고 이해하려는 인식이 제고돼야 한다. 미래의 교육 프로그램은 이런 방식으로 발전해 나가야 할 필요성이 있다.

6.3 이주민 가정 사각지대

여성가족부의 교육 프로그램은 다문화 이해를 향상시키기 위한 프로그램이지만 이주민 가족을 대상으로 한 교육이 없다. 한국인 대상의 교육에서 모든 외국인을 간략히 언급하기는 하지만 국제결혼 여성에게만 주목하고 있다. 이들 여성들을 한국 가족의 구성원으로 통합하고자 노력하지만 이주민 가족을 통합하려는 교육은 없는 것이다.

아래 표에서 볼 수 있듯이 전체 외국인 체류자 중에 다문화 가정 구성원인 이주 여성과 그의 자녀들은 상대적으로 작은 비중을 차지하고 있다. 그러나 다문화 이해 교육은 이들 다문화 가정과 일반 한국인을 주요 교육 대상으로 삼았다. 또한 다문화 가족 구성원을 대상으로 한 교육은 이주 여성과 그 자녀들이 한국 사회 내에 적응하는 문제보다는 다문화 가족 구성원 사이에서 겪는 문화 차이로 인한 갈등을 논의하고 외국인 구성원에 대한 한국인 구성원의 이해력을 높이는 데 중점을 뒀다. 교육 프로그램에서 외국인이 겪는 사각지대는 거시적인 틀에서도 확인할 수 있다. 거시적인 측면에서의 다문화의 정의 문제도 이점을 반영한다. 다문화를 포괄적으로 정의하면 모든 다문화 구성원을 의미하지만, 언론 매체와 정치인이 잘못 사용하는 경우가 흔하다. 이들은 다문화 가정과 다문화 사회를 혼용하면서 이들이 사용하는 다문화 가정의 범주에서 실제로 이주민 가정이 제외됐다는 것을 인식하지 못한다. 정책 부분에서도 이주민 가족은 사각지대에 존재하며 대부분의 다문화를 위한 지원과 다문화 단체들은 국제결혼 여성을 위주로 활동을 진행하고 있다. 이주자의 통합이 아직 매우 미흡한 상태이기 때문에 한국 사회는 아직 이주자를 한국 사회의 일부로 간주하는 데 어려움을 느끼고 있다.

<표 8> 다문화 이해 제고를 위한 교육 프로그램 대상

교육 대상

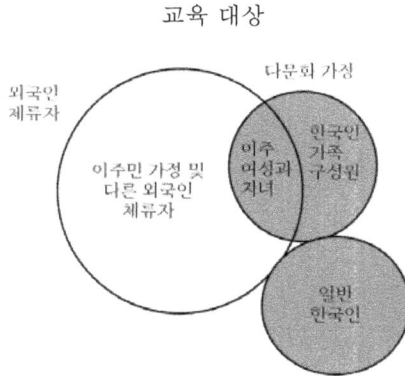

최근 한국의 MIPEX (Migrant Integration Policy Index: 이주자 통합 정책 지수)를 살펴봤을 때 이주민의 사회 통합에 필요한 정책 및 제도를 확인할 수 있다. MIPEX에 따르면 한국 학교는 이주민 학생에게 줄 수 있는 모든 기회를 활용하지 않으며 문화상호주의에 기반한 교육이 약하다고 지적한다. MIPEX 국가 대다수와 달리 한국으로 이주한 학생은 학교에서 모국어를 배울 수 없다. 그 뿐만 아니라 이주자가 법적으로 한국 국적을 취득하고 사회의 정식 구성원이 되기 위한 제한이 상당하다. 한국의 국적법은 출생지주의 (속지주의)가 아니기 때문에 한국에서 태어나거나 어린 나이에 이민하는 청소년이 한국 국적을 쉽게 취득하지 못하며, 한국

국적 지원자는 충분한 소득이 있다는 것을 입증해야 한다. 반면에 MIPEX 국가의 절반은 이런 전제 조건을 이미 폐지했다. 또한 한국에 귀화한 국민은 사기죄나 안보법 위반 등으로 시민권을 잃을 수 있기 때문에 일본을 포함한 다른 나라에 비해 그 상황이 훨씬 불안정하다 (Vankova, 2013). 한국 국적 취득의 장벽을 완화하면 더 많은 수의 이주자가 귀화할 수 있을뿐더러 한국인 정체성의 정의가 다양화될 수 있다. 정책적 변화를 통해 한국인 가족 구성원이 없거나 민족적으로 한국과의 연계가 없는 이주민의 사회 통합도 강화할 수 있을 것이다. 이러한 소수자 집단이 한국 사회의 구성원으로서 자신의 가치를 느낄 수 있는 체계적인 기반이 구축된다면 이들은 실질적 통합을 실감할 것이다. 이런 변화를 비롯해 정부는 새로운 교육 및 정책을 통해 다문화 가족 구성원만이 아닌 한국 사회의 다문화 구성원 모두를 포용하려는 노력을 추진해야 한다.

7. 결론

한국은 다문화 사회의 도래와 동시에 관련된 사회 갈등과 이슈가 등장했고 정부는 이에 대한 대책으로 다문화 교육을 채택했다. 여성가족부는 한국의 다문화 사회로의 순조로운 이행을 위해 문화 체험 등 기본 동화 교육을 초월하는 정부 차원의 포괄적이며 통합적이고 체계화된 교육 프로그램의 필요성을 느꼈다. 그래서 2011년에 여성가족부는 '다문화 이해 제고를 위한 다문화 교육 프로그램'을 제정하고 발표했다. 본 논문은 여성가족부의 이러한 교육 프로그램을 검토하고 분석하여 다문화 교육에 대한 정부의 접근 방식을 살펴보고자 했다. 프로그램의 특징은 크게 지식적 교육 기반, 고정관념 축소, 문화 차이가 아닌 개인의 차이의 강조로 나타났다. 다양한 대상을 고려하는 기발한 교육 프로그램으로서 현재 다문화 사회의 문제에 대응하려는 노력을 볼 수 있었다. 하지만 교육 프로그램은 사회 불평등 문제를 제기하지 못하며 아주 단순한 비효과적 방식을 선택했다. 외국인의 '한국적' 특징에 중점을 두어 동화를 강요하고 다문화 가정이 아닌 이주민 가정에 대해 논의하는 부분에 있어서 매우 부족했다. 하지만 여성가족부를 비롯한 한국 정부가 더욱 혁신적인 교육 방식을 시도하고 모든 다문화 사회 구성원들이 자존감을 형성할 수 있는 기회를 마련한다면 앞으로 다문화 사회로의 이전은 매우 긍정적일 것으로 예상한다.

참고문헌

고아라 (2005). 수도권 초등학생의 인종편견에 관한 연구.
서울교육대학교 석사논문.

네이버 사전. (n.d.) *네이버 사전*. Retrieved March 25, 2014, from http://dic.naver.com/

설동훈(2008). 결혼이민자 자녀 양육과 교육: 현황과 과제. 다문화가정자녀의 교육실태와 향후 대책. 원희목 위원실 정책토론회 자료집(2008. 11. 27).

설동훈·강기정·이병하(2011). 다문화가족 사회통합 관련 정책과제 개발 및 발전방안 연구: 우리나라와 외국의 정책현황 및 추진체계 비교·분석을 중심으로. 여성가족부.

여성가족부. (n.d.) 2010. www.mogef.co.kr

이상림(2011). 한국인의 이주민 유입과 이민의 영향에 대한 인식. ARI-IOM MRTC 공동학술회의. 동아시아 다문화 사회의 쟁점과 미래. 고려대학교 아세아문제연구소, IOM이민정책연구원.

조혜영, 양계민, & 김승경 (2011). *다문화 이해 제고를 위한 교육프로그램 개발: 기초연구보고서* (11-1383000-000247-01) 여성가족부, 한국청소년정책연구원.

조혜영, 양계민, 김승경, 김재우, & 조아라 (2011). *다문화 이해 제고를 위한 교육프로그램 매뉴얼* (11-1383000-000248-01) 여성가족부, 한국청소년정책연구원.

통계청(2011). 다문화인구동태통계. 통계청.

한국여성정책연구원(2010). 다민족·다문화사회로의 이행을 위한 정책패러다임 구축 (IV): 생산적 다문화사회 구현을 위한 정책의 질적 도약 기반 구축. 한국여성정책연구원.

행정안전부(2011). 2011년 지방자치단체 외국인 주민 현황 조사 결과. 행정안전부.

Grant, C. A., & Ham, S. (2013). Multicultural education policy in south korea: Current struggles and hopeful vision. *Multicultural Education Review*, 5(1), 67-95.

Sleeter, C., & Grant, C. A. (1987). An analysis of multicultural research in the United States. Harvard Educational Review, 57(4), 421-445.

Vankova, Z. (2013, 10 14). *Multicultural family support policies: Enough for successful immigrant integration in south korea*. Retrieved from http://www.mipex.eu/blog/multicultural-family-support-policies-enough-for-successful-immigrant-integration-in-south-korea

Vincent, N. (1992). The philosophy and politics of multicultural education and antiracist education: An analysis of current literature. In C. Grant (Ed.), Multicultural education for the twenty-first century: Proceedings of the second annual meeting of the National Association for Multicultural Education (pp. 302-318). Orlando, FL: National Association for Multicultural Education.

북한이탈청소년을 위한 교육 방안: 정부의 교육 방안과 대안학교와의 관계에 대한 미래방향 연구

에밀리 케쓸 (EMILY KESSEL)

MA, Korean for Professionals, University of Hawai'i at Mānoa, 2013

NORTH KOREAN REFUGEE YOUTH ALTERNATIVE SCHOOLS AND GOVERNMENT POLICY RELATIONS

The concept of alternative education is a global phenomenon rooted in non-traditional pedagogical philosophies intending to cater towards and benefit a specific kind of student. South Korea is included in the list of countries, which provide alternative schools to target populations. This thesis will first contextualize the current issues surrounding North Korean refugee youth-centered education in regard to the refugee youth population, alternative schools, and educational policy for an integrated education system. Following this background section, two schools specifically designed for North Korean refugee youth in South Korea will be reviewed, using *the Multilevel Conceptual Framework model* as a rubric. The next section offers an analysis of the South Korean Ministry of Education, Science and Technology's current plans for the acclimation of North Korean refugee youth into South Korean society; and how the North Korean refugee alternative schools may or may not fit into the government's education plans. As such, the thesis will address the strengths and weaknesses of the alternative schools, along with recommendations emphasizing the importance of establishing collaborative ties between traditional and alternative schools to combat issues of alienation from South Korean society, biases towards refugee youth, and significant differences between age and educational attainment. The presented argument recognizes that while an educational system in which all students can indiscriminately enjoy a shared learning space is ideal, in the case of North Korean refugee youth, potential factors influencing the academic performance of refugee youth make it essential to recognize the legitimacy of offering accredited alternative options to refugee students who may otherwise drop out from school or struggle to barely stay afloat in the highly competitive society. Therefore, the previous Lee Myungbak Administration's promotion of an integrated education system with traditional schools inclusive of all North Korean refugee youth that emphasizes on the importance of preparing South Korea for its eventual unification, is desirable the role of relevant alternative schools in helping North Korean refugee youth to find their place in the South Korean should not be overlooked. Efforts to encourage positive interactions between North and South Korean students should include those enrolled at both the alternative and traditional schools. This and other recommendations will be made regarding how to best execute the government's educational plan for an integrated education system and how to include North Korean refugee-specific alternative schools in its future plans for this growing population.

1. 서론

1.1 연구 필요성 및 목적

최근 한국 사회에서 북한이탈주민의 수가 늘어남에 따라 북한 이탈자에 대한 연구가 다양한 차원에서 진행되고 있다. 이들 연구는 정부 기관에서 실시하는 대규모 양적 조사부터 개인이 진행하는 특정 조직 또는 단체에 대한 소규모 질적 연구에 이르기까지 다양하다. 이러한 연구의 결과들을 종합함으로써 북한이탈자에 대한 전반적인 현황을 파악할 수 있다. 통일부에 따르면, 2012 년 12 월 현재 북한이탈주민은 24,614 명에 이르고 있다 [1]. 2011 년 실시한 조사에서 집계된 연령별 분포를 살펴보면 30 대가 32%로 가장 높았고 이어서 20 대가 27%의 높은 비율을 차지하는 데 비해, 10 대는 12%에 불과했다 [2]. 이 연구는 탈북자들을 위해 세워진 특성화 학교 (한겨레 중고등학교)와 대안 학교 (여명학교)의 사례 연구 및 탈북자 청소년들에 대한 남한 정부의 현재 교육 정책과 향후 정책 방향 연구를 통해 현재 대학교 입학 이전의 탈북자 청소년들에 대한 교육 상황을 이해하는 데 그 목적이 있다.

이 연구의 주제로 북한이탈청소년을 위한 교육 지원 정책을 선택한 이유는 다음과 같다. 첫째로, 한국 사회는 독자적인 방식으로 다문화 사회로 발전되어 왔으며, 이는 한국 사회를 역동적으로 변화시키고 있다. 이러한 상황은 또한 한국 사회에서 다문화 현상이 지속적으로 확산될 가능성이 높다는 점을 의미한다. 이에 따라 한국 사회에서는 다른 인종이나 국적 출신이 사회적으로 인정받고 이들이 한국사회에서 성공적으로 정착하기 위해 필요한 교육 및 사회적 지원을 제공해야 할 필요성이 제기된다. 특히 북한이탈주민은 다문화 현상과 긴밀하게 관련되어 있다. 북한이탈주민이 한국 사회에 성공적으로 적응하기 위해서는 한국에 온 동아시아 지역 이민자 대부분의 경우와 달리 상당히 다른 종류의 교육과 지원이 요구된다.

---

[1] 북한이탈주민 현황, 통일부, accessed November 7, 2012, http://www.unikorea.go.kr. 남한으로 입국한 북한이탈주민의 규모는 1998 년 이후 매년 꾸준히 증가되고 있다 (2012 년 제외).

[2] Ibid, 2011.

두 번째로, 장차 한반도 통일의 실현 여부와 관계없이 북으로 돌아갈 수 없는 탈북주민들의 수가 계속 증가하고 있기 때문에 남한 정부는 통일을 염두해 두고 이들 탈북주민에 대한 미래 교육 정책을 마련하기 시작했다. 특히 이명박 정부에서 그 경향이 두드러졌다. 인도적 측면에서 한국 사회는 탈북주민들에 대한 도덕적 책임이 있다. 또한 통일에 대한 정부의 입장을 고려했을 때, 국가적 측면에서 탈북주민들이 새로운 사회에 적응하도록 돕고 관련 기관들을 지원하는 일은 한국 사회에 도움이 된다.

이러한 교육정책을 실현하기 위해 학령기 격차와 같은 문제를 완화하는 것에 주목하면 좋을 것 같다. 최근 2-3 년 사이 학령기에 해당하는 6 세~20 세 미만의 북한이탈청소년들과 관련된 문제가 많이 발생하고 있다. 특히 북한에서 교육의 기회가 없었거나 남한으로 가는 길에 학업중단 사태가 빈번이 일어난다는 점을 고려하면, 남북한 청소년의 교육 격차를 좁힐 수 있는 방안에 대한 연구가 필요하다. 학령기 (만 5 세 이후)에 남한에 입국한 북한이탈학생 중 28%는 입국 이전에 학교 교육을 받아본 적이 전혀 없는 것으로 나타났다 [3]. 북한이탈주민지원재단 연구지원센터에 의하면 대부분의 북한이탈주민이 북동쪽에 위치한 함북도와 함남도 그리고 양강도에서 왔다고 한다 (84.2%). 이러한 지역적 결과를 고려해 보면, 이들 지역의 교육 기회가 부족했다는 것을 알 수 있다 [4].

세 번째로, 최근 학계에서는 북한이탈주민과 관련된 이슈에 대한 연구가 활발히 진행되고 있다. 북한이탈주민의 인권과 적응교육 등에 대한 자료와 논문 및 한국정부와 해당 연구소가 이 주제에 관련해 집계한 통계자료도 쉽게 찾아볼 수 있다. 그러나, 본 연구의 대상 집단 및 다른 북한이탈주민에 대한 정확한 자료를 모으려는 과거 및 현재의 노력에도 불구하고, 여전히 한국 정부의 북한이탈청소년 교육 상황에 대한 개발 계획을 비교하고 분석하는 연구가 절실히 필요한 실정이다.

1.2 연구 질문

- 한국정부의 최근 교육 방안과 북한이탈청소년을 위한 대안학교의 역할은 어떠한 관계를 가지고 있는가?

---

[3] 탈북청소년교육지원센터, "연합뉴스- 학령기 입국 탈북학생 28%, 교육경험 전무," 탈북청소년교육지원센터, Accessed November 7, 2012, http://www.hub4u.or.kr.

[4] 북한이탈주민지원재단 연구지원센터 (NKRF). 2011.*북한이탈주민 생활실태조사 기초분석 보고서* (2011 ed.). Seoul, Korea: 북한이탈주민지원재단 연구지원센터. 비공식 인터뷰에서 여명학교 교사는 북한이탈청소년의 학력을 고려할 때, 북한에서의 출신지도 중요하게 생각해야 한다고 밝혔다.

- 한국정부의 통일 방안에 바탕을 둔 북한이탈청소년을 위한 교육 정책은 무엇이고, 이러한 정책은 북한이탈청소년들이 남한 사회에 적응하는 데 얼마나 효과가 있는가?

1.3 연구 방법

본 연구에서는 대학교 입학 전의 북한이탈청소년을 둘러싼 현황을 살펴본다. 그러나 이들 청소년들의 북한에서의 학력은 인정받기 어렵다는 점과 탈북 이전에 여러 가지 이유로 공부를 할 수 없었던 그들의 상황 등 북한이탈청소년들의 학업에 영향을 줄 수 있는 다른 요소들을 고려하면 연구 대상에는 일반적인 고등학생의 나이대를 넘어서는 20 대도 포함될 수 있다. 남한에서의 특별히 높은 교육열을 고려하면, 성공적인 고등학교 교육은 이들 청소년들이 좋은 대학이나 회사에 들어갈 수 있도록 새로운 기회를 열어줄 수 있다. 또한, 북한이탈청소년들이 조기에 적절한 교육을 받을 수 있다면 이들의 사회 적응 성공률도 높아질 수 있다.

이 연구는 다층적 개념체계모형을 바탕으로 북한이탈청소년을 위한 대안학교 및 교육과학기술부가 가지고 있는 북한이탈청소년과 남한청소년의 통합에 대한 잠정적인 방안이 무엇인지를 분석하여 대안학교와 일반학교의 향후 교육 방향을 제시하고 추후 연구를 위한 기반을 마련하고자 한다. 한국정부의 북한이탈청소년을 위한 최근 교육 방침을 보여주는 자료로 교육과학기술부의 2008 년 계획 방안과 2012 년 서안[5]을 통합 교육 측면에서 비교 분석하고, 가장 효과적인 교육 방안을 위한 권장 사항을 밝히고자 한다.

2. 북한이탈청소년을 위한 교육 지원 현황

2.1 북한이탈청소년

사회적·인구통계적 차이는 복잡한 학습 환경을 조성하여 소수자 학생들로 하여금 사회 속에서 열등감, 고립감 혹은 소외감[6] 등을 느끼게 하고 중퇴율 증가 등의 사회적 문제를 야기할 수 있다. 북한이탈청소년의 경우에도 이들이 남한에 있는 학교에 입학할 때 종전과 전혀 다른 교육환경, 정신적 외상 등의 요인들로 인해 학업 성취도에 큰 영향을 받는 경우가 많다. 따라서 북한이탈청소년을 위한 대안학교와 정부의 방안에 대한 현재 상황을 더욱 자세히

---

[5] 이 문서는 현재 한국정부의 최종입장을 대표하지는 않는다. 교육과학기술부의 2012 년 교육 방안(안)은 아직 개발 단계에 있으며 대중에게 공개되지 않았다. 본 연구를 위해 한국교육개발원으로부터 이 문건의 초안에 대한 사용을 허가 받았다.

[6] 김경준 외 (2008). "북한이탈 청소년 종합대책 연구 III -정규학교 재학 북한이탈 청소년들의 진로탐색에 대한 질적 연구." 한국청소년정책연구원, p.173-185.

파악하기 위해 북한이탈청소년들의 고향, 신체조건, 성별 등을 조사하였다.

앞에 언급한 것처럼 대부분 (84.2%)의 북한이탈주민이 수도인 평양에서 가장 멀리 떨어진 북동쪽 지방에서 왔다 [7]. 남한과 북한에서는 출신지역의 차이에 따라 이용 가능한 교육자원의 격차가 발생하고, 이는 개인의 학업과 직업 등 미래의 삶을 결정하는 데 큰 역할을 한다. 북한이탈주민 중 62.4%는 한국에서 인구가 가장 많은 수도권에 살고 있는 것으로 나타난다 [8]. 흥미롭게도, 설문 조사에 답한 북한이탈주민 7,560 명 중 69.3%가 남한 생활에 만족한다고 했으며 [9], 그 이유로는 '노력하는 만큼 잘 살 수 있어서'가 58.7%, '초기에 정착할 수 있도록 지원을 받아서'가 58.5%, 그리고 '대한민국 국민으로 살 수 있어서'가 41.9%로 나타났다. 설문조사 당시 남한에서의 지위, 소득계층에 대한 조사 결과 이들이 '하위, 극빈자층'이라는 응답이 77.5%로 가장 높았음에도 남한 생활에 대한 만족도가 상당히 높다는 것이다 [10].

성별과 신체 조건이 북한이탈청소년의 전체적인 경험에 영향을 끼칠 수도 있는데, 2001 년부터 남한에 입국한 북한이탈주민 여성의 수는 남성보다 많다 [11]. 2010 년에는 북한이탈주민 중 여성이 약 75 %[12]를 차지하였지만, 북한이탈청소년 중에서는 그렇게 큰 성별 차이가 없었다. 북한이탈청소년의 신체 조건을 보면, 여성과 남성 모두 남한 또래 여성과 남성에 비해 평균 신장과 체중이 적었으며, 이는 영양실조나 다른 건강과 관련한 환경적 요인 때문이다. 이러한 사실은 앞서 언급된 정신적 요인에 영향을 줄 수 있다 [13]. 구체적인 신체의 차이는 <표 1>에 명시되어 있다 [14].

---

[7] 북한이탈주민지원재단 연구지원센터 (NKRF). 2011. *북한이탈주민 생활실태조사 기초분석 보고서*, (2011 ed.). Seoul, Korea: 북한이탈주민지원재단 연구지원센터.

[8] Ibid, 51.

[9] Ibid, 53.

[10] Ibid, 56.

[11] Ibid.

[12] Ibid, 2011. 북한이탈주민지원재단 연구원센터가 정의하는 '성인'은 19 세 이상, '청소년'은 8 세부터 18 세까지이다.

[13] 여명학교 교사와의 비공식 인터뷰를 통해 특히 남자 학생의 경우 같은 또래의 남한 학생과의 신체조건의 차이가 이들에게 예민한 문제임을 알 수 있었다.

[14] 김지현, (2012), *북한이탈 청소년의 학교적응 실태 분석*, (Master's thesis, 이화여자대학교, 서울, 서울, 대한민국), Available from RISS, Retrieved from http://www.riss.kr/link?id=T12648132, p.6-7.

	평균 신장	평균 체중
탈북 남자청소년	155.7cm	47.3kg
한국 남자청소년	169.2cm	60.8kg
탈북 여자청소년	151.1cm	46.9kg
한국 여자청소년	159.4cm	52.3kg

<표 1> 2010 년 남한과 탈북 청소년의 신체조건 비교 [15]

앞서 언급한 사회적, 그리고 통계적 차이 외에도, 북한에서 온 학생이 성공적으로 남한에서 적응할 수 있게 하려면 문화적 차이도 고려해야 한다. 북한이탈청소년의 경우, 남한 교육제도에 영향을 미치는 문화 현상을 확실히 파악하는 것이 매우 중요하다.

2.2 북한이탈청소년의 한국교육 적응 실태

한국 사회에서 학력과 사회 경제적 계층 이동의 관계는 서로 긴밀하게 얽혀 있다. 특히 한국에서는 어머니를 비롯하여 부모가 자녀의 유망한 장래를 위해 전력을 다하기 때문에, 이른바 "학벌지상주의 [16] "로 인해 학력별로 계층격차가 발생하며 기본적으로 고등교육 이수자를 중심으로 권력이 분배된다. 한국사회에서 고등교육이 국가 혹은 각 국민의 사회적 지위를 발전시키도록 하는 주요 역할을 한다는 점을 고려하여 이 논문은 대입 전 청소년에 주목하고자 한다. 특히 한국은 세계에서 이른바 교육열이 가장 높은 것으로 알려져 있으며, 다른 OECD 회원국들에 비해서도 한국의 교육열이 가장 높다 [17].

오바마 대통령은 2011 년 연두교서를 통해 "한국에서는 교사를 중요한 '국가 기반'으로 간주한다 [18]"고 평가했고, 미국의 제 9 대 교육부장관인 안 덩컨은 미국 부모가 한국 부모들이 자녀가 모든 면에서 우수하도록 요구하는 모습을 따라가야 한다고 주장했다. 이러한 학문적 성공은 대학교 졸업률을 보면 확인할 수 있는데, 2011 년 OECD 보고서에 의하면 한국에서는 25 세부터 34 세

---

[15] Ibid, 10. 2010년에 조선일보가 이러한 통계를 보도했다.

[16] Goldthorpe, J & Jackson, M, *Social Class: How Does it Work?"* (New York: Russell Sage Foundation, 2008), p. 93-117.

[17] 노은지, "국민 41.2% "사교육, 남들이 하니까 불안해서," *한국정책방송 케이블방송,* July, 30, 2012, accessed February 13, 2012,
http://www.mest.go.kr/web/1173/ko/board/view.do?bbsId=205&boardSeq=32332.

[18] Obama, B. H. (2011, January). *State of the Union Address.* Speech presented at Washington, D.C.

사이의 학생들 중 98 퍼센트가 고등교육 과정을 마친다 [19]. 그러나 안병만 전 교육과학기술부 장관 [20]과 교육 비평가들은 교육에 지나치게 열을 내는 한국을 모방하는 것을 경계한다. 메리트에 근거한 체제인 한국에서 공교육만 가지고서는 경쟁에서 우위를 점할 수 없기 때문이다. 교육과학기술부는 굿모닝 투데이 [21]의 "[한국] 국민의 41.2 퍼센트가 사교육, 남들이 하니까 불안해서"라는 기사에서 미국이 한국을 모방한다면 그 부작용도 만만치 않다는 내용의 보도를 교육과학기술부 웹사이트에 공개했다.

굿모닝 투데이와의 인터뷰에서, 한 학부모는 "대학입시가 중요한 게 아니라 어떻게 살아가느냐 그것이 더 중요한건데, 다 알고 있음에도 불구하고 알면서도 어쩔 수 없이 흘러가는 분위기가 참 마음에 안 든다"고 밝혔다. 실제로 응답자의 30 퍼센트 이상은 한국 사교육 열풍의 주요 원인으로 학벌지상주의 풍조 및 입시위주의 교육정책을 꼽고 있다. 이러한 점을 염두에 두고, 북한이탈청소년과 그들의 부모에게 경쟁이 심한 한국 사회에서 성공할 수 있도록 어떠한 적응교육과 지원을 제공해야 할지를 생각해 봐야 하겠다.

2011 년 OECD 보고서에 의하면, 2008-2009 학년에 한국은 사교육에 대한 지출 비율은 가장 높고 공교육에 대한 지출 비율은 가장 낮은 것으로 나타났다. 더불어 한국 대학생은 OECD 국가들 중 두 번째로 높은 등록금을 납부하는 것으로 조사되었다 [22]. 공교육에 대한 만족도가 낮기 때문에 과외와 학원 같은 사교육에 대한

---

[19] OECD, (2011), *Education at a Glance: OECD Indicators* (2011 ed.), (Paris, France: OECD), p.1. 한편, OECD는 중국 같은 개발 도상국 때문에 한국의 세계 인재 인구가 줄어든다고 밝혔다. 이와 같은 결과를 볼 때 중국 같이 인구가 많은 국가 및 저출생률도 감안한 조사가 이루어져야 한다.

[20] "안병만 前교육, 유네스코서 한국 교육정책 소개," *연합뉴스*, July 6, 2011, accessed November 8, 2012, http://news.mk.co.kr/v3/view.php?sc=30000022&cm=%BB%E7%C8%B8%20%C1%D6%BF %E4%B1%E2%BB%E7&year=2011&no=436853&relatedcode=&sID=504. 프랑스 파리 소재 유네스코 본부 사무국에서 한국 교육의 장단점을 솔직히 밝혔는데, "오바마 미 대통령이 미국 교육제도 개혁을 언급하면서 사례로 든 한국 교육 시스템과 관련, 한국 부모들의 교육열이 성공을 가져오긴 했으나 이로 인한 문제점도 없지 않다고 말했다."

[21] 노은지, "국민 41.2% "사교육, 남들이 하니까 불안해서," *한국정책방송 케이블방송*, July, 30, 2012, accessed February 13, 2012, http://www.mest.go.kr/web/1173/ko/board/view.do?bbsId=205&boardSeq=32332.

[22] OECD, (2011), *Education at a Glance: OECD Indicators* (2011 ed.), (Paris, France: OECD), p.8- 9. OECD는 "글로벌 인재" 그룹에 중국 같은 개발 도상국이 포함되면서 한국의 글로벌 인재가 줄어가는 것을 지적한다. 현재 한국 정부는 "한국인의 글로벌 인재"를 키우는 노력을 강화하고 있다.

의존도가 증가하여 한국의 교육비는 부담스럽게 높아졌다 [23]. 국민의 요구에 부응하여 정부는 공교육의 질을 개선하고 사교육비를 낮추도록 노력해 왔으나 [24] 한국 사회에서 사교육 의존도는 여전히 높고 그 비용 역시 줄어들지 않고 있다. 이러한 상황에서 북한이탈청소년이 어떻게 남한사회에 대비하고 성공할 수 있는지에 대해서 생각해 볼 필요가 있다.

이와 동시에 교육비 외에 다른 요인도 고려할 필요가 있다. 북한이탈주민 지원센터의 2011 년 조사에서 참가자들은 남한 생활이 불만족스러운 이유 중 가장 큰 요인으로 재정적 어려움을 꼽았다. 북한이탈주민에 대한 편견과 문화적 차이가 그 이유라는 대답도 상당수를 기록했다 [25]. 이로 인한 문제를 해결하는 데 정부 차원에서 제공되는 입국 직후 교육 프로그램이 상당히 중요한 역할을 하고 있다는 점에서 주목할 만하다.

2.3 입국 직후 교육

북한이탈청소년들이 남한에 들어오면 제일 먼저 3 개월 동안 [26] 국정원에서 조사를 받으면서 하나원에 거주하는데, 이 과정에서 남한 사회에 대한 기본 지식과 정보를 습득한다.[27] 이 과정은 나이에 상관없이 모든 북한이탈주민에게 적용된다. 하나원에서 배우는 기초 교육 과정에는 정서순화, 문화적 이질감 해소, 건강증진, 정보화, 진로개발 또는 직업훈련 등의 적응교육이 포함된다. 교육시간은 정규, 방과 후, 그리고 주말 프로그램을 합치면 총 553 시간이다. 취학 전 하나원 영재 아동은 조기 적응 교육을 받는다. 하나원 내의 하나둘학교 [28] 유치반에서, 초등학교 학생은 인근의 삼죽

---

[23] Korean Educational Development Institute, (2010), *OECD Review on Evaluation and Assessment Frameworks for Improving School Outcomes: Country Backgroud Report for Korea* (2010 ed.), (Seoul, Korea: Korean Educational Development Institute), p. xiv.

[24] "KTV 한국정책방송 케이블방송- 교과교실제 전면 도입…영수 교육 내실화," 교육과학기술부, accessed March 7, 2013, http://www.mest.go.kr/web/1173/ko/board/view.do?bbsId=205&boardSeq=23266.

[25] 북한이탈주민지원재단 연구지원센터 (NKRF), 2011, *북한이탈주민 생활실태조사 기초분석 보고서* (2011 ed.), Seoul, Korea: 북한이탈주민지원재단 연구지원센터.

[26] 최초의 적응교육 기간은 북한이탈주민에 따라 다를 수도 있다.

[27] 김지현, (2012), *북한이탈 청소년의 학교적응 실태 분석*, (Master's thesis, 이화여자대학교, 서울, 서울, 대한민국), available from RISS, Retrieved from http://www.riss.kr/link?id=T12648132, p.12.

[28] "통일부," accessed November 7, 2012. http://www.uniedu.go.kr. 하나둘학교는 하나원 내에서 운영되는 북한이탈아동들을 위한 학교다. 학교의 영어 명칭은 Hana-dul Special School 이었지만 최근에 Hana-dul Prep School 로 바뀌었다.

초등학교 [29]에서 위탁교육을 받으며, 중·고등학교 연령의 학생은 하나둘학교에서 교육을 받는다 [30].

하나원이라는 교육기관은 1999 년부터 많은 변화를 거쳤는데, 2006 년 한겨레중·고등학교 [31] 개교, 하나원 하나둘학교 개교, 화천군에 제 2 하나원 설립 결정 [32] 등의 운영 변화가 일어나고 있다. 현재 하나둘학교에서는 북한이탈청소년들이 교육과학기술부와 무지개청소년센터 [33]에서 파견된 교사들에게서 국어, 영어, 수학, 사회, 과학 등의 기본교육을 받고 있다. 또한 최근 지방 교육청에서는 하나둘 학교에서 이루어지는 3 개월간의 기초교육을 수료한 것을 초등학교 교육을 마치는 것으로 인정하기 시작했기 때문에 북한이탈청소년들이 하나원을 수료하고 나면 정규 중고등학교로 진학할 수 있다. 하나원의 하나둘학교 청소년반은 만 14 세부터 19 세까지의 청소년이 입학하며 [34], 이는 학교 교육의 한 형태로 인정받고 있는 것이다. 이 청소들은 위에 언급된 기초 교육 외에 진학 진로 탐색 및 설계 등의 정규 프로그램과 정보화교육을 받고, 또한 예체능활동과 같은 방과 후 프로그램, 그리고 교과목

탈북청소년교육지원센터, "연합뉴스- 학령기 입국 탈북학생 28%, 교육경험 전무," 탈북청소년교육지원센터, accessed November 7, 2012. http://www.hub4u.or.kr. 하나둘학교는 4 세부터 6 세까지의 아동을 대상으로 한다.

[29] "삼죽초등학교," 삼죽초등학교, accessed March 3, 2013, www.samjuk.es.kr. 삼죽초등학교는 강원도 안선시에 있는 북한이탈아동을 위한 초등학교이다.

[30] "탈북청소년교육지원센터," 탈북청소년교육지원센터, accessed December 7, 2012), http://www.hub4u.or.kr. 만 4~6 세의 아동을 대상으로 하는 취학 전 어린이 교육이 있다. 삼죽초등학교에서 학교 교육이 끝난 후에 아이들은 하나원 하나둘학교에서 방과 후 프로그램에 참여하는데, 만 7~13 세의 아동을 대상으로 하는 초등학생 학령 어린이 교육에 참여한다. 오전에는 삼죽초등학교에서 일반학급 학생들과 함께 통합교육을 받고, 오후에는 삼죽초등학교 특별학급에서 맞춤형 수업을 받는다. 마친 후에 하나원의 하나둘학교에서 방과 후 프로그램에 참여한다.

[31] "한겨레중·고등학교," 한겨레중·고등학교, accessed December 1, 2012, http://han.hs.kr. 한겨레중·고등학교는 북한이탈청소년과 남한청소년의 학력 격차를 줄이기 위해 새로운 교육의 장을 제공하기 위한 학교이다.

[32] "제 2 하나원 설립에 즈음하여…", 통일부, accessed March 8, 2013, http://www.unikorea.go.kr/CmsWeb/viewPage.req?idx=PG0000000117&boardDataId=BD0000217900&CP0000000002_BO0000000041_Action=boardView&CP0000000002_BO0000000041_ViewName=board/BoardView.

[33] "Rainbow School," Rainbow School, accessed November 8, 2012, http://www.rainbowyouth.or.kr/.

[34] 탈북청소년교육지원센터, "연합뉴스- 학령기 입국 탈북학생 28%, 교육경험 전무," 탈북청소년교육지원센터, accessed November 7, 2012, http://www.hub4u.or.kr.

보충이나 주말 특별 프로그램으로 구성된 교육을 받는다 [35].
북한이탈청소년들은 하나원에서의 교육을 마치면 특정 지역 내에
거주지와 학교를 배정받아 남한의 청소년들과 함께 정규교육을 받고
새로운 생활에 대한 적응을 시작한다.

2.4 대안학교와 정규학교

  과거에는 대안교육이라는 단어가 비행학생이나 학습능력이
부진한 학생을 연상시키는 부정적인 어감을 가지고 있었다. 이러한
부정적 어감이 여전히 잔존하고 있지만, 대안학교와 국제학교 등
다양한 종류의 학교가 개교하게 되면서 한국사회에서 대안 교육에
대한 편견이 상당히 완화되고 있다. 2012년을 기준으로 한국
내에서 정부로부터 학력인가를 받은 대안학교는 28개이며 [36], 본
연구는 이 중에서 한겨레 중고등학교와 여명학교를 집중적으로
살펴본다. 이 두 학교는 정부로부터 학력인가를 받은 시점에 따라
다른 범주로 분류되나 공통적으로 북한이탈청소년 교육을 목적으로
설립되었다. 일반학교 또는 대안학교에 다니는 북한이탈청소년 학생
수는 <표 2>와 같다.

정규학교			학교 밖		계
초등학교	중학교	고등학교	대안교육 시설	기타	
773 명 (54.5%)	300 명 (21.2%)	344 명 (24.3%)	156 명 (9.1%)	138 명 (8.1%)	1,711 명(100%)
	1,417 명 (82.8%)				

<표 2> 교육학기술부 통계자료, 2010년 북한이탈학생들의 학교 수 [37]

  대부분의 북한이탈청소년들은 일반학교에 다니는데, 북한과는
많이 다른 한국의 교육과정과 심한 입시 경쟁은 북한청소년들이

---

[35] 탈북청소년교육지원센터, 2012. 2011년 3월부터 하나원 하나둘학교 청소년반
학생들은 대부분 하나원 재원기간 동안에 얻는 학력을 경기도 교육청에서 인정받을 수
있게 됐다.
[36] 교육과학기술부, (2012), "대안학교 (교육) 현황". 교육과학기술부, p. 1. 대안학교는
여명학교를 포함한 "각종학교" 14개교 및 한겨레중·고등학교을 포함한 "특성화 학교"
24개교로 분류되어 있다.
[37] 정진곤, (2011), 북한 이탈 학생들의 인식과 사고방식에 대한 기초연구, 다문화연구,
4(1), 79-97. 2010년 4월 1일 기준 교육과학기술부의 2010 자료다.

한국문화에 적응하는 데 스트레스로 작용하는 요인이다 [38]. 북한에서는 대체로 국가가 학생과 부모에게 많은 것을 요구하기 때문에, 북한이탈청소년은 한국의 다당제 민주 제도와 복잡한 교육 제도 등에 적응하는 것을 어려워한다. 보통 어떤 학생이 또래들에 비해 많이 뒤처지거나 정해진 틀에 자신을 맞출 수 없는 경우, 이는 학교중도탈락 비율이 높아지는 결과로 이어진다. 이 높은 비율 때문에 대안학교가 필요하다는 주장에 힘이 실리게 되었다. 조사 결과에 따르면 성별, 자존심, 학력 격차, 문화적응에 대한 스트레스 등의 개인적인 요인은 개인의 학교 중퇴 여부에 상당한 영향을 끼치는 반면, 가족관계와 또래관계 등의 환경 영향요인은 이러한 결정에 큰 영향을 미치지 않았다 [39].

이와는 별개로, 북한이탈청소년들의 높은 학교중도탈락률은 많은 언론, 연구원 및 대중의 관심을 받았다. 그리고 메리트에 근거한 사회체제에서 학생들이 뒤처지게 하는 것을 막기 위해서는 대안 학교와 같은 옵션이 필요하다는 관점이 제시되었다. 일반학교에서 적응하는 것이 어려운 북한이탈학생들은 한겨레중·고등학교나 여명학교와 같은 대안학교에 재학할 수도 있다.

2006 년 교육부 통계자료에 의하면 대부분의 북한이탈학생은 서울시 양천구, 노원구, 강서구 등 3 개 구에 있는 일반학교에 다니고 있다 (참고: <표 3>). 중고등학교의 경우에는 한겨레학교를 포함해 8 개교가 있는데 [40], 이러한 분포는 5 년이 지난 현시점까지 유사한 양상으로 나타나고 있다. 2011 년 자료에 따르면, 북한이탈학생의 약 70%가 서울시, 경기도, 또는 인천에 재학하고 있다 [41]. 본 논문에서는 일반 특성화 학교인 한겨레중·고등학교와 학력인가를 받은 여명학교를 검토하여 대안학교로부터 북한이탈청소년들이 얻을 수 있는 혜택을 살펴보겠다.

---

[38] 박길태, (2012), *북한이탈청소년 대안학교의 운영특성 및 발전방안 연구 = a study on the management characteristics and development plans of alternative schools for north korean youth defector*, (Master's thesis, 원광대학교 일반대학원), available from RISS, retrieved from http://www.riss.kr/link?id=T12716833, p.ix-xi, 191-202.

[39] 김연희, (2009), "북한이탈청소년의 학교중도탈락 의도에 영향을 미치는 요인", *한국사회복지학*, 61 (4), 191-215.

[40] 교육과학기술부, "대안학교 (교육) 현황", *교육과학기술부*, p. 1. 2012년 4월 현재 한국정부에서 인가를 받은 대안학교는 28개교 있다. 이러한 대안학교 현황은 다음과 같다. 여명학교를 포함한 "대안학교 (각종학교)" 14개교 및 한겨레중·고등학교를 포함한 "대안학교 특성화중·고등학교" 24개교.

[41] 교육과학기술부, (교육복지과), "통일한국 미래인재 육성을 위한 탈북학생 교육 발전 방안(안)." *교육과학기술부, (교육복지과)*, p. 2.

<표 3> 교육부 통계자료, 2006 년 서울지역 북한이탈학생 구별 분포 [42]

3. 대안학교 분석

3.1 다층적 개념 모형

본 논문은 다층 개념 모형을 통해 한겨레중·고등학교 및 여명학교와 같은 북한이탈청소년을 위한 대안학교가 학생들에게 얼마나 효과적인지를 살펴보고자 한다. 이 모형은 학교 교육에 영향을 주는 자원과 결과란 두 가지 요인을 통해 교육과정이 "학교", "교실", "학생" 세 층에서 진행되는 과정을 보여준다 [43]. 본 논문에서는 <도표 1>에 명시된 모든 변수를 자세히 다루지는 않는다. 그러나 이 개념적 구조는 한겨레중·고등학교와 여명학교의 특성과 장점을 분석하기 위한 기본적인 틀이 된다. 본 연구에서는 주로 자원투입과 교육과정에 초점을 맞추어 학습 성취 격차를 줄이고 학교중도탈락률을 낮출 전략을 모색하고, 일반학교와 대안학교의 협력 및 일반학생과 북한이탈학생의 협조 등을 살펴보고자 한다. 여러 출처에서 나온 자료를 함께 비교 분석하는 것은 분석 과정에 어려움이 따른다 [44]. <표 2>에 의하면, 대부분의

---

[42] 귀이종 외, (2008), "새터민 청소년 교육지원을 위한 법·제도보완 방안," 통일부, p. 33.

[43] Ibid, 237.

[44] "Aggregated data" pertains to the disparities in participant numbers, age range, and other influential factors.

북한이탈청소년은 일반학교에 다니는 것을 선택하지만, 대안학교로 진학하는 경우도 적지 않다. 이들의 상황을 객관적으로 비교 분석하기 위해 본 논문은 개인 사이에 다양한 격차가 존재하는 학생보다는 학교 자원과 교육 프로그램에 그 분석의 초점을 맞춘다.

학교 자원	학교 과정	학교 결과
교실 자원	교실 과정	교실 결과
학생 배경	학생 경험	학생 결과

<도표 1> 학교의 유효성을 분석하기 위한 다층적 개념 모형 [45]
(위부터 아래까지 학교, 교실, 학생 차원 순으로)

3.2 한겨레중·고등학교

2006 년에 설립된 한겨레중·고등학교는 정부 보조를 받는 북한이탈청소년 학교들 중 유일한 중고등학교이다. 2007 년에 등록된 학생 수는 83 명이었고 [46] 남한으로 들어온 북한이탈주민들의 수가 증가함에 따라 2010 년에는 학생 수가 157 명으로 늘었다 [47]. 한겨레중·고등학교의 교육과정은 일반학교와 비슷하지만 그 외에도 학생들이 필요한 추가적 자원을 제공하며, 학생과 교사 모두가 기숙사 생활을 하면서 공동체 의식과 사회 환경을 배운다 [48]. 한겨레중·고등학교 설립 이래, 등록된 학생 수는 2011 년까지 지속적으로 늘어나는 경향을 보이고 있다 [49]. 한겨레중·고등학교의 졸업생에 대한 통계자료는 다음의 <표 4>와 같다. 다만 이 변화에는 일반학교에서 전학을 오거나 반대로 전학을 간 학생들도 포함된다.

---

[45] Rumberger, Russel & Palardy Gregory, "Multilevel Models for School Effectiveness Research," in **The SAGE Handbook of Quantitative Methodology for the Social Sciences**, ed. David Kaplan (Thousand Oaks: SAGE Publication Inc, 2004), 238.

[46] 귀이종 외, (2008), "새터민 청소년 교육지원을 위한 법·제도보완 방안," 통일부, p. 26.

[47] 교육과학기술부 (교육복지과), "통일한국 미래인재 육성을 위한 탈북학생 교육 발전 방안(안)," 교육과학기술부 (교육복지과), p. 1-14.

[48] "한겨레·고등학교," Hangyerae School, accessed December 1, 2012, http://han.hs.kr.

[49] 2012 년에는 남한으로 들어간 북한이탈주민의 수가 감소되었던 것을 고려해야 한다.

졸업년도	한겨레중·고등학교 졸업자 수
2007 년	5 명
2008 년	16 명
2009 년	18 명
2010 년	46 명
2011 년	43 명
2012 년	17 명

<표 4> 한겨레중·고등학교 졸업자 수 [50]

학교 차원에서 한겨레 중·고등학교는 북한이탈청소년만으로 이루진 학교이다. 이 학교가 다른 일반 학교에 비해 뛰어난 점은, 학문적·사회적으로 비슷한 배경을 가진 학생들에게 소공동체의 가치를 강조하는 것이다. 모든 학생과 교사가 함께 기숙사 생활을 함으로써 미시적(학생), 중간적 (교실), 및 거시적 (학교 및 남한 사회) 차원의 포괄적인 소속감을 강화시킬 수 있다. 학생이 얻게 되는 소속감은 다른 사람과 친밀한 관계, 인정, 거절 등을 통해 생기는데 [51], 이런 소속감을 느끼는 것은 북한이탈학생이 남한 사회에 대해 준비하고 적응하는 데 큰 영향을 미칠 수 있다.

교실 차원에서 이 학교의 교육과정은 일반학교의 교육과정 내용과 유사하게 짜여 있다. 대안학교에 다니는 북한이탈청소년들 간에는 가족이나 학력 배경 등의 차이가 명확하게 드러나지 않는다. 마지막으로 학생 차원에서 한겨레 중·고등학교는 북한이탈학생이 남한에 성공적으로 정착할 수 있도록 기술, 진로 상담 및 기타 도움이 되는 교육 자원과 경험을 제공한다.

3.3 여명학교

한겨레 중·고등학교와는 달리, 여명학교는 [52] 최초이자 유일하게 공인된 북한이탈청소년을 위한 대안학교이다. 이와 달리 셋넷학교 [53]

---

[50] "한겨레 중·고등학교," Hangyerae School, accessed December 1, 2012, http://han.hs.kr.

[51] Kia-Keating M & Ellis BH, "Belonging and Connection to School in Resettlement: Young Refugees, School Belonging, and Psychosocial Adjustment," *Clin Child Psychol Psychiatry* 12, no. 1 (2007): 29-43, http://ccp.sagepub.com.eres.library.manoa.hawaii.edu/content/12/1/29.short.

[52] "여명학교." Yeomyung School. Accessed November 6, 2013. Ymschool.org. Yeomyung School is an alternative school located in the Myeongdong area of Seoul.

[53] "셋넷학교," Setnet School, accessed November 6, 2012, http://34school.net.

나 한꿈학교 [54] 등의 비인가 대안학교 및 기타 교육시설에 다녔던 북한이탈청소년은 대학교에 지원하기 위해 검정고시를 통과해야 한다.

여명학교는 2004 년에 설립되었지만, 2010 년까지 서울시 교육청으로부터 정식으로 고교과정 학력인가를 받지 못했다. 기독교 단체에 의해 설립되었으나 학생들은 종교 수업 대신에 다른 선택과목을 교육받을 수 있다. 여명학교는 동포애 정신을 강조하며, 주요 운영 목적은 다음과 같다. 첫째, "사랑과 헌신을 통하여 인간 존엄성을 회복"하고 둘째, "교육공백의 격차를 해소"하고 셋째, "고학력과 저학력의 북한이탈청소년을 교육"하며 넷째 "미래통일사회에 대비하여 통일 인재를 양성한다." [55] 여명학교는 2010 년 공인을 받아 3 단계 장기 발전 목표를 설정하였는데, 이 세 가지 발전목표는 기반 구축기, 성장 발전기 및 대안 획립기로 구분된다 [56].

여명학교는 학습자 중심의 교육 철학을 바탕으로 개인주의적이고 북한이탈학생 중심의 교육이념을 갖고 있다. 여명학교의 교육은 남한이라는 낯선 사회로의 순조로운 적응을 위해 필요한 국제적 감각을 지닌 리더십 교육을 제공하는 것을 목표로 한다 [57]. 이런 특화된 교육에 더하여, 여명학교는 사회, 영어, 수학, 체육, 그리고 중국어 및 일본어와 같은 외국어 등 일반학교와 유사한 과목도 학생들에게 가르친다. 헤어스타일링이나 드럼과 같은 전문기술이나 취향과 관련된 교양과목을 들을 수 있는 기회도 있다. 이 학교는 학생들이 다양한 수업을 통해 폭넓은 기술을 배우면서 자신을 개발할 뿐만 아니라 책임감을 가지고 한국사회에서 역할을 다할 수 있도록 한다.

여명학교는 학생 30 명에 설립 예산 3 억원, 그리고 100 평짜리 임대건물로 시작했다. 다른 대안학교와 마찬가지로, 여명학교는 일반학교와 동일한 자격을 얻기까지 힘든 과정을 거쳐야만 했다 [58]. 2006 년부터는 여명학교 졸업자 수가 꾸준히 늘어났다 (표 5 참조).

---

[54] "하늘꿈학교," Heavenly Dream School, accessed November 6, 2012, http://www.hdschool.org/

[55] "여명학교." Yeomyung School. Accessed November 6, 2013. Ymschool.org.

[56] Ibid, 2012.

[57] Ibid, 2012. 여명학교에서 직업훈련, 봉사활동, 문화 및 사교상의 예의 범절 등의 교육을 받다.

[58] Ibid, 2012. 2007 년에 여명학교는 학력인가 신청을 거부한 행정조치를 취소하기 위해 사단법인설립허가거부처분취소청구를 해본 적이 있었다.

졸업년도	여명학교 졸업자 수
2005 년	5 명
2006 년	5 명
2007 년	9 명
2008 년	7 명
2009 년	13 명
2010 년	17 명
2011 년	미확인
2012 년	21 명

<표 5> 여명학교 졸업자 수 [59]

한겨레 중·고등학교와 마찬가지로, 여명학교 학생들은 모두 북한이탈청소년이다. 여명학교 역시 공동체의 가치를 중시하며, 학교 및 교실 차원에서 학생의 전반적인 학업, 감정, 사회적 필요를 충족시켜 주고자 한다. 여명학교는 또한 북한이탈청소년 중심의 교육방식을 추구하면서도 일반학교와 마찬가지로 다양한 수업을 제공한다. 이 학교 학생들은 집안배경이나 학력 차이 등에서 서로 큰 차이가 없다. 학생 차원에서 여명학교는 기술, 진로 개발, 미술치료 등을 통해 졸업 후 남한 사회에 성공적으로 적응할 수 있도록 돕는다.

<탈북학생 교육 경로>

<도표 2>: 2011 북한이탈학생 현황 [60]

[59] Ibid, 2012.

[60] 교육과학기술부 (교육복지과), "통일한국 미래인재 육성을 위한 탈북학생 교육 발전 방안(안)". *교육과학기술부 (교육복지과)*, p. 3.

4. 정부의 계획 방안 평가

4.1 정부의 교육 방안에 대한 최근의 역사

교육과학기술부는 최근 2008 년에 "새터민 청소년 교육 계획"을 작성하여 공표했으며, 이후 2012 년에 "탈북학생 교육 발전 방안 (안)"을 준비하고 있다. 교육과학기술부의 "2012 년 탈북학생 교육 발전 방안 (안)" 은 미래의 통일된 한반도를 고려하면서 북한이탈학생에 대한 글로벌 인재양성의 중요성을 강조한다. 이러한 계획은 이명박 정부가 대북정책에서 평화 통일과 함께 실용성과 생산성을 추구한다는 점을 반영한다 [61]. 2012 년 교육 보고서에서 OECD 는 "한 국가가 이민자 학생들을 어떻게 통합하는가에 대한 성공 여부가 국가 교육제도의 질과 형평성, 더 나아가 광의적인 사회 정책의 효율성을 결정하는 중요한 척도"[62]라고 언급했다. 비록 이 사항은 광범위한 이민자 학생들과 직접 관련이 있지만, 그 성공 여부를 측정하는 대상으로 한 국가 전체뿐만 아니라 소수 집단 학생들을 포함시킬 수도 있다.

앞에서 언급한 것처럼 2012 년 방안(안)은 북한이탈청소년들의 일반학교로의 원활한 이행과 통합된 한국사회를 촉진하기 위해 북한이탈청소년이 포함된 통합적인 교육 제도를 강조한다. 이러한 북한이탈청소년들을 글로벌 인재로 양성한다는 목표는 통합적인 남한 교육 제도를 둘러싼 열기와 더불어 남한사회의 "다문화 학생" 문제를 해결하기 위한 정책 목표의 하나로 제안된 것이다 [63]. 북한이탈학생과 다문화 학생에 대한 정부의 노력은 유사한 것처럼 보이고, 한국사회에서 북한이탈주민이 다른 나라의 이민자보다 문화적 혹은 언어적인 어려움이 적을 것이라는 오해도 존재한다. 그러나 한국 사회에서 점점 더 커져가는 두 소수집단 사이에 상당한 차이가 존재하기 때문에 한국 정부가 전체적으로 다문화가족을 둘러싼 정책을 설계하면서 각각의 소수집단에 대해 독립된 교육 정책을 입안할 필요가 있다. 따라서 통합 교육과 관련된 쟁점을 분석하기 전에 우선 한국 사회에서 북한이탈주민이 겪는 문화적 그리고 언어적 어려움 등을 살펴보겠다.

---

[61] The Korea Institute for National Unification, Lee Myung-bak Government's North Korea Policy (Seoul: KINU, 2009), p. 16.

[62] OECD (2012), "Integrating immigrants' children", in *Education at a Glance 2012: Highlights*, OECD Publishing, p. 24, http://dx.doi.org/10.1787/eag_highlights-2012-35-en.

[63] 한국사회에서 다문화가족이란 용어는 일반적으로 결혼이민자가족, 이주민가족 (유학생, 외국인근로자), 북한이탈주민을 포함하고 있다. 다문화 학생은 다문화가족과 관련된 자녀를 부르는 말이며, 그 학생들 대부분이 어머니는 외국 출신인데 아버지는 한국인이다.

남북한은 20 세기 중엽까지 비슷한 역사와 문화를 공유했을 뿐만 아니라 공통의 언어를 사용해 왔다. 그러나 한국전쟁 이후 남북한 사이에 차이가 점점 커졌다는 점은, 북한이탈청소년을 대상으로 한 교육 방안을 설계함에 있어 간과할 수 없다. 현재 남북한 간에는 이념적, 정치적인 차이가 분명히 존재한다 [64]. 방언의 차이 및 한자와 영어에서 빌려온 단어에서 비롯된 언어 장벽으로 인한 남북한 차이 역시 매우 크다 [65]. 베이징사범대학 철학과 부학장 메이준 판의 통합교육에 대한 발표 내용에 따르면, 서로 다른 두 문화를 통합하는 데 두 문화의 상호 이해, 인정과 존중은 반드시 필요하다 [66]. 유사한 맥락에서 남한 정부는 북한이탈청소년을 위해 앞서 언급한 2008 년 계획 방안과 2012 년 계획 서안을 밝힌바 있다. 특히 일반학교에서 점점 다양성을 지향하면서 정부는 통합교육 계획이 보다 우호적인 학교 환경을 만드는 데 큰 기여를 할 수 있을 것으로 기대한다. 정부의 통합 교육 계획은 북한이탈청소년과 한국 청소년들의 다른 문화에 대한 상호 이해의 필요성과 독특한 학력적인 맥락을 포함하는 것을 특징으로 한다. 통합 교육제도를 마련하고자 하는 정부의 노력은 북한이탈청소년이 한국에서 일반학교에 다니도록 장려하는 긍정적 결과를 가져올 수 있다.

2008 년 계획 방안에서 논의되었던 정부의 통합교육제도 추진 계획은 2007 년 정책의 장단점을 분석하고 다양한 조직들과 연계하여 앞으로의 계획과 문제점들에 대해 살펴보았다. 정부는 2007 년 기준으로 북한이탈청소년에 대한 이해 교육을 위해 민간단체의 지원을 활용하고, 교육프로그램 개발 시행을 통해 학교 단위로 연구를 활용하고 그 성과를 축적한다는 두 가지의 요점을 밝혔다. 그러나 북한이탈청소년 교육에 관련된 전담인력과 예산이 부족하고 이들의 교육 지원을 위한 법 제도적 장치를 마련하는 것이 시급한 상황이라는 점 또한 밝혔다. 이에 따라 교육과학기술부가 교육청, 지자체, 언론, 연구기관, NGO 등의 관심을 고조시키기 위한 계획을 밝히며, "인재대국"이란 국가 전략에 중점을 두었다 [67]. 이런

[64] 신효숙, (2010), 한국교육개발, "탈북학생용 교육과정 총론(시안) 개발 연구," p. 3-4.

[65] Kim, S. Y. (2006), Study on settlement status of Sateomin (refugee from North Korea) and improvement measures, *Korean Treatise on North-East Asia, 38*, 249-269.

[66] Fan, M. (2004). *The idea of integrated education: From the point of view of Whitehead's philosophy of education.* Paper presented at the Forum for Integrated Education and Educational Reform sponsored by the Council for Global Integrative Education, Santa Cruz, CA, October 28-30. Retrieved March 12, 2013, from http://chiron.valdosta.edu/whuitt/CGIE/fan.pdf

[67] "인재대국으로 가는 길 『스마트교육 추진전략』 대통령 보고서," 교육과학기술부. Accessed March 7, 2013,

"인재대국"을 통해 통일 이후의 북한이탈청소년의 역할이 무엇이 될 것인지 알 수 있다. 그러나 정부는 2007 년 정책에 대한 세 가지 우려를 제기했다. 중앙 정부와 지방 정부간의 체제적 역할 분담과 연계 체제 확립이 미흡하고, 북한청소년에 대한 이해를 높이기 위한 프로그램이 부족하며, 정책 토론의 실패가 우려스럽다는 것이다.

2012 년 방안(안)은 이명박 정부의 통일을 대비한 문제들에 대한 시각을 반영하고 있다. 또한 이 방안에서는 통합교육제도를 추진하는 것에 대해 공공연히 밝힌다. 이러한 견해는 여명학교와 한겨레 중·고등학교 등과 같은 북한이탈청소년을 위한 대안학교의 웹사이트에서도 발견되고 있으며, 이들 학교들은 이에 대한 공통의 목표를 공유하고 있다. 앞서 논의한 2008 년 계획 방안과 2012 년 계획 방안(안)은 모두 북한이탈청소년을 위한 통합교육을 지향하는 정부의 의도를 충분히 엿볼 수 있는 내용이다. 비록 두 계획안에서 대안학교를 포함한 민간단체의 미래역할에 대한 언급 자체가 많지는 않았으나, 특히 2012 년 방안에서는 대안교육 위탁기관과 정규학교 간의 관계에 대한 정의가 더욱 분명해졌다는 점에 주목할만 하다. 2008 년 계획안에서는 민간 단체들의 역할에 대해 여러가지 해석이 가능하지만, 2012 년 계획안에서는 북한이탈청소년을 일반학교에 통합해야 한다는 점이 명기되고 있다. 또한 정부가 민간 기관과 정규학교 간의 연계를 강화하기 위해 적극적으로 노력하고 있다는 점은 이러한 계획의 방향을 더욱 명확하게 보여준다 [68].

2008 년 계획은 북한이탈청소년을 위한 교육을 지원하는 차원으로, 민간단체들이 북한이탈청소년 교육에 자율성을 많이 가지고 있었다. 정부는 또한 북한이탈청소년을 지원하는 민간단체들의 통합을 장려했다. 그러나 2012 년 계획 서안은 교육과학기술부가 장기 과제의 대부분을 민간단체에서 일반학교로 떠넘기려는 의도가 크다는 것을 보여준다. 이러한 2012 년 계획안(안) 하에 대안교육·위탁교육을 제공하는 민간단체는 일시적으로 북한이탈청소년을 위한 적응교육을 해주는 역할을 맡았다 (6 개월 내). 또한 정부는 사실상 북한이탈청소년을 위한 대안학교 및 대안교육시설에 관한 장기적 지원 증감에 대해 거의 언급하지 않았다. 본 논문은 이러한 정부의 침묵이 북한이탈청소년을 위한 대안학교의 필요성을 덮어둔 채 결국 이들 교육기관에 대한 지원을 차차 감축시키려는 의도를 반영한다고 평가한다.

---

http://www.mest.go.kr/web/51478/ko/board/view.do?bbsId=288&boardSeq=25735&mode=view. "인재대국"은 미래한국의 선진화를 위한 "스마트교육 추진전략"이다.

[68] 교육과학기술부 (교육복지과), (2012), "통일한국 미래인재 육성을 위한 탈북학생 교육 발전 방안(안)," *교육과학기술부 (교육복지과)*, p. 3.

    2008 년 계획에서 정부는 북한이탈청소년이 한국사회에서
적응하는 데 영향을 미치는 어려움이 있다는 것을 인정했다.
북한이탈청소년이 중국 등의 제 3 국에서 도피하는 동안의 교육의
부재나 남북 교육제도의 차이와 같은 요인들이 그러한 것들이다.
교육과학기술부가 북한이탈학생과 한국학생의 학업 성취도를
비교한 것을 보면, 기초학력수준에서 북한이탈학생들은 다른
학업보다 특수 과목에서 더 미달이 많았다고 보고했다 [69]. 이러한
어려움 때문에 북한이탈학생들의 학교중도탈락률이 높아지면서
정부는 이런 문제상황을 개선하고자 했다. 하나의 방편으로 정부는
학력 격차를 감소시키고 교육의 질을 개선하는 것에 초점을 맞춰
북한이탈청소년을 위한 민간단체에 지원을 해주려 했다 [70]. 2008 년
및 2009 년 사이에 정부는 각각 네 단계의 재정적인 지원을
시행했다.
    2012 년 계획 서안의 많은 방안들은 대체로 2008 년 방안의
연장선에 있다. 2008 년 새터민 청소년 교육 지원 계획을 살펴보면,
한국학생에게 북한이탈주민의 현황을 인식시키고, 북한이탈학생이
많이 재학하는 학교에서 교사 연수를 시행하기로 했다 [71]. 2012 년
방안(안)은 2008 년 계획과 비슷한 목표를 추구하지만, 교실 내,
방과 후, EBS 등의 특별 프로그램을 진행한다. 더욱이 통일대비
개념과 관련된 교육과정과 학생 프로젝트 같은 부분에 지원을
제공하고자 했다. 2012 년 최근 방안(안)에서는 북한이탈학생의
일반학생과의 체계적 대화뿐만 아니라 부모 및 교수와의 체계적
소통에도 주목을 하고 있다 [72]. 이러한 전체적인 접근법에 따라
정부는 교사 연수, 학부모 교육, 전담 코디네이터, 북한이탈주민
인식 개선을 유도하는 연구 등을 촉진하고, 또한 북한이탈학생과
일반학생이 함께 참여하는 학교내 동아리와 봉사활동에 지원을
집중하고 있다. 2012 년 방안(안)에서는 특별한 프로그램 세 가지를
언급하고 있는데, 이는 학교에 전담인력을 우선 배치하는
"Together" 프로그램 [73], 다양한 분야에서 발전 가능성을 보이는

---

[69] 교육과학기술부 (교육복지과), (2012), "통일한국 미래인재 육성을 위한 탈북학생 교육 발전 방안(안)," *교육과학기술부 (교육복지과)*, p.2. 북한이탈청소년학생에게 가장 어려운 학업은 다음과 같다. 초: 사회학, 중: 과학, 고: 수학 및 영어.

[70] 교육과학기술부, (2008), p. 4-14. 정부는 특수 프로그램에 300 만원씩을 제공했다.

[71] Ibid, 4.

[72] Ibid, 4 & 14.

[73] 교육과학기술부 (교육복지과), (2012), "통일한국 미래인재 육성을 위한 탈북학생 교육 발전 방안(안)," *교육과학기술부 (교육복지과)*, p. 9.

북한이탈학생을 지원하기 위한 "HOPE" 프로그램 [74], 그리고 북한이탈학생과 일반학생이 함께 참여하는 학교내 동반성장 교육 프로그램인 "FK Leadership" 프로그램 [75]이다.

4.2 2012년 교육 방안(안) 분석

정부가 국민 전체를 위한 교육에 막대한 투자를 하고 있다는 점을 고려하면, 교육과학기술부는 북한이탈주민에 대한 한국 사람들의 인식에 강한 영향을 줄 수 있다. 교육 정책은 거시적인 차원에서 법과 규칙을 통해 한국사회에 지대한 영향을 미칠 수 있고, 중간 및 미시적인 차원에서 낙수효과를 가지게 된다. 낙수효과는 학교와 교실에서 시행하는 프로그램 및 활동이 교사와 학생의 개인적 행동과 신념에 영향을 미쳐 나타나는 교육의 효과를 일컫는다.

앞서 말한 바와 같이 최근 정책안이 확정되지 않았음에도 불구하고 정부의 계획안만큼은 제법 그럴듯하게 진행되는 듯하다. 간단히 말하자면, 한국 정부는 이민자 (또는 난민)의 수가 많은 OECD 국가를 따라 가는 모습을 보인다. 2012년 교육 발전 방안(안)의 핵심 내용은 다음의 네 가지로 요약될 수 있으며, 이 방안은 앞서 언급한 북한이탈청소년을 위한 프로그램과 대체로 일치한다.

1. 과제: "정규학교 초기적응을 위한 사전교육 내실화"
   방법: 초기적응교육의 강화를 통해 하나원에서 바로 중등교육을 담당하는 정규학교로 갈 수 있도록 협력학교를 확대.
2. 과제: "북한이탈학생 맞춤형 교육을 강화"
   방법: 북한이탈학생들에게 학습, 심리, 정서, 문화 등을 포괄하는 종합적인 교육 지원을 제공.
3. 과제: "북한이탈학생의 성장 및 자립 지원"
   방법: 리더십, 도전 정신 및 진로교육, 직업교육을 활성화.
4. 과제: "북한이탈학생 친화적 교육기반 구축"
   방법: 전문인력을 양성하고 상호이해 교육을 강화하여 통일대비 교육기반을 구축할 수 있도록 북한이탈주민에 대한 달라진 인식을 교육.

이 네 가지 핵심 내용에 따르면, 2012년 교육 발전 방안(안)은 북한이탈청소년을 일반학교로 진학시켜 이러한 변화가 얼마나

---

[74] Ibid, 11. HOPE stands for: Harmony (소통), Optimum (맞춤형지원), Potential (잠재역량계발), Education (교육)

[75] Ibid, 11. FK stands for Future Korea.

성공적으로 수행될 수 있는지를 파악하려고 한다. 미국이나 영국 같은 난민수용국은 이와 다른 교육 모형과 바람직한 관례에 대한 상이한 인식을 보여준다. 정부에 의해 사용되는 통합 모형은 "긍정적인 교육 경험이 연동망에서 다양한 부분과 얽히는 방식 [76]"을 의미한다. 이 모형에 따라 "[북한이탈청소년이] 부모, 커뮤니티, 난민을 받아들이는 사회 그리고 자녀 혹은 가족이 특정한 법적·사회적 도전에 직면한 데서 더욱 더 널리 위치하게 될 것"이라 여기는데, 이는 교육 과정에서 교사, 부모 또는 한국학생과 북한이탈학생을 포괄하고자 하는 정부의 의도를 반영한다. 따라서 이렇듯 여러 차원에서의 통합 개념을 강조함으로써 북한이탈청소년들이 한국사회의 일원과 전체적으로 긴밀한 관계를 맺게끔 한다.

통합 교육이라는 개념은 앨프리드 화이트헤드의 "유기체 철학 [77]"이라는 원리에 근거한다. "유기체 철학"에서는 저절로 존재하는 것은 아무것도 없으며 모든 것이 연결되어 있다고 주장한다 [78]. 이 원리를 교육에 적용하면 통합 교육제도와 북한이탈청소년의 연계는 긍정적인 결과를 산출할 것이다. 통합 교육에 대한 논문에 따르면 근대교육이 "통합 및 조화보다는 분리 및 차이 [79]"에 집중한다고 강조한다. 이런 사실은 인간의 장래와 사회에 피해를 입히는 비극으로, 북한이탈청소년의 일반학교로의 통합은 사회통합의 측면에서 긍정적인 성과를 낼 수 있을 것이다.

2008 년 계획 방안에서 정부는 민간단체와의 협력계획을 세웠으나, 2012 년 계획 서안에서는 장기적인 관점에서 책임감과 교육 방안에 대한 노력을 일반학교로 집중할 것을 제안했다. 2008 년 계획 방안에서는 단기적 목표로 대안교육 또는 위탁 교육

---

[76] Watters, Charles, (2008), Refugee Children-Towards the Next Horizon, p. 123.

[77] Fan, M. (2004). *The idea of integrated education: From the point of view of Whitehead's philosophy of education*. Paper presented at the Forum for Integrated Education and Educational Reform sponsored by the Council for Global Integrative Education, Santa Cruz, CA, October 28-30. Retrieved March 12, 2013, from http://chiron.valdosta.edu/whuitt/CGIE/fan.pdf

[78] Malcolm D. Evans, *Whitehead and Philosophy of Education*, Amsterdam-Atlanta, 1998, P.34.

[79] Fan, M. (2004). *The idea of integrated education: From the point of view of Whitehead's philosophy of education*. Paper presented at the Forum for Integrated Education and Educational Reform sponsored by the Council for Global Integrative Education, Santa Cruz, CA, October 28-30. Retrieved March 12, 2013, from http://chiron.valdosta.edu/whuitt/CGIE/fan.pdf

(6 개월 내) [80]에 의존하면서, 의무적으로 정규학교로 복귀하도록 제안하고 있다. OECD *Education at a Glance 2012* [81]에서 논의했되었던 일반적인 믿음처럼, 한국에서 거주하는 모든 사람을 포함하는 교육제도를 구축하고자 하는 최종 목적은 이상적인 측면이 있다. 현실적으로 이러한 통합교육제도가 시작되고 유지된다면 새로운 교육제도의 발전 계획을 평가할 수 있는 프로젝트와 정책을 통해 점진적이고 단계적으로 이 제도를 시행해야 할 필요가 있다. 덧붙이자면, 북한이탈청소년을 위한 대안학교가 일반학교들에게 미래방향을 제시하여 통합교육제도에 바람직한 사례를 제시할 수 있다면 좋을 것이다.

본 연구는 다층적 개념의 모형을 바탕으로 북한이탈청소년을 위한 대안학교와 특성화 학교들에서 교육 프로그램의 실천이 거시적 차원, 메소 (중간)적 차원, 그리고 소규모 차원에서 동시에 진행되어야 한다고 제안한다. 따라서 통합교육제도의 최종 목표로 북한이탈청소년을 점차 일반학교로 받아들여 보통의 한국 학생들과 함께 교육하는 것이 북한이탈청소년을 중심으로 하는 학교 교육과 상충되거나 한국학생과의 경쟁구도를 만드는 일로 간주되지 않도록, 정부는 일반학교들에 대안학교와 한겨레 중·고등학교에서 재학하는 북한이탈 학생들과의 긍정적이고 유기적인 관계를 맺도록 장려해야 한다.

전체적인 통합교육의 정착과 함께, 북한이탈청소년들이 학교 제도를 통해 한국사회에 순조롭게 적응해 나갈 수 있도록 돕기 위해 중도탈락이 예상되는 학생이나 기초학력 미달인 북한이탈학생을 위해 대안학교와 같은 개별 사안에 맞춘 특성화 교육이 가능한 선택지도 존재해야 한다. 2012 년 계획 서안에서는 하나원 교육 또는 단기적 위탁 교육을 마친 후 일반학교로 전입할 경우 발생할 수 있는 잠재적인 부작용 혹은 부정적인 결과를 미연에 방지하기 위한 조치도 제안한다. 그러나 통일된 한반도에 북한이탈청소년을 포함하는 통합교육제도가 필요할 뿐만 아니라, 장기적인 관점에서는 통일 이후 이들 청소년만을 위한 대안학교들의 필요성이 사라진다는 점에서 정부는 이런 대안학교 제도를 단계적으로 축소하고자 한다. 이러한 입장에 따르면, 결국 한국은 모든 북한이탈청소년이 포함될 수 있는 통합교육제도에 대비해야만 한다.

---

[80] 교육과학기술부 (교육복지과), (2012), "통일한국 미래인재 육성을 위한 탈북학생 교육 발전 방안(안)," *교육과학기술부 (교육복지과)*, p. 8.

[81] Refer to footnote 56.

문제는 한반도가 당장 통일되지는 않는다는 것이다. 몇 개월, 몇 십년, 또는 100 년 후에도 한반도가 통일될 가능성이 있는지 없는지는 아무도 모른다. 미래의 통일 가능성과 상관없이, 현재도 북한이탈청소년들은 남한에 들어오고 있다. 북한이탈청소년들에게 한국사회에서 성공할 수 있는 기초를 만들어주는 것만큼, 이들이 한국 사회에서 한민족으로 함께 공존하기 위해 학생 각자에게 무엇이 필요한지를 감안한 정책을 수립할 필요가 있다. 예를 들어보면, 또래 친구들과의 나이 차이는 북한이탈청소년의 학교중도탈락이나 대안학교로의 전입 결정에 큰 영향을 미친다. 정부가 앞으로 북한이탈청소년들이 일반학교에 입학하도록 정책을 세운다면 이런 문제를 해결하기 위한 노력도 함께 이루어져야 한다.

또한 일반학교가 정부의 북한이탈청소년을 위한 교육 계획 방안에 따라가지 않을 가능성도 있다. 2012 년 계획 서안에서 정부는 북한이탈청소년의 적응에 도움을 주기 위한 교육지원을 잘 하는 일반학교에 장려금을 지원한다는 계획을 발표했다. 정부는 일반학교들이 북한이탈청소년을 위한 교육 프로그램과 각종 교육지원에 관심을 갖도록 하기 위해 장려금 지원 혜택을 이용하고자 한 것이다. 그러나 재정적 지원 이후 중요한 것은 각 일반학교가 북한이탈청소년들에게 충분한 교육적 지원을 했는가를 확인하는 것이다. 과거에 국가인권위원회는 [82] 정부가 이러한 문제에 대해 재정적인 지원만 해주는 것에 대해 비판했다. 이 방법이 성공적으로 시행되려면, 각 일반학교들의 북한이탈청소년들에 대한 지원 노력을 평가하는 지침을 더 분명히 마련해야 할 필요성이 있다. 특히 평가에는 각 학교의 교육 제안서와 의무적인 프로그램에 대한 자세한 내용이 제공되어야 하고, 교육 연수 및 학교의 모든 학생들이 참가하여 논의된 사항, 그리고 추후의 연구를 위한 다양한 결과물의 기록이 포함되어야 한다.

통합교육제도의 의무적인 프로그램은 비판적인 다문화교육 이론 [83]에서 비롯할 수 있었다. 이 이론은 학생, 교사, 가족구성원, 그리고 커뮤니티의 모든 사람이 맡은 역할을 강조하고, "다수문화 및 소수문화를 포함하면서 모든 문화를 무시하지 않게 하는 담론"

---

[82] 국가인권위원회 (2011), "북한이탈청소년의 교육권에 대한 법률적 접근과 보호 방안 연구 –현행 북한이탈청소년 교육 제도의 문제점과 개선방안을 중심으로-". 국가인권위원회, p. 24.

[83] Moreland, J, "Multicultural Educational Policies: A Correlational Investigation of Cultural Competencies and Feelings of Inclusion" (PhD diss., University of Phoenix, 2012), p. 11-12. Although this theory has often focused on issues of antiracism and whiteness, it can be applied to the North Korean refugee situation in that it can be generalized and modeled to fit other groups.

(May & Sleeter, 2010)[84]을 지향한다. 이 이론은 다문화 소수학생이 사회 속에서 배제되지 않도록, 일반 한국 학생과 북한이탈학생이 함께 문화 차이에서 한반도 통일에 이르는 다양한 대화를 시작할 수 있도록 해준다.

이러한 교육제도 하에서는 교사 연수 과정에서 두 가지 측면이 추가적으로 고려되어야 한다. 첫 번째는 교사들도 북한이탈학생들의 특수한 학습경험과 상황에 대해서 배워야 한다는 점이고, 두 번째는 북한이탈학생들이 경쟁적인 남한 사회에서 성공적으로 적응할 수 있도록 학생들에게 준비를 시켜야 할 필요성이다. 이와 관련해 대안학교 교사들과 일반학교 교사들이 이러한 취지에 걸맞은 합동교사연수와 싱크 탱크에 참여할 수 있도록 하는 방안이 검토될 수 있다. 예를 들어 합동교사연수에 참가한 교사들의 수를 기록하고, 이중언어 문화적응 등을 안내해주는 코디네이터들이 학생들의 초기적응 기간부터 현재까지의 학습 진전 과정을 관찰하기 위한 보고서를 작성하여 제출하게 하는 것이다. 다만 이 경우에는 코디네이터가 학생들에게 큰 자극을 주지 않는 선에서 프로젝트나 합동교사연수에서 학생 진전을 평가할 수 있는 방법이 마련되어야 한다. 특수한 상황에 있는 북한이탈학생들에게 쏟아지는 불필요한 관심은 그들의 소외감을 증대시키고 학생의 소속감을 감소시킬 수 있기 때문이다.

북한이탈청소년에 대한 만성적인 편견은 교실에서 발현되어 점차 심화되다가 결국 졸업 이후에도 이들을 괴롭힐 위험이 크다. 2011년 국가인권위원회 보고서는 학생들이 한겨레 중·고등학교와 여명학교, 그리고 북한이탈청소년을 위한 다른 대안교육시설에 다닌 경험이 있을 경우에 졸업 이후에도 이에 대한 정보가 학교 기록에 남게 된다는 것을 밝혔다 [85]. 통합교육제도가 발전하는 과정에서, 중·고등학교 과정을 모두 대안학교에서 보내는 북한이탈학생을 경시하는 풍조가 형성될 가능성이 증가할 수 있는 것이다. 또한 그들이 소속된 학교 교육에 대한 부정적 인식이 증폭될 우려도 있다. 이로 인해 결국 북한이탈청소년에 대한 만성적인 편견이 쉽게 사라지지 않을 가능성이 크다. 따라서, 정부는 북한이탈청소년의 대안학교에서의 경험이 취업과 대학 입학 과정에서 차별받는 조건이 되지 않도록 필요한 조치를 취해야 한다. 이러한 문제는 교사연수와 학생 진전의 한 항목에서 언급된 바 있다.

---

[84] Ibid, 12.

[85] 국가인권위원회 (2011), "북한이탈청소년의 교육권에 대한 법률적 접근과 보호 방안 연구 -구현행 북한이탈청소년 교육 제도의 문제점과 개선방안을 중심으로-." *국가인권위원회*, p.17.

2012 년 계획안에서 서술한 바처럼 정부의 계획은 다소 비현실적인 측면도 있다. 이를 보완하기 위해 정부는 거시적, 중범위적, 미시적 차원에서 북한이탈청소년을 위한 교육을 대비한 부처별 관련 업무를 파악해야 한다 [86]. 과거에는 정부가 중앙의 교육과학기술부와 지방교육청의 재정적 업무를 분리시켰다. 그러나 이런 교육방안의 효율성을 보다 향상시키기 위해서는, 교육과학기술부와 지방교육청뿐만 아니라 개별 학교와 교사에게까지 재정적·비재정적 업무를 세분화하여 배분해야 한다.

뿐만 아니라, 제한된 교육 기간과 그 이외의 교육방안의 차질이 북한이탈학생에게 위협으로 작용할 수 있다. 2012 년 방안(안)은 6 개월까지 교육기간의 연장을 지지하지만, 어떤 학생들에게는 여전히 6 개월이라는 시간이 턱없이 부족할 수 있고, 6 개월 교육을 받은 이후에도 일반학교로 복귀할 수 없는 학생이 있을 수도 있다. 2012 년 방안에서 정부는 6 개월의 기간 동안 북한이탈청소년을 대상으로 하는 대안교육 위탁기관을 지원한다고 밝혔다. 비록 이런 계획이 하나원 센터의 3 개월에 비하면 비교적 긴 적응기간을 제공하긴 하지만, 일부 북한이탈청소년에게 6 개월이란 시간은 일반 학교로의 의무적 편입을 준비하기엔 여전히 부족한 시간일 수도 있다. 따라서 이러한 어려움을 어떻게 해결하는가 하는 큰 문제가 여전히 남아있는 셈이다.

이와 관련된 비슷한 사례로는 네덜란드의 경우를 꼽을 수 있다. 네덜란드에서는 특정 학생인구에게 "국가 디딤돌 학습"이란 프로그램을 제공한다. 이는 난민청소년들이 일반학교로 편입하기 전에 6 개월에서 3 년 사이의 기간 동안 난민 중심 기관에서 교육을 받을 수 있게 하는 프로그램이다 [87]. 그러나 이 프로그램을 통해 교육을 받는 동안 난민학생이 대중사회로부터 고립되는 폐해를 낳기도 했다. 학업뿐만 아니라 심리적 고립 상태에서 매우 '심각한' 사회 부적응을 겪는 북한이탈학생들에게 6 개월이라는 기간은 충분하지 않을 수 있으며, 정부는 이러한 경우에서만큼은 하나원 센터에서 인가받는 북한이탈청소년을 위한 대안학교로 전입할 수 있도록 하는 선택안을 제공해야 한다. 이를 선택한 학생들이 이후에라도 다시 일반학교로 전입할 수 있도록 하는, 대안적 선택이 함께 마련되어야 한다.

북한이탈학생들에게 대안학교라는 선택지를 제공하는 방안은 대안교육 위탁시설에서 교육 기간 연장을 요구하지 않더라도

---

[86] Refer to Figure 1: Multilevel Conceptual Framework model.
[87] Watters, Charles, (2008), *Refugee Children-Towards the Next Horizon*, New York: Routledge, p. 140.

인가받은 북한이탈청소년을 위한 학교에서 맞춤형 교육을 직접 받을 수 있다는 장점을 가진다. 다만 한국 학생들에 비해 나이와 학력 차이가 상당히 큰 경우처럼, 북한이탈학생들이 일반학교로 진학할 수 없는 "심각한 경우"를 전제로 해야 한다. 이와 더불어, 학생들을 의무적으로 일반학교로 전입시키는 것보다 예외적인 상황을 고려해 여명학교와 한겨레중·고등학교의 북한이탈학생들이 일반학교의 재학생과 함께 성장할 수 있도록 하는 교육활동 프로그램을 학교의 교육과정에 포함시키는 방안도 도움이 될 수 있다. 여러 학교들이 함께 노력할 때 북한이탈학생들이 남한사회에서 고립되는 문제를 방지할 수 있다.

5. 결론: 앞으로의 방향

한국사회의 현황을 관찰하면, 통합교육제도의 설계를 둘러싼 상황을 그 사회적 맥락을 통해 더 쉽게 이해할 수 있다. 남북관계와 한반도 통일에 대한 갈등사관을 논의하면서, 본 논문은 한국인의 정체성의 변화와 한국 복지제도의 조정과정을 살펴보았다. 또한 본 논문은 한국사회에서 북한이탈청소년이 성공적으로 적응하는 데 가장 효과적인 방법을 모색하였다. 이와 관련한 주요한 문제를 해결하기 위해 본 논문의 주요질문을 재검토할 필요성이 있다:

- 한국정부의 최근 교육 방안과 북한이탈청소년을 위한 대안학교의 역할은 어떠한 관계를 가지고 있는가?
- 남북 통일의 가능성에 바탕을 둔 한국정부의 북한이탈청소년을 위한 교육 정책은 무엇이고, 이 정책은 북한이탈청소년들이 남한 사회에 적응하는 데 얼마나 효과가 있는가?

북한이탈청소년은 한국사회에서 신체적·심리적인 어려움뿐만 아니라 재정적·사회적·문화적·교육적인 어려움에도 부딪칠 수 있다. 북한이탈청소년이 남한 사회에서 일반학교로 진학하려고 해도, 나이와 학력 차이 같은 매우 '심각한' 차이 때문에 이 청소년이 열등감에 빠질 가능성이 있다.

본 논문은 북한이탈청소년을 위한 대안학교의 교실 안팎에서 형성되는 소공동체 가치가 많은 장점을 가지고 있음을 강조했다. 북한이탈청소년을 위한 인가 대안학교는 여명학교가 유일하다. 여명학교가 인가를 받기 위해 치른 전쟁과 같은 과정을 살펴보면 교육인가를 받는 것이 얼마나 어려운지를 잘 알 수 있다. 대안학교의 사례를 통해 정부로부터 인가를 받는 대안학교를 더 늘리자고 주장하려는 것은 아니다. 그보다는 공식적으로 인가받은 한겨레

중·고등학교와 같은 특성화 학교 및 여명학교 같은 대안학교에서 일반학교와 비슷한 교육과정으로 북한이탈학생들을 교육해 이들이 대입을 무사히 치를 수 있도록 하자는 것이다.

2012 년 계획 방안(안)에서 정부는 북한이탈학생을 위한 교육 미래방안을 밝힌다. 이러한 최근 계획에 따라 대안학교 등의 민간단체들은 위탁교육을 제공하는 역할을 맡는다. 통합교육제도는 북한이탈학생에게 적응교육을 제공하는 것뿐만 아니라 비판적인 다문화 이론 및 다층의 개념적 모형을 바탕으로 학생, 교사, 학부모 그리고 한국사회 전체가 함께 협동하는 교육연수, "Together" 프로그램, "HOPE" program, 또한 "FK Leadership" 같은 학생의 성장과 자립을 장려하는 프로그램을 포함한다. 정부가 한반도의 통일 가능성이 높다고 판단한다면 북한이탈주민에 대한 인식을 개선하는 노력을 해야 한다. 따라서 통합교육제도에 대한 정책을 세울 때는 보통의 학생들과 북한이탈청소년이 상호이해를 할 수 있는 방안을 포함시켜야 한다.

교육 기간의 연장이든 일반학교로의 전입이든, 이 정책 변화에 북한이탈청소년과 그들을 위한 대안학교와 대안교육시설의 의견을 반영하는 것은 반드시 필요하다. 저자는 북한이탈청소년을 대상으로 하는 학교의 공동체 개념, 교육법, 특수 교육 지원과 프로그램에 대한 추후의 연구를 제안한다. 북한이탈청소년을 둘러싼 상황이 지속적으로 변화하는 가운데, 이들이 한국사회에 보다 잘 적응할 수 있도록 하는 환경을 조성하는 데 기여할 수 있는 심층연구가 요구된다.

참고문헌

교육과학기술부, "대안학교 (교육) 현황", *교육과학기술부*.

교육과학기술부 (교육복지과), (2012), "통일한국 미래인재 육성을 위한 탈북학생 교육 발전 방안(안),"

교육과학기술부 (교육복지과), "인재대국으로 가는 길 『스마트교육 추진전략』 대통령 보고서," 교육과학기술부. Accessed March 7, 2013, http://www.mest.go.kr/web/51478/ko/board/view.do?bbsId=288&boardSeq=25735&mode=view. "인재대국"은 미래한국의 선진화를 위한 "스마트교육 추진전략"이다.

국가인권위원회 (2011), "북한이탈청소년의 교육권에 대한 법률적 접근과 보호 방안 연구 -구현행 북한이탈청소년 교육 제도의 문제점과 개선방안을 중심으로-," *국가인권위원회*,

귀이종 외, (2008), "새터민 청소년 교육지원을 위한 법·제도보완
　　방안," 통일부 The Korea Institute for National Unification, Lee
　　Myung-bak Government's North Korea Policy (Seoul: KINU, 2009).

"KTV 한국정책방송 케이블방송- 교과교실제 전면 도입⋯영수 교육
　　내실화," 교육과학기술부, accessed March 7, 2013,
　　http://www.mest.go.kr/web/1173/ko/board/view.do?bbsId=205&board
　　Seq=23266.

김경준 외 (2008). "북한이탈 청소년 중합대책 연구 III -정규학교 재학
　　북한이탈 청소년들의 진로탐색에 대한 질적 연구."
　　한국청소년정책연구원, p.173-185.

김연희, (2009), "북한이탈청소년의 학교중도탈락 의도에 영향을
　　미치는 요인", *한국사회복지학*, 61 (4), 191-215.

김지현, (2012), *북한이탈 청소년의 학교적응 실태 분석*, (Master's thesis,
　　이화여자대학교, 서울, 서울, 대한민국).

노은지, "국민 41.2% "사교육, 남들이 하니까 불안해서," *한국정책방송
　　케이블방송*, July, 30, 2012, accessed February 13, 2012,
　　http://www.mest.go.kr/web/1173/ko/board/view.do?bbsId=205&board
　　Seq=32332.

박길태, (2012), *북한이탈청소년 대안학교의 운영특성 및 발전방안
　　연구* = a study on the management characteristics and development
　　plans of alternative schools for north korean youth defector, (Master's
　　thesis, 원광대학교 일반대학원).

북한이탈주민지원재단 연구지원센터 (NKRF), 2011, *북한이탈주민
　　생활실태조사 기초분석 보고서* (2011 ed.), Seoul, Korea:
　　북한이탈주민지원재단 연구지원센터.

북한이탈주민 현황, 통일부, accessed November 7, 2012,
　　http://www.unikorea.go.kr.

신효숙, (2010), 한국교육개발, "탈북학생용 교육과정 종론(시안) 개발
　　연구,"

정진곤, (2011), 북한 이탈 학생들의 인식과 사고방식에 대한 기초연구,
　　다문화연구, 4(1), 79-97.

탈북청소년교육지원센터, "연합뉴스- 학령기 입국 탈북학생 28%,
　　교육경험 전무," 탈북청소년교육지원센터, accessed November 7,
　　2012, http://www.hub4u.or.kr.

Fan, M. (2004). *The idea of integrated education: From the point of view of
　　Whitehead's philosophy of education.* Paper presented at the Forum for
　　Integrated Education and Educational Reform sponsored by the
　　Council for Global Integrative Education, Santa Cruz, CA, October 28-
　　30.

Goldthorpe, J & Jackson, M, *Social Class: How Does it Work?"* (New York: Russell Sage Foundation, 2008), p. 93-117.

Kia-Keating M & Ellis BH, "Belonging and Connection to School in Resettlement: Young Refugees, School Belonging, and Psychosocial Adjustment," *Clin Child Psychol Psychiatry 12, no. 1 (2007): 29-43,*

Kim, S. Y. (2006), Study on settlement status of Sateomin (refugee from North Korea) and improvement measures, *Korean Treatise on North-East Asia, 38*, 249-269.

Korean Educational Development Institute, (2010), *OECD Review on Evaluation and Assessment Frameworks for Improving School Outcomes: Country Backgroud Report for Korea* (2010 ed.), (Seoul, Korea: Korean Educational Development Institute), p. xiv.

Malcolm D. Evans, *Whitehead and Philosophy of Education,* Amsterdam-Atlanta, 1998

Moreland, J, "Multicultural Educational Policies: A Correlational Investigation of Cultural Competencies and Feelings of Inclusion" (PhD diss., University of Phoenix, 2012).

OECD, (2011), *Education at a Glance: OECD Indicators* (2011 ed.), (Paris, France: OECD), p.8- 9.

OECD (2012), "Integrating immigrants' children", in *Education at a Glance 2012: Highlights*, OECD Publishing.

Rumberger, Russel & Palardy Gregory, "Multilevel Models for School Effectiveness Research," in *The SAGE Handbook of Quantitative Methodology for the Social Sciences*, ed. David Kaplan (Thousand Oakes: SAGE Publication Inc, 2004).

Watters, Charles, (2008), *Refugee Children-Towards the Next Horizon*, New York: Routledge.

한국의 식습관 변화

킨드라 러브 (KYNDRA LOVE)

MA, Korean for Professionals, University of Hawaiʻi at Mānoa, 2013

SOUTH KOREA'S TRANSITIONING EATING PATTERNS

The emergence of small tribes on the Korean peninsula is said to have begun around the Neolithic Period (6000-2000 B.C.), and an environment that has always been centered around agriculture has changed immensely. Trade and diversification of food products and crops have expanded, yet the most dramatic changes in dietary patterns have taken place within the last century. Especially after the end of the Cold War, an unstable political situation and reliance upon foreign aid left Koreans with an array of dietary practices that had never been seen before. The series of changes in food supply brought about by industrial development and policy changes had a direct hand in the shift in food intake. The main purpose of this paper is to describe the transition of eating patterns in South Korea, including trends in food consumption and production methods; while discussing the need to maintain the traditional diet and culinary practices in the midst of rapid economic growth and the introduction of Western culture.

I. 서론

한 사회의 특성을 조사하기 위해서는 계층, 성별, 인종, 소비자의 문화, 물질 문화 등 여러 가지 방법이 있지만 음식은 그 사회를 조사하는 가장 중요한 척도 중에 하나이다 [1]. 인류학자들은 음식을 분석함으로써 개인과 집단 정체성의 특정한 기호를 추적할 수 있다는 것을 발견했다. 예를 들어, 김치는 원래부터 배추와 무를 발효했으며, 이는 신석기시대 초기까지 거슬러 조사할 수 있는 음식 중의 하나이다. 고대 음식 문화의 증거 중 하나로 옹기를 들 수 있는데, 옹기는 김치를 만들고 보관하기 위해 사용하는 대형 용기이며 현대에도 사용되는 용기와 유사한 것들이 발견되었다 [2].

한반도에서 사람들은 고대 농업기부터 수천년의 역사를 지속해 왔으며 다양한 민족 특유의 문화적 전통을 이어왔다. 그리고 이러한

---

[1] Belasco, Warren, *"Food Matters: Perspectives on an Emerging Field"*, *Food Nations, Routledge* (2002) p.10.

[2] Kim, Choong Soon. *Kimchi and IT: Tradition and Transformation in Korea*. Seoul: Ilchokak, 2007. Print. p.18.

전통의 대부분은 요리 문화 자체에 저장되어 현재까지도 면면히 이어져 내려오고 있다. 그러나, 지난 세기 동안, 기술과 산업의 발전으로 한국인의 식생활은 자연친화적이고 전통적인 의식 및 식품 생산으로부터 격리되어 왔다. 또한 외국 음식의 증가로 인해 건강과 관련된 다양한 문제가 발생했다. 이와 함께 한국의 정체성을 각인시키고 유지하기 위해 자신들의 역사적인 음식 문화를 보존하는 것이 한국사람들에게 중요한 일이 되었다. 본격적인 논의에 앞서, 먼저 한반도의 역사, 특히 한국의 근현대사와 그 음식문화의 발전에 대한 설명이 필요하다.

II. 근대 이전의 식습관 구조

삼국유사에 따르면, 한국의 역사는 기원전 2333 년에 시작되었다. 단군신화는 현대 한국인의 조상과 '조선'의 설립자에 대해 설명한다 [3]. 단군의 아들인 환웅이 삼천 명의 추종자와 함께 하늘에서 내려와 농업, 수명, 질병 등 60 여개 영역을 관장하고 주민들에게 그들의 문화를 전파했다는 얘기다. 신석기 시대 (기원전 6000-2000) 부터 한반도의 정착생활은 시작되었는데, 그 기간의 유물들은 주민들이 농업을 시작하여 집을 짓고 정착생활을 시작했으며 음식을 저장하기 시작했다는 것을 보여준다 [4]. 이러한 고고학의 단서들은 우리로 하여금 한반도에 존재하던 고대 사회와 고대인들의 정체성을 엿볼 수 있게 한다.

무역로가 발전하기 전에, 지역간 교류의 부재로 지역별 음식은 그 다양성을 지니고 있었다. 한반도의 지형은 70%가 산악지형이며 벼농사에 적합한 면적은 그리 넓지 않다. 바다 근처에 있던 사람들은 수산식품에 의존하고, 산악 지역에 살던 사람들은 식단을 유지하기 위해 쌀과 산나물에 주로 의존하였다. 하지만 한반도 지역의 공통점은 뚜렷한 사계절이 있기 때문에 일년에 한 번 하는 추수의 풍성함 (풍년)은 큰 중요성을 갖고 있었다 [5]. 또한 거친 겨울을 살아남기 위해 야채의 발효를 통한 식품의 장기적인 저장이 필요하게 되었다. 산나물과 함께 보리, 곡물, 쌀 등이 주요 산물이었다.

수천년 동안 여러 왕국을 거치면서 농업 방법 및 기술의 발전을 거듭해 왔으며, 다양하고 독특한 음식 문화를 만들어 냈다. 그러나 주변국인 중국, 만주, 일본과 끊임없이 서로 교류하며 전쟁과 무역을

---

[3] Seo Dae-seok, Lee Peter, *Myths of Korea,* Korean Studies Series No. 4, Jimoondang Publishing Co., Seoul, Korea (2000), p.3.

[4] Kim, Choong Soon. *Kimchi and IT: Tradition and Transformation in Korea.* Seoul: Ilchokak, 2007. Print. p.21.

[5] Shaffer, David, *Seasonal Customs of Korea,* Printed in South Korea, The Korea Foundation, (2007), p.12.

지속하였기 때문에 그들의 영향력이 식습관까지 미치게 되었다. 실크로드가 성장하면서, 중국을 통해 외국 음식, 향신료와 요리를 장식하는 방법 등이 도입되었으며, 무엇보다 파종, 관개 및 작물성장과 관련된 신기술들의 도입으로 인해 토지와 식생활에 큰 변화가 생겨났다[6].

고려 시대에[7] 몽골의 확장은 한반도의 식생활에 큰 영향을 주었다. 1231 년에 몽골은 고려를 향해 군사적 행동을 취하기 시작했고 결국 1270 년부터 80 년동안 고려는 몽골의 강제적인 동맹국이 되었다. 고려시대에 불교의 영향은 식생활에 큰 비중을 차지했으며, 종교와 경제적인 이유로 채식이 일반적이었다. 하지만 고기를 즐기는 몽골의 영향으로 당시 구운 고기 요리의 인기가 많아졌으며, 동시에 만두, 국수 요리, 그리고 검은 후추를 포함한 조미료의 사용 등이 소개되었다[8].

1350 년에 몽골로부터 독립을 쟁취했고, 1392 년에 조선시대가 시작되었다. 조선시대에도 사회에는 다양한 변화가 있었는데[9], 유교가 주요한 사회적 가치가 되면서 궁중 행사 및 생활에서 불교적 색채가 옅어지게 되었다. 또한 봉건 제도가 강화되었고, 특히 궁중에서는 이런 유교적 가치에 기반한 제도의 강화가 더욱 심해졌다.

> "궁중 음식과 음료의 구입 및 소비에 대한 모든 일을 도맡아 하는 직책이 만들어 졋다. 조선시대 이조의 책무 중 하나는 왕실 가족을 위해 쌀을 확보하는 일이었다. 예조는 조상에 대한 의례에 필요한 식품, 술과 다른 음료 또는 약용 식품을 준비하는 책임을 맡았다. 궁중에서도 수백 명의 노비와 여성들이 두부, 술, 차, 떡 등을 만드는 작업을 했다."[10]

농업에서의 혁신도 상당했다. 15 세기에는 우량계가 발명되었고 정부는 농업에 대한 책을 출판하기 시작했다. 1492 년에 출판된 농사직설은 농업생산량을 개선하기 위한 농경법을 설명한 서적이다. 관개 기법의 발전, 새로운 저수지의 건설과 유지 등으로 농업생산량은 증가했다. 곡물 수확량이 자가소비와 납세의 의무를 위한 수확량을 웃돌았으며, 여분의 토지를 이용한 작물재배는

---

[6] Feffer, John, "*Korean Food, Korean Identity; The Impact of Globalization on Korean Agriculture*", Shorenstein APARC Stanford University, (2005), p.3.

[7] 고려시대 918-1392

[8] Pettid, Michael J., *Korean Cuisine*. Reaktion Books Ltd., China, (2008), p.15.

[9] 조선시대 1392-1910

[10] Pettid, Michael J., *Korean Cuisine*. Reaktion Books Ltd., China, (2008), p.130-132.

현금의 확보도 가능하게 만들었다 [11]. 이 작물들 중에 옥수수, 감자, 고구마, 고추, 토마토, 땅콩, 호박 등은 토종이 아니었고, 1492 년 중국의 "콜럼비아 교환"으로 한국에 처음 수입되었다 [12].

조선에 수입된 식자재 중에 가장 중요한 것의 하나는 고추였다. 최근 들어 세계는 야채를 발효하여 고추가루에 버무려 만드는 김치를 접하게 되었다. 그러나 고추가 도입되기 전에 전통적인 김치는 고추를 포함하지 않았다는 것을 사람들은 잘 모른다. 이 새로운 향신료의 수입으로 국수와 고기 요리도 영향을 받기 시작했다. 해외식품의 도입을 통해 수입 재료와 향토 재료가 혼합되면서 요즘 볼 수 있는 현대 한국 요리가 시작되었다. 예를 들어, 떡볶이의 기원에 관한 논의도 이와 관련되어 있다. 조선시대에도 떡볶이와 유사한 것으로 여겨지는 요리가 있었으나, 우리가 잘 알고 있는 현재의 떡볶이는 20 세기에 들어 어묵과 고추가루를 넣어 만들게 되었다. 세계적으로 떡볶이는 전통적인 한국 음식으로 알려져 있지만, 사실은 수입된 식품과 더불어 진화된 음식이다. 그러나 재료의 조합은 확실히 참신하다. 그래서 다음과 같은 질문을 하게 된다: 어떠한 요소들이 특정한 음식을 그 문화의 전통음식으로 만드는 것인가? 또한, 오히려 음식 자체를 분석하는 것 보다는, 음식이 그 사회에서 가지고 있는 가치를 살펴보는 것이 더 중요하지 않을까?

III. 절기풍습의 변화

한국에서는 농업 주기를 통해 다양한 요리와 절기풍습이 형성되었다. 평상시 음식 재료들은 매일의 식단을 유지하는 데 사용되었지만, 특별한 경우 및 행사를 위해서는 그에 맞는 독특한 음식을 준비했다. 여러 세대를 거쳐 샤머니즘, 도교, 불교, 유교 등 다양한 종교가 사람들의 가치와 신념에 영향을 미쳤고, 따라서 자연히 그 식단에도 중요한 역할을 했다. 매년 설날과 추석 같은 명절을 쇠었으며, 그 기간 동안에 신들과 조상들을 기리기 위해 음식과 공연을 준비하였다.

이렇게 개발되어 온 명절음식들은 현재에도 먹고 있다. 설날에 먹는 떡국은 차례를 지낼 때 사용된 것이다. 떡국은 만물의 부활과 새해맞이를 상징하는 음식이다. 또한 사람들은 떡국을 먹는 것에 두통을 예방하는 효과가 있다고 믿었다. 매년 음력 8 월의 추석은 수확과 밀접한 관련을 가지고 있다. 관습적으로, 사람들은 조상에

---

[11] Pettid, Michael J., *Korean Cuisine*. Reaktion Books Ltd., China, (2008), p.17-18.
[12] Feffer, John, *"Korean Food, Korean Identity; The Impact of Globalization on Korean Agriculture"*, Shorenstein APARC Stanford University, (2005), p.4.

제사를 지내고자 자신의 고향으로 돌아가고 특별한 음식을 준비하여 조상에게 바쳤다. 추석의 대표적인 음식으로는 송편과 술이 있다. 주로 곡물로 만들며 보통 감, 대추, 사과, 배, 밤 등을 함께 내놓는다. 현재까지 이러한 전통은 면면히 이어져 내려오고 있다 [13]. 그러나 한국이 근대화되면서 식품의 종류와 이러한 전통을 지키는 방법이 빠른 속도로 변화하고 있다.

IV. 식민지

1905 년에 을사조약을 체결한 후 조선은 그 종말을 고했다. 항구를 강제적으로 개방하였고, 이후 35 년 동안 일본의 강점을 초래했다. 일제 하에 생활의 극적인 변화는 명백한 사실로, 일본 당국은 조선을 현대화한다는 명목 하에 일본의 이익을 위한 정책을 실시하였다. 농업식민주의와 [14] 근대화의 기치 아래 추진된 정책들은 농업과 사람들의 식습관에 크게 영향을 주었다. 첫 번째로 영향을 받은 것은 쌀 시장이었다.

20 세기에 들어와 일본 국내 농업생산이 수요를 따라가지 못하면서 일본은 쌀 부족에 직면하였다. 이를 만회하기 위해서, 일본 정부는 한국의 쌀 생산량을 증가시키기 위해 농업 확장 활동에 많은 투자를 했으며 수출량을 늘리기 위해 최선을 다했다. 쌀의 생산이 증가하면서 기술 발전의 적용 및 종자, 관개, 비료, 농약 등을 활용함으로써 사용되지 않던 토지도 농지로 개간하였다. 그러나, 보통 시민들에게 농업의 개선이 더 좋은 식습관으로 나타나지는 않았다. "한국에서 1915 년과 1933 년 사이에 쌀 소비량은 35% 감소하였으며 모든 곡물의 개인 소비가 20% 감소하였다"[15].

오히려 이 기간에 거의 모든 산업들은 일본사람이나 일본계 회사들의 상업적 이익을 위해 유리한 조건을 조성하는 데 모든 노력을 기울였고, 결국 대부분의 이익창출은 수출시장에서 발생되었다 [16]. 쌀의 소비가 제한된 상태에서 술을 빚는 관습은 규제를 받게 되었다. 일본의 엄격한 승인 하에 대규모의 양조장이 설립됨에 따라 집에서 술을 빚는 오랜 전통은 거의 사라졌다 [17].

[13] Shaffer, David, *Seasonal Customs of Korea,* Printed in South Korea, The Korea Foundation, (2007), p.12.

[14] Colonizing a culture for agricultural purposes.

[15] Mitsuhiko Kimura, "Standards of Living in Colonial Korea," *The Journal of Economic History,* vol. 53.

[16] Eckert, C., Lee K-B., Lew Y.I., Robinson, M., Wagner, E., *"Korea Old and New A History",* Korea Institute, Harvard University, Ilchokak Publishers, Seoul, Korea, (1990), p.271.

[17] So Yuk, *Chungbo Sallim Kyongje* ('Farm management, Supplemented and Enlarged'), quoted in Pettid, Michael, *Korean Cuisine* (2008), p.19.

일본의 식량 부족을 채우기 위한 식품 수출의 증가는 한국인의 영양섭취의 악화를 가져왔고 빈곤은 증가되어 갔다. 다년간 많은 한국인들은 독립을 위해 저항운동을 펼쳤고 세계 각국에 지원을 요청했다. 식민지화 과정에서 일부 한국인들은 혜택을 얻었는데, 이들은 일본의 이익을 대변한 부일 한국인들이었다.

1919 년 기미독립운동(己未獨立運動) 이후, 일본은 경찰과 정치 시스템의 개혁을 통해 통제를 강화하였다. 이에 대한 저항은 일본의 강압적 규제를 더욱 강화시켰다.

"일본은 소위 "자비로운 동화"를 통해 한국인이 일본제국에 완벽하게 예속되고 일본제국의 정치, 경제 시스템에 "통합"되게 하기 위해 최선의 노력을 다했다. 또한 한국 역사와 문학 교육을 억제하고 일본어를 공용화함으로써 한국인의 자부심을 파괴하기 위해 총력을 기울였다."[18]

일본의 정책은 한국의 자치정부 수립이 아니라 증가된 생산성으로 인한 물질적 이익에 그 목표가 있었다.

사실 일제강점기를 거치면서 공중 위생, 건강, 교육 등의 분야에서 개선도 있었다. 특히 화폐경제의 활성화와 산업화된 농업은 신흥 글로벌 시장에 접근할 수 있는 기회를 제공했다. 식습관에서도 곡물과 야채를 계속 주요 음식으로 섭취했지만, 서양식 빵, 스낵, 과자 등이 인기를 얻었다. 가공 식품 및 인스턴트 국수, 탄산 음료, 통조림 식품 등을 쉽게 찾을 수 있게 되었으며, 제분, 제면, 그리고 제과 같은 분야에서도 큰 변화가 있었다[19]. 그러나 이런 음식들은 독립 이후가 되어서야 식량원조의 도움으로 주식에 포함되었다.

V. 분단과 식품산업

전쟁으로 파괴된 한국은 남북간에 다른 글로벌 환경과 개혁의 방법이 이루어졌다. 한국은 원조에 의존하는 위치에 처해 있었다. 한국의 경제적 성공을 보장하기 위해 미국이 제공하는 정치적 안정, 군사 보안, 식량 원조는 "1950 년대와 1960 년대 초기에는 한국의 곡물 소비의 거의 10 분의 1 이었고 모든 곡물 수입의 90 퍼센트를 차지하였다[20]." 경제적, 사회적, 정치적 요구를 수용하기 위해

---

[18] H.L., and M.K.G. "Korea Past and Present." *The World Today* Apr. 1946: 175-92. *JSTOR.* Web. 28 Mar. 2013.

[19] 이철호, 부용재, 안기옥, 류시생 "지난 일세기 동안의 한국인 식습관의 변화와 보건영양상태의 추이 분석", Korean J. Dietary Culture, Vol. 3, No. 4 (1988), p.398.

[20] Anderson, Kym, *Food Price Policy in Korea, 1955 to 1985*, Pacific Economic Papers, no. 149 (Canberra: Australia-Japan Research Centre,1987) p.7.

정부의 정책이 실행되었으며, 이는 기업의 구조와 소비의 변화에 직접적인 영향을 주었다.

1950 년대 한국 전쟁이 시작하면서 생활 비용은 연간 10% 증가했다. 곡물 가격의 급증을 막기 위해 "쌀 절약 운동"이라는 정책이 시행되었다 [21]. 이 운동의 일환으로 정부가 나서서 혼합쌀의 영양적 혜택을 홍보하였다. 쌀만을 판매하는 사람들은 심각한 처벌을 받았으며, 알코올, 떡, 스낵과 같은 쌀로 만든 식품의 생산을 중단시켰다 [22]. 정부는 또한 빵, 고기와 우유 등의 원조 물품들이 비용적인 면에서 효율적임을 광고하고 그러한 음식 섭취의 장점들을 부각하려 했다. 그 결과, 젊은 세대의 입맛이 외국 음식에 적응되면서 쌀, 보리, 야채 소비가 주를 이루었던 전통적 식단이 변화하기 시작했다.

"정부는 1955 년 미국과 체결한 미공법 제 480 호 (US public law 480)에 따라 잉여 농산물을 들여오게 되었다. 56 년에서 64 년까지 도입된 잉여 농산물은 쌀·보리·밀을 합쳐서 총 50-60 만 톤인데, 이는 국내 총 곡물 생산량의 40%를 차지하는 양으로 식량난 해결에 아주 큰 역할을 한 셈이다. 이즈음 학교 급식이란 명목으로 구호 급식이 시작되었다... 우리 나라에 들어온 곡물은 밀이 주가 되었고, 이에 따라 밀가루를 만드는 제분업이 급속하게 발전하였다. 쌀로 만든 떡이나 엿 대신에 밀가루로 만든 국수와 빵, 과자 생산과 소비가 늘어나면서 제빵·제과업이 발달하였고, 쌀 위주의 식습관에 많은 영향을 미쳤다 [23]."

미국 상품을 위한 새로운 시장이 형성되었고 이는 한국 노동자에게 저렴한 음식을 제공하는 대신 자급자족의 필요성을 잠식하기 시작했다 [24]. 빠른 군사 확장과 함께 새로운 시설, 기술 및 식품의 가공이 필요했고 결국 식품가공산업의 발전으로 이어졌다. 작물의 대량 생산과 원래는 국내에서 생산되던 식품 원료의 해외로부터의 수입은 지역 식품 서비스 산업과 전통적인 농업 작물 생산에 부담을 가중했으며 생산량의 하락을 가져왔다 [25].

---

[21] 김미혜, 정혜경, "1950 년대 국가정책이 음식소비문화에 미친 영향", 한국식생활문화학회지, (2009) p.12.
[22] 김미혜, 정혜경, "1950 년대 국가정책이 음식소비문화에 미친 영향", 한국식생활문화학회지, (2009) p.12.
[23] 우리생활 100 년 음식 p.46
[24] Feffer (2005) p.13.
[25] 김미혜, 정혜경, "1950 년대 국가정책이 음식소비문화에 미친 영향", 한국식생활문화학회지, (2009) p.12.

1960 년대 박정희 대통령은 정치적 안정을 강화하기 위해 일련의 5 개년 계획을 시행했으며 수출지향형 성장에 초점을 맞췄다. 첫번째 5 개년 계획은 1962 년에 시작되었다. 이러한 정책으로 1965 년부터 1976 년까지 산업 발전의 변화는 농민을 55%에서 36%까지 축소시켰고, 식량 자급자족율도 94%에서 75%까지 떨어졌다. 미국 잉여 농산물의 수입으로 소규모의 생산업은 감소하고 대규모 생산에 집중하게 되었다 [26]. 외래제품이나 식품을 생산하거나 수입하는 기업들도 새로이 생겨났다. 설탕류, 포도당, 전분, 밀가루, 라면 등과 같은 가공품의 생산이 증가되었고, 장류제품과 글루타민소다 등이 기본 조미료로 사용되었으며, 분유, 껌, 사이다, 콜라 등 기호 식품 산업이 시작되었다 [27]. 표 1 을 보면, 설탕, 야채, 과일, 고기, 계란, 우유, 수산물, 지방과 오일 등의 공급증가가 눈에 띄며 이는 당연히 식습관의 변화를 불러왔다 [28].

1960 년대 후반에 미국이 식량원조 프로그램의 종료을 알리면서 박대통령은 정부 주도의 새로운 농촌 근대화 정책이 필요함을 느끼게 되었다 [29]. 정부는 1970 년 4 월에 새마을 운동으로 알려진 농촌 근대화 계획을 실시했다. 새마을 운동의 주요 목적은 빈곤의 수렁에 빠져있는 농촌 마을들과 급격한 산업화로 생활수준이 높아진 수도 서울 간의 소득 격차를 줄이는 것이었다. 새마을운동의 초기단계에서는 생활환경 개선에 초점을 맞추었고, 이후에는 도로, 교량, 관개, 수도, 공동 퇴비 구역 등의 건설도 포함되었다. 그 다음 단계로는 공동 경작 및 축산물 생산, 조림 사업, 또는 공동 마케팅과 공장까지, 경제 문제에 초점을 맞췄다. 건강과 위생의 개선뿐만 아니라 환경 미화도 프로그램의 목표 중에 하나가 되었다.

새마을 운동으로 도시와 농촌의 소득격차는 크게 줄었다. 이는 부분적으로 비료 사용에 반응이 좋은 새로운 품종인 '통일벼' 때문이었다. 이 쌀은 기존의 품종보다 20-30% 수확률이 높았기 때문에 쌀 생산 증가와 농산물 가격의 상승을 가져왔다 [30]. 비료와 살충제의 적절한 사용, 기계화 농법, 그리고 새로운 종류의 하이브리드 씨앗의 도입으로 한국 내 평균 쌀 소비량의 90% 이상을 공급하였다 [31].

---

[26] 이철호, 부용재, 안기옥, 류시생 "지난 일세기 동안의 한국인 식습관의 변화와 보건영양상태의 추이 분석", Korean J. Dietary Culture, Vol. 3, No. 4 (1988), p.402.

[27] 이철호, 부용재, 안기옥, 류시생 (1988), p.402.

[28] 채범석, 신영무: 우리나라 식품소비 변화에 관한 고찰, 1960-1970 년을 중심으로, 한국영양학회지, 5 (4), 161 (1972).

[29] Feffer (2005) p.19.

[30] Feffer (2005) p.17-18.

[31] Kim, Choong Soon. Kimchi and IT: Tradition and Transformation in Korea. Seoul: Ilchokak, 2007. Print. p.171.

식품명	1968	1974	1976
곡 류	526. 5	543. 7	530. 4
쌀	322. 7	351. 4	330. 6
밀가루	76. 1	70. 3	83. 7
보 리	117. 1	100. 5	107. 5
기 타	10. 7	11. 6	8. 7
설탕류	12. 0	15. 8	99. 3
서 류	147. 6	81. 6	16. 4
두 류	17. 6	19. 0	26. 4
견과류	0. 2	0. 3	0. 5
종실류	0. 2	0. 9	3. 8
채소류	146. 3	178. 6	186. 4
과실류	24. 4	35. 6	35. 9
육 류	22. 2	25. 2	26. 4
계란류	5. 6	10. 6	11. 2
우유류	3. 8	10. 2	14. 5
수산물	45. 3	76. 2	81. 4
유지류	3. 4	6. 2	8. 4

<표 1> 중기 성장기 (1967-1976)의 년도별 주요 식품의 1 인당 공급량
(단위: g)

5 개년 계획과 새마을 운동의 성공으로 인한 2 차 산업의 발달과 변화된 경제 구조는 인구분포에도 변화를 일으켰고 농촌지역에서 도시로의 인구이동에 큰 역할을 했다. 통계청에 따르면, 1966 년부터 1970 년까지 인구 증가율은 59.2%였다 [32]. 1970 년부터 1975 년까지 농촌 소득은 8.5% 증가했으며, 1974 년에는 도시의 가구 소득을 완전히 따라잡았다 [33]. 그러나 농촌 인구가 계속 도시로 이동하면서 농촌의 소득은 떨어지기 시작했다. 또한 농촌 인구의 감소로 농업 노동자가 감소되면서 농장의 관리는 노인들의 몫으로 남게 되었다. 한편 도시 인구가 증가하면서 더 많은 사람들이 간편한 음식에 의존하게 되었다.

[32] Rii Hae-Un, Ahn Jae-Seob, *Urbanization and its impact on Seoul, Korea*, The Seoul Metropolitan Government (1997).
[33] Anderson (1987) p.13.

VI. 경제와 생활의 변화

1962 년과 1996 년 사이에 늘어난 국민 총생산은 17 배 이상 증가했다 (표 2) [34]. 주로 교육과 사업 기회로 인해 도시화된 지역으로의 인구 이동이 급격히 증가했다. 1985 년에 한국 인구의 65.4 %가 도시화된 지역으로 이동하였으며, 서울 인구가 국가 전체 인구의 23.8 %를 차지했다 [35]. 2011 년 기준으로 전체 인구의 83 %가 도시에 거주하고, 농촌 지역에는 17%만 남게 되었다 [36].

KIM ET AL

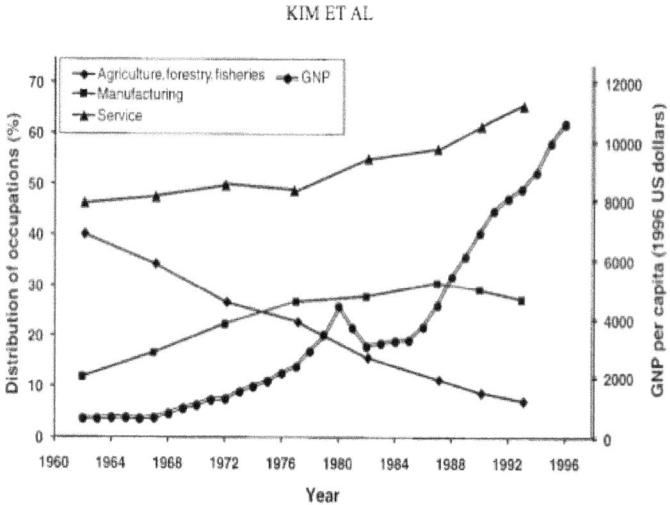

<표 2> 남함의 국민총생산(GNP)동향과 직업 분포 (1962-1996)

이렇게 급속한 경제성장은 국가 식품 유용성을 증가시키고 시민의 구매력을 강화함으로써 한국의 영양 전환을 가속화시켰다. 이철호와 권태완은 "한국 식품 과학에 대한 소개"에서 이런 영양 전환을 잘 표현한다.

---

[34] Soowon Kim, Soojae Moon, Barry M Popkin, *"The Nutrition Transition in South Korea"*, *American Journal of Clinical Nutrition*, (2000) p.45.

[35] Rii Hae-Un, Ahn Jae-Seob, (1997).

[36] "Urban Population (% of Total)." *Data*. The World Bank Group, n.d. Web. 17 Mar. 2013. <http://data.worldbank.org/indicator/SP.URB.TOTL.IN.ZS>.

"1980 년대의 급속한 경제성장과 도시화 과정에서 식품산업도 크게 성장하였으며, 종전의 열량 위주의 식품제조업에서 영양과 맛을 추구하는 식품산업, 즉 유지(油紙), 마가린 산업, 아이스크림 등 유가공산업, 햄, 소시지 등 육가공산업, 탄산음료, 과실주스 산업 등이 크게 발달하였다. 1970 년대부터 시작된 부족식량의 수입은 1990 년대에 와서 크게 늘어 전체식량의 2/3 를 수입에 의존하게 되었으며, 쇠고기 등 육류의 수입이 크게 늘어났으며 1995 년에 시작된 WTO 경제체제에 우리나라가 가입하면서 쌀을 비롯한 모든 식품의 수입이 개방되어 음식문화의 세계화시대에 진입하게 되었다. 한국인의 식습관이 급속히 서구화되면서 영양의 과잉과 동물성 식품의 과다섭취로 일어나는 비만과 각종 성인병이 만연하여 국민 건강에 커다란 문제점으로 대두되고 있다. 서양이 겪고 있는 잘못된 식습관에서 오는 각종 질병과 국민 건강의 열화현상을 방지하기 위하여 우리의 전통 식사법과 조섭양생 (調攝養生) 기술에 대한 관심이 커지고 있다." [37]

상술한 바와 같이, 경제 안정과 해외 식량의 꾸준한 증가는 식품시장을 크게 세계화했다. 인류의 역사에서 한국은 가장 급속한 산업발전을 경험한 국가 중 하나이고 "2011 년 현재, 보호 조치로 인해 한국이 자급자족하는 쌀을 제외하고는 식품의 90%를 해외에서 수입한다." 1950 년에 인구의 70~80%가 농업 분야에 종사한 데 [38] 비해, 2011 년에 이 수치는 겨우 7%로 감소했다. "현재 대부분의 한국인들이 농업부문은 후진적이고 바람직하지 않다고 여긴다. 수입은 많지 않으며 지대는 높기만 하다. 도시개발과 공업발전을 통한 농지의 개발도 문제이다. 토지 간척 사업으로 대한민국의 영토는 확장되었지만, 농지는 사상 최저로 감소되었다. [39]"

영농산업의 자급자족율을 높이기 위해 한국 정부는 몽골과 캄보디아 등 주변 국가에서 토지를 구입하거나 임대하기 시작했다. 하지만 농지를 증대하더라도, 서양식 제품에 대한 높은 수요를 충족하기는 거의 불가능하다. 예를 들어, 치즈와 육류를 제조하려면 자원을 많이 사용하게 되고 토지, 물, 사료에 대한 증가도 요구될

[37] 이철호, 권태완, 한국 식품학 입문, 고려대학교 출판부, 서울 (2004) p.120.

[38] Muller, Anders R. "South Korea's Global Food Ambitions: Rural Farming and Land Grabs." *Farmlandgrab.org* | *South Korea's Global Food Ambitions: Rural Farming and Land Grabs.* Conducive Magazine, 19 Mar. 2011. Web. 17 Mar. 2013. <http://farmlandgrab.org/post/view/18325>.

[39] Muller, Anders R. (2011)

것이다 [40]. 토종이 아닌 식품들을 키우려면 높은 투자가 요구되고 이런 식품들을 국내에서 생산하면 더 많은 비용이 필요할 수 있기 때문이다. 이와 더불어 서양 음식에 대한 수요가 증가하면서 다양한 건강상의 문제나 전통적인 식습관의 변화가 발생하였다. 따라서 한국의 전통음식 및 식습관에 대한 올바른 이해와 홍보의 필요성이 높아지고 있다.

VII. 소비와 건강의 변화

한국에는 전통음식에 대한 자부심이 여전히 남아 있지만, 서양 요리는 풍요로움과 다국적 생활양식의 상징이 되었다. 해외 여행과 유학을 통해 젊은 세대는 서양의 식품, 브랜드, 취향에 노출되었고, 젊은이들이 새로운 식품에 익숙해지면서 그 수용이 더욱 증가되었다. 특히 한국의 패스트 푸드 식당 출현으로 원래 쌀 중심의 식생활은 서양음식이 증가하는 형태로 변화를 보이고 있다. 김충순 (2007)에 따르면 "맥도날드는 1988 년에 서울에서 첫 매장을 열었고, 1989 년에만도 천억원의 판매량에 도달했다. 그 후 10 년 만인 2000 년에 맥도날드는 300 개의 지점과 2 천억원에 달하는 매출을 달성하였다. 롯데리아, 도미노 피자, 피자 헛과 같은 다른 패스트 푸드 브랜드들도 유사한 연간 판매를 보였다. [41]" 현재 한국 쌀 소비의 제일 큰 도전은 쌀이 포함되지 않는 패스트 푸드의 시장 점유율이라고 주장하고 있다.

제과점과 카페도 크게 증가하여 시골의 거의 모든 거리에서도 볼 수 있을 정도로 성장해 왔다. 빅토리아 정부에 의한 2009 년 식품시장개관에 따르면 "소비자의 식품 지출의 약 50 %가 육류, 유제품, 계란, 와인, 과일류와 야채의 비전통적인 제품이다. 동시에 주식인 쌀, 보리, 감자의 소비가 감소되었다. [42]" 도표 3 과 4 는 이러한 비전통적인 농업 제품의 증가 수요를 잘 보여준다.

---

[40] Muller, Anders R. (2011)
[41] Kim, Choong Soon. *Kimchi and IT: Tradition and Transformation in Korea.* Seoul: Ilchokak, 2007. Print. p.172.
[42] Chennell, Anita, and Lucy Ridley. "South Korea Food Market Overview November 2009." *Department of Primary Industries.* State Government of Victoria, 17 Sept. 2010. Web. 17 Mar. 2013. <http://www.dpi.vic.gov.au/agriculture/investment-trade/market-access-and-competitiveness/markets/korea/south-korea-food-market-overview-november-2009>.

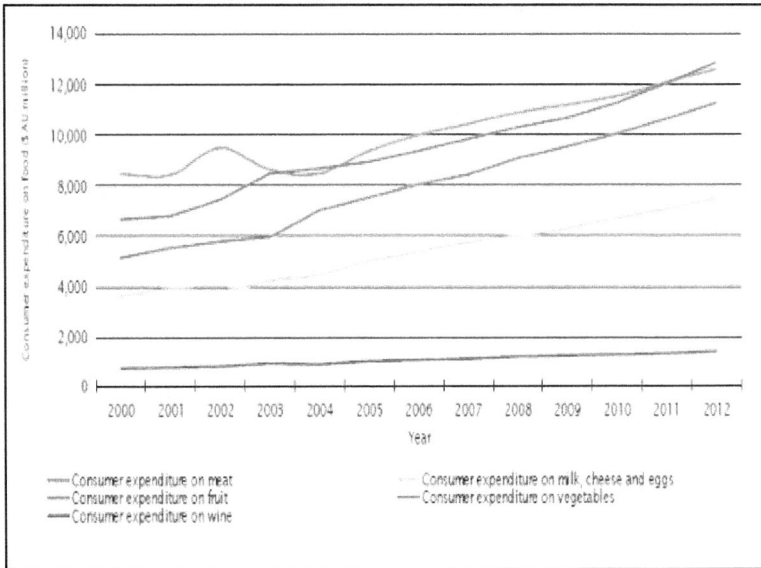

<표 3> Per Capita GDP, expenditure and disposable income 2000-
2010 (est.), Source: Euromonitor 2008a

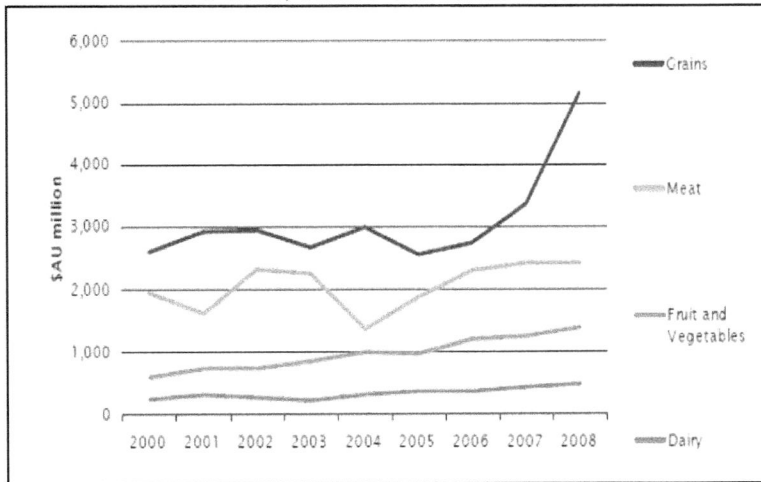

<표 4> Consumer expenditure by food type 2000-2012 (est.),
Source: Euromonitor, 2008a

또한 일인당 열량 섭취량이 상승했음을 표 5 에서 볼 수 있다.
1969 년에서 1998 년까지 총 에너지 섭취는 2,105 kcal 에서

1985kcal (94% RDA)로 감소했지만 [43], 2005 년 이후에는 3000 kcal 로 증가했다 [44]. 지난 20 년간 탄수화물, 단백질, 그리고 지방의 에너지 기여도에도 변화가 발생했다. "1969 년에 1 인당 평균 지방 섭취량이 7.2% 이었고, 1994 년에는 거의 두배로 18.2%로 더 나아가 1998 년에는 18.8%로 증가했다.[45]" 한국인의 고기 소비량도 평균 섭취량의 수준을 초과했지만 아직은 많은 아시아 국가들과 서양의 지방 섭취량보다는 훨씬 낮다. 이는 부분적으로 쌀과 야채 등을 중심으로 한 전통적 식생활 때문이라고 할 수 있을 것이다 [46].

　　2012 년에 OECD 는 한국 비만 수준이 3-4%로 안정되었다고 발표했다 [47]. 한국은 세계 최장 수명과 가장 낮은 비만율을 가지고 있는데, 그 원인은 음식에서 오는 것일 것이다. 한국인들은 오랫동안 음식을 약처럼 여겨왔다. 전통적으로, 모든 식사는 대체적으로 야채로 구성된 반찬들이었다. 면류와 찌게 음식도 주로 야채를 기반으로 하고, 쇠고기보다 해산물과 기름기 적은 고기류를 먹는 습관이 있다. 발효된 식품으로 김치와 된장은 좋은 박테리아와 각종 비타민이 포함된 건강식품으로 한국인의 건강에 다양한 혜택을 제공하는 것이 입증되었다. 반면에 지난 세기 동안의 불안정한 음식 섭취와 식이요법의 변화는 각종 질병과 사망으로까지 이어진다는 것이 밝혀졌다.

Nutrients	Year							
	1969	1974	1979	1984	1989	1994	1995	1998
Energy (kcal)	2,105	2,054	2,098	1,901	1,871	1,770	1,839	1,985
Protein (g)	65.6	68.0	69.6	69.3	75.3	71.9	73.3	74.2
Lipid (g)	16.9	15.5	26.2	24.0	27.9	35.9	38.5	41.5
Carbohydrate (g)	423	405	395	351	323	286	295	325
Calcium (mg)	444	444	699	481	498	556	531	511
Iron (mg)	24.8	14.1	12.4	13.9	22.2	22.0	21.9	12.5**
Vitamin A (IU, RE)	1,400	1,781	1,324	1,681	1,657	411	443*	625*
Thiamin (mg)	1.76	1.3	1.31	1.17	1.15	1.12	1.16	1.35
Riboflavin (mg)	1.28	0.90	0.3	1.04	1.18	1.19	1.20	1.09
Niacin (mg)	27.8	15.0	21.3	22.7	19.5	16.6	16.7	15.7
Ascorbic acid (mg)	89.9	100.6	98.19	58.6	65.8	93.5	98.3	123.1
Animal protein (%)	11.6	17.9	31.9	38.1	39.5	47.7	47.3	48.0
Grain energy (%)	85.9	82.1	77.4	72.9	66.5	61.3	61.2	58.5

* Unit: RE
** changed database
Source: Ministry of Health and Welfare (1999). 1998 National Health and Nutrition Survey

<표 5> 연간 영양 섭취 (하루에 1 인당)

---

[43] Sook Mee Son, *Food Consumption Trends and Nutrition Transition in Korea*, Korea Mal J Nutr 9(1): 7-17, 2003.

[44] Chennell, Anita, and Lucy Ridley, "South Korea Food Market Overview November 2009." *Department of Primary Industries*. State Government of Victoria, 17 Sept. 2010. Web. 17 Mar. 2013.

[45] Sook Mee Son, (2003)

[46] Soowon Kim, Soojae Moon, Barry M Popkin, *"The Nutrition Transition in South Korea"*, *American Journal of Clinical Nutrition*, (2000) p.45.

[47] *OECD Obesity Update 2012*. Rep. N.p.: OECD, 2012. Web. 27 Mar. 2013.

20 세기 초에는 "전염과 기생충 관련 질병"이 두드러진 특징으로, 불안정한 식이요법과 영양실조가 가장 우려되는 점이었다. 그러나 1970 년대에 이르러 암과 심장 질환 사망자가 많이 발생하면서 이 패턴이 바뀐 것을 볼 수 있다 [48]. 가공식품, 설탕, 고기 등의 소비 증가로 영양의 질이 낮아졌고, 농약의 과도한 사용으로 인한 잠재적인 문제가 제기되기도 하였다. 지난 몇년 동안 건강과 질병에 대한 연구들은 살충제에 과도하게 노출되는 것이 암을 유발하고 면역 체계에 손상을 일으킬 수 있다는 결과를 발표했지만,[49] 이를 토대로 한 연구자료가 많이 없어 그 상관관계를 정확히 증명하기는 어렵다.

VIII. 전통음식 보존을 위한 노력들

보건복지부 산하에서는 건강과 영양을 증진하기 위한 다양한 프로그램들이 개발되었다. 예를 들어 1969 년 정부는 국민영양조사(國民營養調查)를 통해 국민의 건강과 영양 상태를 조사하였고, 1998 년 이 설문조사는 국민건강영양조사(NHNS)라는 명칭으로 변경되었다 [50]. 한국 식품의약청도 식품 안전과 영양 관련 정책을 책임지고 도맡게 되었다.

정부는 국민을 대상으로 전통적인 식습관을 유지하도록 하는 교육에 많은 노력을 기울였다. 1980 년 농촌생활연구소 및 가정 관리 부서는 교육 및 훈련 프로그램을 통해 관련 직원들을 교육하여, 매달 국민들에게 한국의 전통 음식 및 쌀, 김치, 그리고 발효된 콩 등을 사용한 식품의 요리법에 대한 교육을 제공했다. TV 를 통한 대중 캠페인은 지역 식품의 소비를 촉진하기 위해 이들의 건강상 혜택과 지역 농민에의 지원 등을 장점으로 강조하였다 [51]. 1971 년에 설립된 궁중음식연구원 같은 요리 학교의 개발도 무형 문화재로 지정된 왕실 요리를 분류하고 보존하는 데 도움을 주었다.

다른 선진국들과 비슷하게 변화한 일상 생활 양식은 이혼율의 증가도 가져왔다. 현대의 대부분의 가족들은 핵가족이거나 단일 가족으로 형성되어 있으며, 부모들은 점점 더 간편한 식품에 의지하게 되었다. 집에서 김치를 만드는 전통이 사라지는 것은 그 좋은 예이다. 매년 가을에 가족들이 함께 모여 김치를 만드는 것이 한국사회의 관례였으나 많은 사람들은 이 전통을 계속 이어가는 것이 거추장스러운 일이라고 생각하게 되었다. 미리 포장된 김치를

---

[48] Soowon Kim (2000)

[49] Seok-Joon Sohn and Jin-Su Choi, *Pesticide Poisoning among Farmers in a Rural Province of Korea*, Journal of Occupational Health, Vol. 43, (2001) p.104.

[50] Park Hye-Kyung, *Nutrition Policy in South Korea, Asia Pac J Clin Nutr (2008)*

[51] Soowon Kim (2000)

슈퍼마켓에서 구입하는 것이 훨씬 더 쉽고 싸기 때문이다. 사람들에게 생활의 편리함이 더 중요해지면서, 자연과 전통 의식 및 식품 생산에 관한 전통으로부터 사람들이 멀어지는 결과를 낳게 되었다 [52]. 우리도 모르는 사이에 많은 전통들이 사라져 갔다. 세계화가 이러한 전통의 소실을 더욱 가속화시킬 것은 자명한 일이다. 이에 따라 이러한 사라져가는 전통을 파악하고 보존하기 위한 노력들이 가시화되고 있다.

2009 년에 설립된 한식재단은 이러한 명분 아래 식품의 연구와 개발에 주력하고 귀중한 식문화 자산을 유지하기 위해 노력하고 있다. 이러한 노력을 통해 한식관련 제품의 산업화를 위한 근거를 마련할 수 있다고 본다. 경제적 관점에서 한국 전통 요리의 개발은 성장하는 글로벌 시장에도 기여하고 있다 [53]. 최근에 미디어 및 한국 영화, 드라마, 음악 등에 대한 관심이 증가하고, 한국 음식 문화도 세계에 소개되고 있다. 좋은 예는 2003 년에 인기를 끌었던 드라마, 대장금이다. 이 드라마는 조선시대의 전통 음식 문화를 세계에 소개하고 외국인들의 한국 관광 증가에 큰 역할을 했다 [54]. 한식관련 산업뿐만 아니라 한국 제품 전반에 대한 국제적 명성을 통해, 한국은 그간 이룬 경제발전과 한국인으로서의 정체성을 확립하는 것이 가능할 것이다.

IX. 결론

한국인들의 독특한 문화는 수천년 동안의 수많은 외세의 침략에도 불구하고 잘 유지될 수 있었다. 하지만 지난 세기 동안의 근대화와 세계화로 이런 정체성을 정의하기가 어려워졌다. 한국인들은 공통적인 민족, 문화, 언어를 통해 그들이 단일민족이라고 믿는다. 그러나 한국에 온 외국 이민자들이 증가하면서 한국은 신념과 가치, 그리고 이념 등의 측면에서 더 이상 단일하다고 말할 수 없으며, 이런 이유로 한국사회에도 새로운 과제가 생겨나고 있다. 한국인들은 외국 문화의 영향과 지속적인 문화 공세 속에서 어떻게 한국인의 고유 정체성을 유지하고 발전시킬 수 있을 것인가 하는 중요한 도전에 직면해 있다.

과거 수년 간 한국인들은 외국문화의 표방을 근대화의 한 방법으로 사용해 왔다. 크리스마스와 같은 비전통적인 휴일을 즐기고, 한복 대신에 서양식 옷을 입고, 영어 능력의 가치를 높게 평가해 왔다. 그러면서도 동시에 국가 정체성을 강화하는 예들도

---

[52] Belasco, Warren, "*Food Matters: Perspectives on an Emerging Field*", Food Nations, Routledge (2002) p.8.
[53] 한식재단 <http://www.hansik.org/en/article.do?cmd=html&menu=PEN6010200&lang=en>
[54] 한국관광공사 < http://www.visitkorea.or.kr/enu/CU/CU_EN_8_5_1_6.jsp>

쉽게 볼 수 있다. 1988 년 올림픽 게임과 2002 년 월드컵 같은 스포츠 경기가 대표적인 예이다.

또한 지역에서 생산된 제품과 기업을 지원하여, 그들 문화의 "본질"을 찾으려는 노력을 해왔다. 한국이 직면하고 있는 가장 큰 문제의 하나는 농업 분야에 종사하는 젊은 세대의 부족이다. 현재 전체식품의 90% 이상이 수입되고 있어 미래의 한국 농업과 식량수급의 안정적 성장에 대한 우려가 있다. 이에 따라 전국 각지에서 다양한 움직임이 나타나기 시작했다. 예를 들어, 저렴한 수입품에 반대하는 지역은 유기농 식품의 생산으로 농민들이 고수익을 얻을 수 있게 하고 있다. 동시에 정부는 전통시장을 지원하고 지역 기업의 유지를 도와 지역 음식의 안정성을 보호하고 있다. 한국 사람들은 자신의 건강을 보호하고 식품 안전을 유지하는 것을 여전히 중요하게 생각한다. 세계화의 물결 속에서 건강과 문화를 유지하기 위한 최선의 방법 중에 하나는 전통적인 식습관을 유지하는 것이다.

한국은 현재까지 전통 문화의 보존을 위해 많은 노력들을 해왔지만, 여전히 전통 음식의 보존을 위한 더 많은 노력이 필요하다. 첫째, 기업들이 식품의 역사와 건강 상의 혜택을 더 잘 홍보할 수 있도록 전통 식품의 역사, 생산, 건강 혜택에 관한 연구에 예산이 증가되어야 한다. 전통 음식에 대한 연구가 증가하면, 한국의 음식과 관습에 관한 정보들이 더 강력한 네트워크를 통해 외국 사회에도 잘 전달될 수 있을 것이다. 둘째, 전통 음식의 교육에 더 큰 투자가 필요하다. 한국인과 외국인들이 모두 참가할 수 있는 요리 학교와 같은 프로그램들은 한국 음식에 대한 관심을 높이는 데 도움이 될 것이다. 영어와 다른 언어로 다양한 관련 자료를 번역하면, 한국의 전통에 대한 외국인들의 접근성을 높여 국제적 관심도 얻을 수 있을 것이다. 셋째, 식품생산을 위해 지역 농민에게 더 많은 지원을 해야 된다. 다른 분야에 비해 농업분야는 많은 혜택이나 장려 정책이 제공되지 않고 있다. 학생과 농민에 대한 혜택을 증가하고 새로운 기술에 투자하는 것이 이 산업을 유지하는 데 도움이 될 것이다.

현대화와 세계화, 특히 서구사회의 영향으로 한국사회는 다양한 문제를 안고 있다. 변화하는 식습관은 건강과 생활 습관의 변화에도 영향을 준다. 오랜 전통들이 서서히 사라지면서 한국인들의 변화하는 소비 패턴들을 인식하는 것도 중요해지고 있다. 전통 식품의 홍보는 이러한 변화 속에서 다양한 혜택을 제공하는데, 무엇보다도 전통 음식을 통해 한국의 국가 정체성의 본질을 나타내는 고유한 전통을 보존할 수 있게 한다.

참고문헌

김미혜, 정혜경, "1950 년대 국가정책이 음식소비문화에 미친 영향," 한국 식생활문화 학회지, (2009) p.12

이철호, 권태완, 한국 식품학 입문, 고려대학교 출판부, 서울 (2004) p.120

이철호, 부용재, 안기옥, 류시생, "지난 일세기 동안의 한국인 식습관의 변화와 보건영양상태의 추이 분석", Korean J. Dietary Culture, Vol. 3, No. 4 (1988), p.398, 402.

채범석, 신영무 "우리나라 식품소비 변화에 관한 고찰, 1960-1970 년을 중심으로," 한국 영양학회지, 5 (4), 161 (1972).

한복진, 우리생활 100 년 음식, 현암사 (2001) p.46

한국관광공사<http://www.visitkorea.or.kr/enu/CU/CU_EN_8_5_1_6.jsp>

한식재단 <http://www.hansik.org/en/article.do?cmd=html&menu=PEN6010200 &lang=en>.

Anderson, Kym, *Food Price Policy in Korea, 1955 to 1985,* Pacific Economic Papers, no. 149   (Canberra: Australia-Japan Research Centre,1987) p.7, 13

Belasco, Warren, *"Food Matters: Perspectives on an Emerging Field", Food Nations, Routledge* (2002) p.8,10

Chennell, Anita, and Lucy Ridley. "South Korea Food Market Overview November 2009." *Department of Primary Industries.* State Government of Victoria, 17 Sept. 2010. Web. 17   Mar. 2013. <http://www.dpi.vic.gov.au/agriculture/investment-trade/market-access-and- competitiveness/markets/korea/south-korea-food-market-overview-november-2009>.

Eckert, C., Lee K-B., Lew Y.I., Robinson, M., Wagner, E., *"Korea Old and New A History",* Korea Institute, Harvard University, Ilchokak Publishers, Seoul, Korea, (1990), p.271

Feffer, John, *"Korean Food, Korean Identity; The Impact of Globalization on Korean Agriculture",* Shorenstein APARC Stanford University, (2005), p.3, 4, 13, 17-19

H.L., and M.K.G. "Korea Past and Present." *The World Today* Apr. 1946: 175-92. *JSTOR.* Web. 28 Mar. 2013.

Kim, Choong Soon. *Kimchi and IT: Tradition and Transformation in Korea.* Seoul: Ilchokak, 2007. Print. p.18, 21, 171, 172, 249

Kim, Soowon, Soojae Moon, and Barry M Popkin, *"The Nutrition Transition in South Korea", American Journal of Clinical Nutrition, (2000) p.45*

Mitsuhiko Kimura, "Standards of Living in Colonial Korea," *The Journal of Economic History, vol. 53*

Muller, Anders R. "South Korea's Global Food Ambitions: Rural Farming and Land Grabs." *Farmlandgrab.org | South Korea's Global Food Ambitions: Rural Farming and Land Grabs*. Conducive Magazine, 19 Mar. 2011. Web. 17 Mar. 2013.
<http:/farmlandgrab.org/post/view/18325>.

OECD Obesity Update 2012. Rep. N.p.: OECD, 2012. Web. 27 Mar. 2013.
<http://www.oecd.org /health/49716427.pdf>.

Park, Hye-Kyung, *Nutrition Policy in South Korea, Asia Pac J Clin Nutr (2008)*

Pettid, Michael J., *Korean Cuisine*. Reaktion Books Ltd., China, (2008), p.15, 17, 18, 130, 132

Rii, Hae-Un, Ahn Jae-Seob, *Urbanization and its impact on Seoul, Korea,* The Seoul Metropolitan Government (1997).

Seo, Dae-seok and Lee, Peter, *Myths of Korea,* Korean Studies Series No. 4, Jimoondang Publishing Co., Seoul, Korea (2000), p.3

Shaffer, David, *Seasonal Customs of Korea,* Printed in South Korea, The Korea Foundation, (2007), p.12

Sohn, Seok-Joon and Choi, Jin-Su, *Pesticide Poisoning among Farmers in a Rural Province of Korea*, Journal of Occupational Health, Vol. 43, (2001) p.104

Son, Sook Mee, *Food Consumption Trends and Nutrition Transition in Korea,* Korea Mal J Nutr 9(1): 7-17, 2003

So, Yuk, *Chungbo Sallim Kyongje* ('Farm management, Supplemented and Enlarged'), quoted in Pettid, Michael, *Korean Cuisine (2008), p.19*

"Urban Population (% of Total)." *Data*. The World Bank Group, Web. 17 Mar. 2013.
<http://data.worldbank.org/indicator/SP.URB.TOTL.IN.ZS>.

소프트 파워로 바라본 뉴욕 필하모닉 북한 공연과 그의 외교적 효과

아론 밀러 (Aaron Miller)

MA, Korean for Professionals, University of Hawai'i at Mānoa, 2013

SOFT POWER AND THE NEW YORK PHILHARMONIC IN PYONGYANG

The New York Philharmonic's February 2008 concert in Pyongyang was a notable example of cultural exchange between the United States and North Korea. This study analyzes the meaning and effects of that performance using the tools of soft power theory developed by Joseph S. Nye of Harvard University and others. It also compares the New York Philharmonic's visit with that of the Philadelphia Orchestra to China in 1973. It is clear that the most effective application of soft power by the New York Philharmonic was the decision to perform the Korean song Arirang. This study proposes that the practice of performing a work from the target culture is an expansion of soft power theory.

1. 서론

대한민국 외교통상부에 따르면, "문화 외교"는 "문화를 매개체 또는 수단으로 하는 외교활동으로서, 서로 다른 국가·국민 간 철학, 정보, 예술, 생활양식, 가치체계 등 문화 교류를 통해 상호 이해를 증진하는 것이라 할 수 있다."[1] 북한은 고립된 국가로 다른 국가들과 정상적인 외교 관계를 맺기가 쉽지 않다. 따라서 문화 외교 활동이 매우 중요하다. 최근 북한의 문화 교류 행사 중에 뉴욕 필하모닉의 2008 년 평양 공연은 규모가 유난히 컸다. 불과 6 년 전인 2002 년에 미국 부시 대통령이 "악의 축" 중의 한 국가로 북한을 묘사했지만, 북한의 초대로 시작한 뉴욕 필하모닉의 방문은 이와는 매우 다르게 평화로운 분위기로 진행되었다. 이런 문화 외교가 지난 4 년 동안 끼친 정치적인 효과를 평가하기가 쉽지 않지만, 문화적인 의미를 해석하는 것은 미래의 문화 교류에 도움이 될 가능성이 높다.

뉴욕 필하모닉의 평양 공연은 5 년 전 일이므로 학계의 연구가 부족한 상황이다. 따라서 이것을 연구할 때 언론 보도는 매우

---

[1] 대한민국 외교통상부, "문화외교,"
http://www.mofat.go.kr/trade/cultural/index.jsp?menu=m_30_170.

중요하다. 그 당시 북한 정부가 뉴욕 필하모닉 단원과 보조원뿐만 아니라 남한과 전세계 언론이 입국하는 것을 허락했기 때문에 콘서트와 주변 행사가 자세히 촬영되었다. 뉴욕 필하모닉이 이를 바탕으로 다큐멘터리 영화를 발간했고, 한국의 MBC 도 공연 방송과 함께 "평양의 미국인"이라는 특집과 뉴스 동영상을 포함한 DVD 를 출시했다. 뉴욕 타임즈의 다니엘 와킨(Daniel Wakin) 클래식 음악 담당 기자는 2007 년 10 월 북한의 첫 제안부터 시작하여 지속적으로 뉴욕 필하모닉의 공연에 대해 보도를 했다. 뉴욕의 공공 라디오 방송국인 WNYC 도 콘서트에 대한 여러 개의 프로그램을 방송했다. WNYC 의 음악 프로그램 "사운드체크 (Soundcheck)"의 진행자 존 셰이퍼 (John Schaefer)는 뉴욕 필하모닉과 함께 평양에 갔다. 남한의 대표적인 신문사와 방송사도 평양에서 직접 보도했다. 콘서트에 대한 언론 반응을 파악하는 데 윤창빈의 "언론현장: 뉴욕 필 평양공연 국내외 언론반응"이라는 <신문과 방송>지의 논문은 중요한 자료다.

콘서트 당시에 여러 언론 매체에서 간단한 분석과 논설이 발간되었지만, 학술 논문은 많지 않다. 켄터키 대학교 도나 권(Donna Kwon) 민족음악학 교수는 "음악 속의 이야기들: 뉴욕 필하모닉의 평양 공연을 들으며 (Stories Summoned in the Music: Listening to the New York Philharmonic Perform in Pyongyang)"라는 논문에서 긍정적인 태도로 공연의 의미를 해석했다. 이 논문은 오케스트라가 연주한 곡의 다민족 의식에 주목한다. 반면에 태평양 루터란 대학교 애덤 캐스카트 역사학 교수는 "북한 힙합? 음악 외교와 북한에 대한 성찰 (North Korean Hip Hop? Reflections on Musical Diplomacy and the DPRK)"이라는 논문을 내놓았다. 캐스카트는 조금 더 회의적인 시각으로 공연을 해석했고, 미국이 북한을 대상으로 문화 외교를 펼치기 위해서는 클래식 음악보다 대중 음악이 더 효과적일 것이라고 주장했다. 이 두 논문은 하나의 공연에 대해서도 다양한 시각이 존재할 수 있다는 것을 보여준다.

본 논문의 주제로 문화외교를 선택한 것은 음악에 대한 저자의 개인적 관심과 최근 논의되고 있는 북한 관련 정책들 사이의 연관성에 대한 호기심 때문이다. 그러나 본 논문은 기존 연구와 마찬가지로 단순히 콘서트의 의미를 해석하는 것보다는 이론을 통해 분석하고자 한다. 하버드 대학교 조지프 나이 (Joseph S. Nye) 교수가 주장하는 "소프트 파워" 이론은 이러한 논의에 적합하다. 한마디로 "소프트 파워"는 국제관계에서 강제나 보상이 아닌 "매력적인 파워"를 통해 외교적 영향력을 행사할 수 있다는 주장으로, 최근 공공외교와 문화외교 연구에서 자주 언급되는 개념이기도 하다. 뉴욕 필하모닉의 평양 공연의 경우에 예술 단체뿐만 아니라 미국 국무부가 적극 참여했기 때문에 이 행사를 통한 소프트 파워의 역할을 무시할 수 없다.

　　뉴욕 필하모닉의 북한 공연 당시에도 소프트 파워 담론이 없지는 않았다. 주간지 이코노미스트 (The Economist)에서는 "문화외교: 소프트 파워와 열광적인 박수"라는 기사가 나왔다.[2] 웰슬리 대학교의 캐서린 문 교수도 이 공연의 효과에 대한 분석에서 소프트 파워를 간단하게 언급했다.[3] 도널드 그래그 전 주한미국대사는 Korea Society 회장으로서 공연에 참석했다. 공연 전 인터뷰에서 "필하모닉 오케스트라가 북한 인민의 심장과 마음을 향해 쏠 16 인치짜리의 소프트 파워 공격이 될 것이라고 생각합니다"라고 말했다.[4] ("I think it's going to be a 16-inch broadside of soft power fired by the Philharmonic Orchestra into the hearts and minds of the North Korean people.") 그가 소프트 파워를 이렇게 공격적으로 묘사하는 것 자체는 특이하다. 그렇지만 공연 참석자든 기자든 학자든 지금까지 심층적으로 소프트 파워 이론과 뉴욕 필하모닉의 평양 공연의 연관성에 관해 서술한 사람은 없었다. 본 연구가 알아보고자 하는 것은 다음과 같다. (1) 소프트 파워가 이 공연에서 어떻게 적용되었는가? (2) 이 공연을 분석함으로써 소프트 파워 개념을 어떻게 확대할 수 있는가? (3) 이 공연에서 찾을 수 있는 소프트 파워의 한계는 무엇인가? (4) 이 공연의 효과는 무엇이며, 전례와 비교하면 전망은 어떠한가?

　　본 연구는 먼저 2 장에서 소프트 파워 이론을 소개하면서 이것의 활용 방법과 특징을 지적할 것이다. 3 장에서는 뉴욕 필하모닉의 평양 공연의 배경에 관해 서술하고 공연 음악의 의미를 분석하면서 소프트 파워 이론이 어떻게 적용되는지를 설명할 것이다. 4 장에서는 이 공연의 전례인 필라델피아 오케스트라의 1973 년 중국 공연과 이 공연을 비교할 것이다. 마지막 결론에서 이 공연의 효과와 미국의 바람직한 미래 대북 문화 외교 방안을 위한 제언을 모색할 것이다.

---

[2] *The Economist*, "Cultural Diplomacy: Soft Power and a Rapturous Ovation," 28 Feb 2008, http://www.economist.com/node/10758160.

[3] Katharine H. S. Moon, "North Korea Extends Its Freedom Overture," Nautilus Institute Policy Forum, 20 March 2008, http://nautilus.org/napsnet/napsnet-policy-forum/north-korea-extends-its-freedom-overture/.

[4] Donald P. Gregg, "A Soft Power Overture in Pyongyang," interviewed by Jayshree Bajoria, 25 February 2008, http://www.cfr.org/culture-and-foreign-policy/gregg-soft-power-overture-pyongyang/p15584.

2. 소프트 파워의 정의: 조지프 나이의 개념과 분석틀로서의 활용

2.1 조지프 나이의 소프트 파워 개념

하버드 대학교 조지프 나이 교수는 1990년에 "소프트 파워" 이론을 처음으로 설명했고, 2004년 소프트 파워라는 책을 통해 이 개념을 확대했다. 이 책에 의하면, "소프트 파워란, 강제나 보상보다는 사람의 마음을 끄는 힘으로 원하는 것을 얻는 능력을 말한다. 이런 파워는 한 나라의 문화와 그 나라가 추구하는 정치적 목표, 제반정책 등의 매력에서 비롯되는 것이다."[5] 이런 파워 자원을 활용할 때, 자국이 비싸거나 부작용이 많은 강경책보다 비교적 쉽게 상대국을 "자국이 원하는 방향으로 움직이도록" 만들 수 있다고 한다.[6] 또한, "행위 면에서 보자면 소프트 파워란 한마디로 매력적인 파워인 것이다. …이처럼 명백한 위협이나 거래행위 없이도 자국의 목표를 받아들이고 따르게끔 타국을 설득할 수 있다면, 다시 말해 표현할 수 있어도 눈에 보이지는 않는 매력에 따라 타국의 행위가 결정된다면, 그것은 곧 소프트 파워가 제구실을 한다고 볼 수 있다."[7]

나이가 설명한 하드 파워 (혹은 "경성[硬性] 파워")는 "위협 (coercion)"의 자세인 반면에 소프트 파워 (혹은 "연성[軟性] 파워")의 기반은 "끌어들이는 방법 (cooptation)"이다.[8] 그렇지만 이 두 가지의 파워는 완전히 분리된 것이 아니라, 연속체를 이룬다. 나이의 파워 스펙트럼 구조를 나타낸 표 1.1을 보면, 모든 파워는 명령성 파워(command power)와 차용성 파워(co-optive power)라는 양극 사이에 존재하는데, 파워의 유형은 두 가지의 차원으로 분석할 수 있다. 하나는 행동으로, 강제와 회유책은 하드 파워에 속하고 어젠다(의제) 설정과 매력은 소프트 파워에 속한다. 활용할 수 있는 자원은 각각의 행동에 따라 다르다. 대표적인 하드 파워 자원은 무력과 제재이며, 소프트 파워 자원 중에는 가치, 문화, 그리고 대외정책이 있다.[9]

---

[5] Joseph S. Nye (홍수원 역), 소프트 파워 (서울: 세종연구원, 2004), 8-9.

[6] Ibid., 9.

[7] Ibid., 30-33.

[8] Ibid., 30.

[9] Ibid., 35.

	하드 파워			소프트 파워	
행동 스펙트럼	명령성 강제	회유책	어젠다 설정	매력	차용성
자원의 유형	무력 제재	보상 매수	제도	가치 문화 제반정책	

| 표 1.1 | 파워

앞서 언급한 매력을 만들어 내는 세 가지의 자원은 나이의 이론에서 매우 중요하다. 나이에 의하면, "문화란 어느 사회에서 의미를 만들어내는 가치체계와 관행을 말한다."[10] 더 나아가 그는 문화를 엘리트층 문화와 대중문화로 구분한다. 소프트 파워 이론을 활용하는 학자들은 주로 할리우드 영화, K-POP 등 대중 문화에 집중하지만, 나이는 엘리트 문화의 힘을 보여주는 사례도 서술한다. 미국 오케스트라의 소련 방문을 언급하며, "소련의 어느 음악가는 자신과 동료들이 교육을 통해 서방(문화)의 퇴폐성을 굳게 믿었지만 해마다 보스턴, 필라델피아, 뉴욕, 클리블랜드, 샌프란시스코의 관현악단이 찾아와 소련에서 공연했다면서 '그런데 퇴폐적인 서방세계가 어떻게 이처럼 탁월한 관현악단을 만들어낼 수 있었을까?'라고 말했다."고 밝혔다. [11] 물론 북한에는 아직 뉴욕 필하모닉 외에 방문한 오케스트라가 없지만, 이런 문화 교류가 계속되면 소련의 예와 같이 북한에서 미국 문화에 대한 편견을 없애는 효과를 볼 수 있을지도 모른다.

클래식 음악 외교를 살펴보는 연구에서는 소프트 파워 자원 중 문화에 집중할 수밖에 없지만, 다른 유형의 자원인 정치적 가치관과 대외정책 역시 무시하면 안 된다. 나이는 "어느 나라 정부가 국내에서 옹호하는 가치 (예를 들어, 민주주의)나 국제기구에서 추구하는 가치(다른 나라들과 협력하기), 그리고 외교정책 수행 과정에서 쫓는 가치 (평화와 인권증진)도 다른 나라의 선호도에 큰 영향을 미치기 마련이다"라고 주장한다. 나이의 소프트 파워라는 책은 2004 년에 출판되었는데, 그 당시에 미국은 2003 년 이라크 전쟁을 반대하는 국제 여론 때문에 많은 어려움을 겪고 있었다. 외국의 관점에서 볼 때 대부분의 나라는 미국이 표방한 가치관과

---

[10] Ibid., 39.
[11] Ibid., 93.

외교정책 사이에 격차를 가지고 있다고 봤다. 이런 배경을 고려하면 나이가 가치관과 외교정책의 타당성을 강조한 이유를 짐작할 수 있다. 이 자원은 문화와는 다른 유형이지만, 무력이나 제재 같은 하드 파워와의 거리는 멀다.

2.2 분석틀로서의 소프트 파워

아메리칸 대학교 크레이그 헤이든 (Craig Hayden) 교수는 소프트 파워 이론과 그것을 적용하는 방법을 분석했다. 헤이든에 의하면, 소프트 파워는 비강제적인 외교 정책을 옹호하는 개념이다. 이 이론의 핵심은 영향력을 행사하는 행위자가 소프트 파워 자원을 어떻게 활용해서 목표를 달성할 수 있느냐는 문제다. 소프트 파워 이론의 변수는 자원뿐만 아니라 청중 (audiences), 의사소통 유형 (communication forms), 그리고 메시지 (messages)이다. 헤이든은 소프트 파워 담론의 다양한 측면을 지적하면서 학제간 연구 (interdisciplinary research)의 필요성을 강조한다. 소프트 파워는 국제관계학에서 오는 파워 개념과 정보통신 이론 개념을 결합하는 이론이기 때문이다. 국제관계학은 전통적으로 경제와 군사 같은 하드 파워 자원을 중시했지만, 소프트 파워는 문화의 힘을 보여준다.[12]

헤이든은 소프트 파워 개념의 실용성을 강조하면서도 여러 가지의 문제점과 논란점 역시 지적한다. 첫째는 하드 파워와의 차이다. 이탈리아의 마르크스주의 학자 안토니오 그람시의 헤게모니 이론에서는 강압 (coercion)과 설득 (cooptation)이 실질적으로 비슷하다고 한다. 따라서 나이를 비판하는 학자는 소프트 파워의 목적이 바로 헤게모니라고 주장한다.[13] 헤이든은 2001년 9-11 테러 이후 미국의 공공외교 정책을 언급할 때 설득과 위협의 차이는 단순하지 않다고 언급한다.[14] 물론 나이는 소프트 파워와 헤게모니의 밀접한 관계를 인정하지 않지만, 앞에 기술했듯이 파워를 스펙트럼으로 설명한다. 하드와 소프트 파워 자원은 서로 영향을 미칠 수 있다는 말이다.

둘째, 소프트 파워 이론에서는 원인과 결과를 헷갈리는 경우가 많다. 대표적인 예는 신뢰성 (credibility)이다. 나이의 개념에서 신뢰성은 과연 소프트 파워 자원인지, 아니면 행위의 결과인지가 불분명하다. 나이는 소프트 파워의 자원으로 문화, 정치적 이념,

---

[12] Craig Hayden, *The Rhetoric of Soft Power: Public Diplomacy in Global Contexts* (Lanham, MD: Lexington Books, 2012), 27-29.

[13] Ibid., 38-39.

[14] Ibid., 49.

그리고 외교 정책의 타당성을 꼽는다. 타국이 자국의 타당성을 이미 인정했을 때는 이 타당성이 소프트 파워의 자원으로 작동할 수 있지만, 타국이 자국의 외교 정책에 대해 회의적인 자세를 취할 때는 공론을 변화시키는 것이 자국의 목표가 될 수도 있다. 원인과 결과가 헷갈리는 현상을 보여주는 또 하나의 예는 정치적 가치관이다. 세계적으로 보편적인 가치가 이미 존재하는지, 아니면 이것을 형성하는 것이 소프트 파워의 목표인지를 알기가 쉽지 않다. [15] 헤이든은 또한 소프트 파워의 개념이 "능력 (capacities; 행위자가 소유할 수 있는 자원), 수단 (vehicles; 정책 등 소프트 파워 자원을 활용하려는 시도), 그리고 효과 (effects; 소프트 파워로부터 이룩할 수 있는 결과)" 간의 명확한 차이를 설명하는 데 부족하다고 주장한다. [16]

셋째, 소프트 파워가 매력의 파워라고 해도 "매력"의 작동 방법을 설명하는 것은 쉽지 않다. 타국을 자국의 문화로 끌어들이면 결국 자국이 희망하는 행동까지 할까? 헤이든의 해석에 의하면 매력이란 "관점의 공통적인 경험 (shared experience of perspective)"을 인정하는 것이다. [17] 이전의 연구는 소프트 파워 자원의 가치를 계산하는 것을 중시했지만, 헤이든은 그것 대신에 행위자가 상대에게 영향을 줄 수 있는 방법에 집중하는 것이 좋다고 제안한다. [18] 이런 접근을 통해 고정된 자원이 아니라 행위자 간의 관계 중심으로 소프트 파워를 분석할 수 있다.

이 장에서는 조지프 나이의 소프트 파워의 개념을 설명했고 크레이그 헤이든이 지적한 여러 개의 보충 개념과 문제점을 제기했다. 다음은 뉴욕 필하모닉의 북한 공연의 배경을 소개하고 소프트 파워 이론을 통해 음악의 의미를 분석할 것이다.

3. 공연의 배경과 소프트 파워를 통해서 본 음악

3.1 공연의 배경

김지영의 이화여자대학교 대학원 석사 논문에서는 뉴욕 필하모닉이 방문한 국가를 분석했다. 그 결과, 냉전 시대든 탈냉전 시대든 뉴욕 필하모닉은 GDP 와 군사력이 높은 나라를 자주 방문하는 경향이 있었다고 밝혔다. 반면에 민주주의 지수는 필하모닉이 방문한 횟수와 상관관계가 없었던 것으로 나타났다.

---

[15] Ibid., 47.

[16] Ibid., 29.

[17] Ibid., 45.

[18] Ibid., 51.

제 2 차 세계대전 이후의 이념 대립에도 불구하고 소련을 비롯한 공산권 국가를 여러 차례로 방문한 적이 있어서 김지영은 뉴욕 필하모닉이 "이념보다는 현실적인 힘의 논리에 따라" 투어를 계획했다고 주장했다. 이 연구를 보면, 이념 대립이 심한 북한을 방문한 것은 의외가 아니라 당연한 현상이었다고 평가할 수 있다.[19]

뉴욕 필하모닉 대변인에 의하면, 2007 년 8 월 13 일에 북한 문화성 대표가 공식적으로 교향악단을 평양에 초대했다고 한다. 이것은 이전에 6 자 회담 미국 대표 크리스토퍼 힐 (Christopher Hill) 대사와 북한 대표 김계관 부상이 북미 문화 교류에 대해 여러 번 이야기한 것에서 발전된 것이다. 하지만 뉴욕 필하모닉만큼 큰 미국 공연 예술 단체가 북한에서 연주한 적이 없었고, 따라서 이런 문화 교류가 성공하기 위해서는 많은 노력이 필요했다. 뉴욕 필하모닉 직원들이 이 사안을 적극적으로 검토한 후, 뉴욕 필하모닉 직원, 미국 국무부 대표, 그리고 한미 교류를 지원하는 사립 단체인 Korea Society 회장이 공연을 계획하기 위해 10 월 4 일에 평양을 처음으로 방문했다. 그들은 여러 개의 콘서트 홀을 본 후 동평양대극장을 선택했다. 여러 차례의 논의를 거쳐, 결국 12 월 11 일에 뉴욕 필하모닉과 주 UN 북한대사의 공동 기자 회견을 통해 공식적으로 공연 일정을 공개했다. 그리고 다음 해 1 월에 교향악단 대표가 2 차 계획을 위해 북한을 방문했다.

뉴욕 필하모닉은 겨우 48 시간 동안 평양에 머물렀다. 이는 한국 전쟁 이후 북한이 미국과 함께 한 제일 큰 문화 교류 활동이었다. 오케스트라 단원들은 2008 년 2 월 25 일에 평양에 도착해서 만수대 예술단 공연을 관람하고, 26 일 아침에 공연 연습을 한 후 그날 오후에 단원 일부가 음악학교를 방문해 학생들과 마스터 클래스를 열었다. 그리고 26 일 오후 6 시에 동평양대극장에서 공연을 시작했다. 프로그램은 바그너의 <로엔그린> 제 3 막 전주곡, 드보르작의 교향곡 9 번, 그리고 거슈윈의 <파리의 미국인>이었다. 앙코르로 비제의 <아를의 여인> 모음곡 중에 파랑돌, 번스타인의 <캔디드> 서곡, 그리고 북한 작곡가 최성환이 편곡한 "아리랑"을 연주했다. 이 콘서트는 북한과 한국을 비롯한 세계 여러 나라에서 생방송 되었다. 뉴욕 필하모닉은 다음날 27 일 서울로 출발해서 28 일에 서울에서도 공연했다.[20]

---

[19] 김지영, "뉴욕 필하모닉 오케스트라 사례연구를 통한 미국의 음악외교 대상 국가별 특성 분석" (이화여자대학교 대학원 석사 논문, 지역연구협동과정, 2009 년).

[20] Michelle Nichols, "NY Philharmonic considers North Korean invitation," *Reuters*, 13 August 2007; Daniel Wakin, "New York Philharmonic Might Play in North Korea," *New York*

　　미국에서는 뉴욕 필하모닉의 북한 공연에 대한 논쟁이 치열했다. 뉴욕 필하모닉의 지휘자 로린 마젤은 북한에 가기 전에 월 스트리트 저널에서 "우리는 왜 평양에서 연주하는가"라는 기사를 실었다. 마젤은 국무부의 지원을 강조하고 북한 정부에 엘리트층이 아닌 일반 사람도 공연을 관람할 수 있게 해 달라고 요청했다고 주장했다. 그는 미국 음악계의 활력과 뉴욕 필하모닉의 독특한 역사를 보여주기 위해 음악 프로그램을 선택했다고 했다. 또한, 예술은 국제 관계에서 특정 정치나 정당을 옹호해서는 안 되며, 다양한 문화 간의 화해와 이해를 구축하는 데 도움이 될 수 있다고 했다. 북한 인권에 대한 의문을 제기한 사람들에게는 "유리 집에 사는 사람은 돌을 던져서는 안 된다"라는 속담을 인용했다. 미국의 인권 유린은 북한만큼 심하지 않다는 주장이지만, 세계 무대에서 미국이 인간의 존엄을 적극적으로 옹호해야 한다는 말이었다. 마젤은 또 예전에 동독과 소련에서 여러 차례 연주했다고 덧붙였다.[21]

　　월 스트리트 저널의 음악 평론가 테리 티치아웃 (Terry Teachout)은 공연에 반대하는 의견을 표현했다. 그는 공연 후 "평양에서 직접 온 다섯 가지의 근거 없는 믿음"이라는 기사에서 마젤의 주장을 비판했다. 이 기사에서 첫번째로 반박한 것은 청중의 열정적인 박수가 공연의 성공을 입증한다는 주장이다. 티치아웃은 엘리트 청중이 공연에 뜨거운 반응을 보여도 이것은 예술적인 부문의 성공일 뿐이라고 강조한다. 두번째는 미북 간의 직접 접촉 자체가 좋은 일이라는 의견에 대해 티치아웃은 탈북 피아니스트인 김철웅의 말을 인용해 북한 정부는 뉴욕 필하모닉이 김정일 위원장을 숭배하기 위해 북한에 왔다고 선전할 것으로 예측했다. 세번째는 북한 음악가들에게 영감을 주는 것 자체가 이 공연의 가치있는 효과라는 주장에 대한 반론이다. 티치아웃은 뉴욕 필하모닉 단원과 실내악을 함께 연주한 북한 음악가들이 자유롭게 이야기를 나누지 못해 미국 음악가의 영향은 별로 크지 않았다고 주장했다. 네번째는 마젤이 인용한 "유리 집" 속담에 대한 내용이다. 티치아웃은 이 비유에 대해 미국과 북한의 인권 문제를 비교하면 안 된다고 주장했다. 마지막으로 티치아웃은 위대한 예술이 세상을 바꿀 수 있다는 것은 꿈이라고 주장한다. 티치아웃은 예술이 북한의

Times, 5 October 2007; Daniel Wakin, "North Koreans Welcome Symphonic Diplomacy," *New York Times*, 27 February 2008.

[21] Lorin Maazel, "Why We'll Play Pyongyang," *Wall Street Journal*, 20 February 2008, http://online.wsj.com/article/SB120347076630878735.html.

독재 정권을 무너뜨릴 수도 없고 식량난에 시달리는 북한 주민의 굶주림을 해결할 수도 없다고 반박했다.[22]

3.2 공연 음악과 소프트 파워

뉴욕 필하모닉은 북한 공연을 위한 음악을 신중히 선택했다. 북한 당국과 협상할 때 오케스트라 측은 음악을 자유롭게 선택할 권리를 요구했다. 북한 전문가인 콜럼비아 대학교 찰스 암스트롱 (Charles Armstrong) 교수는 뉴욕 필하모닉이 선택한 곡들이 "매우 미국적인 음악이며, 뉴욕 필하모닉을 대표하는 프로그램"이라고 분석했다.[23] 존 셰이퍼 기자는 "베토벤이나 다른 혁명적인 의미가 있는 음악이 없었다"고 평가했다.[24]

콘서트는 양국의 국가(國歌)로 시작했다. 이것은 뉴욕 필하모닉이 외국에서 콘서트 할 때의 통례지만, 특히 평양에서 미국 국가인 "성조기여 영원하라"를 연주하는 것은 특별한 의미가 있었다. 양국의 국기도 무대 양쪽에 세워져 있었다. 청중이 국가를 시작했을 때 좌석에서 일어났고, 오케스트라 단원들도 서서 연주했다. 켄터키 대학교 도나 권 교수는 국가 연주에 대해 "드라마의 첫 장면처럼, 국가(國歌)들이 뚜렷한 국가(國家)의 정체성과 경계선을 가진 등장인물을 소개하며, 상호 존중과 인정의 분위기를 조성했다"고 분석했다.[25]

공식적인 프로그램의 첫 곡은 바그너의 <로엔그린> 제 3 막 전주곡이었다. 셰이퍼 기자는 비록 이 곡이 미국과 관련한 내용이나 유래가 없는데 "필하모닉이 왜 이 곡을 선택했는지 모르겠다"고 말했다. 반면, 권 교수는 이 오페라의 줄거리를 북미 관계와 비유해서 해석했다. 제 3 막은 도움이 필요한 처녀 엘사와 신비한 기사 로엔그린의 갑작스러운 결혼식으로 마친다. 로엔그린이 자신의 정체성을 숨겨야 했기에 그들의 사랑은 신뢰에 의존한다. 권 교수는 "부서지기 쉬운 신뢰"를 보여주는 이야기에서 엘사와 로엔그린의 관계는 북미 관계를 이해하는 데 좋은 비유라고 주장한다. 태평양 루터란 대학교 애덤 캐스카트 교수는 <로엔그린>의 정치적 배경을

---

[22] Terry Teachout, "Five Myths, Direct From Pyongyang: What Not to Think About the Philharmonic Concert," Wall Street Journal, 1 March 2008, http://online.wsj.com/article/SB120431819799103651.html.

[23] WNYC Radio, "The New York Philharmonic in Pyongyang," http://www.wnyc.org/clusters/2008/feb/24/new-york-philharmonic-pyongyang/

[24] Ibid.

[25] Donna Kwon, "Stories Summoned in the Music: Listening to the New York Philharmonic Perform in Pyongyang," Korea Policy Institute, 11 August 2008, http://www.kpolicy.org/documents/policy/080811donnakwonnyphil.html

지적하면서 북한의 승계 과정과 비교한다. 또, 오페라의 영웅인 로엔그린이 김일성을 대표할 수 있다고도 주장한다. 반면에 뉴욕 필하모닉 콘서트 방송에서는 <로엔그린>의 줄거리에 대한 설명이 나오지 않아 북한 청중이 오페라의 뜻을 이해하지 못했을 것으로 추정했다.[26]

드보르작은 9 번 교향곡을 1892~93 년에 작곡했다. 작곡가는 3 년 동안 미국에 머물면서 음악 학교에서 음악을 가르쳤고 지휘했다. 뉴욕 필하모닉은 1893 년 12 월에 9 번 교향곡을 초연했다. 2 악장의 유명한 선율은 미국 원주민과 아프리카계 미국인의 영향을 반영했다. 캐스카트 교수는 이 곡이 "망명과 미국의 다민족적 애국심"이라는 주제를 표현했다고 분석했고,[27] 권 교수는 이 곡이 "억압당하는 소수민족에 대한 사회주의적인 공감"을 일으킨다고 주장했다. 또한, 이 곡은 북한 청중에게 원주민들과 흑인을 억압한 미국 역사의 부정적인 측면도 보여줬다고 했다.[28]

거슈윈의 <파리의 미국인>은 그가 파리를 여행한 1928 년에 작곡되었다. 거슈윈은 미국 재즈의 선율과 화성법을 사용하면서 클래식 형식의 음악을 작곡하는 것으로 유명하다. 북한에는 아직 재즈에 대한 금기가 있어서 청중이 이 곡의 새로운 스타일을 이해하기 어려울 수도 있었지만, 캐스카트 교수는 이 곡에 "숨은 뜻이 없다"며 재즈의 영향 때문에 북한 청중에게 미국의 "퇴폐"적인 이미지를 강화시켰다고 주장한다.[29] 반면에 권 교수는 이 곡은 "세계화, 국제 여행, 자유, 그리고 타인을 인정하는 것"을 상징한다고 주장한다. 타인의 문화를 감상하면서 국민 정체성이 상실되지는 않는다는 의미로 해석한다.[30]

공식 프로그램에 나온 세 작품을 함께 보면, 뉴욕 필하모닉은 다양한 곡을 연주했다. 바그너는 "순수" 유럽 음악이고, 드보르작은 유럽에서 미국을 바라보는 견해를 표현한다. 그리고 거슈윈은 미국 사람이었지만, 미국으로 이민을 간 부모가 러시아계 유대인이라서 어떤 면에서는 외부인이라고 볼 수 있다. 이 프로그램 선정은 다양성 (diversity), 혹은 혼종성 (hybridity)을 보여준다. 뉴욕 필하모닉이 인쇄한 프로그램에서도 이 목적을 명백히 언급했다. "저희는 오늘, 19 세기 유럽인이 바라본 미국에 대한 인상을 그린, 드보르작의

---

[26] Adam Cathcart, "North Korean Hip Hop? Reflections on Musical Diplomacy and the DPRK," *Acta Koreana* vol. 12, no. 2 (December 2009), 9-11.

[27] Cathcart, 9.

[28] Kwon.

[29] Cathcart, 9.

[30] Kwon.

신세계에서 교향곡과 20 세기 초 뉴욕인이 묘사한 유럽 대도시의 초상화인 거슈윈의 *빠리의 미국인*을 연주할 것입니다. 위대한 이 두 작곡가들이 음악을 통해 두 대륙을 연결한 것처럼, 저희가 그들의 작품을 연주함으로서 여러분과 한층 더 가까워지기를 기대합니다."[31] 이러한 언급은 상호 교류를 강조한다.

드보르작과 거슈윈의 곡을 연주함으로써 뉴욕 필하모닉은 두 가지의 소프트 파워 자원을 활용했다. 문화를 통해서 다양성이라는 자국의 정치적 가치관을 표현한 것이다. 미국의 국새에는 국가 이념을 보여주는 표어가 있다. 그것은 라틴어로 "E pluribus unum"이라고 하며, 그 의미는 "여럿으로 이루어진 하나"다. 특히 드보르작의 곡에서 미국 역사의 부정적인 면이 나타나는데, 갈등의 역사를 겪어온 미국의 소수민족 덕분에 더 튼튼한 사회를 만들었다는 함축적인 의미를 가지고 있다. 또한, 나이는 자국 문화의 부정적인 면을 보여주는 것 자체가 타국 국민을 설득하는 데 도움이 될 수 있다고 지적했다. 나이는 "사실상 [문화] 통제책이 없다는 사실 자체가 매력의 한 원천이 될 수 있다"고 설명했다. 예를 들어, 공산당 집권 시절 체코가 미국 영화 <12 명의 성난 사람들>의 수입을 허용했을 때, 체코 영화감독 밀로스 포먼은 "미국의 여러 제도를 혹독하게 비판한 이 영화가…개봉되자 체코의 많은 지식인들은 이런 반응을 보였다. '자국의 모습을 이런 식으로 묘사한 영화를 제작할 수 있다면 이 나라는 분명 자긍심과 함께 내적으로 강한 힘을 지니고 있을 것이고 또 그만큼 자유로울 것이다.'"라고 회상했다.[32]

뉴욕 필하모닉은 거슈윈 곡을 마친 다음에 앙코르 세 곡을 연주했다. 첫 번째는 비제의 <아를의 여인> 모음곡 중에 파랑돌이었다. 두 번째는 번스타인의 <캔디드> 서곡이었는데, 이 곡을 시작하기 전에 로린 마젤 지휘자가 무대에서 나갔다. 뉴욕 필하모닉은 큰 영향을 끼쳤던 번스타인 전 음악 감독을 기념하기 위해 지휘 없이 이 서곡을 연주하는 전통이 있다. 지휘자가 없는 오케스트라를 보고 어떤 평론가들은 이것이 평등주의의 상징이라고 주장했지만, 권 교수는 이는 오래된 전통일 뿐이라며 이러한 해석에 동의하지 않는다. 세 번째 앙코르는 "아리랑"이었다.

앞서 기술했듯이 뉴욕 필하모닉이 선택한 프로그램은 북한 청중에게 미국 클래식 음악의 다양성을 보여줬고, 북한 청중들은 콘서트를 보면서 미국 문화의 매력을 느낀 것 같다. 그러나 제일

---

[31] 뉴욕 필하모닉, 평양 공연 프로그램
(http://nyphil.org/pdfs/about/pyongyang_programbook.pdf), 3.
[32] 나이, 49 쪽.

인상 깊었던 순간은 마지막 앙코르인 "아리랑"이었다. 권 교수에 의하면, 한국계 미 국무부 직원 유리 김 (Yuri Kim)이 2007 년 10 월 협상 중에 이 곡을 제안했다고 한다. 그리고 오케스트라는 일부러 북한 작곡가가 편곡한 버전을 선택했는데,[33] 이 편곡은 북한의 주요 오케스트라인 조선국립교향악단이 자주 연주하는 곡 중의 하나다. "아리랑" 연주의 끝에 북한 청중이 큰 박수를 쳤고, 오케스트라 단원들이 작별 인사로 손을 흔들기 시작했다. 청중도 오케스트라 단원에게 손을 흔들었다.

이렇게 감동적인 반응은 미국 문화에 대한 애정을 보여주는 것이라고 해석할 수도 있지만, 더 설득력이 있는 설명이 있다. 즉, 북한 청중은 미국 오케스트라가 "조선 음악"을 연주하는 것을 보고 감동했다는 것이다. 전통적인 소프트 파워 이론에 의하면, 미국이 다른 나라에 "매력적인 파워"를 적용하는 것이 바로 미국 문화의 힘을 보여주는 것이다. 그렇다면 뉴욕 필하모닉의 공연을 통해 소프트 파워의 정의를 확대할 수 있다. 이 경우에 북한 청중이 감동적으로 감상한 음악은 바로 북한의 음악이었다. 따라서 미국의 입장에서는 상대방의 문화를 받아들여서 수행하는 것이 자기의 문화를 보여주는 것보다 오히려 더 인상적인 효과를 가져올 수 있다.

이러한 소프트 파워의 활용 사례는 뉴욕 필하모닉의 북한 공연 외에서도 찾을 수 있다. 가장 유명한 예는 미국의 피아니스트 밴 클라이번이 1958 년 소련 제 1 차 차이코브스키 콩쿠르에서 우승한 사건이었다. 클라이번은 차이코브스키 제 1 협주곡, 라흐마니노프 제 3 협주곡 등 러시아의 음악을 수월하게 연주해 러시아 청중의 더 열광적인 반응을 얻었다. 텍사스에서 온 청년 피아니스트가 자연스럽게 러시아의 정신을 표현하는 것은 뜻밖의 경험이었다. 콩쿠르 심사위원들은 1 등상을 미국인에게 주면 논란을 일으킬까봐 걱정하며 흐루시초프 (Khrushchev) 수상의 허락을 요청했다. 흐루시초프는 클라이번이 제일 좋은 피아니스트라면 1 등상을 무조건 줘야한다고 대답했다. 클라이번은 평생 동안 미국-러시아 관계의 상징적인 인물이 되었다. 그가 소련에서 미국 음악만 연주했다면 모스크바 시민들이 그토록 뜨겁게 열광했을 것 같지는 않다.[34]

타국의 문화를 수용함으로써 소프트 파워를 활용할 수 있다는 것을 고려할 때, 미국은 유리한 장점을 가지고 있다. 앞서

---

[33] Kwon.

[34] Anthony Tommasini, "Van Cliburn, Cold War Musical Envoy, Dies at 78," *New York Times*, 27 February 2013, http://www.nytimes.com/2013/02/28/arts/music/van-cliburn-pianist-dies-at-78.html.

언급했듯이 민족 다양성은 미국의 정치적 가치관 중의 중요한 일부다. 뿐만 아니라, 다민족 국가이기 때문에 상대방의 문화를 잘 이해하는 사람이 미국 정부 기관과 문화 단체들이 주관하는 다양한 문화 행사에 참여해 중요한 역할을 담당할 수 있다. 뉴욕 필하모닉의 공연 계획 중에는 한국계 국무부 직원이 중요한 역할을 했고, 오케스트라 단원 중에도 한국계 음악가가 8 명 있었다. 공연 다큐멘터리에서도 뉴욕 필하모닉의 바이올리니스트 미셸 김 (Michelle Kim)의 교포 정체성 때문에 이 공연이 특별한 의미가 있다고 언급했다.

다음 장에서는 필라델피아 오케스트라의 1973 년 중국 공연과 뉴욕 필하모닉의 북한 공연을 비교할 것이다.

4. 전례와 비교

뉴욕 필하모닉의 평양 공연 계획이 논의되는 동안 미국 오케스트라들의 1950 년대 소련 방문과 1970 년대 중국 방문이 자주 언급되었다. 이 방문 중에 보스턴 심포니의 1956 년 모스크바 공연, 뉴욕 필하모닉의 1959 년 모스크바 공연, 그리고 필라델피아 오케스트라의 1973 년 중국 공연이 특히 뜻깊은 문화 교류 행사로 주목받았다. 기자와 평론가들은 2008 년 평양 공연과 이들 전례들을 비교했다. 예를 들어, 김현경 MBC 기자는 "전례를 보았을 때 어떤 정치적 화해의 토대를 마련하는 문화 외교의 중요성을 실감할 수 있지 않을까 생각됩니다"라고 분석했다.[35] 북한 청중에게 배부한 뉴욕 필하모닉의 프로그램은 예전 모스크바 공연에 대해, "1959 년, 뉴욕 교향악단 (New York Philharmonic)은 소비에트 사회주의 공화국 연방을 방문하여 뜻깊은 연주회를 가졌고, 그로 인해 오랫동안 미국과 교류가 없었던 사람들과 음악을 통하여 하나가 될 수 있었습니다"라고 했다.[36]

보스턴 심포니가 소련을 처음으로 방문했을 때 소련은 이미 미국과 정상적인 외교 관계를 맺고 있었다. 또한, 소련의 클래식 음악 문화도 매우 발달된 상황이었다. 반면에 중국은 1973 년에 이른바 "문화 대혁명" 때문에 클래식 음악의 지위가 낮았고, 서양 오케스트라가 연주할만한 시설이 거의 없었다. 1972 년 닉슨 대통령이 공식적으로 방문했지만, 미중 외교 정상화는 아직 먼 일이었다. 이런 면에서 1973 년 중국과 2008 년 북한을 비교할 수 있다.

---

[35] MBC DVD.
[36] 뉴욕 필하모닉, 평양 공연 프로그램, 3.

    1971 년 4 월에 이른바 "핑퐁 외교"로 미국 탁구팀이 중국을 방문했고, 이것은 중화인민공화국 창립 이후 미국과의 제일 큰 문화교류 활동이었다. 같은 해 7 월과 10 월에 헨리 키신저 (Henry Kissinger) 안보보좌관은 두 차례 중국을 극비리에 방문했다. 2 차 방문을 기념해 중국 중앙악단을 지휘한 리더룬 (李德倫)은 베토벤을 연주했다. 1972 년 2 월에 닉슨 대통령이 중국을 방문하여 중국 당국과 상하이 성명 (Shanghai Communiqué)을 체결했다. 이 성명에는 "개인과 개인의 접촉과 교환," 또는 "과학, 기술, 문화, 스포츠, 그리고 언론의 교환"에 대한 항목이 포함되어 있었다. 1973 년 초부터 유럽 클래식 음악가들이 중국을 방문하기 시작했다. 스위스의 첼리스트 앵리 오네게르 (Henri Honegger)는 베이징과 상하이에서 독주회를 했고, 이것은 문화 대혁명 시작 이후 첫 외국인의 클래식 음악 대중 공연이었다. 런던 필하모닉과 빈 필하모닉도 중국 투어를 했다.

    2008 년 뉴욕 필하모닉의 평양 방문은 북한의 초대에서 시작했지만, 1973 년에는 필라델피아 오케스트라의 지휘자인 유진 오먼디 (Eugene Ormandy)가 처음으로 제안했다. 키신저의 방문 이후 오먼디가 닉슨 대통령에게 직접 편지를 썼는데, 닉슨은 오먼디와 필라델피아 오케스트라의 중국 방문을 허락했고 국무부도 이를 지원했다. 중국은 그 당시 마오쩌둥 (毛澤東)의 부인 장칭 (江青)의 권력이 강했는데, 그녀는 문화계를 엄격하게 통제하고 있었다. 장칭은 처음에 오케스트라의 투어 계획에 대해 회의적인 태도를 보였지만 리더룬이 적극적으로 지지해 결국 허락했다. 필라델피아 오케스트라는 1973 년 9 월 12 일부터 22 일까지 중국을 방문했고, 베이징에서 4 회, 그리고 상하이에서 2 회의 콘서트를 열었다.

    장칭은 음악 선택의 과정에도 개입했다. 리더룬은 필라델피아 오케스트라가 제안한 각 곡의 내용을 요약해 장칭에게 제출했다. 장칭의 승인에도 불구하고, 실제 공연에서 레스피기의 <로마의 소나무>에 대해 실망하면서 그녀는 이를 리더룬의 탓으로 돌렸다. 공연을 마치고 오먼디는 장칭에게 중국에서의 러시아 음악 금지에 대해 자유롭게 물어봤는데, 이것이 장칭에게는 무례하게 보였다. 또한, 레스피기에 대한 실망 때문에 장칭은 처음에 오케스트라 단원들과 만나는 것을 거절했지만, 유회용 (于會泳)이라는 작곡가와 대화하고 나서 마음을 바꿨다. 오케스트라는 원래 베토벤 교향곡 5 번을 연주하고 싶어했지만, 마지막 순간에 장칭이 이 곡을 금지했고 대신에 6 번을 요청했다. 그들은 베이징에 6 번 교향곡

악보가 없어서 상하이에서 찾아야 했다.[37] 오케스트라는 드뷔시, 베토벤, 슈베르트, 브람스, 미국 작곡가 로이 해리스의 교향곡 3 번, 그리고 중국의 황하 협주곡 (Yellow River Concerto)을 연주했다.[38]

클래식 음악 외교는 저우언라이 (周恩來) 수상이 추진한 활동이었고, 장칭은 적극적으로 지지하지 않았다. 장칭은 영화배우 출신으로 문화에 대한 관심이 많았지만, 클래식 음악에 대한 지식은 부족했다. 따라서 필라델피아 오케스트라가 떠나고 나서 리더룬에게 클래식 음악을 가르쳐 달라고 요구했다. 1973 년 이후 중국의 클래식 음악 문화가 급속도로 발전했다. 중국 음악가들이 필라델피아 오케스트라 단원들과 자주 연락해서 서로 악보와 악기를 주고받기도 했다. 중국은 1979 년에 미국과 외교 관계를 정상화했고, 같은 해에 바이올리니스트 아이작 스턴이 중국을 방문했다. 최근에는 중국 여러 도시에서 대형 콘서트 홀이 건설되었다. 랑랑, 윤디 리, 그리고 유자 왕 등, 젊은 중국 피아니스트들이 전 세계적으로 유명해졌다. 반면에 필라델피아 오케스트라는 2011 년 파산 신청을 하고 2012 년 중국투어를 통해 새로운 자본의 원천을 추구하고 있다.[39] 이것은 문화 외교의 힘을 보여주는 현상이다. 국제 개발 과정과 비슷하게, 음악에서도 수혜국 (recipient country)은 원조국 (donor country)이 될 가능성이 있다.[40]

필라델피아 오케스트라의 1973 년 중국 투어와 뉴욕 필하모닉의 2008 년 북한 공연을 비교해 보면 여러 차이를 지적할 수 있다. 첫째, 이 문화 교류 활동의 규모가 달랐다. 필라델피아 오케스트라의 중국 투어는 6 회의 콘서트를 진행했지만, 뉴욕 필하모닉은 한 번만 연주했다. 둘째, 1973 년 당시는 미중 정치와 문화 접촉이 매우 적극적이고 다양했지만, 2008 년에는 미북 관계가 그다지 활발하지 않았다. 또한, 중국 당국은 미국뿐만 아니라 유럽 교향악단까지 초대했다. 셋째, 중국에서 장칭이 음악 선택 과정에도 개입한 것에 대해 미국 측은 매우 불편해했다. 그렇기 때문에 뉴욕 필하모닉이

[37] William Kazer, "The U.S. and China – Making Beautiful Music Together?" *China Real Time*, Wall Street Journal, 5 June 2012 (http://blogs.wsj.com/chinarealtime/2012/06/05/the-us-and-china-making-beautiful-music-together/)

[38] Daniel Webster, "The Philadelphia Orchestra: Learning Chinese," 1 February 2008, http://www.playbillarts.com/features/article/7554.html

[39] Frank Langfitt, "Bankrupt at Home, Philly Orchestra Looks to China," NPR, 7 June 2012, http://www.npr.org/2012/06/07/154507779/bankrupt-at-home-philly-orchestra-looks-to-china

[40] Sheila Melvin 과 Jindong Cai, *Rhapsody in Red: How Western Classical Music Became Chinese* (New York: Algora Publishing, 2004), 제 8 장, "Music and Power" ("음악과 권력," (265-298 쪽). Sue E. Barber, "Music and Politics: The Philadelphia Orchestra in the People's Republic of China," University of Michigan School of Music, 석사 논문, 1977 년 8 월.

194 / 아론 밀러 / Aaron Millar

북한 공연을 준비하면서 음악을 자유롭게 선택할 권리를 요구한 것은 눈에 띈다. 이 둘의 프로그램을 비교하면 필라델피아 오케스트라도 뉴욕 필하모닉처럼 상대 국가의 음악을 연주했다는 점이 중요하다. 이것은 3 장에서 언급했듯이 확대된 소프트 파워 이론의 또 한 가지 예로 간주할 수 있다.

5. 결론: 소프트 파워의 한계와 콘서트의 효과

거의 모든 평론가와 기자들은 평양 콘서트가 예술적으로 큰 성공을 거두었다고 평가했다. 그렇지만 이 행사가 장기적으로 정치에 어떤 효과를 미칠지는 아직 불분명하다. 셰이퍼 기자에 의하면, 2007 년 말에 북한측이 오케스트라를 처음 초대했을 때는 핵문제를 둘러싼 북미회담이 성공적으로 진행되고 있었지만, 2008 년 초에는 이미 좌절스러운 상황이었다.[41] 많은 전문가들이 기대했던 북미 관계의 해빙이나 핵 문제 해결 등의 좋은 결과는 결국 불가능했다. 또한, 진정한 문화 교류라면 조선국립교향악단이나 다른 북한 오케스트라도 미국을 방문해야 하겠지만, 이것 역시 아직 실현되지 않았다.

그럼에도 불구하고 미국 측 관계자들은 여러 잠재적인 효과를 추정했다. 셰이퍼 기자는 콘서트를 보고 북한 청중이 거의 처음으로 "미국 사람들을 타인으로 생각하지 않았을 것"이라고 분석했다. 도널드 그래그 전 주한미국대사는 북미 관계 해빙이 이루어지지 않더라도 북한 음악계에 일어날 큰 효과를 예측했다. "한 10 년쯤 후에 아주 뛰어난 실력을 가진 북한의 젊은 연주자가 나타나 그 날의 공연에 영감을 받아 지금 이 자리에 설 수 있었다는 말을 할 수 있게 되길 바랍니다."[42] 오케스트라 단원들은 남한과 북한의 클래식 음악 문화를 비교함으로써 북한의 잠재력을 가늠할 수 있었다.

이 경우에 소프트 파워의 효과를 제한한 여러 가지 요인이 존재한다. 첫째, 공연은 북한의 초대로 시작한 외교 활동으로, 북한 정부가 선전을 위해 이를 이용할 수도 있다는 것이다. 둘째, 하드 파워와 소프트 파워 간의 충돌이 발생할 수 있다는 것이다. 특히 미국과 북한처럼 외교 관계가 없는 나라 사이에서는 갈등이 갑자기 확대될 가능성이 크다고 본다. 북한은 최근에 미사일 발사, 핵 실험, 그리고 연평도 폭격 등의 도발 행위를 통해 하드 파워를 행사한 반면에, 미국은 경제 재제와 전쟁 연습 같은 하드 파워 조치를 취했다. 나이는 "하드 파워와 소프트 파워는 상호보강 작용을 할

---

[41] WNYC Radio.

[42] MBC DVD.

때도 있고 상충되는 움직임을 보일 때도 있다.”고 경고했다.[43] 셋째, 민주주의 국가와 독재 국가 간에는 소프트 파워를 활용하는 것이 어려울 수 있다. 나이에 의하면, “소프트 파워는 [대상 국가에서] 파워가 집중되기보다…분산되는 상황에서 더욱 중요시될 가능성이 많다.”[44] 그럼에도 불구하고, 공산주의 시대에 미국은 소련에서 소프트 파워를 효과적으로 적용했다. 독재 국가에서 일반 국민이 미국의 소프트 파워와 접촉하면 그들은 정권이 표방하는 선전과 현실의 차이를 더 쉽게 구분할 수 있다.

북한에는 언론 자유가 부족해서 청중과 음악가의 진정한 반응을 알아보기가 매우 어렵다. 앞으로 북한 정권이 개혁을 추구하면 이런 문화 교류의 효과성을 조금 더 정확하게 평가할 수 있을지도 모르겠다.

참고문헌

Barber, Sue E. “Music and Politics: The Philadelphia Orchestra in the People's Republic of China.” University of Michigan School of Music, MA Thesis, 1977.

Cathcart, Adam. “North Korean Hip Hop? Reflections on Musical Diplomacy and the DPRK.” *Acta Koreana* vol. 12, no. 2 (December 2009), 1-19.

The Economist. “Cultural Diplomacy: Soft Power and a Rapturous Ovation.” 28 Feb 2008. http://www.economist.com/node/10758160.

Gregg, Donald P. “A Soft Power Overture in Pyongyang.” Interview by Jayshree Bajoria, 25 February 2008. http://www.cfr.org/culture-and-foreign-policy/gregg-soft-power-overture-pyongyang/p15584.

Hayden, Craig. *The Rhetoric of Soft Power: Public Diplomacy in Global Contexts*. Lanham, MD: Lexington Books, 2012.

Kazer, William. “The U.S. and China – Making Beautiful Music Together?” *China Real Time*, Wall Street Journal, 5 June 2012. http://blogs.wsj.com/chinarealtime/2012/06/05/the-us-and-china-making-beautiful-music-together/

Kwon, Donna. “Stories Summoned in the Music: Listening to the New York Philharmonic Perform in Pyongyang.” Korea Policy Institute, 11 August 2008. http://www.kpolicy.org/documents/policy/080811donnakwonnyphil.html

---

[43] 나이, 61쪽.

[44] 나이, 47쪽.

Langfitt, Frank. "Bankrupt at Home, Philly Orchestra Looks to China."
    NPR, 7 June 2012. http://www.npr.org/2012/06/07/154507779/
    bankrupt-at-home-philly-orchestra-looks-to-china
Maazel, Lorin. "Why We'll Play Pyongyang." *Wall Street Journal*, 20
    February 2008.
    http://online.wsj.com/article/SB120347076630878735.html.
Melvin, Sheila, and Jindong Cai. *Rhapsody in Red: How Western Classical
    Music Became Chinese*. New York: Algora Publishing, 2004.
Moon, Katharine H. S. "North Korea Extends Its Freedom Overture."
    Nautilus Institute Policy Forum, 20 March 2008.
    http://nautilus.org/napsnet/napsnet-policy-forum/north-korea-extends-
    its-freedom-overture/.
New York Philharmonic. Program for Pyongyang concert.
    http://nyphil.org/pdfs/about/pyongyang_programbook.pdf
Nichols, Michelle. "NY Philharmonic considers North Korean invitation."
    Reuters, 13 August 2007.
Nye, Joseph S. 홍수원 역. *소프트 파워*. 서울: 세종연구원, 2004.
Teachout, Terry. "Five Myths, Direct from Pyongyang: What Not to Think
    About the Philharmonic Concert." *Wall Street Journal*, 1 March 2008.
    http://online.wsj.com/article/SB120431819799103651.html.
Tommasini, Anthony. "Van Cliburn, Cold War Musical Envoy, Dies at 78."
    New York Times, 27 February 2013. http://www.nytimes.com/
    2013/02/28/arts/music/van-cliburn-pianist-dies-at-78.html.
Wakin, Daniel. "New York Philharmonic Might Play in North Korea." *New
    York Times*, 5 October 2007.
Wakin, Daniel. "North Koreans Welcome Symphonic Diplomacy." *New
    York Times*, 27 February 2008.
Webster, Daniel. "The Philadelphia Orchestra: Learning Chinese." 1
    February 2008. http://www.playbillarts.com/features/article/7554.html
WNYC Radio. "The New York Philharmonic in Pyongyang."
    http://www.wnyc.org/clusters/2008/feb/24/new-york-philharmonic-
    pyongyang/
김지영. "뉴욕 필하모닉 오케스트라 사례연구를 통한 미국의 음악외교
    대상 국가별 특성 분석." 이화여자대학교 대학원 석사 논문,
    지역연구협동과정, 2009 년.
대한민국 외교통상부. "문화외교."
    http://www.mofat.go.kr/trade/cultural/index.jsp?menu=m_30_170
문화방송(MBC). 뉴욕필하모닉 2008 평양. DVD.
얀 멜리센 지음; 박종일, 박선영 옮김. *신공공외교: 국제관계와 소프트
    파워*. 고양: 인간사랑, 2008.
윤창빈. "언론현장: 뉴욕필평양공연국내외언론반응." *신문과 방송*
    제 448 호 (2008 년 4 월), 54-58 쪽.

북한의 관혼상제

코디 틸 (CODY LEIGH THIEL)

MA, Korean for Professionals, University of Hawaiʻi at Manoa, 2014

A BRIEF STUDY OF CONFUCIAN RITUALS IN NORTH KOREAN SOCIETY

For most of Korea's history, coming of age, marriage, funeral, and ancestral rites[1] have played a significant role in the lives of Koreans and their society. This is especially true during the Chosŏn period (1392-1910). But during the decline of the Chosŏn dynasty, the Japanese occupation, Korean War, and modernization of Korea, the role and execution of these rituals changed drastically. The division of Korea also further altered the development of rituals because of the two different paths taken by both North and South Korea. While there are volumes of research regarding the aforementioned rituals and their development in South Korea, there is a paucity of research about the development and execution of these rituals in North Korea. This paper seeks to add to the knowledge of the rituals of birth, marriage, death, and ancestral rites in North Korea by briefly over viewing their development and then, with the aid of North Korean resources and the testimony on North Korean defectors, depict how these rituals are executed in North Korea.

1. 서론

지난 60 년 동안 남한과 북한은 정치, 경제, 사회와 사상적 측면에서 극단적으로 다른 방향으로 나아갔다. 대한민국은 민주주의와 자유시장 경제의 사상을 수용함으로써 세계의 열강 중의 하나가 되었다. 반면에 조선민주주의인민공화국은 김일성과 그의 자손의 통치 아래 고립되어 스탈린주의적인 국가가 되었다. 이런 차이점에도 불구하고 남한과 북한은 한민족의 정체성을 아주 중요하게 여긴다. 남한은 세계화로 인하여 다른 나라 문화의 영향을 많이 받았지만 아직도 많은 사람들이 고유의 풍습과 전통을 보존하려고 한다. 한편 북한은 독재체제하에 60 년 동안 고립된 상태를 유지했기 때문에 전통문화가 대체적으로 잘 보존되어 있다. 물론 북한은 경제적·사상적 혁명으로 인해 상당한 변화가 일어났지만, 남아 있는 전통이 생각보다 잘 보존되어 있기 때문에 살펴볼 만한 가치가 있다.

---

[1] *Gwanhonsangche*

KLFC MA Scholarly Papers 4.

본 논문은 북한의 생활 속에서 찾아볼 수 있는 전통 즉 관례와 탄생에 관한 의례 (백일과 돌잔치), 혼례, 장례와 제사를 살펴보려고 한다. 북한의 전반적인 문화나 사회에 관한 여러 연구와 문헌이 있지만 현재 북한 의례에 대해서는 대체로 형식적으로만 논의하고 있기 때문에 다음과 같은 고려할 점이 있다. 북한에서는 의례를 어떤 방식으로 치르는가? 의례는 북한에서 어떤 역할을 하는가? 김일성주의와 사회주의는 의례에 어떤 영향을 끼쳤는가? 북한의 의례는 남한의 의례와 어떻게 다른가? 이러한 질문에 답하는 과정을 통해 북한의 전통적 관혼상제에 대한 새로운 시각을 발견할 수 있을 것이다. 북한에 가서 직접 이러한 전통을 경험해보는 것은 불가능한 일이지만, 북한출판자료와 탈북자들의 경험을 통해 이를 살펴보는 것은 의미 있는 작업이 될 것이다. 이 논문에서는 북한의 사회·정치적 격변에도 불구하고 1950 년대부터 북한 전통 의례는 상대적으로 많은 변화를 겪지 않았다는 것을 입증하고 그 원인을 제시한 다음 북한의 생활에 대해 더 다양한 관점을 보이려 한다.

2. 방법론

북한에 대해 연구를 하는 것은 다른 나라에 대해 연구하는 것과 다르다. 다른 나라의 전통 의례를 살펴보고자 한다면 그 나라에 가서 직접 관찰하고 현장 연구를 함으로써 객관적이고 직접적인 자료를 수집하여야 한다. 하지만 북한의 경우 연구자가 직접 가서 의례를 행하는 모습을 보고 그 지역에 사는 사람과 대화를 나누는 것이 거의 불가능하다. 이와 같은 상황에서 연구자는 다양한 문헌, 사진이나 영상을 살펴볼 수도 있겠지만 북한 문화, 사회, 정치, 역사 등에 대한 자료가 부족할 뿐만 아니라 거의 모든 자료가 북한의 체제 선전을 위해 만들어졌기 때문에 공신력 있는 자료를 찾기가 어렵다.

이러한 변수를 고려할 때 북한 의례를 살펴보는 것은 쉽지않지만 이 연구를 수행할 수 있는 두 가지 방법이 있다. 첫째는 위에서 언급했고 나중에 설명하겠지만 북한 정권이 전통 의례에 상대적으로 많이 간섭하지 않았기 때문에 다른 연구 분야보다 북한 의례에 대해서는 더 객관적으로 살펴볼 수 있다. 전통 풍습과 의례가 북한의 정체성에 중요한 부분이기 때문에 북한에서 토지개혁, 주체사상 형성과는 달리 북한 정권은 전통 풍습을 보존하려고 시도해 왔다. 그리고 북한에서 전통 풍습과 의례를 조작하거나 크게 왜곡할 이유가 없으므로 선전자료에 나와있는 북한의 전통 풍습과 실제 간의 차이점이 생각보다 크지 않다.

두 번째는 첫 번째 방법과 관련이 있는데, 이는 북한의 의례나 풍습과 관련된 자료를 실제 북한 주민의 증언과 비교하는 것이다.

현재 남한에는 북한 탈북자들이 예전보다 훨씬 더 많아져서 북한에서 전통 의례를 어떻게 치르는지와 지역 차이가 무엇인지에 대해 직접적인 인터뷰를 통해 조사할 수 있었다. 그리고 이 인터뷰를 통하여 북한 정부가 만든 자료가 사실인지 아닌지도 입증할 수 있었다. 필자는 서울에 있는 탈북자를 위한 비정부 기구에서 인턴을 하는 동안 개인 또는 그룹으로 탈북자들을 인터뷰했다. 인터뷰 인원은 총 8 명이었는데 이 중 7 명이 여성이었다. 한 명은 평양 출신이었고 다른 사람들은 함경도, 황해도 등지에서 탈북했다. 남자의 나이는 20 대였고 여성들은 30 대에서 60 대까지 있었다. 대부분은 1997 년에서 2008 년까지 북한에서 나왔고 중국에서 1~3 년 있었다가 남한으로 내려왔다. 탈북자의 나이가 더 많을수록 의례에 대해 더 잘 알고 있었다. 또한, 앞서 언급한 바와 같이 인터뷰를 보충하기 위해 여러 가지 북한 신문 기사, 책과 동영상을 참고했다. 두말할 것 없이 이 자료는 선전용이기 때문에 이상적인 풍습의 모습을 담고 있지만 놀랍게도 이 자료와 탈북자의 인터뷰 내용은 거의 일치했다.

3. 한반도 의례의 역사

북한 의례에 관해 구체적으로 살펴보기 전에 한국의 전통 의례의 역사에 대해 간략히 개관하는 것은 북한 의례를 이해하는 데에 도움이 될 것이다. 과거나 현재나 한국에서는 의례가 일상생활에 중요한 자리를 잡고 있다. 이는 오랫동안 한국이 동방예의지국이라고 불렸다는 사실로도 알 수 있다. 한 남한 저자는 다음과 같이 말했다. "관혼상제의 의식은 어느 나라, 어느 민족에게나 다 있는 예속이지만 우리나라만큼 그 절차가 까다로운 나라는 없을 것입니다." [2] 북한의 조선중앙통신도 비슷한 취지로 다음과 같이 언급했다. "반만년의 오랜 력사와 찬란한 문화를 가진 조선인민의 생활풍습은 매우 아름답다. 특히 예로부터 내려 오는 전통적인 고상한 인사례법으로 하여 조선은 ≪동방례의지국≫으로 불리우고 있다." [3]

한국 의례와 의례 역사에 대해서는 훨씬 더 깊이 연구가 되어있기 때문에 여기서 철저히 살펴볼 필요는 없지만 현재의 북한 의례를 이해하기 위해서는 그 배경과 역사를 알아야 할 것이다. 삼국사기와 다른 기록을 보면 혼례나 다른 의식에 대해 언급하고 있다. 시대마다 일상생활에서 의례는 중요한 자리를 차지했다. 고려

---

[2] 유덕선, 1994, <관혼상제대사전>, 3 쪽.

[3] "조선인민의 아름다운 생활풍습," 조선중앙통신, 2003/11/22.

후반에 유교의 영향력이 커지면서 의례의 중요성 또한 증가했는데 1392년에 이성계가 조선을 세우면서 유교가 지배적 사상이 되었다. 그래도 세종대왕이 불교 승과를 허용한 것이나 세조가 쓴 석보상절 등을 고려한다면 유교가 절대적인 권력을 갖지 않았음을 알 수 있다.

하지만 17세기에 들어와서 조선에서는 사상의 전환이 일어났는데, 그 배경은 이러하다. 1620년대부터 여진족이 명을 침입하기 시작했고 1644년에 천명을 주장하여 청나라를 세웠다. 명나라가 멸망하고 청이 건국된 이후 조선 유교의 정체성은 진화되었다. 많은 조선 선비들은 조선이 청과 친선 관계를 유지해야 한다고 주장했지만 다른 이들은 명을 유교의 본관으로 인정했기 때문에 청을 명과 같은 정통성을 가진 나라라 여기지 않았다. 그래서 선비들은 야만족이 세운 청나라가 설립된 것을 보았을 때 유교의 원리에 충실하기 위해 조선이 주자학을 더 엄격히 지켜야 한다고 생각했다.

그때부터 선비들은 유교의 교리를 더욱 엄격히 지켜야 한다고 주장하기 시작했다. 선비들은 주자학의 상세한 해석에 따라 많은 정책과 교육체제를 설립했다. 그 결과 여성은 상속권에서 제외됐고 종손이 거의 모든 상속권과 가족을 통솔할 권리를 갖게 되었고 가정 내에 남성 후계자가 필요했기 때문에 입양이 더 빈번하게 되었다. 또한, 주자가 쓴 <가례>에서 제시한 네 가지 의식인 관혼상제를 더 철저히 치렀다. 13세기 주자와 다른 성리학 학자들은 관혼상제를 선비의 삶에서 가장 중대한 부분으로 정의했다.

19세기까지 주자학은 절대적이고 지배적인 사상이었다. 그러나 조선 후기의 유교는 큰 도전에 직면하게 되었다. 그 당시 조선은 사회·경제적 불안을 겪고 있었을 뿐만 아니라 외국의 영향과 압박도 받기 시작했다. 17세기 초부터 중국에서 조선인들은 서양인들과 교류했지만 19세기가 되어서야 수많은 선교사, 외교관 등이 조선에 들어왔다. 이 서양인들은 첨단 과학, 기술, 의학을 조선에 도입했고 이와 더불어 새로운 사상, 철학과 종교도 유입되었다. 이 당시에 청나라도 정세불안과 외압을 겪고 있었기 때문에 조선에 대한 영향력은 점차 감소하게 되었다. 이 혼란 속에서 다른 사상의 영향이 커지면서 유교의 영향이 줄어들었을 뿐만 아니라 많은 사람들은 유교가 조선의 멸망을 초래한다고 지적했다. 이 사람들은 새로운 사상을 통해서만 조선의 권력과 위신을 높일 수 있다고 믿었다. 결국 이와 같은 신진세력의 등장은 일제의 한반도 점령을 가능하게 했다.

다른 나라와 마찬가지로 일본은 처음에 조선과 불평등 조약을 맺었지만 일본제국의 욕심과 태평양에 영향력을 확장하는 과정에서 다른 나라의 영향력은 한반도에서 제거되었고 을사조약과 한일 병합

조약으로 인해 한국은 일제의 식민지가 되었다. 일제 강점기 동안 조선총독부는 조선 전통문화와 유교를 해체하려고 했고 특히 유교적인 관습을 많이 비난했다. 점령 초기부터 정식학교에 다니는 학생들은 상투를 잘라야 하였고 학교에서도 사서오경을 공부하는 대신 일본어, 과학, 수학과 같은 과목에 초점을 맞추었다. 1938 년부터 일제는 더 강력한 정책을 추진했고 한국 이름을 일본어로 개명을 시켰으며 신사 참배도 강요했다. 그래서 일본이 제 2 차 세계대전에서 연합군에 항복했을 때 한국은 일본의 영향력을 없애려고 했을 뿐만 아니라 한국의 정체성을 복원하기 위해 많은 노력을 기울였다. 이러한 운동은 북한에서 특별히 활발했다. 북한 정부는 토지 개혁과 사회주의를 제도화하면서 김일성은 고유문화와 사회에 대한 자부심도 확립하려고 했다.

이 목표를 성취하기 위해 북한은 반제국주의 정책을 시작했고 민족주의 캠페인도 시작했다. 현재까지도 북한 정부는 이 두 정책을 운용하고 있다. 초기부터 북한은 일본제국주의을 비판했고 한국 전쟁이 발생한 후 북한은 반미 뉴스, 동영상, 책, 음악 등을 반제국주의 선전 캠페인에 포함했다.

반미와 반일 선전물과 더불어 요즘 많은 학자들이 지적하듯이 노동당이 출범했을 때부터 민족 중심주의가 강조되었다. 김일성과 그의 후계자는 다음과 같이 민족 중심주의에 대해 자주 언급했다. "위대한 령도자 김정일동지의 고전적 로작 ≪우리 인민의 우수한 민족적전통을 적극 살려나갈데 대하여≫ 는 우리 인민들이 민족의 전통을 빛내여 나가는데서 중요한 지침으로 된다."[4] 물론 북한 정부는 옛날에 '봉건'의 '허례허식'적인 풍습을 비판했고 '우리식' 풍습을 해야 한다고 지지했지만 많은 경우에 북한은 남한보다 전통 풍습의 기본 관습을 그대로 보존했다. 북한에서는 단오나 청명과 같은 24 절기에 관련된 풍습을 엄격히 지킨다. 남한은 근대화와 세계화로 인해 전통 명절이나 의례가 많이 산업화되었다. 반면에 북한은 경제적 요소로 인하여 가정 행사나 풍습이 간단할 수밖에 없다.

이러한 배경은 관련 없는 것으로 보일 수도 있지만 북한 의례의 발전과 현재 상태를 이해하는 데 도움이 된다. 북한에서 의례는 전통적이기도 하며 현실적이기도 하다. 북한 문화대백과사전에서는 이를 다음과 같이 요약한다.

> 오늘날 관혼상제는 그 형식과 내용에서 많은 변화를
> 가져왔으며 현실에 맞지 않고 의의가 없는 례식 (관례,

---

[4] "로동신문 다민족, 다인종사회론은 민족말살론," KCNA, 2006/4/27.

계례 [5])들은 자취를 감추었다. 관혼상제를 쓸데없는 낡은 격식과 틀을 없애고 랑비를 막기 위하여 가족들과 가까운 친척, 친우들이 모여 검박하게 하는 것은 사회주의 생활양식을 확립하는데서도 중요한 의의를 가진다.[6]

그러므로 북한에서 전통 의례 부분은 아주 특별한 사례다. 김일성과 그의 후계자는 60년 동안 수많은 전통, 법, 문화, 사상과 관습을 폐지했음에도 불구하고 관례 외에는 기본 의례를 보존했을 뿐만 아니라 권장했다. 이 사실은 북한 사람들의 일상생활에서 독특한 양상을 나타낸다. 북한에 대한 대부분의 문헌은 김일성의 억압과 독재 정권 때문에 북한 사람들의 고립과 고통과 암울한 상태에 대해 말한다. 그러나 북한 탈북자와 의례에 대해 이야기를 나누면 그들은 북한 의례의 추억에 대해 긍정적이고 향수에 젖어 말한다. 두말할 것 없이 북한 정부의 인권 남용과 억압 때문에 일반 주민은 고생을 많이 하지만 이 의례와 잔치는 기쁜 추억으로 남아있었고, 북한에 있는 가족과 이웃을 아직도 그리워한다. 또한, 고난의 행군을 겪은 뒤 북한의 사회는 많이 개방되었기 때문에 의례가 조금 변했을 뿐만 아니라 북한 사회의 변화 가능성에 대한 새로운 희망도 엿보인다. 이상과 같은 배경하에서 이제 북한의 의례, 혼례, 상례와 제례에 대해 자세히 살펴보겠다.

4. 관혼상제

4.1 탄생의 의례

관혼상제에 대한 대부분의 문헌은 관례부터 시작한다. 하지만 북한에 관례라는 의식이 없으므로 관례에 대해서는 간단히 언급하고 백일과 돌잔치에 대해 논의하겠다.

젊은 남자는 관례에 참여하여 갓을 받음으로써 성인이 되었다. 북한의 공식 문헌에 따르면 개화사상이 퍼짐으로 인해 관례의 중요성이 감소했다. 북한에서 출판된 조선대백과사전은 관례에 대해 다음과 같이 정리한다. "1895년 <단발령>에 의해 상투를 깎고 관대신 모자를 쓰게 되고 남자 17살 녀자 15살 이하의 조혼을 금지하게 되면서 관례와 계례는 혼례에 포함되게 되었다."[7]

이제 백일과 돌잔치를 살펴 본다. 백일은 말 그대로 아기가 태어난 지 100일 뒤에 하는 잔치다. 한국에서는 백일을 맞은 아기의

---

[5] 여성을 위한 관례.

[6] "관혼상제," 조선백과사전.

[7] "관례," 조선대백과사전, 554 쪽.

부모가 친지와 이웃과 백설기 떡을 나누며 사진관에서 기념촬영을 하기도 한다. 북한에서도 백일을 기념하는 사진을 찍는다. 물론 다른 의례와 마찬가지로 한국보다는 더 작은 규모로 진행하지만 백설기 떡을 집에서 만들고 모여서 작은 잔치를 한다. 한 탈북자는 장마당이 존재하기 전에 백설기 떡을 집에서 만들었다고 밝혔지만 이제 많은 사람이 시장에서 산다고 했다. 어쨌든 필자의 경험에 의하면 북한 사람이 직접 만든 백설기 떡은 파는 떡보다 더 맛있었다. 또한, 탈북자는 백일과 돌잔치에 사진관에 가서 기념사진을 찍고 이제는 개인 카메라로 집에서도 찍는다고 덧붙였다. 돌잔치도 마찬가지다.

돌잔치는 어린 아이로서는 가장 큰 행사다. 물론 돌과 백일은 엄밀히 말하면 의례가 아니지만 북한에서는 관혼상제에 돌과 백일을 포함시킨다. 아이의 탄생 일 년 후에 가정에서는 잔치를 벌인다. 추석, 설날, 결혼식이나 장례식과 같은 의례는 온종일 진행하지만 돌잔치는 하루 저녁에 몇 시간을 정해서 한다. 지방에서는 돌을 주로 집에서 쉰다.

잔치에서 가족은 백설기 떡, 찰 떡[8], 옥수수 팥떡, 등과 같은 음식을 차려 놓는다.[9] 이 음식 재료는 배급을 통해 받는다. 하지만 고난의 행군 동안 배급제도가 중단되었기 때문에 잔치 행사는 조금 더 작은 규모로 이루어졌다. 하지만 그 시기에도 북한 정부는 장마당 규제를 완화했기 때문에 장마당에서 배급에서 얻지 못한 음식과 옷감을 구입할 수 있었다. 또한, 잔치를 위한 제품이나 음식 재료를 찾을 수 있다. 그 제품 중에 하나는 한복이다. 돌잔치에서 아기에게 한복을 입히고 싶다면 시장에서 옷감을 사고 그 옷감을 재단사한테 맡겨 한복을 만들었다. 그렇지만 한 탈북자는 어려웠던 시절 동안에는 한복을 입지 못했다고 말했다.

이러한 준비를 다 마친 다음에 가까이 사는 친척과 이웃이 돌잔치 집에 가서 아기 돌을 쉰다. 북한 탈북자들은 잔치에 오는 사람들이 여러 가지 아기 옷, 밥과 돈을 비롯한 선물을 가져다준다고 말했다. 친척과 이웃이 모이면 다음에 돌잡이를 한다. 돌잡이에서는 부모가 아이 뒤쪽에 앉아 아이를 상에 올려놓는다. 그 상에 여러 가지 물건이 놓여 있다. 정해진 것은 없지만 그중에 연필, 계산기나 주판, 청진기, 붓 등이 있다. 아기가 이 물건 하나를 잡는다. 그러면 가족은 아기가 물건을 잡는 사진을 찍는다. 돌잡이가 끝난 뒤에 간단한 식사를 한다. 돌잡이 한 상에는 백설기 떡과 다른 여러 종류의 음식이 있는데 사람들이 이 음식을 나눠 먹는다.

---

[8] 찹쌀떡
[9] "돌잔치," 조선대백과사전, 359 쪽.

이 설명은 아주 간단하지만 북한의 돌잔치에 대한 중요한 사실을 알 수 있다. 일단 북한은 남한과 마찬가지로 아이들을 소중하게 여긴다. 탈북자는 더 경기가 좋았을 때는 큰 행사를 많이 했다고 말했다. 하지만 고난의 행군 동안 많은 사람들이 굶어 죽어서 잔치를 제대로 하지 않았다. 한 탈북자는 그 때문에 아들의 돌 때에 한복을 사지 못해서 안타깝다고 말했다.

4.2 혼례

세계 어느 곳이나 마찬가지로 결혼은 관심을 끄는 주제다. 북한에서 결혼은 아주 중요해서 헌법에서도 언급되어 있다. 제 78 조는 "결혼과 가정은 국가의 보호를 받는다."라고 적혀 있다.[10] 동네 사람들이 결혼식에 앞서 누가 누구와 결혼하는지에 대해 이야기하는 것은 당연한 일이지만 로동신문과 같은 대표적인 북한 신문에서도 결혼에 대한 기사가 흔하다. 놀랍게도 결혼 패션에 대한 기사도 있다. 다음에서 북한 약혼과 결혼식에 대해 살펴보겠다. 물론 가정 생활, 이혼 등도 결혼과 관련한 주제로 중요하지만 이 논문에서는 혼인식의 내용에만 초점을 맞춘다.

4.2.1 약혼 (정혼)

법적으로는 결혼 나이는 남자 만 18 세, 여자 만 17 세다. 그러나 북한 남자들의 군복무 기간은 최소 10 년이라서 결혼 나이는 상대적으로 늦다. 그래도 '능력이 있는 남자들은 군복무 하는 기간 동안 연애를 하는 사람이 있다.'[11] 또한, 북한에서 "성과 본이 같은 사람들끼리 서로 혼인"하는 것도 법적으로 제한되어 있다.[12] 이 규제와 군인과 범죄인의 결혼을 금지하는 법[13] 외에는 결혼에 대한 법이 없지만 소위 말하는 성분 때문에 다른 성분을 가진 사람과 결혼하기 어려울 수도 있다.[14] 그래도 결혼을 잘하면 사회적 위치를 높일 수 있고 좋은 미래도 보장된다. 반면에 낮은 성분의 사람과 결혼하거나 가족의 일원 중에 한 명이 탈북하거나 범죄를 저지르면 미래가 아주 불확실해질 가능성이 높다. 그래서 결혼은 온 가족에게 영향을 끼칠 수 있기 때문에 좋은 사람을 만나는 것이 중요하다.

---

[10] *조선민주주의인민공화국 사회주의헌법*, 1998/9/5.

[11] 전영선, 2005, 북한의 사회와 문화, 도서출판역락, 195 쪽.

[12] "조선사람의 성과 본," KCNA, 2011/3/4.

[13] Jun Soo-yeon and Lee Ji-eun, Trans. by Sandy Kim, "[News] Marriage is Forbidden While Serving in North Korean Military." *NK Radio*.

[14] 북한 사람들은 성분이라는 용어를 쓰지만 성분에 대해 이야기할 때 토대라고 한다. 예를 들면 "토대가 나쁘다" 또는 "토대가 좋다."라고 한다.

미래의 배우자를 만나는 방법은 여러 가지 있지만 중매와 소개가 제일 흔하다. 위에 언급했듯이 결혼은 온 가족의 사안이기 때문에 부모는 자녀의 약혼에 큰 관심을 둔다. 부모는 좋은 며느리나 사위를 찾기를 바란다. 전통적으로 한국 사회에서 부모는 중매를 통해 며느리나 사위를 찾았는데 현재에도 정치적 이유 때문에 그러한 관습이 아직도 남아 있다. 만약 중매로 배우자를 만나지 않으면 소개를 한다. 소개는 중매와 비슷한 개념이지만 부모와 동무들이 주변 친구들에게 서로 잘 어울릴 것 같은 사람을 소개한다. 그 후에 그 두 사람이 짝이 되는지 아닌지는 그들의 선택에 달려 있다. 만약 '련애 사이가' 되고 서로가 어울린다면 결혼한다. 그리고 소개가 아니라도 학교나 직장에서 만나고 결혼하는 사람도 있긴 하지만 대부분은 중매나 소개를 통해 만나고 있는 것 같다. 탈북자는 북한사회가 변하고 있기 때문에 이러한 련애 결혼이 많아지고 있다고 밝혔다. 인터뷰한 탈북자 중에 거의 반은 소개로 만났고 반은 중매로 만났다.

　　그래서 결혼하기로 결정되면 그 지역 국가기관에 결혼 신청을 해야 한다. "결혼에 대한 국가적 승인은 결혼당사자 쌍방의 신청에 따라 신분등록기관에서 결혼 조건들을 검토하고 결혼을 등록함으로써 이루어진다." [15] 그리고 북한 법에는 외국에 사는 주민을 위한 법도 있다. "공민들은 그 나라 주체공화국령사대표기관에 결혼등록을 할 수 있다." [16] 결혼 신청을 한 다음 그 부부 (중매의 경우에 그 가정) 는 서로가 결혼에 좋은 날을 고른다. 남한에서 택일을 할 때 사주를 보거나 종교인을 통해서 날을 고른다. 하지만 탈북자가 말한 바로는 고난의 행군 이전에는 돈이 있는 사람만 사주를 보았다고 했다. 그리고 고난의 행군 이후로는 사주를 보고 택일을 하는 사람이 많아졌다고 했다. 그리고 북한에서 결혼은 주로 공휴일이나 다른 편한 주말로 정한다.

　　결혼날짜를 정한 후에는 가족이 서로에게 선물을 보낸다. 북한에서는 지방마다 이 선물을 보내는 과정을 다르게 표현한다. <조선의 관혼상제>에 따르면 "이러한 물품을 보내는 것을 민간에서는 납폐, 봉채, 봉징, 납징, 례단, 례장, 례물, 큰짐, 함, 혼함, 함진이라고도 하였다. 보통 례장으로 통했고 <함 보낸다>, <례물 보낸다>고 하였다." [17] 이중에 북한에서는 납폐가 자주 쓰이는 것 같다. 남한에서 함을 전달 하는 사람을 함진아비라고 하고 북한

[15] "결혼," 조선대백과사전, 7쪽.

[16] Ibid. 9.

[17] 김종혁, 2002, <조선의 관혼상제>, 89쪽.

문헌도 이 용어를 인정하고 있지만 탈북자는 함진아비를 부르는 용어가 사용되지 않는다고 했다. 남한에서 함진아비는 주로 신랑의 친구다. 함을 전달할 때 함진아비는 신부 집에 더 가까이 가는 걸음마다 돈을 달라고 한다. 어떤 경우에는 한 걸음에 많은 돈을 주어야 할 때가 있다. 탈북자에게 이러한 관습의 존재여부에 대해 물었을 때 그러한 관습이 없다고 했고 그것을 너무 과한 것으로 여겼다. 북한에서 신랑과 신부 가족은 서로 선물을 보내는데 한쪽은 푸르고 한쪽은 붉은 보자기 안에 옷이나 다른 선물을 넣고 친구를 통해서 납폐를 보낸다.

4.2.2 결혼식

이제 결혼식에 대해 이야기하고자 하는데 지방마다 결혼식이 다르지만 무엇보다도 대도시 (주로 평양)와 지방 결혼식이 상대적으로 다르기 때문에 도시와 지방으로 나누어 살펴보도록 하겠다. 인터뷰한 탈북자 중에 한 명은 평양에서 왔고 다른 사람들은 지방에서 살았다. 그래서 지방 결혼식에 대한 내용이 더 많고 평양보다 지방에서 사는 인구가 더 많기 때문에 지방 결혼식부터 언급하고자 한다.

지방 결혼식의 가장 큰 특징은 신부와 신랑 집에서 결혼식을 한다는 것이다. 이러한 형식으로 하기 때문에 북한에서는 결혼식이라고 하기도 하지만 결혼잔치, 결혼례식, 새색시잔치와 새서방잔치라고 하기도 한다. [18] 정한 순서는 없지만 주로 첫 결혼잔치는 신부 집에서 한다. 그 잔치 약 3 일 후에는 신랑 집에서 결혼잔치를 한다. 탈북자들은 신부와 신랑이 같은 동네에 살고 있더라도 신부와 신랑집에서 두 번 결혼식을 진행하고 만약에 신부와 신랑 집 사이의 거리가 멀면 부부는 기차를 탄다고 했다. 북한에서 집이 작고 때로는 손님이 너무 많으므로 탈북자들은 옆에 있는 집들에서도 잔치를 진행한다고 했다. 이 집에서도 결혼식을 위한 반찬과 음식을 준비한다.

가족은 결혼잔치에 온 동내 사람들를 초대하고 친척 그리고 친구와 같이 일하는 사람들도 잔치에 온다. 하지만 탈북자에 따르면 요즘 사람들이 더 작은 규모의 결혼식을 하기 때문에 오는 사람이 더 적다고 말했다. 이 참여자들 외에 신부와 신랑 집에서 결혼식을 하기 때문에 각 가족은 대표를 하나 골라서 상대 결혼식에 보낸다. 이 대표는 대개 고모나 삼촌이다. 나머지 가족은 집에 머물면서 결혼잔치를 준비한다. 이 참석자들은 옷감, 돈, 음식, 술 등 여러 가지

---

[18] "결혼," 조선대백과사전, 9 쪽.

선물을 가져온다. 하지만 반드시 선물을 줘야 하는 것은 아니다. 어려운 시절에는 특히 그렇다. 아마 그런 이유로 고난의 행군 이후에는 결혼식 참여자 수가 더 적어졌다. 하객들의 선물 외에 가족은 이불을 선물로 준다. 결혼식 전날 주부는 집에서 이불을 직접 손으로 만든다. 어머니와 가족은 좋은 천을 가지고 이불 3~4개를 '따뜻하게 입으라'는 의도로 선물한다. 국가는 다른 생활품을 배급하기 때문에 위에 언급한 선물 외에는 사람들이 별로 주지 않는다.

결혼식 아침에 일찍부터 가족은 집에 모여 잔치를 준비한다. 그리고 위에서 언급한 바와 마찬가지로 잔치가 크면 옆집 사람들도 도와준다. 떡, 국수, 강냉이, 술 등과 같은 음식을 준비한다. [19] 북한에서 이 음식의 재료는 배급으로 얻을 수 있다. 만일 국가가 준 음식물이 부족하다면 고난의 행군 이후에는 장마당에서도 살 수 있다. 많은 경우에 술이 부족하기에 시장에서 산다. 이 과정을 현대 남한 결혼식과 비교하면 아주 다르다. 남한에서는 결혼식을 예식장이나 식당에서 하기 때문에 가족은 준비할 것이 없다. 그러나 신부는 아주 화려하게 옷을 입고 화장을 하고 결혼하기 때문에 그 준비하는 시간이 오래 걸릴 수도 있다. 반면에 북한 시골에서 온 한 탈북자에 따르면 신부는 화장하지 않고 머리를 특별하게 다듬지도 않는다. 물론 북한 지방 경제 상황이 좋지 않기 때문에 그럴 수도 있겠지만 허례허식을 금지하는 정책 때문일 수도 있다. 그래도 신부는 신 한복 (조선치마저고리)을 입는다. 북한탈북자와 북한 통신 자료에 따르면 이 한복은 주로 분홍색이라고 했지만 실제는 다양한 색깔을 사용한다고 했다. 또한, 이 한복은 삼일복이라고 하기도 한다. 결혼한 지 몇 일 뒤까지 신부는 이 옷을 계속 입는다. 하지만 평양에서 온 탈북자는 결혼식을 한 후에 한복을 입지 않고 편안한 옷을 입었다고 했다. 신랑은 양복을 입는데 어떤 경우에는 군복도 입는다고 한다.

결혼의 의식에 대해 말하자면 다양한 관점이 있기 때문에 북한에서 정한 풍습이 없다는 결론을 내릴 수 있다. 북한 <문화대백과사전>에서는 다음과 같이 설명한다.

새서방잔치나 새색시잔치 할것없이 가까운 친척, 친우들이 모여 결혼을 축하해주고 간소하게 차린 음식을 나누는 것으로 끝낸다. 그리고 결혼을 기념하는 사진촬영을 하면서

---

[19] 전영선, 2005, <북한의 사회와 문화>, 도서출판역락, 197쪽.

즐겁게 보낸다. 결혼식을 진행한후 남자가 녀자를 안해로 맞아 자기집으로 데려간다.[20]

하지만 <북한의 사회와 문화>에서 전영선은 "특별한 주례가 없고, 주례가 사회를 겸하여 친구나 직장상사가 맡아서 결혼식을 진행한다… 신랑신부 맞절 등의 절차는 없다"고 보도했다. 신부집에서 결혼잔치를 한 3 일 뒤에 신랑 집에서도 한다. 그다음에 그 부부는 3~7 일 동안 휴식을 한다.[21] 그리고 국가가 집을 제공하기 때문에 그 집에서 혼인 생활을 시작한다.[22] 지방에서 살았던 탈북자의 경험에 의하면 결혼식은 상에 "닭을 우선 앞에다가 암탉 나요…여러 가지 수탉과 사과 한 스물 개 정도 네 4 개씩 높게 하고 고기 크고 돼지 머리와 같은것…그렇게 상을 놔요… 하지만 고난의 행군 때 옛날처럼 손으로" 물건을 만들지 않았고 조화로 사용한다고 말했다. 그리고 아침에 시아버지한테 술을 따라야 한다고 했다. 결혼잔치에서 술은 아주 중요한 부분이라고 지적했다. 사진도 같이 찍었다.

그래서 이 세 가지 다른 경험을 고려하면 지방과 시대마다 결혼의례가 다양하다는 것을 알 수 있다. 그래도 공통점이 몇 가지 있다. 첫째, 결혼식은 신랑과 신부의 집에서 따로따로 하는 것이 일반적이다.[23] 둘째, 결혼 잔치는 공휴일이나 주말에 한다. 셋째, 가족은 집에서 결혼을 위한 음식, 선물 등을 직접 손으로 만든다. 넷째, 사진을 찍는다. 다섯째, 1990 년대에 고난의 행군 때문에 잔치는 더 작은 규모로 했다. 마지막으로 앞에 언급하지 않았지만 결혼식을 하기 전에 부부는 근처에 있는 김일성의 동상 앞에 가서 절한다.

이제 대도시 결혼식에 관해 이야기하기로 한다. 북한에서는 평양, 개성, 함흥 등 대도시가 있다. 그러나 평양은 다른 도시보다 더 크고 중요해서 여기에서는 평양에서 치르는 결혼식에 대해 설명하겠다. 평양에 사는 주민의 대부분은 노동당 당원이기 때문에 다른 일반인보다 많은 특혜를 누리고 있다. 두말할 것 없이 경제적으로 더 잘살고 있고 지방보다 더 개방되어 있기 때문에 다른 나라의 문화를 더 쉽게 접할 수 있다. 이 덕분에 결혼식은 더 화려하다.

---

[20] "결혼," 조선대백과사전, 9 쪽.

[21] 박미석, 1999, "남북한의 가정생활," <남북한 사회문화 비교>, 숙명여자대학교 통일문제연구소, 94 쪽.

[22] 전영선, 2005, <북한의 사회와 문화>, 도서출판력락, 196 쪽.

[23] "조선사람들의 례법과 례식," KCNA, 2001/6/13.

일단 평양에서 결혼식은 집에서 하지 않고 주로 대중시설에서 한다. 평양 내에 경흥관, 문수식당, 청류관 등에서 자주 한다고 알려졌다.[24] 하지만 지방처럼 신랑과 신부 집에서 따로 한다는 자료를 찾지 못했다. 그리고 2012년에 선경종합식당이란 식당이 문을 열었는데 그 식당에서 하는 첫 결혼에는 김정은도 참석했다.[25] 남한과 마찬가지로 식당에서 음식을 제공한다. 이 식당 안에서 결혼잔치의 일정이나 진행법에 대한 내용이 거의 없지만 북한에서 제작된 <조선의 계절 민속>이라는 다큐멘터리는 평양 결혼식을 촬영했다. 그 장면에서는 예배당과 같은 건물에서 양쪽에 서 있는 사람들 사이에 한 어린 소녀와 소년이 통로를 걸어가고 신부와 신랑이 따라온다. 다음 장면에는 신랑은 은반지를 신부에게 주며 신부는 신랑에게 은손목시계를 준다. 이 동영상과 다른 자료를 분석하면 북한에서 결혼식을 치르는 정해진 방법은 없고 서양식의 결혼식도 허용되는 것을 알 수 있다.

혼례복에 대한 자료가 많다. 지방과 달리 평양에서는 신부가 무엇을 입는지가 아주 중요하다. 저자는 평양에 살았던 국제 구호원과 한번 대화했는데 그가 자기 사무실에 근무하는 여성들은 패션에 대한 관심이 많았고 패션 잡지도 열심히 읽었다고 말했다. 이 여성들은 결혼할 때에 예쁜 옷을 입으려는 심사였을 것이다. 조선중앙통신은 이것에 대해 다음과 같이 보도했다.

화려한 조선치마저고리차림은 의례히 사람들의 화제에 오르군한다. 기자와 만난 서성조선옷점 책임자 정영순(녀자, 49살)은 이렇게 말하였다…오늘에 와서 지난시기와 같이 칠보단장을 다 갖출 필요는 없다. 흔히 신부들은 결혼식날에 연분홍색치마저고리를 즐겨입는다. 그것은 연분홍색이 이른봄에 부풀어나는 꽃망울들의 색으로서 인생의 봄을 의미하고 신랑, 신부의 행복을 상징하기때문이다.

신부의 옷차림은 현시대에 맞게 하는것이 중요하다. 우선 결혼식옷차림은 민족성을 살리면서도 현대적미감에 맞게 색선정을 잘해야 한다. 무늬형상도 중요하다. 꽃무늬를 저고리의 깃과 소매, 치마폭에 수놓이 또는 판박이, 그림

---

[24] 전영선, 2005, <북한의 사회와 문화>, 도서출판역락, 196쪽.

[25] "새 거리에서 첫 축복을 받는 행운을 지닌 신랑,신부," KCNA, 2010/6/24.

등으로 새겨넣으면 신부의 옷차림을 보다 우아하게 할수 있다.[26]

이 기사와 같은 글은 '허례허식' 규제는 절대적인 법이 아니라는 것을 보여준다. 북한 웹사이트 우리민족끼리에도 결혼사진이 나온다. 그 사진에서는 여자는 연분홍색 한복을 입고 있고 머리에 흰 꽃을 달았다. 남자도 멋있는 한복을 입고 김일성 배지 아래에 아주 크고 화려한 부토니에를 달았다. 또한, 탈북자의 인터뷰 내용도 위와 같은 사실과 일치했다. 그녀는 결혼할 날에 미용실에 가서 머리를 예쁘게 했고 예쁜 연분홍색 한복을 입었다고 말했다. 미용실에서도 화장을 해주었다고 했다.

탈북자의 경험을 들어보면 그는 결혼 날에도 혼례복을 입고 밖에 나가 유명한 곳에서 사진을 찍었다. 처음에는 김일성의 동상에 가서 꽃도 놓고 사진 촬영을 하고 주체탑, 평양민속공원과 만수대예술극장앞 대분수공원 [27]과 같은 곳 앞에서 사진을 찍었다. 조선중앙통신과 우리민족끼리도 결혼사진을 찍을 장소에 대한 기사와 동영상을 담고 있다. 한 동영상에서는 영상을 촬영하며서 신혼부부는 결혼식을 기념하기 위해서 소나무를 심었다. 이 동영상에서도 신부는 화려한 한복을 입고 있고 큰 다이아몬드 귀걸이를 하고 진주 목걸이와 다이아몬드 목걸이도 걸고 있다. 신랑은 새 금시계를 차고 있다.

그래서 평양에 살았던 탈북자의 이야기와 이 자료를 비교하면 동일성이 있다. 또한, 지방과 비교한다면 평양에 사는 사람들이 훨씬 더 많은 특혜를 누리고 있다. 인터뷰 때 지방 사람과 평양 사람을 같이 인터뷰했다. 이 결혼 풍습과 다른 주제에 관해 이야기했을 때에는 지방 사람은 평양에서 결혼식을 그렇게 하는 줄 몰랐다고 했다. 북한에서는 외국과 국내 사이에 통신이 제한되어 있을 뿐만 아니라 지방과 중앙 사이에도 접촉이 차단되어 있음을 알 수 있다.

4.3 상례 (장례식)

세계 어느 곳에서나 마찬가지로 장례식은 엄숙하고 슬픈 의례다. 북한도 예외가 아니다. 탈북자들은 장례식에 대해 이야기했을 때 경건하게 이야기를 나누었다. 이 정서 때문에 장례식에 관한 자료는 다른 의식보다 부족하다. 그리고 가족 장례에 대해 이야기했지만

---

[26] "조선녀성들의 결혼식옷차림," KCNA, 2013/5/6.

[27] Ibid.

김일성의 사망이 그들의 삶에서 충격적인 사건이었기 때문에 몇 번이나 그 장례식도 언급했다. 김일성의 사망을 두고 이들은 태양이 하늘에서 떨어진 것처럼 느꼈다고 했다.

북한에서 지방마다 다르지만 기본적으로 삼일장을 한다. 사람이 사망한 후에 시신의 옷을 벗기고 시신을 씻는다. 그다음 시신에 새로운 옷을 갈아 입힌다. 옛날에는 특별한 옷으로 갈아 입혔는데 더 간략한 의례를 하기 위해 수수한 새 옷을 사용한다. 지방에서 이 과정과 장례식을 주로 집에서 한다. 반면에 평양에서는 장례식장이나 병원에서 한다. 그래도 지방이나 도시 구별 없이 "필요한 물자들은 국가에서 지급하는데, 병원이나 해당 진료소에서 사망진단서를 발급받아 장례비와 술 등의 물자를 관혼상제 상점에서 구매하여 사용한다."[28]

다음에 탈북자 말에 따르면 "편안하게 절하기 위해⋯시신을 집에서 가장 편안한 방에 놓아요"라고 했다. 친지는 그 방에 모여 하객을 맞는다. 남자는 시신 바로 옆에 있고 여자는 조금 더 뒤에 서 있다. 조문객들이 와서 세 번 절하고 그 가족에게 조의를 표현하고 부조를 준다. 물론 고난의 행군이나 다른 어려운 시절에는 부조를 줄 필요가 없었다. 그리고 한국 사람들은 이미 알고 있지만 사람들이 절하는 동안 많이 울고 곡을 한다. 서양에서는 그런 관습이 드물지만 한국에서는 일반적이고 북한에서도 한다. 그리고 만약에 밤에도 조문객이 있을까봐 남자는 계속 자리를 지킨다. 그리고 한 사람이 피곤할 때 다른 사람이 와서 자리를 바꾼다.

옛날 가족은 상복을 입었는데 현재에도 입는다. 지방 사람들은 흰 옷을 입는다. 어떤 경우에 남자는 검은 양복을 입을 수도 있지만 여자는 흰 한복을 입는다. 반면에 평양에서 탈북자는 검은 옷을 입는다고 한다. 이번에도 지방에서 온 탈북자와 평양 탈북자는 상중에 서로 다른 옷을 입는 줄을 몰랐다. 그런데 김일성의 장례식을 보면 여자는 주로 흰 블라우스를 입었고 머리에 흰 리본을 단다.[29] 그리고 학생은 교복을 입고 젊은 여자들도 머리에 흰 리본이 있었다. 물론 이 장례식은 특별한 사례이기 때문에 일반 장례식과는 다를 가능성이 높다.

삼일장을 치른 뒤에 시신을 매장한다. 북한에서는 개인 소유 땅이 없기 때문에 개인 묘지는 없지만 지방에는 공동묘지가 있다. 탈북자는 사람이 죽기 전에 묘지를 선택한다고 했다. 그래서 많은 사람들은 그들의 부인이나 가족 옆에 장사되었다. 그리고 갑자기

---

[28] 전영선, 2005, <북한의 사회와 문화>, 도서출판역락, 198-199 쪽.

[29] Ibid 198.

사망한 경우에 가족이 묘의 장소를 정한다. 묘를 고를 때 오랫동안 풍수지리는 미신이라고 여겨져서 사람들은 풍수지리를 무시했지만 탈북자는 묘를 선택할 때 동향에 경치가 좋은 곳이 묘지에 좋다고 했다. 따뜻하기 때문이다. 그리고 한 5~10년 뒤에 가족들에게 안 좋은 일이 일어나면 이장하는 경우도 있다고 했다. 또한, 땅이 부족하면 합장도 한다.

시신을 매장할 때는 미리 가서 풀을 자르고 묘를 깨끗이 한 뒤에 시신을 묻는다. 그때 가족은 다 모여서 묘 위에 술을 붓는다. <문화대백과사전>에 있는 '상제' 기사에 따르면 "조객들은 령구앞에서 고인을 추모하여 묵상을 하거나 절을 한 다음 상제에게 인사말을 한다."고 한다. 평양 주변에도 공동묘지가 있지만 현재 대부분은 화장한다. 그래도 옛날 묘가 있기 때문에 추석과 설날에 많은 사람들이 이 묘지에 가고 교통 체증도 있다고 한다. 한 탈북자는 남편이 세상을 하직한 후에 화장해서 중앙묘지에 묻었다고 했다. 그리고 추석 때마다 그곳을 방문했다고 증언했다.

4.4 제례 (제사)

옛부터 한국에서는 제사가 의례 중에 큰 비중을 차지했다. 6·25 전쟁 이후 남한의 급격한 현대화 과정에서 제사도 많이 변했다. 북한에서도 제사를 지내는 방법이 많이 변했다.

사실 북한 제사에 관한 자료 간에 일치하지 않은 부분과 이견이 많다. 예를 들면 냉전 시대에 출간된 자료는 북한을 제대로 묘사하는 목적보다 공산주의 체제를 비판하는 목적이 있기 때문에 편견이 있다. 1988년에 쓴 <북한 관혼상제 풍습의 참모습>은 제사나 다른 의례를 제한하는 법을 자세히 설명하지만 결론적으로 그 저자는 "북한 주민들은 생활 형편상 제사를 거의 지내지 못한다."라고 주장했다.[30] 반면에 6.15 선언과 햇볕정책 때문에 남북한 통일을 바라보는 시각에서 북한을 다루는 문헌이 출판되었다. 이 문헌은 지역, 사상과 체제 차이를 무시하고 풍습이 우리와 별다르지 않다고 내세운다.[31] 그리고 두말할 것도 없이 북한 자료에는 강한 선전 요소가 포함되어 있다. 하지만 이 여러 가지 자료와 탈북자의 경험을 비교해 살펴보면 북한에서 제사를 어떻게 지내는지를 대충 알 수 있다. 북한이 반유교 사상운동을 추진했기 때문에 제사의 중요성이 약해졌지만 이런 변화에도 불구하고 현재 북한 사람들은 제사를 정기적으로 지낸다.

---

[30] 박재후, <북한 관혼상제의 참모습>, 1988, 125 쪽.
[31] 김상수, <북한 사람들에게 듣는 북한 이야기>, 여백미디어, 2005, 211 쪽.

초기에 북한 정부는 제사를 많이 규제했다. [32] 하지만 북한 사람과 대화했을 때 평생 제사를 지냈다고 말했기 때문에 북한 정부는 이 규제를 적극적으로 강요하지 않았던 것 같다. 김일성과 김정일도 이 사실을 다음과 같이 강화했다. 김일성은 "제사를 지내는 것은 죽은 사람을 잊지 않기 위한 것입니다."라고 말했고 [33] 김정일은 "인민들이 청명날이나 추석날에 조상의 묘를 찾아가 잔디도 입히고 조의를 표시하는데 대하여 계속 장려하여야 한다." 라고 덧붙였다. [34] 그리고 공식적으로 북한은 "제사는 본래 죽은 사람을 잊지 않는 추모의례로 생겨난 것이었지만 그 후 유교 도덕과 조상숭배관념이 [35] 결합되어 환상적이며 관념론적이고 미신적이며 허식적인 격식들과 내용을 많이 담게 되었다."[36] 그래서 북한 정부는 제사를 지내는 것을 장려하지만 다만 조상숭배를 위한 의례를 한다면 안 된다는 것이다.

제사는 연간 약 5~6 번을 치른다. 태양절, 설날, 단오, 청명, 추석과 각 조상의 사망일(시제)에 한다. [37] 그중에 추석이 가장 큰 제사이기 때문에 이 논문은 추석에 주목하겠다. [38] 추석은 남한과 달리 단 하루이다. 지역마다 제사를 지내는 법이 다르지만 추석 전날 저녁에 가족이 모여서 제사 음식을 준비한다. 그러나 여자만 일한다. 그 다음 날 가족은 일찍 일어나 가족 묘에 간다. 지방에는 차가 별로 없어서 대부분은 걸어가지만 평양에서는 차와 대중교통이 있어서 교통 체증이 심하다. 그리고 김정일이 언급했듯이 묘에 잔디를 입힌다. 남한에서 벌초를 하는 것과 같은 의미라고 할 수 있겠다.

잔디를 입힌 후에 묘 앞에 영정을 놓고 준비된 추석의 햇곡식 (설날이나 시제에 떡이나 그 사람의 좋아하는 음식)을 상이나 제단에 올려놓는다. <조선의 계절 민속> 다큐멘터리에서는 제사 장면에서 술, 배, 사과, 닭, 순대와 여러 가지 떡을 차려 놓았다. 그리고 두 가지 절을 보여주었는데, 하나는 상절이다. [39] 예를 들면, 평양과 같은

---

[32] 박재후, <북한 관혼상제의 참모습>, 1988, 125 쪽.

[33] 김일성 저작집 29 권 36 쪽.

[34] "민족의 전통을 귀중히 여기신 절세의 애국자," KCNA, 2013/4/5.

[35] 탈북자도 북한에서 김일성 숭배 외에 다른 조상숭배가 없다고 말했다.

[36] 김종혁, 2002, <조선의 관혼상제>, 252 쪽. 이 저저의 말에 따르면 현재 북한은 북한 조선 전에 있는 본래 전통을 돌아오려고 한다.

[37] 해마다 자녀는 부모나 조부의 사망일에 묘에 가서 간단 제세를 지낸다. 한 탈북자는 그의 남편이 사망하고 화장한 후에 매년마다 그의 묘에 가서 간단한 제사를 지녔다고 했다.

[38] 제사 종류 중에 추석이 속절제라고 한다. 조선문화대백과사전, 330 쪽.

[39] 상절 모습은 김일성 동상 앞에서 많이 볼 수 있다.

현대화된 도시에 사는 가족들이 양복이나 드레스를 입고 묘에 꽃을 놓고 서서 고인을 위해 묵도하고 절하는 것이다. 다른 한 가지 절은 전통식이다. 다큐에서 이를 다음과 같이 설명했다. "추석 음식을 보기 좋게 차려 놓고 묘 앞에서 향을 피우고 술을 따르고 절을 하는 등 사람들은 예로부터 조상을 잊지 못해 하는 미풍 풍습을 지켜야 합니다." [40] 나이가 가장 많은 남자부터 여자까지도 절을 한다. 영상에서 할아버지는 무릎을 꿇고 술 한 잔을 손에 들고 묘 위에 손으로 공중에 수평원을 그리고 난 후 술을 묘에 붓고 절을 세 번 한다. 탈북자도 이와 비슷하게 절한다고 했다.[41] 제사를 끝낸 후에 가족은 음식을 먹는다. 탈북자들은 추석과 단오가 특히 즐거운 시간이었다고 말했다.

5. 결론

이 논문에서 북한의 전통 의례를 살펴보았다. 그 의례는 바로 백일, 돌잔치, 혼례, 상례와 제례다. 일제강점기부터 관례는 하지 않았기 때문에 이 논문에서 관례 대신 백일과 돌잔치에 대해 논의했다. 첫째, 백일과 돌잔치는 가정 중심으로 이루어지고 잔치에서 직접 손으로 만든 백설기 떡을 먹으면서 새 아이의 탄생을 기념하고 돌잡이를 한다. 둘째, 북한 결혼식은 방법이 다양하지만 이 의례도 가족중심이며 신부와 신랑 집에서 결혼잔치를 진행하거나 평양에서는 지방보다 더 화려한 결혼식을 집이 아닌 장소를 빌려서 한다. 셋째, 상례는 집에서 삼일장을 치른 후에 공유지 무덤에 장사한다. 넷째, 조상을 잊지 않기 위해 제례를 일 년에 4~6번 하고 그때 묘 앞에 제사 음식을 잘 차려놓고 절한다.

이러한 의례를 남한과 비교하면 가장 큰 차이는 규모다. 필자는 북한 탈북자에게 북한 의례에 대해 처음 물어봤을 때 그들은 첫 대답은 규모의 차이였다. "진행 방법은 비슷하지만 규모가 더 작다."라고 말했다. 또 한 가지 차이점은 북한의 고립된 상태 때문에 평양을 제외한 다른 지역에서는 전통 의례가 간소화되었지만 다른 문화의 영향을 받지 않고 잘 보존되었다. 반면에 평양에서는 사람들이 다른 문화에 상대적으로 더 쉽게 접근할 수 있고 지방보다 더 많은 특혜가 있기 때문에 전통에서 벗어난 현대적 의례를 치르고 있었다. 특히 평양 사람들은 결혼식을 할 때 전통 결혼식을 하지 않고 서양식 결혼식을 자주 하는 것 같다. 그다음 차이점은 북한에서

---

[40] <조선의 계절 민속>, 내나라비데오제작소, 1994.

[41] <북한 사람들에게 듣는 북한 이야기>에서도 저자와 인터뷰한 탈북자도 같은 경험을 가졌다. 216 쪽.

남한과 다른 의례 용어를 쓴다는 것이다. 예를 들면 함은 '납폐'라고 하고 결혼식은 '새서방잔치'나 '새색시잔치'라고 한다. 그러나 남한에서도 지역마다 사투리가 있기 때문에 용어 차이는 제도 차이보다 지역방언 차이일 수도 있다.

이 북한 의례의 관찰을 통하여 북한 정권에 대한 새로운 사실이 밝혀졌다. 북한 초기(1950 년대)에 정부는 의례를 규제하려고 했지만 결국 그 법을 충분히 시행하지 못해서 정부는 의례의 간소화를 장려했다. 북한 정부가 추진한 간소화와 북한의 궁핍한 상태는 결과적으로 더 작고 간단한 의례를 유도했다. 북한 정부는 허례허식을 금지했다고 주장했지만 평양의 결혼식과 다른 의례를 본다면 돈이 있는 부유층은 가능한 한 잔치를 큰 규모로 했다. 그리고 만약 결혼식이 '허례허식'이었더라도 정부는 규제를 하지 않는 것 같다. 그래서 정부는 북한에서 사상적 이유로 과도한 의례를 하지 않는다고 보도하지만 가난때문에 그렇게 하지 못 하는 것이지 돈이 있는 사람들은 돌잔치나 결혼식을 화려하게 한다. 이러한 면에서 의례는 북한에서 상대적으로 자유롭다.

의례를 통해서 하나 더 밝혀진 것은 고난의 행군의 영향이다. 김일성이 죽고 1990 년 중반의 북한 사람들은 고난의 행군을 겪으면서 의례의 규모는 많이 간단해졌지만 북한 정부는 장마당을 허용했기 때문에 암시장을 통해 의례를 위한 음식, 술, 옷 등을 살 수 있었다. 그래서 나중에 경제 상황이 좋아지기 시작했을 때 상대적으로 규제 없는 분위기에서 의례가 변하게 되었다. 예를 들면 사주보기가 더 흔한 일이 되었고 '련애' 결혼이 더 빈번해 졌다. 그리고 평양에서는 서양식 결혼식이 더 많아진 것 같다. 또 한 가지 변화는 고난의 행군 뒤에 의례의 질이 좋아진 것 같지만 참여하는 하객이 줄어들었다는 것이다. 그리고 의례를 살펴봄으로써 평양과 지방의 차이를 뚜렷하게 볼 수 있었다. 평양에서 의례를 더 큰 규모로 할 뿐만 아니라 다른 형식으로 치른다. 예를 들어 지방 장례식에서 흰 옷을 입고 평양에서 양복이나 드레스를 입는다는 것이다. 또한, 밝혀진 것은 탈북자들은 명절이나 의례가 아주 즐거운 것이었다고 회상한다. 그들이 이 추억을 나누고 다른 탈북자와 비교하면서 많이 웃었고 소박하지만 가족과 함께 보내는 그 시간들을 그리워하는 것 같았다.

이 의례를 살펴봄으로써 일반 북한 주민들이 의례를 어떻게 지내는지를 볼 수 있었다. 또한 원래 많은 사람들은 북한 정부가 북한 주민의 삶에 많이 개입했다고 생각했지만 의례에서는 북한 사람들은 규제에서 잠깐 동안 벗어나 가족끼리 즐거운 시간을 가질 수 있다. 또한, 보통 북한 자료나 탈북자의 경험을 연구할 때

김일성이 모든 것에 언급되어 있지만 놀랍게도 의례에 관한 한 북한 자료에서는 김일성과 그의 후계자들이 자주 언급되지 않았다. 이러한 측면에서 의례가 북한에서 특별한 위치를 차지하고 있다고 할 수 있다.

이 논문의 한계점에 대해 말하자면 위에서 언급한 바와 같이 직접 의례를 치르는 모습을 볼 수 없었다는 것이다. 만약 필자가 북한의 의례를 경험할 수 있었다면 더 구체적인 요소들을 서술할 수 있었을 것이다. 그리고 더 많은 수의 탈북자를 인터뷰할 수 있었다면 이 논문의 질적향상에 기여했을 것이다. 아마 탈북자의 의례에 대한 추억을 적는 일은 미래에 북한을 이해하는 데에 도움이 될 것이다. 이 연구에서는 명절에 대해서는 다루지 않았기 때문에 앞으로의 연구에서는 북한 명절의 의례를 살펴보았으면 한다.

참고문헌

김상수. 2005. <북한사람들에게 듣는 북한 이야기>. 여백미디어: 서울.

김종혁. 2002. <조선의 관혼상제>. 중심: 서울.

박미석. 1999. "남북한의 가정생활." <남북한 사회문화 비교>. 숙명여자대학교 통일문제연구소: 서울.

박재후. 1988. "북한 관혼상제의 참모습." 북한연구소. 198 권.

유덕선. 1996. <관혼상제대전(冠婚喪祭大典)>. 시난라: 서울.

전영선. 2006. <북한의 사회와 문화>. 역락: 서울.

주강현. 2000. <북한의 우리식 문화>. 당대: 서울.

조선대백과사전. 1996. 박과사전출판사. 인쇄소 평양종합인쇄공장.

조선민주주의인민공화국 사회주의헌법, 1998/9/5. http://www.kcna.co.jp/honbeb/honbeb.htm.

<조선의 계절민속>. 1994. 내나라비데오제작소.

"4 년만에 받은 결혼상에 깃든 이야기." 로동신문. 1996/12/4.

"고구려사람들의 고상한 결혼풍습." 로동신문. 주체 96 2007/9/16.

"고상하고 건전한 결혼풍습." 로동신문. 주체 97 2008/12/14.

"만사람의 축복속에 받은 사랑의 결혼상." 로동신문. 주체 95 2006/5/7.

"소박하면서도 인상깊은 결혼식." 로동신문. 주체 97 2008/12/2.

"영예군인의 결혼식날에." 로동신문. 주체 91 2002/6/10.

"창전거리의 새 경사 – 뜻깊은 첫 결혼식." 로동신문. 주체 101 2012/6/25.

"로동신문 다민족, 다인종사회론은 민족말살론." *KCNA.* 2006/4/27.

"민족의 전통을 귀중히 여기신 절세의 애국자." KCNA. 2013/4/5.

"새 거리에서 첫 축복을 받는 행운을 지닌 신랑, 신부." KCNA. 2010/6/24.

"조선민족의 청명풍습." KCNA. 2013/4/5.

"조선녀성들의 결혼식옷차림". KCNA. 2013/5/6.

"조선사람들의 례법과 례식." KCNA. 2001/6/13.

"조선사람의 성과 본." KCNA, 2011/3/4.

"조선인민의 아름다운 생활풍습." 조선중앙통신. 2003/11/22.

William, T. B. and Ebrey, P. 1989. *Neo-Confucian Education: The Formative Stage*. University of California Press: Berkeley. Pages. 277-306.

Meyers, B.R. 2012. *The Cleanest Race*. First Melville House: New York.

Moon, Katherine H.S. "Love and Marriage in North Korea." *Project Syndicate*.
http://www.project-syndicate.org/commentary/love-and-marriage-in-north-korea-by-katharine-h--moon.

Written by Jun Soo-yeon and Lee Ji-eun, translated by Sandy Kim *NK Radio*. "[News] Marriage is Forbidden while Serving in North Korean Military." Open Radio for North Korea.
http://nkradio.cafe24.com/bbs/view.php?id=public_news_eng&page=1&sn1&divpage=1&sn=off&ss=on&sc=on&select_arrange=headnum&desc=asc&no=237.

한국의 에너지 전망: 중·인·러·일·미를 둘러싼 지정학적 에너지수급 추이의 영향

타히라 비라니 (TAHEERA VIRANI)

MA, Korean for Professionals, University of Hawai'i at Manoa, 2014

SOUTH KOREA'S ENERGY PROSPECTS: INFLUENCE OF THE GEOPOLITICAL SHIFT OF ENERGY SUPPLY AND DEMAND BETWEEN CHINA, INDIA, RUSSIA, JAPAN, AND THE UNITED STATES

The global geopolitical shift in energy supply and demand will affect South Korea's energy policies. Located in Northeast Asia and severely lacking in energy resources, South Korea imports 96.5% of its energy with around 86% from the Middle East. South Korea's energy imports from the Middle East have steadily increased since the 1970s and are projected to remain highly dependent on the Middle East despite South Korea's green energy policies and recent efforts to increase use of natural gas. South Korea procures its petroleum from the Persian Gulf via shipping lane and has relied on the United States to protect its imports through the Indian Ocean and the Strait of Malacca. However, the United States' waning influence in Eurasia, a potential triangular alliance between Russia, India, and China, and shift of American interest towards North America may put South Korea's oil imports in an unstable position. In this situation, the United States must either expand its naval bases in Oceania or South Korea must form an alliance with Japan to ensure the safety of its oil imports. South Korea must also continue its green energy policy efforts and develop its nuclear energy program to escape from any potential oil shocks that may affect its economy.

1. 서론

오늘날 에너지 자원은 인간의 삶을 편리하게 하는 필수적인 요소이다. 석유, 액화 천연가스(LNG) 등의 에너지 자원이 없었다면 대다수 국가에서는 경제 발전뿐만 아니라 국가의 존립을 유지하는 것도 불가능했을 것이다. 한국의 경제력은 세계적인 수준이지만, 에너지 및 자원 국내 보유량은 상당히 부족한 실정이다. 한국은 1970 년도부터 급격히 경제 발전을 이루는 과정 중 1 차 에너지 자원을 대규모로 수입하기 시작했다. 한국의 녹색 성장 홍보 활동 및 대체 에너지 개발의 추진 노력에도 불구하고 여전히 막대한 양의 에너지가 수입되고 있으며 앞으로도 이러한 수요가 유지될 것으로 예측된다. 이는 한국의 경제발전상 최대의 약점으로 고려될 수 있다.

한국은 1차 에너지 총수입의 86%를 중동으로부터 수입한다 (U.S. Energy Information Administration 2013). 그 첫번째 이유는 페르시아만의 대규모 생산 능력과 미국-중동 간의 역사적인 관계 및 한미 관계와 관련된다. 중동은 전 세계의 대부분의 에너지 자원을 보유하고 있다 (Calder 2012, 101). 이란, 이라크, 쿠웨이트, 오만, 카타르, 사우디 아라비아, 아랍 에미리트와 같은 페르시아만 주변에 있는 산유국들은 에너지 수출 중심 경제에 의존하는 탓에 에너지 자원의 수출에 상당한 열의를 보이고 있다. 특히 한국은 주로 사우디 아라비아와 쿠웨이트로부터 에너지 자원을 수입한다 (U.S. Energy Information Administration 2013).

한국이 중동으로부터 상당히 쉽게 에너지를 수입할 수 있는 두 번째 이유는 미국-중동 간의 역사적인 관계 때문이기도 하다. 미국은 중동에 정유회사를 설립하였고 OPEC (Organization of the Petroleum Exporting Countries) 이 형성될 때까지 오랫동안 석유 시장을 독점하였다. 1990년에 조지 부시 정부가 걸프만 전쟁을 시작한 이유가 석유확보를 위함이었음은 분명하다. 최근 미국의 아프가니스탄과 이라크와의 전쟁은 미국의 에너지에 대한 국익을 확보하기 위함이라는 논란이 있다. 아프가니스탄의 경우에 미국은 9.11 사건 이후에 오사마 빈 라덴을 찾기 위함이라고는 하였지만, 아프가니스탄의 지리적 위치를 고려할 때 미국이 아프가니스탄을 통제해야 중앙아시아로부터 파이프라인으로 에너지를 수입할 수 있다는 점도 지적하지 않을 수 없다. 한편 이라크의 경우에는 사담 후세인과 대량 살상 무기를 없애고 이라크의 민주화와 자유화를 위한다는 명분으로 전쟁을 시작하였다. 그러나 그 당시 석유에 대한 수요가 세계적으로 상당히 높았으며, 이라크의 석유 시장을 확보하는 것이 미국에 유리하게 작용했을 것이라는 또 다른 논란이 있다 (Barnett 2006). 따라서 미국은 지난 수십 년간 중동에 대한 개입을 지역안정화라는 개념으로 합리화하는 한편 미국의 주된 국익이라고 할 수 있는 석유 수급을 안정적으로 도모할 수 있었다.

한국은 작은 국가 규모 탓에 미국만큼 많은 에너지를 수입할 필요는 없지만, 필요한 에너지는 미국과의 관계를 통해 확보해왔다. 한국은 미국의 동맹국으로서 페르시아만에 해상 교통로에 안전하게 접근할 수 있다. 왜냐하면, 현재 그 주변에 미국의 해군병력이 주둔하고 있기 때문이다. 한국은 이라크 전쟁 때 중동에 미국과 영국의 다음으로 가장 큰 규모의 병력을 파병하여 이러한 이점을 더욱 공고히 할 수 있었다. 즉, 한국은 이라크 파병을 통해 미국과의 강력한 관계를 유지하고 미래에 필요할 석유를 확보할 수 있었던 것이다 (Hwang 2004). 이러한 분석은 에너지 해외 의존율이 높은 한국에서 중대한 국가적 결정을 내릴 때, 에너지 수급이 상당히 중요한 요인으로 작용함을 시사한다.

한편 미국이 이전부터 중동의 에너지 자원 시장에 깊이 관여하고 있던 상황은 점차 변화의 국면을 맞이하고 있다. 최근 미국을 비롯한 서구권 국가에서 셰일가스와 같은 저렴한 대체 에너지 공급이 증가하고 있기 때문에 해당 국가들의 1 차 에너지 자원의 수입 의존도가 감소하고 있다. 반면, 아시아 지역의 석유와 천연가스에 대한 수요는 현재 최고치를 기록하고 있다. 중국과 인도 같이 지정학적으로 중요한 국가들의 발전은 이 수요를 수십 배로 증가시켜 왔고 이 증가 추세는 당분간 지속될 것으로 예상된다.

에너지 자원의 수급에 대한 이러한 변화는 유라시아 지역의 지정학적 특성을 바꿀 가능성이 높으며 전세계적으로 다른 지역에도 영향을 미칠 수 있다. 이러한 미국의 변화는 페르시아만 주변 석유 국가의 에너지 정책의 중심점이 자연스럽게 아시아로 이동하게 만들었다. 중국과 인도는 자국 경제 부상을 유지하기 위해 에너지 수입에 크게 의존하고 있어 페르시아만 석유 국가들에게는 새로운 시장으로 여겨지고 있다. 그러나 에너지는 각국의 경제활동에 있어 필수적인 자원이기 때문에 세계 각국은 자국의 국익을 위해 석유를 확보하려고 하며 이러한 이유로 각국 간 석유의 수급은 더이상 단순한 경제적 교류가 아니다. 특히 중동 지역의 불안정성이 높기 때문에 다국적 안보 기구의 설립 또는 국가 간에 관계 강화를 위한 노력이 필요하다. 특히 중국은 다른 개발 도상국에 진출하여 기반 시설을 건설하거나 전략적으로 파이프라인을 설치하는 등의 방법을 통해 자국의 영향력을 키우고자 노력하고 있다. 한편 미국은 중국을 지속적으로 지켜보며 군사적으로도 견제하고 있다.

그러나 아시아에서의 에너지에 대한 급격한 수요 증가는 또 다른 에너지 보유 국가에 영향을 미칠 것이 분명하다. 특히 러시아는 블라디미르 푸틴 대통령의 통치하에 에너지 수출을 중심으로 하는 쪽으로 변화하고 있어 이 지정학적 변화에 상당히 중요한 역할을 한다. 카자흐스탄을 포함한 일부 중앙아시아 국가는 이전 소련의 위성국으로서 아직 러시아의 세력권 내에 있어 독자적인 영향력이 비교적 미미한 편이나 이 국가들도 에너지 시장에 진출하기 시작했다. 중국은 중동에 의존하던 에너지 수입이 말라카해협 (Strait of Malacca) 주변의 미국 해군에 의해 막힐 위험성을 고려하여 러시아와 중앙아시아 자원에서 에너지 수입의 대안을 찾고자 한다 (Calder 2012, 165).

한국은 중동과의 계약을 통해 중동 지역에서 주로 에너지 수요를 충당하여 왔으나, 최근에는 중앙아시아를 비롯해 여러 지역으로부터 에너지를 수입하기 위해 노력하고 있다. 지금까지는 중동에 관한 한국과 미국의 국익이 비교적 일치했기 때문에 한국의 에너지 수입이 안전한 편이었으나, 최근 미국이 점점 자급자족하면서 그렇지 않을 가능성도 있다. 본 논문은 변화하는 에너지 지정학 (energy geopolitics)을 반영하는 정책이 마련되어야 할 필요성을 고려하며 다음과 같은 세 가지 연구 목적을 제시한다. (1) 첫째, 한국의 에너지 의존의 현황, (2) 둘째, 에너지 자원의 지정학적 변화 속에서 중국, 인도, 러시아와 미국의 역할의 현황 (3) 세째, 장기적으로 이 지정학적 변화가 한국에 미칠 수 있는 영향에 대해 다룰 것이다. 본 논문은 에너지 수급변화의 주요 역할국들이 아닌 한국을 중심으로 분석[1] 하고 설명하고자 한다.[2]

2. 한국의 1 차 에너지[3] 의존

한국은 매우 작은 규모의 국가이다. 특히 이웃 국가인 중국과 러시아에 비해 한국의 국토 규모는 비교할 수 없이 작다. 한국 전쟁 이후에 한반도가 분단되었지만, 엄밀히 말하자면 한국은 여전히 유라시아 대륙에 속한다. 북한의 수많은 위협에도 불구하고 한국은 1970 년도부터 급속히 경제 발전을 시작하였으며 몇십 년만에 세계 13 위의 경제 대국이 되었다 (Calder 2012, 193). 이러한 경제 성장은 에너지 수요를 크게 증가시킨 바, 이 장에서는 먼저 한국의 에너지 수요에 대해 구체적으로 살펴 본다.

한국이 보유하고 있는 에너지 자원의 종류는 그리 많지 않다. 한국은 사실상 한 가지 천연 자원만 비교적 풍부하게 보유하고 있었는데 그것은 바로 무연탄이다. 무연탄은 한국에서 1980 년도까지 주요 에너지원으로 사용되었다. 그러나 그 이후 국내 채광 경비가 높아져서 호주로부터 역청탄을 수입하였고 무연탄 사용량이 감소하였다 (Kim, Shin, and Chung 2011, 6882-5). 한편, 한국과 중국의 해상 경계선 주변에 천연가스가 매장되어 있을 가능성이 있으나, 한국이 그 자원을 얻기 위해서는 중국과의 마찰을

---

[1] 켄트 칼더(Kent Calder)의 <The New Continentalism>은 이 분석의 토대가 된다.

[2] 지정학적 이론을 현대화하는 로버트 캐플란(Robert Kaplan)의 <The Revenge of Geography>가 이 설명의 뒷받침이 된다.

[3] 1 차 에너지란 태양열, 조력, 파력, 풍력, 수력과 지열을 비롯한 자연계열, 석탄, 석유, 천연가스를 비롯한 화석계열, 핵에너지계열인 원자력(우라늄) 등 자연으로부터 얻을 수 있는 에너지를 의미한다.

감수해야 하고 이는 현실적으로 미국의 도움이 없이는 거의 불가능하다.

이전까지 한국은 국내 자원만을 이용해 생존할 수 있었지만, 이제는 세계 경제에서 살아남기 위해서 다른 국가의 에너지에 의존할 수밖에 없다. 왜냐하면, 한국뿐만 아니라 세계 여러 국가들이 막대한 생산량을 유지하기 위해서는 에너지 자원이 더 필요하기 때문이다. 한국은 보존 에너지 자원이 부족해지고 경제 규모가 증가하면서 에너지를 수입하기 시작했다. 한국의 에너지 구조는 천연가스보다 석유 중심의 구조이다 (U.S. Energy Information Administration 2013). 페르시아만은 '마지막 수출국 (supplier of last resort)' (Calder 2012, 104)으로 고려될 만큼 세계적으로 가장 풍부한 양의 석유 자원이 매장되어 있다. 한국은 1970 년도부터 페르시아만 산 석유를 대규모로 수입하였는데 20 세기 말 석유화학과 조선업의 발전으로 인해 한국의 석유 수입은 지속적으로 증가해왔다. 인구 증가율이 낮아짐에도 불구하고 한국의 에너지 소비량은 1998 년에 비해 2005 년에 4.7% 증가하였다 (Kim, Shin, and Chung 2011, 6883).

한국의 에너지 소비와 1 인당 사용은 꾸준히 증가해왔다. 한국경제가 성장 궤도에 오르기 시작하였던 1980 년도에 한국의 에너지 연평균 성장률은 8.2%, 1 인당 에너지 사용의 성장률은 7.0%에 달하였다. 특히 한국의 에너지 소비는 1981 년 45.7 톤에서 2009 년 242.2 톤으로 상당히 짧은 시간 안에 급격히 증가하였다. 2006 년에 한국의 석유 수입 비용은 한국의 전체 수입 비용의 4 분의 1 을 차지하였다 (Kim, Shin, and Chung 2011, 6883-7). 이는 한국과 중동의 밀접한 경제 관계와 중동에의 석유를 포함한 에너지 의존을 시사한다.

하루에 2 백 2 십만 배럴의 원유가 사우디아라비아의 라스타누라스 (Ras Tanuras)로부터 한국 남쪽의 여수나 울산 정유소에 배송된다 (Calder 2012, 34). 한국의 정유 산업은 세계 6 위의 규모이다 (U.S. Energy Information Administration 2013). 한국은 국내 소비량보다 더 많은 양의 석유를 정유하며 국내 소비량 이외의 석유를 세계 곳곳으로 수출한다 (Kim, Shin, and Chung 2011, 6887). 정유소를 거친 석유는 한국의 국내 파이프라인을 통해서 서울을 비롯한 도시로 보내진다.

한국의 1 인당 에너지 사용량이 증가한 현상은 한국의 경제 번영에 기인하기도 한다. 예를 들어, 한국 경제가 발전하면서 1 인당 소득이 증가함에 따라 많은 가구가 대중교통 대신 개인 자가용을 이용하게 된다. 한국의 자동차 수는 1983 년~1997 년의 외환위기

전까지 연평균 25%로 급격히 증가하였다 (Kim, Shin, and Chung 2011, 6884). 이는 석유 사용을 증가시켰으며 동시에 페르시아만 석유에 대한 의존을 높이는 결과를 낳았다.

한국이 지속적으로 석유에 크게 의존해 왔기 때문에 천연가스 활용도는 상대적으로 저조한 편이다 (Calder 2012, 190). 한국이 수입한 석유의 일부분은 가정 난방을 하기 위해 사용되지만, 대부분의 석유는 산업시설에서 사용된다. 한국 경제가 발전하는 과정에서 조선업을 비롯한 중공업 분야에서 사용하는 엔진의 특성상 경유 사용이 크게 증가하여 전반적인 석유 수입량이 증가하게 되었다. 심지어 한국의 산업 분야는 총 수입 에너지의 58%를 사용한다 (Kim, Shin, and Chung 2011, 6886).

한국은 석유에 대한 의존을 완화시키기 위해 1987년에 평택에 천연가스 터미널을 건설한 이후에 본격적으로 천연가스를 수입하기 시작하였다. 1987년에 2백만 톤의 천연가스를 인도네시아로부터 수입하였고, 천연가스 소비는 1987년 3.1%에서 2007년 14.7%로 증가하였으며 이후 인천과 통영에서도 천연가스 터미널이 건설되었다. 실제로 천연가스는 일반 주택과 상업 분야에서도 점점 일반적으로 사용되고 있는 추세이다. 1990년도 이후에 공업 분야에서 사용하던 석유 엔진은 점점 천연가스를 같이 사용할 수 있는 혼성 엔진(dual engine)으로 대체되고 있다. 그리고 공업 분야에서도 천연가스가 등장하고 있다 (Kim, Shin, and Chung 2011, 6885-7). 이는 한국의 중동에 대한 에너지 의존을 줄이기 위한 노력이라 볼 수 있지만, 천연가스는 15~20일분 밖에 비축할 수 없는 점을 고려하면 한국은 또 다른 대책을 마련할 필요가 있다 (윤종현 2013).

South Korea oil consumption, 1991-2011
million barrels per day

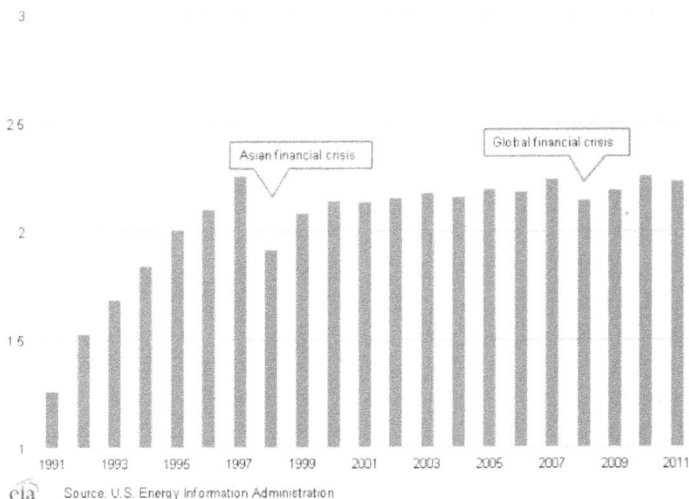

Asian financial crisis

Global financial crisis

Source: U.S. Energy Information Administration

<도표 1>

South Korea total primary energy consumption
by fuel type, 2012

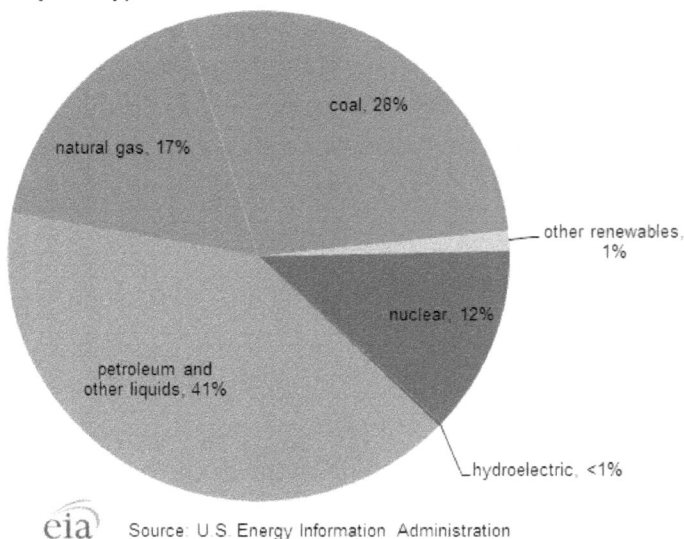

coal, 28%

natural gas, 17%

other renewables, 1%

nuclear, 12%

petroleum and other liquids, 41%

hydroelectric, <1%

Source: U.S. Energy Information Administration

<도표 2>

위의 <도표 1>과 <도표 2>에서 보여주 듯이 한국의 석유 의존도는 상당히 높다. 그래서 한국이 세계 5 위의 에너지 수입국이라는 사실은 놀라운 일이 아니다(U.S. Energy Information Administration 2013). 한국에서 소비하는 에너지 중 수입 에너지가 차지하는 비중은 96.5%에 달하며 (윤종현 2013) 그 중 <도표 3>에서 보여주 듯이 86%는 중동으로부터 수입된다.

South Korea crude oil imports by source, 2013

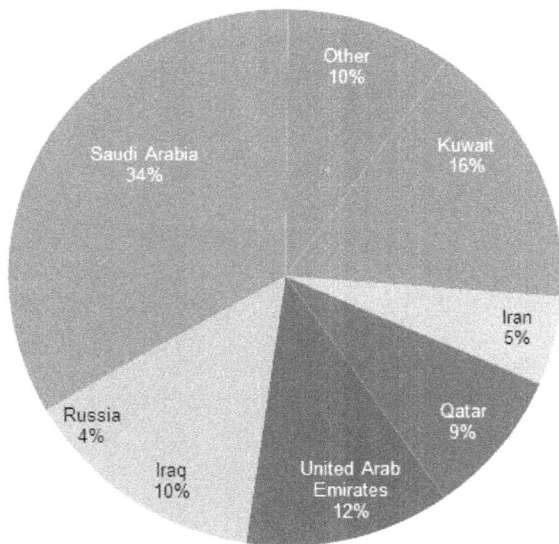

Sources: Global Trade Atlas, Korea Customs and Trade Development Institution

<도표 3>

이는 한국이 하나의 해상 교통로를 통해 에너지 자원을 수입하고 있으며 페르시아만 석유 국가에 매우 의존하고 있음을 의미한다. 세계적으로 에너지 수급이 가장 불안정한 국가로 평가되는 한국이 에너지 자원을 원활하게 수입하지 못한다면 국내에 비축된 소량의 에너지 자원만으로는 생존이 불가능할 것이다. 실제로 한국이 과거에 석유 파동과 그에 따른 경제 위기 당시 겪었던 어려움을 고려해본다면 이러한 사태가 재발할 경우 한국경제가 겪을 어려움은 불보듯 뻔하다. 다행스럽게도 한미 동맹은 한국의 에너지 분야에 유익한 것으로 판명된다. 그러나 전세계적으로 에너지 수급의 여러가지 요소들이 변하고 있고 이에 따른 지정학적 변화가

일어나고 있다. 그리고 이러한 변화는 물론 한국에도 영향을 미치고 있다.

3. 에너지 수급의 지정학적 추이

에너지 수급의 지정학적 변화는 유라시아의 국가들, 특히 중국, 인도, 러시아와 미국에 중대한 의미를 가진다. 이 네 국가는 유라시아의 지정학적 변화에 가장 중요한 역할을 한다고 할 수 있다. 칼더 (2012)는 저서<The New Continentalism: Energy and Twenty-First Century Geopolitics> 에서 '중대한 시점 (critical juncture)'에 대한 이론을 제시한다. 칼더의 이론에 의하면 '중대한 시점'이란 역사상 몇 가지 전환점이다. 칼더는 중국, 인도, 러시아, 중동 등의 역사속의 전환점을 지적하여 이 국가들의 각 전환점을 통해서 국가 간의 관계가 밀접해지거나 역사상 한 번도 국교를 맺지 않았던 국가가 국교를 맺게 되는 것에 대해서 분석한다. 칼더에 의하면 중동, 구소련, 중국을 비롯한 동북아시아 국가 간의 변해가는 관계가 유라시아의 '신대륙주의 (new continentalism)'를 야기하는 것을 의미한다 (139). 또한, 이 새 경제·안보 관계는 미국을 포함하고 있지 않기 때문에 유라시아 대륙에서 미국의 영향력이 약해지고 있다는 것을 시사한다. 이하 중국, 인도, 러시아와 미국을 개별적으로 살펴볼 것이며 향후의 그들 상호 관계와 한국에 미치게 될 영향에 대해 알아보고자 한다.

3.1 국가 프로필

3.1.1 중국

중국 경제는 지난 10 년 동안 매우 빠른 속도로 부상하였다. 중국 정부가 지난 33 년 동안 중국 국내 총생산 성장률을 10%대로 유지해 온 것은 쉬운 일이 아니었다 ("China Contribution to Global Economy" 2013). 중국이 세계에서 가장 큰 무역 상대국이 된 만큼 세계 경제가 중국에 의존하는 수준은 매우 높다. 몇 가지 예를 들면 애플 (Apple)과 같은 대기업들이 중국에 공장 건설과 같은 투자를 하고 있으며 한국을 비롯해 여러 아시아 국가들이 중국을 자국의 가장 큰 무역 상대국으로 고려한다. 뿐만 아니라 중국은 미국의 채무에 관여하며 아프리카의 여러 국가와 인도네시아에 인프라를 구축하며 경제 성장을 도모하고 있다. 이러한 측면들을 고려해 봤을 때, 중국의 부상은 단순히 대단한 것으로 평가될 수 있겠지만, 중국은 이를 위해 상당한 대가를 치러야 했다.

현실적으로 중국 정부가 이와 같은 성장률을 장기적으로 유지하기란 거의 불가능하다. 이미 많은 경제학자들은 중국 경제의 현재 모델과 유사한 일본과 한국의 전 경제 모델 분석을 통해 중국 경제가 50 년 안에 침체하리라는 예상을 내놓고 있다. 왜냐하면, 일본과 한국의 경우에도 침체를 겪었기 때문이다 (Schuman 2012). 성장 동력의 약화 및 고령화와 같은 사회 문제들이 중국의 젊은 세대에게 큰 부담이 되면서 경제 개혁의 필요성을 대두시키고 있다. 이른바 '유령 도시'의 건설, 인건비의 상승으로 인한 외국 기업의 본국 이전, SNS 사용에 대한 정부의 지속적 단속 등과 같은 문제들은 중국의 불안정한 정국을 입증한다.

이 모든 문제가 중국의 에너지 무역에 영향을 미친다. 중국의 경제 성장은 에너지 수요를 증가 시키며 중국의 에너지 소비는 아직 상대적으로 작은 규모이기 때문에 향후 급격히 증가할 것으로 예상한다. 미국 사람은 중국 사람보다 평균 네 배의 에너지를 소비한다. 미국의 에너지 소비에 비추어 보면, 중국의 석유 및 천연가스 수입량은 상상하지 못할 정도로 증가할 것이다. 중국이 성공적으로 경제 개혁을 하고 안정적으로 성장세를 유지하는 것은 다음의 두 가지 현상과 연결되어 있다. 첫 번째는 중동의 산유국들이 대규모 에너지 시장을 모색하고 있는데 중국은 바로 그들이 찾는 시장이 될 것이다. 두 번째는 중국이 미래 에너지 수급을 위해 에너지와 관련된 영역에서 관여하지 않는 곳이 없어질 것이다. 다시 말하면, 중국이 다양한 분야에서 엄청난 에너지를 소비하리라는 것은 명약관화한 일이다.

중국은 분명 여러 중동 국가의 '동방정책'의 중심축이다. 예를 들어 사우디아라비아는 중국을 주요 무역 상대국으로 삼아왔다. 사우디 아라비아의 전 주미대사이자 사우디아라비아 총리의 동생인 투리키 알-파이잘 왕자는 "중국과의 교류는 부담이 적으며 상호 이익을 쉽게 얻을 수 있다." 라고 하였다 (Calder 2012, 138). 이란도 중국과의 무역 관계를 맺으면서 미국의 심각한 제재를 벗어날 수 있는 여지를 찾았다 (Ma 2013). 중국이 아무리 불안정하다 하더라도 에너지 수출에 크게 의존하는 중동 석유 산유국들에게 중국은 소위 '금광'으로 여겨지고 있다.

중국은 중동과의 긴밀한 관계를 맺는 한편 중동 에너지에 대한 의존을 완화하기 위해 노력하고 있다. 중국과 러시아는 상하이협력기구 (Shanghai Cooperation Organization)를 설립하여 에너지 무역 상대국이 되었으며 중국은 러시아가 여전히 구가하고 있는 구소련의 영향력을 통해서 중앙아시아의 에너지 자원에 접근할 수 있다. 2001 년에 미국의 패권을 견제하기 위해서 설립된 상하이협력기구는 중앙아시아 국가들로 구성되었다 (Kaplan 2012, 183). 중국이 유라시아 곳곳에 전략적으로 파이프라인을 설치한 것은 필요한 에너지를 긴급히 수입하는 동시에 미국에 대항하기 위해 중앙아시아와 러시아와의 협력을 맺었다는 것을 의미하기도 한다. 중국은 이러한 전략을 통해 원활한 에너지 수급과 미국 패권의 견제라는 일거양득의 효과를 누리고자 한다.

3.1.2 인도

인도의 경제 성장은 중국의 경제성장과 유사한 특징이 있다. 세계적으로 가장 큰 민주주의 국가로 알려진 인도는 지난 수십 년 동안 극적인 경제 성장을 해 왔다. 사실 인도는 중국의 제조업 일자리를 빼앗아가고 있으며 인도의 인구는 중국의 인구를 곧 능가할 것으로 예상한다 (Kant 2013). 정치적인 불안에도 불구하고 인도 경제의 성장 잠재력은 상당히 높은 편이다. 또한, 중국의 에너지 소비가 증가한 것과 같이 인도의 에너지 소비도 증가할 것이다. 국제 에너지 기구 (International Energy Agency)는 인도의 에너지 소비가 2030 년까지 88% 증가할 것이라고 예상한다 (2011, 596). 이러한 예측은 인도가 중동의 이른바 '캐시 카우 (cash cow)'가 될 가능성을 시사한다.

그러나 인도는 중국과 달리 '중동 전 지역과 역사적으로 밀접한 관계가 있다' (Gharekhan 2003). 인도는 이슬람교의 교리를 지키는 무굴 제국에 통치를 받았던 역사가 있어 인도 아대륙(Indian Subcontinent)의 무슬림들이 인도 아대륙에 자리 잡게 된다. 인도는 카슈미르 영토 문제를 둘러싼 파키스탄과의 관계가 불안정하지만 중동과 역사·문화적 유대를 통해 외교 관계를 유지해나갈 수 있었다. 따라서 증가하고 있는 인도의 에너지 수요는 중동과의 밀접한 역사와 지리적 근접성으로 인해 충분히 충족될 수 있을 것으로 보인다.

3.1.3 러시아

인도와 중국은 러시아와 전통적으로 원만한 관계를 유지해 왔다. 그리고 소련이 건재하고 있을 때 인도와 중국은 동맹국이었다. 사실 러시아는 2012 년에 인도와 무기 거래에 관한 계약을 맺었다 (Isachenkov 2012). 그리고 위에 언급한 바와 같이 러시아와 중국은 장차 미국의 개입에 대비하기 위한 기구를 설립하였다. 인도와 중국은 과거의 러시아로부터 도움을 받았는데 러시아는 인도와 중국과의 삼국 동맹을 추진할 의도가 있다고 본다.

소련이 붕괴된 이후에 블라디미르 푸틴이 1999 년 정권을 장악할 때까지 러시아 경제는 침체 상태였다. 푸틴은 러시아 경제 침체를 극복하기 위한 일환으로 에너지 산업을 재활성화시키고자 상당히 노력했다. 러시아는 세계적으로 가장 많은 양의 에너지 자원을 보유하고 있어 에너지 관련 인프라를 건설하고 유럽에 자원을 수출하여 많은 경제적 이익을 얻을 수 있었다. 러시아는 경제적 이익뿐만 아니라 정치적 무대에서도 많은 이익을 얻을 수 있었다. 칼더에 따르면 '푸틴의 예감은 옳은 것으로 보였으며… 푸틴 정부 때 에너지 가격은 급격히 증가하여 러시아 경제가 활성화됨에 따라 푸틴의 인기가 상당히 높아졌다' (2012, 95). 러시아는 이제 동아시아를 에너지 시장의 중심축으로 삼고자 한다. 2009 년까지만 해도 러시아의 에너지 수출은 유럽에 집중되어 있었는데 최근 들어 러시아의 관심이 동아시아와 중앙아시아로 이동하고 있다. '아시아의 거대한 국가, 특히 동쪽에 있는 중국과 인도는 각각 전 세계적으로 확대되고 있는 주요 시장으로서 큰 비중을 차지하고 있는 것으로 보인다' (Calder 2012, 95).

푸틴의 영향력은 구소련 연방국에 여전히 미치고 있다. 중앙아시아는 러시아처럼 많은 에너지 자원을 보유하고 있어 러시아에게는 주요 관심 대상일 수밖에 없다. 러시아는 막대한 영향력을 행사하여 중앙아시아를 하수인 부리듯이 해왔다. 대다수의 경우에 이 국가들은 불안한 경제 상황 때문에 러시아의 영향력을 쉽게 거부할 수 없는 실정이다.

한 예로, 러시아와 조지아 간의 지속적인 갈등을 들 수 있다. 특히 2006 년에 러시아 정부에 의해 고용된 것으로 추정되는· 단체가 러시아에서 오는 조지아의 가스 파이프라인을 파괴해버린 사건이 발생하였다. 러시아는 조지아의 국내 배관을 얻고 싶었으나 조지아가 러시아의 요구를 부인하였던 것을 계기로 몇 주 동안 러시아 공무원들이 조지아를 협박하는 과정에서 이러한 사건이 벌어졌다는 것이다 (Chivers 2006). 또한, 이는 중앙아시아 국가에 구소련의 요구를 거절하기 전에 다시 생각하라는 경고의 메시지가 되었다.

3.1.4 미국

위에 언급한 중국, 인도와 러시아는 지리적 인접성을 비롯해 비슷한 점이 많다. 반면에 태평양과 대서양을 사이에 두고 있는 미국은 마치 고립된 섬과 같은 지리적 조건을 갖고 있다. 그럼에도 불구하고 미국이 유라시아 대륙에 미치는 영향력은 매우 크다. 미국은 유라시아 국가의 과거, 현재와 미래에 있어서 결코 무시할 수 없는 세력으로서 세계적 차원의 영향력을 행사하고 있다. 위에 언급한 바와 같이 미국의 총 에너지의 18%는 중동으로부터 수입하며 중동은 여전히 미국의 주요 정치적 관심 대상이다.

그러나 '수압파쇄법 (hydraulic fracturing)'[4]의 출현으로 인해 중동에 대한 미국의 관심이 작아질 것이라고 주장한다. 물을 사용해 토양에서 셰일가스 (shale gas)를 빼내는 수압파쇄법은 서구권 국가에서 에너지 혁명을 일으켜 에너지 수급에 세계적 차원의 변화를 불러일으킬 것으로 평가된다 (Parker 2012). 미국 중서부는 유망한 에너지 개발 기술인 수압파쇄법을 도입한 덕분에 2013 년에 이르러서는 수입 에너지보다 미국 내에서 오히려 더 많은 양의 에너지가 생산하기도 하였다 (Rayman 2013). 심지어 "2010 년 미국의 천연가스 총생산량에서 셰일가스는 23%였지만, 2035 년에는 45%까지 확대될 것이다. 따라서 국제가스연맹 (IGU: International Gas Union) 의장 이드레오스 (Mel Ydreos)는 셰일가스가 경제 및 지정학적으로 '총체적 게임체인저' (total game changer)가 될 것으로 전망한다" (송주명 2013, 288).

그럼에도 불구하고 수압파쇄법이 가지는 결점으로 인해 많은 비난이 일고 있다. 수압파쇄법의 기술을 이용해 토양에 물을 주입시킬 때 가스가 상수도 시설에 들어가 물을 오염시키는 측면이 있기 때문이다. 사실상 수도꼭지에서 나오는 물이 가스에 오염되어 미국 중서부의 가정들로 이전되기도 하였다. 또 다른 주요한 환경 문제인 지진이 거의 유례없이 텍사스 주와 오클라호마 주를 비롯한 지역에서 발생하기 시작하였다. 전문가들은 이러한 문제가 수압파쇄법 때문이라고 짐작한다. 이러한 결점들에도 불구하고 수압파쇄 산업은 이러한 문제점들을 보완하기 위해 많은 노력을 하고 있다. 실제로 2013 년 말에 수압파쇄의 개선책이 소개되기도 하였다. 물 대신 젤로 만든 액화 석유를 사용하는 것이다 (Time 2013). 이 보완책에 대한 평가는 이후 두고 볼 일이다.

미국은 국내 자원의 재발견으로 인해 중동에 대한 관심이 상대적으로 약해졌지만, 이러한 변화가 일시적일지 영구적일지는 미지수이다. 중동 석유 산유국의 신규 고객 겸 무역 상대국과의 지리적 인접성은 중동의 서양에 대한 경제적 의존을 상당히 완화시키는 역할을 한다. 한편 미국에서는 국내외에서 새로운 에너지 옵션이 생기고 있다. 예를 들어 미국의 이웃 국가인 캐나다는 많은 에너지 자원을 소유하고 있다. 최근 논란이 되고 있는 Keystone XL Pipeline 은 수많은 미국인의 반대에도 불구하고 결국 건설을 착수할 것이다. 미국은 국내 자원이 격감함에 따라 장차 북쪽에서 석유를 찾아내기 위해 분발해야 할 것이다. 현대의 에너지 관련 사업은 지리적 조건이 거의 결정적인 역할을 한다. 왜냐하면,

---

[4] 서구권 국가에서 'fracking'이라는 표현으로 알려진다.

보통 에너지 자원이 지리적으로 가까울수록 에너지 개발 비용을 낮출 수 있기 때문이다. 사실은 '미국은 총 석유 수입량의 49%를 서반구로부터 수입하는데 이는 전 페르시아만으로부터 수입하는 석유의 세 배에 달한다'(Calder 2012, 106). 이는 북미 대륙의 잠재적 에너지 자원이 미국을 유혹할 것으로 보이며 더욱이 아시아가 페르시아만의 에너지 시장을 독점할 가능성이 있기 때문에 미국은 이러한 관심을 중동에서 북미 대륙으로 옮길 가능성이 높다는 것을 보여준다.

3.2 새로운 전략적 동맹

정치적 측면에서 미국의 유라시아에 대한 영향력은 약해지고 있지만, 미국이 정치적 영향력을 유지하기 위해 유라시아에 주목할 필요성이 제기되고 있다. 본 논문의 주요 연구 대상인 러시아, 인도와 중국 간의 관계는 점차 강화될 것으로 예상된다. 중동도 아시아의 세계적인 부상을 인정한다. 사우디아라비아의 압둘라 국왕이 2005년에 정권을 잡았을 때 최초의 공식 방문 국가를 유례없이 중국과 인도로 지정한 것은 중동 국가가 아시아의 중요성을 염두에 두고 있음을 보여주는 단적인 사례이다 (Calder 2012, 133). 이러한 작은 변화들은 세계적 차원에서 자원 교류에 큰 영향을 줄 수 있다.

러시아와 중국의 동맹 관계는 미국을 직접적으로 견제하는데 더 많은 노력을 기울일 것으로 예상된다. 이 강대국들의 영향력은 더욱 커지고 있다. 러시아는 구소련 위성국들을 여전히 지배하고 있으며 중국은 다른 후진국에서 인프라를 건설하거나 무역 정책을 통해 자신의 영향력을 키우기 위해 노력하고 있다. 예를 들어 지난 10월 APEC 회담에서는 오바마 대통령이 미국 연방정부의 셧다운으로 인해 불참했기 때문에 인도네시아와 같은 미국의 전통적인 아시아 우방국과 경제적 협력 관계를 맺을 기회를 놓쳤다. 결국, 중국의 시진핑은 미국의 불참을 이용해 몇 가지 계약을 따낼 수 있었다 (Geewax 2013). 러시아와 중국은 이미 큰 영향력을 행사하고 있지만, 미국을 효율적으로 견제하기 위해 '해양 세력 (sea power)' 국가나 중동과 역사적으로 우호관계를 유지해 온 국가를 필요로 한다. 즉, 중국과 러시아는 인도와의 동맹 관계를 통해 상당한 이익을 얻을 수 있다는 것이다.

그 이유는 '아시아'란 인도의 지리적 위치 때문이다. 페르시아만산 석유는 해상 교통로를 통해 인도양을 지나 중국 동부와 동아시아까지 오게 되는데, 이 귀중한 자원을 안전하게 수송하기 위해서는 해군을 중심으로 하는 안보가 보장되어야 한다.

이러한 상황 속에서 인도는 동아시아에 대한 '자연스러운 정치 및 군사적 지렛대' 역할을 하게 된다 (Calder 2012, 178). 중동에서부터 연결되는 파이프라인을 건설하기 위해 인도의 협력이 요구된다는 점에서 인도와의 동맹 관계가 러시아와 중국에 유리하게 작용할 것으로 보인다.

이 점은 현재 에너지를 둘러싼 지정학적 상황에서 인도에 전형적인 중심축 역할을 부여한다. 만약 러시아, 중국과 인도 간에 3 개국 동맹을 맺게 된다면 국제 사회에서 미국의 위치가 더욱 불안해질 가능성이 크다. 그리하여 미국은 유라시아 대륙에 대한 영향력을 유지하기 위해 대인도 정책을 세우는 것이 필요하다고 볼 수 있다. 마찬가지로, 중국도 중동으로부터의 경제적 이익을 고수하기 위해 인도와 원만한 외교 관계를 맺고자 노력할 것이다. 러시아도 미국을 효율적으로 견제하려면 인도를 주목하는 것이 유리한 전략일 것이다.

장차 러시아, 중국과 인도를 포함하는 3 개국 동맹이 결성될 가능성이 높다. 인도와 러시아는 긴밀한 관계를 유지해 왔으며 이 관계는 인도와 미국의 관계보다 더 밀접한 것으로 보인다. 국제 통화 기금 (IMF)에 따르면, 인도와 중국의 무역 거래량은 2000 년~2010 년 21.2% 증가하였는데, 인도와 중국 간에 무역 관계가 이보다 더 나았을 때는 없었다. 위에 언급한 바와 같이 중국과 러시아는 안보동맹을 유지하고 있으며 인도와 러시아는 무기 거래를 지금까지도 유지하고 있다. 칼더에 의하면 이 '전략적 삼각형'은 '잠재적으로 치명적인 결과를 가져올 것이다' (2012, 212).

이 동맹이 결성되면 동맹에 참여하는 국가인 러시아, 중국과 인도는 많은 이익을 얻을 수 있다. 지리적 인접성은 무역 교류를 더욱 원활하게 하여 상호적인 경제적 발전을 촉진시킬 수 있다. 그러나 지정학적 문맥에서 더 중요한 것은 이 세 국가들이 지정학의 창립자 해퍼드 매킨더의 1904 년에 정립된 심장부 이론에서 언급한 '심장부'를 통치할 수 있다는 것이다. 그리고 매킨더가 제시한 이론에 의하면 심장부를 다스리는 자는 전 세계를 지배할 수 있음을 의미한다. 칼더는 이 잠재적 동맹 3 국의 자산을 다음과 같이 분석한다:

그들의 총 영토는 지구 지표면의 5 분의 1 을 가로질러 뻗어 있으며 인간 문명의 중심에 위치하는 매킨더의 전략적 '세계 섬' 대다수 지역을 차지한다… 그들의 국방 예산 총액은 거의 1,500 억 달러에 달하며 이는 미국을 제외하면 세계의 어느 국가보다 훨씬 더 큰 국방 예산이다. 또한, 그들의 국내총생산 총액은 7 조 5000 억 달러이며 이는 의외로 미국보다 두 배의 속도로 증가하고 있다 (2012, 213-214).

미국을 효율적으로 견제하는 것은 현대의 국제 사회에서 그리 간단한 일이 아닌 것으로 평가되고 있으나, 이 잠재적 동맹은 미국의 세력을 저지할 수 있는 강력한 세력으로 성장할 가능성이 크다.

그러나 중국과 인도 간에 존재하는 역사적인 적대감을 비롯해 이 동맹에는 몇 가지 장애물이 있다. 중국은 역사적으로 인도의 히말라야 등의 지역에 대한 영역권을 주장해 왔으며 중국은 인도와의 국경을 중국에 유리하게 설정하기 위해서 노력했던 적도 있다. 중국이 최근에 발급한 여권에 있는 지도는 중국의 영역을 인도의 아루나찰 프라데시 주와 카슈미르의 악사이친 지역까지 확장하였다 (BBC 2012). 이는 인도에서 중국에 대한 반감을 일으켜 인도와 중국 사이의 불안정성을 증폭시켜 인도 정치인들이 긍정적인 대중국 정책을 적극적으로 세우는 것이 더욱 어려워지는 결과를 낳았다.

이 상황은 여러 국면으로 전개될 수 있다. 러시아는 이 3개국의 동맹에 대해 진지하게 접근하고자 한다면 중국과 인도 사이에 적극적으로 개입해야 할 것이다. 중국은 인도와의 관계 개선의 중요성을 인식함으로써 기존의 반감과 정치적 위선을 완화시킬 수도 있다. 그렇게 하지 않으면, 인도는 중국이 인도양을 안전하게 지날 수 없다고 협박할 수 있다. 물론, 미국은 중국과 인도의 악화된 관계를 기회로 삼아 인도를 미국의 편으로 돌릴 수 있으며 이를 통해 유라시아에 대한 영향력을 성공적으로 유지할 가능성도 있다.

현대 국제 사회에서 적대적 관계를 유지해 왔거나 한 번도 동맹을 맺지 않았던 국가들이 서로 간에 동맹을 맺게 된 현상은 여러 가지 요인에 의해 설명된다. 에너지 자원은 중요한 요소이지만, 우리는 핵무기 또는 기술 발전의 시대에 살고 있기 때문에 오직 에너지만을 생각하는 국가는 없다. 이러한 맥락에서 중국이 그 영향력을 확장하고 패권국이 되기 위해 공세적인 행동을 펼치고 있는 것은 중국으로서는 당연한 수순이라고 주장할 수 있다. 미국은 그의 세력을 유지하기 위해 에너지뿐만 아니라 달러화의 약세를 비롯한 다른 요소에 주목하는 현상에도 마찬가지의 해석이 가능하다. 그러나 필자는 이 모든 국가가 자국의 에너지 정책 또는 상대국의 에너지 정책에 주목해야 한다고 주장한다. 왜냐하면, 에너지는 세상을 돌아가게 하는 유일한 자원이며 위에 언급한 상황을 고려해서 전략을 개발할 때 더 많은 정치적 이익을 얻을 수 있기 때문이다.

4. 한국에 미치는 영향

한국의 석유에 대한 대외 의존도는 가까운 장래에 해결되지 않는다는 점에서 러시아, 중국과 인도의 3 개국의 동맹 형성과 미국의 영향력 약화에 더욱 주목할 필요가 있다. 한국은 인도양을 지나는 유일한 해상 교통로를 통하여 총 석유 수입의 86%를 수입하는 나라이고 또 미국의 동맹국으로서 이 변화들로부터 영향을 받지 않을 수 없을 것이다. 이 장에서는 이 지정학적 변화가 한국에 어떤 영향을 주는 것인지를 분석하고 한국의 미래에 대한 시나리오들을 제안한다.

4.1 지정학적 함의

4.1.1 잠재적 안보 위협

한국의 정책 입안자들이 가장 중요하게 고려해야 할 점은 중동과 유라시아에 대한 미국의 영향력이 쇠퇴하고 있다는 것이다. 한국은 미국 해군 덕분에 인도양과 말라카 해협을 거쳐온 석유를 안전하게 수입해 왔지만, 미국은 더 이상 이러한 보호를 보장할 수 없게 되었다. 유라시아의 3 개국의 동맹이 이루어지지 않더라도 미국은 에너지에 대한 관심을 유라시아에서 북미 대륙으로 옮길 가능성이 높다. 과거 에너지 자급자족을 했던 미국이 수십 년이 지난 현재 다시 에너지를 자급자족할 수 있게 되면서 미국의 유라시아에 대한 안보 의식이 저하될 가능성이 있다.

<The Revenge of Geography>의 저자 카플란에 의하면 미국의 동맹국들이 미 해군·공군과 협조하는 것이 필요하기 때문에 이를 위한 미국의 최선의 전략은 오세아니아에 기지를 건설하는 것이라고 제시한 바 있다. 이를 통해 미국이 군사적 참여를 지속할 수 있으며, 아시아의 무기 경쟁을 안정시키고 중국을 견제할 수 있을 것이다. 이 시나리오에서 말라카해협에 가까운 미국의 괌과 북쪽 마리아나 제도가 한국과 같은 국가의 석유를 운반하는 선박을 지켜주는 역할을 한다. 이 시나리오가 실현되기 위해서 미국은 인도양에 있는 기지를 확대해야 한다 (2012, 216-218).

그러나 미국 정부가 카플란의 조언에 따르지 않는다면 한국이 난국에 처할 수도 있다. 한국은 해군 군사력이 부족하여 새로운 보호자를 필요로 할 것이다. 유라시아 3 개국의 시나리오에 한국은 미국의 동맹국으로서 러시아, 중국과 인도의 지지를 받을 수 없을 것이다. 한국의 에너지에 관한 이익을 보호할 수 있는 이웃국가 중 논리적으로 가장 그럴듯한 국가는 일본밖에 없는 것으로 보인다.

4.1.2 일본의 잠재적 개입

일본의 에너지 딜레마는 한국의 경우와 유사하다. 일본도 동북아시아 지역에 위치한 에너지 자원빈국으로서 한국과 마찬가지로 중동산 에너지 자원에 상당히 높은 수준으로 의존하고 있다. 일본은 한국보다 더 많은 양의 에너지를 수입하고 에너지에 관련하여 세계적 수준의 인프라를 갖추고 있어 일본의 에너지 시장 규모가 큰 편이라 할 수 있으나, 한국보다 에너지 효율성이 낮은 편이다. 총리 경질을 비롯한 불안정한 정치 상황들이 일본의 에너지 정책에 크고 작은 걸림돌로 작용하여 이상적인 에너지 효율을 달성하는 데에 어려움을 겪고 있다 (Calder 2012).

일본은 미국의 동맹국으로서 이론상 한국의 편에 있으며 강한 군사력을 보유하고 있다. 일본 헌법에 따르면 일본에는 선제공격을 할 수 없는 일본 자위대만 존재할 수 있음에도 불구하고 일본의 해상자위대는 아시아 국가 중 강력하다고 평가된다. 아베 신조 총리가 미국 정부의 지지를 얻어 일본이 공격 부대를 다시 보유할 수 있게 하는 개정안을 통과시킬 수 있다면 이미 기술적으로 진보된 일본 해군이 더욱 강력해질 가능성이 크다 (Wang 2011). 인도양에서 최악의 시나리오가 이루어지면 한국은 일본과 동맹을 맺는 것이 지정학적으로 유리할 수 있으며 적어도 에너지 수입을 안정화시킬 수 있다.

그러나 오늘의 정치 풍토에서 한국 정치인이 단순히 에너지 자원의 해상 교통로를 확보하기 위하여 일본에 의존하는 것은 현실적으로 거의 불가능하다. 왜냐하면, 한국에는 일본 제국주의와 식민주의의 역사에 대한 반감이 여전히 강하게 남아 있기 때문이다. 심지어 일본 정부는 과거에 벌였던 잔학행위를 인정하지 않고 있으며 이에 대한 내용을 역사 교과서에서 누락하기도 한다.

새롭게 출범한 아베 행정부는 이 상황을 악화시키고 있다. 일본의 우경화는 한국뿐만 아니라 아시아 전역에 우려를 일으킨다. 일본은 한국과 중국과의 영토 갈등에 대한 공격적인 자세를 취하고 있다. 또한, 일본 정치인들이 야스쿠니 신사를 참배하기도 한다. 이러한 점들을 고려하면 한국을 비롯한 아시아권 국가에서 일본에 대한 반감이 증가하는 현상은 놀라운 일이 아니다 (The Korea Times 2013).

4.2 앞으로의 전망

4.2.1 국내 정책

지정학적 갈등을 피하려면 한국은 석유자원의 중동 지역에 대한 의존도를 완화해야 한다. 한국 정부는 이미 이에 대한 몇 가지

정책들을 추진하고 있다. 첫 번째로 에너지 효율에 관련한 것들이다. 한국은 다른 국가에 비해서 에너지 구조는 아주 효율적인 편이다 (Calder 2012, 189-195). 위에 논의한 바와 같이 한국은 보존 에너지 자원이 부족하여 수입 에너지 자원에 대한 의존도는 매우 높지만, 에너지 효율이 높아 비교적 적은 양의 수입 자원으로 공장을 생산적으로 운영하고 더 많은 시민이 자동차를 운전할 수 있게 해 준다.

두 번째로 한국은 에너지 효율만큼 중요한 에너지 비축분야에서도 뛰어난 편이다. 한국은 에너지 비축량을 유지하는 한편 외국 바이어에게 한국에 석유를 비축할 것을 장려하고 있다. 인도양에서 문제가 발생할 경우 한국에 비축된 에너지가 비공식적인 대안책이 될 수 있다는 것이다 (Calder 2012, 189-195).

세 번째로 에너지에 대한 의존을 완화시키는 것이다. 최근 보도에 따르면 한국은 1 차 에너지를 수입하기 위해 세계 곳곳에 투자하고 있다 (U.S. Energy Information Administration 2013). 2011 년에 한국은 미국과 카자흐스탄과 석유 1 백 7 십만 배럴의 수입에 대해 계약을 하였다 (Koh 2011). 심지어 한국의 국내 공장은 석유를 바탕으로 하는 에너지 구조에서 천연가스를 바탕으로 하는 구조로 바뀌가고 있으며 러시아와 중앙아시아와 천연가스에 관련한 계약을 맺고자 노력하고 있다. 물론 러시아와 중앙아시아로부터 천연가스를 수입하는 과정에서 어려움이 생길 수 있다. 가장 간단한 방법은 파이프라인을 건설하는 것이지만, 북한의 불안정성 때문에 이는 현재 거의 불가능하다. 그렇지만 한국 정부는 중동에 치우쳐져 있는 에너지 의존의 심각성을 인식하고 있으며 이를 완화하기 위해 다른 에너지 공급 국가와의 계약을 맺기 위해 노력하고 있다.

4.2.2 외교 정책

이와 같은 면에서 한국은 인프라 건설 기술을 바탕으로 다른 국가와 협조하는 데에 유리할 것으로 보이며 이를 통해 유라시아에 소프트 파워를 확산하는 결과를 가져오기도 했다. 예를 들면 대한항공은 우즈베키스탄 공항에 유라시아 초국가적인 카고 센터를 건설하고 있으며 여러 한국 기업이 러시아에 연구 개발을 아웃소싱하고 있다. 인프라 건설과 에너지 효율 측면에서 열악한 것으로 평가되는 사우디아라비아, 이란, 러시아 등은 한국의 투자로 수혜를 얻을 수 있을 것으로 기대된다 (Calder 2012).

또한, 한국의 민간용 원자력 프로그램이 매우 빠른 속도로 개발되어 왔다는 점도 주목할 만하다. 지금까지 한국은 20 개의 원자로를 갖고 있으며 향후 추가로 12 개의 원자로를 건설할 계획을 가지고 있다. 현재 한국의 총 전기 소비량의 36%는 원자력으로 생산된 에너지인데, 2030 년에 이르러서는 59%로 증가할 것으로 예상된다 (U.S. Energy Information Administration 2013).

한국은 원자력 개발을 통해 자국의 에너지 효율을 개선시키는 것은 물론이고 (윤종현 2013) 세계적으로도 에너지 자원에 변화를 가져올 수 있다. 지구온난화에 대한 심각성이 세계적으로 많은 주목을 받게 되면서 여러 국가에서는 대체 에너지를 찾으려는 움직임이 일고 있다. 이 추세가 지속될 경우 원자력의 역사적인 불안정성에도 불구하고 장차 매우 중요한 역할을 할 것으로 예상된다. 이미 한국은 미국과 일본과 같은 국가에 앞서 중동과 200 억달러 상당의 원자력 수출 거래를 해왔다 (Song 2010). 최근 일본의 후쿠시마 사건을 계기로 한국의 원자력 경쟁력이 상대적으로 각광받게 되었다.

한국은 원자력이 미래의 대체 에너지가 될 수 있다는 전망에 크게 주목하고 있다. 칼더에 의하면 '세계의 436 기의 원자로 중 절반가량은 2030 년까지 작동이 중단될 것이나, 에너지 가격이 계속 상승하면 다시 원자로의 수요가 증가할 것이다' (2012, 193). 이명박 정부가 한국 민간용 프로그램을 설립했을 당시 2030 년까지 약 4000 억 달러 상당에 달하는 80 개의 원자로를 수출하고자 하는 계획을 국가적 목표로 설정했다. 지식경제부가 이 목표를 달성한다면 한국은 세계 3 위의 원자력 수출국이 될 것으로 예상된다 (Song 2010). 원자력에 대한 소비가 증가하면서 에너지 지정학에서 또 다른 변화가 일어날 가능성이 높은데, 이러한 변화 속에서 한국이 주요한 역할을 담당할 것으로 예상된다. 원자력은 한국의 에너지 의존과 에너지를 둘러싼 지정학적 갈등의 위험을 감소시킬 수 있는 최선책에 해당한다.

그러나 원자력에 대해서 몇 가지 주의할 점을 언급할 필요가 있다. 우선 원자력과 같은 기술은 계속 발전되고 있겠지만, 무언가 잘못되면 비극적 사고가 발생할 가능성이 매우 높다. 한국이 체르노빌 사건 또는 후쿠시마 사건에서 배워야 할 것이 많다. 원자로 부품의 질, 원자로의 장소 선택과 핵폐기물 처리 모두 다 잘 되어야 원자력이 안전한 대체 에너지가 될 수 있다. 원자력이 한국의 해외 에너지 의존을 장기적으로 벗어나게 하기 위해서는 그 안전성에 대해 보장이 절대적이다.

현재 유라시아에 일어나는 지정학적 변화는 한국에 몇 가지 시사점을 주며 한국은 이를 통해 잠재적 문제를 예방하는 여러 방안을 고려할 수 있다. 한국이 말라카해협을 지나는 선박을 통해 안전하게 석유를 수입할 수 있도록 일본과 손을 잡는 것도 한 가지

방법이다. 한국은 에너지 효율을 유지하고 원자력 분야를 지속적으로 발전시킴으로써 인도양에서 일어날 수 있는 안보 문제에 효과적으로 대비할 수 있다. 또한, 페르시아만의 석유 의존을 줄이기 위해 한국은 뛰어난 인프라 건설 기술을 이용해 중앙아시아의 에너지 공급 국가와 거래 계약을 할 수 있다. 그리고 한국은 원자력 개발을 통해 국내외 이익을 얻을 수도 있다. 현재 한국은 지정학적 변화의 주요한 역할자는 아니지만, 향후에 일어날 지정학적 변화로 인한 문제를 해결하기 위해 충분히 대비할 수 있을 것으로 기대된다.

5. 결론

지정학 이론의 아버지로 여겨지는 매킨더의 세상과 현실 세계는 확연히 다르다. 인터넷을 비롯한 기술이 발전하고 싱가포르와 같은 테크 국가가 부상하는 '평평한 지구'[5]의 시대를 맞아 고전 지정학적 이론은 현실적으로 많은 현상을 설명하지 못한다. 그러나 이는 지정학적 이론의 의의가 모두 퇴색되었다는 것을 의미하지는 않는다. 현대에 들어서 지정학적 이론의 적절성은 기존의 특정 지역 분야가 아닌 새로운 지역 분야로 옮겨진 측면이 크다. 에너지 수급은 지정학적 이론이 상당한 설명력을 가지는 새로운 분야에 해당한다.

한국은 경제 성장을 유지하기 위해 충분한 에너지를 필요로 하지만 동북아시아에서는 1차 에너지 자원이 전반적으로 부족하다. 이에 한국은 아시아 이외의 국가로부터의 에너지 수입에 의존하게 되었다. 중동 지역은 세계 1위 규모의 에너지 자원 보유 지역이며 중동 국가들과 미국의 관계에 따라 한국의 에너지 수급은 영향을 받게 된다. 왜냐하면 한국에서 수입하는 대부분의 석유는 미국의 원조 아래 페르시아만으로부터 안전하게 수송될 수 있기 때문이다.

그러나 중국과 인도의 부상으로 인해 에너지 수급과 관련한 변화가 일어나고 있다. 이 두 아시아 국가의 에너지 소비 및 보유가 크게 증가하고 있다. 그리고 중동의 석유 산유국들의 경제는 에너지 수출을 바탕으로 하는 경제이기 때문에 이들은 에너지 정책의 중심을 서구권 국가에서 중국과 인도를 포함한 아시아권으로 이동시키고자 한다.

서구권 국가와 러시아는 이러한 정책에 박차를 가했다. 특히 미국을 비롯한 서구권 국가는 자국의 에너지 자원에 접근할 수 있는 수압파쇄법을 개발하게 되면서 중동 에너지 시장에서 점점 손을 떼기 시작했다. 한편 러시아는 자국의 에너지 자원을 이용해 경제

---

[5] '평평 지구'란 기술 발전으로 인해 지리적 조건의 중요성이 약해졌으며 전세계적으로 각 국가가 이제 공평한 경쟁을 할 수 있음을 의미한다.

발전을 이룩하였으며 중국과 인도를 새로운 시장이자 미국을 견제할 수 있는 새 동맹국으로 고려하기 시작한다.

또한, 유라시아 지역의 미국의 영향력 감소는 페르시아만에서 한국에 이르는 해상 교통로에도 큰 영향을 미친다. 최악의 상황에서는 한국은 일본 해군의 도움을 받아야만 인도양을 안전하게 통과할 수 있을 것이다. 또한, 장기적인 차원에서는 에너지 효율을 보완하고 중동에 대한 의존을 완화시키기 위해서 중앙아시아를 비롯해 다른 지역과 에너지와 관련한 관계를 맺고 원자력 개발과 같은 전략 및 정책을 마련해야 할 것이다.

본 연구의 목적은 최근 유라시아에 일어나는 지정학적 변화를 한국의 시각으로 분석하는 것이었다. 물론 정책과 동맹 관계에서 일어나는 이와 같은 변화들은 단순히 에너지라는 한 가지 요소에 의해서만 설명되지는 않는다. 무엇보다 역사문제는 정책을 세우는 데에 큰 역할을 한다. 예를 들면 한일 간에 역사적 불협화음이 있기 때문에 한국은 일본에 어떠한 도움도 요청할 가능성이 낮다. 마찬가지로 인도와 중국 간에 역사적 갈등이 있어온 점을 고려하면, 인도가 러시아와 중국과 동맹을 맺기보다 오히려 미국과 관계를 맺는 것을 선호할 수 있다는 설명이 가능하다.

<The Mediterranean>의 저자인 페르낭 브로델 (Fernand Braudel)은 자신의 지리적 환경 결정론과 관련하여 '지리적 조건이 역사를 만드는 것이 아니라 지리 조건을 통제하고 발견할 줄 아는 인간이 역사를 만든다' 고 주장하였다 (1996, 225). 이 주장은 에너지가 여러 국가 간 외교관계에 결정적인 요인이 될 수 있는 현대에 어느 때보다 더 중요한 시사점을 제공한다. 한국과 같은 소규모 국가는 중국, 인도, 러시아, 일본과 미국을 잘 지켜보며 이러한 강대국들의 정책에 대응할 수 있는 국내 정책과 외교 정책을 수립해야 할 것이다.

참고문헌

송주명. 2013. <에너지 이행과 국제천연가스질서: 셰일가스와 미국의 가스패권>, 서울대학교 한국정치연구소 학술저널.

윤종현. 2013. "원전 확대 세계적 추세, 자원빈국 한국에도 최적 대안." 9월 24일. http://www.kbmaeil.com/news/articleView.html?idxno=298627 (2014년 3월 10일). 2011.

"South Korea's Oil Dependence on Middle East at 83.8%." May 30, 2011. http://www.kuna.net.kw/ArticleDetails.aspx?id=2170186&language=en (December 19, 2013).

2012. "India and China Row Over New Map in Passport." November 23. http://www.bbc.co.uk/news/world-asia-india-20459064 (December 19, 2013).

2013. "China Contribution to Global Economy." http://www.starmass.com/china-review/global-economy/contribution-global-economy.htm (December 19, 2013).

2013. "Japan's Rightward Shift." July 22. http://www.koreatimes.co.kr/www/news/opinon/2013/07/202_139714.html (December 19, 2013). 2013. "The 25 Best Inventions of the Year." *Time.* November 25.

Barnett, Courtenay. 2006. "Oil, Conflict, and the Future of Global Energy Supplies." January 22. http://www.globalresearch.ca/oil-conflict-and-the-future-of-global-energy-supplies/1781 (March 9, 2014)

Braudel, Fernand. 1996. *The Mediterranean: And the Mediterranean World in the Age of Phillip II (Volume II).* Berkeley: University of California Press.

Calder, Kent E. 2012. *The New Continentalism: Energy and Twenty-First-Century Eurasian Geopolitics.* New Haven: Yale University Press.

Chivers, C.J. 2006. "Explosions in Southern Russia Sever Gas Lines to Georgia." January 23. http://www.nytimes.com/2006/01/23/international/europe/23georgia.html?r=2& (December 19, 2013)

Geewax, Marilyn. 2013. "Obama's Absence at Asia Summit Seen Hurting U.S. Trade." October 8. http://www.npr.org/2013/10/07/230191364/obamas-absence-at-asia-summit-seen-hurting-u-s-trade (December 19, 2013).

Gharekhan, Chinmaya R. 2003. "Close Regional Ties and Contrasting Loyalties." November 20. http://www.bitterlemons-international.org/previous.php?opt=1&id=18 (December 19, 2013).

Hwang, Balbina Y. 2004. "South Korean Troops to Iraq: A Boost for U.S.-ROK Relations." February 13. http://www.heritage.org/research/reports/2004/02/south-korean-troops-to-iraq-a-boost-for-us-rok-relations (December 19, 2013).

International Energy Agency. 2011. *World Energy Outlook.* November 9.

Isachenkov, Vladimir. 2012. "Russia, India Sign Weapons Deal Worth Billions." December 24. http://news.yahoo.com/russia-india-sign-weapons-deals-worth-billions-093848131--finance.html (December 19, 2013).

Kant, Amitabh. 2013. "As Wages Rise in China, a Huge Opportunity Beckons India if it Can Improve Ease of Doing Business." July 11. http://articles.timesofindia.indiatimes.com/2013-07-11/edit-page/40493002_1_manufacturing-sector-new-manufacturing-policy-manufacturing-output (December 19, 2013).

Kaplan, Robert D. 2012. *The Revenge of Geography* [iBook Version]. New York: Random House.

Kim, Hoseok. Eui-soon Shin, Woo-jin Chung "Energy Demand and Supply, Energy Policies, and Energy Security in the Republic of Korea". 2011. http://www.sciencedir

ect.com.eres.library.manoa.hawaii.edu/science/article/pii/S030142151100591X *Energy Policy* 39 (11). November. (Accessed December 19, 2013).

Koh, Young-aah. 2011. "Korea Secures 1.7M Barrels of Overseas Oil." March 21. http://www.koreaherald.com/view.php?ud=20110321000742 (December 19, 2013).

Ma, Wayne. 2013. "Sanctions Gap Allows China to Import Iranian Oil." August 21. http://online.wsj.com/news/articles/SB10001424127887324619504579026333611696094 (December 12, 2013).

Palmer, Michael A. 1999. *Guardians of The Gulf: A History of America's Expanding Role in the Persian Gulf, 1883-1992.* New York: Simon and Schuster.

Parker, James. 2012. "A Global Energy Shift." November 28. http://thediplomat.com/2012/11/a-global-energy-shift-2/ (December 19, 2013).

Rayman, Noah. 2013. "U.S. Produced More Oil Than it Imported in October." November 14. http://nation.time.com/2013/11/14/u-s-produced-more-oil-than-it-imported-in-october/ (December 19, 2013).

Schuman, Michael. 2012. "Why China Will Have an Economic Crisis." February 27. http://business.time.com/2012/02/27/why-china-will-have-an-economic-crisis/ (December 19, 2013).

Song, Jung-a. 2010. "South Korea's Nuclear Ambitions." March 29. http://www.ft.com/cms/s/0/1413da82-3867-11df-aabd-00144feabdc0.html#axzz2n8qguzLb (December 12, 2013)

U.S. Energy Information Administration. U.S. Department of Energy. 2013. *Korea, South Analysis Brief.* January 17. http://www.apsanet.org/media/PDFs/Publications/APSAStyleManual2006.pdf (December 19, 2013).

Wang, Yinghui. 2011. "A Comparison Between the Indian Navy and the Japanese Navy." September 23. http://www.e-ir.info/2011/09/23/a-comparison-between-the-indian-navy-and-japanese-navy/ (December 19, 2013).

쿠바를 모델로 한 북한의 경제 발전

그레이슨 워커 (GRAYSON WALKER)

MA, Korean for Professionals, University of Hawai'i at Mānoa, 2014

CUBAN MODEL APPLICATIONS FOR ECONOMIC DEVELOPMENT IN NORTH KOREA

The purpose of this thesis is to find new solutions to resolve the dire state of North Korea's economy. The main target of this study is to analyze the economic reforms attempted by the Democratic Republic of Korea (DPRK, or North Korea) and Cuba after the collapse of the Soviet Union in the late 1980s and early 1990s. The similarities between both these nations, politically, economically and geographically, are more realistic points of comparison than oft-attempted analogies such as China, Vietnam, Germany, or Burma. While Cuba and North Korea applied similar economic reforms after the suspension of Soviet aid, the outcomes of these reforms were drastically different in both nations. The Cuban government's ability to procure foreign currency through means such as foreign direct investment and understanding of fundamental economic principles garnered a relatively swift recovery compared to that of North Korea. Although North Korea attempted to follow suit, geopolitical tensions in Northeast Asia proved to be a major hindrance.

In both cases, these economic changes have fluctuated, as the minimal economic reforms mostly served to ensure the survival of both regimes. Despite these erratic patterns of growth, the Cuban economy managed a swifter recovery than the DPRK. Cuba's economic growth grew at double digits in the 2000s, while the North Korean economy was smaller in 2009 than it had been two decades prior.

This paper would argue that North Korea follow the Cuban reform model for the most realistic hope of economic recovery, specifically, the tourist industry. Through tourism and research-based exchanges the North Korean government, much like Cuba, can maintain a high level of control while procuring much needed currency and drastically improving the lives of its residents. Although many would find this task to be impossible, recently there are numerous signs that point towards North Korea's willingness to improve this sector. The international community must put forth more effort to increase this possibility by addressing prior shortcomings while formulating plans specific to North Korea's unique situation.

1. 서론

소련의 붕괴는 북한과 쿠바에 경제 위기를 초래했고, 이 두 국가에 경제 개혁의 필요성이 생겼다. 다른 공산주의 국가들에 비해 북한과 쿠바는 공통점이 가장 많음에도 불구하고 연구가 부족하다. 현재까지 양국 간 경제를 중심으로 한 비교 분석 논문은 2011년 출판된 Jose Luis Leon-Manriquez 교수의 "Similar Policies, Different Outcomes: Two Decades of Economic Reforms in North Korea and Cuba"라는 논문 하나밖에 없는 실정이다. Manriquez 교수는 북한과 쿠바의 역사적 유사성, 경제 침체, 개혁 시도 등 전반적인 비교를 해보려고 하였지만 북한 전문가가 아니라 북한에 대한 부분은 상대적으로 부족해 보인다. 예를 들어 Manriquez 교수의 논문에서 쿠바의 경우와는 달리 북한의 외환 확보 방법에 대해서 언급하지 않았으며 최근 북한 경제의 실제, 개혁 및 정치 차원과의 연관성에 관해서도 언급하지 않고 있다.

따라서 본 논문은 쿠바가 외화를 벌어들인 방식을 서술하고 이를 북한 상황에 어떻게 적용할 수 있을 것인지를 분석하는 것을 목표로 한다. 특히 관광자원을 바탕으로 북한과 쿠바의 사례를 비교하면서 북한의 경제 발전을 위한 여러 가지 방안을 제시하고자 한다. 다른 논문들에 나타난 비교 분석의 대부분은 북한을 중국, 버마, 베트남, 독일과 비교하는 것으로 구성되어 있으나 실제로 보면 이런 비교는 적절하지 않고 또 현실적이지 않다. 북한의 계획 경제는 초기 시장 경제로 전환됐으나 모든 면에서 관료들의 비리와 부패로 가득 차 있어서 북한 주민들의 불만이 커졌다. 그러나 북한에 쿠바의 모델을 적용해본다면 변화 가능성이 있다. 북한 경제를 발전시키기 위해서 본 논문은 북한의 특수성을 고려하면서 관광자원을 살펴보는 것에 의의를 두고 있다.

북한 고위공직자들의 실제적인 논평과 북한 경제정책에 관련된 보도내용은 점점 차이가 나타나고 있다. 이러한 의미에서, 북한은 개방과 개혁을 일으킬 가능성이 높다. 북한에서는 현재 모든 면에서 빠른 속도로 변화하고 있다. 외부 정보가 북한에 들어가면 들어갈수록 북한 정권은 기존의 제도를 개혁해야 할 것이다. 그리고 성장 없는 경제 개혁과 시장화는 빈부 격차를 증대하고 북한 정권에 대한 시민들의 불만도 커지게 할 뿐이다. 북한은 시민들의 불만과 관심을 외부로 돌리기 위해, 전쟁이 곧 일어날 것처럼 위기를 고조시키며 미국과 남한을 비난한다. 미국의 경제제재 이후, 중국에 대한 경제적 의존도가 점점 심화되었다. 시장화 압력과 시민들의 불만이 점점 커져가는 상황에서, 북한은 추가적인 경제 개혁이 필요한 상황이다. 모든 면에서 북한은 정치, 경제, 인권 등의 복잡한 요인이 많기 때문에 과거처럼 흑백논리로 보는 경향을 벗어나야 한다. 즉, 북한에 대한 시각은 양극화가 심하기 때문에 중립적인 시각이 필요하다. 하지만 어떻게 보아도 북한의 현재 상황은 양호한 편이 아니라는 것은 분명하다.

북한이 경제개혁을 할 때 북한 정권의 붕괴를 최소화하는 것이 중요하며, 북한이 정권교체를 할 때 경제개혁을 촉구해야 한다. 러시아인 북한 전문가 란코프는 "전문가들은 북한 당국이 소련의 붕괴를 '남의 일'로 봐서는 안 된다고 말합니다. 북한이 스스로 나서서 적극적으로 개혁개방을 하지 않을 경우 소련처럼 하루아침에 역사의 뒤안길로 사라질 수 있다는 것입니다." 라고 밝혔다.[1] 또한, 최근에 VOA(미국의 소리 방송)에서 나온 보도에 의하면 "북한을 보면, 북한에서도 구소련과 아주 비슷한 변화가 전개되는 것을 볼 수 있습니다. 세월이 갈수록 북한이 폐쇄정치를 지속하기 어려워지고 있습니다." 란코프 대북 전문가는 "장기적으로 말하면, 북한의 경우에도 외부로부터의 정보의 유입과 확산이 구소련처럼 체제를 위협하는 요소가 될 것입니다."라고 보도했다.[2] 이런 상황이 일어난다면 여파를 줄이기 위한 노력과 예방책이 필요하다. 즉, 앞으로 쿠바 사례를 통해 알게 된 경제적인 발전을 북한에 적용하려고 한다면 외화 획득 방법과 관광을 중심으로 살펴보아야 한다.

2. 구소련의 붕괴 후유증

1980 년대 후반, 소비에트 연방은 무너져 별개의 국가로 다시 분열되었다. COMECON (Council for Mutual Economic Assistance) 제도에 의하여 구소련 정권은 쿠바에서 생산된 설탕을 국제가격보다 낮은 가격으로 구입하면서 쿠바에 석유와 가스를 국제가격보다 더 낮은 가격에 팔기로 했다. 게다가 구소련은 쿠바에 무료 기술교육, 산업 프로젝트를 위한 저리의 차관과 군부에 저비용 혹은 무료로 무기 등을 제공하였다. 지정학적인 요인을 고려하면 구소련에 쿠바는 중요하다고 볼 수 있다. 그러나 미하일 고르바초프 재임의 마지막 단계에는 쿠바에 주는 협력 자금이 상당히 줄었으며 그가 하야한 다음에는 쿠바에 대한 지원은 완전히 사라졌다.[3]

---

[1] "구소련 붕괴한 이유", *자유아시아방송*. February 3, 2014
http://www.rfa.org/korean/commentary/lankov/lankovcu-11222012092537.html
[2] " 전문가들 "북한, 소련식 붕괴 안 되려면 중국식 개혁 착수해야"*VOA(미국의 소)*.
January 12, 2014. http://www.voakorea.com/content/article--1212-soviet-union-nk--
135435383/1345197.html
[3] Lankov, Andrei. *The Real North Korea*. New York: Oxford, 2013. 76.

구소련 해체의 결과로 미국과 소련의 외교 관계는 향상되었다. 그렇기 때문에 소련 입장에서는 미국의 위협 가능성은 감소했으며 북한은 더이상 미국을 막는 완충지대 역할을 할 필요가 없어졌다. 거의 이와 동시에 구소련의 경제체제 전환을 통해서 구소련 업체의 상당수가 국영 제도로부터 독립하게 되었는데 경화 없는 북한과 거래하는 것을 피하게 되었다. 그리고 북한에 대한 무기 수출을 중단했고 경화를 사용한 무역 거래를 요구했다.

근본적으로 소련과 북한 사이의 지원은 무역처럼 위장되었기 때문에 무역 활동이 급격하게 하락했다. 1990 년 거래액은 25 억 달러였지만 1994 년 약 140 만 달러로 감소했다. 현재까지도 이 비율은 유지되고 있다.[4] 또한, VOA 의 한 프로그램은 "탈북자들은 소련의 붕괴가 북한에 엄청난 정치적, 경제적 여파를 미쳤다고 말합니다. 공산주의 종주국이자 북한을 세우다시피 한 소련이 하루아침에 망하면서 북한에 엄청난 충격을 줬다는 겁니다."라고 보도했다.[5]

사회주의 경제체제가 붕괴한 다음에 쿠바는 외환수입과 대외신용의 부족으로 교역규모가 88 년과 비교하여 8% 하락했다. 이런 상황에 대처하기 위해 1990 년에 쿠바정권은 '평화시의 특별긴급상황'이라는 계획을 추진했다. 계획 내용 중에서 중심내용은 에너지 소비감축, 식량 증산, 수출품 및 수출시장 전환, 외국인 투자유치를 통한 관광산업 발전 등이었다[6]

반면 북한의 경우 설상가상으로 북한 김정일 위원장의 주도 아래 농업분야를 발전시키기 위해서 계단식 벼 경작지를 도입했다. 동남아시아에서 이런 벼농사가 성공적으로 진행되었으나 북한은 풍토가 많이 달라서 고전을 면치 못하였다. 1995 년과 1996 년의 홍수와 자연재해, 구소련 붕괴, 농업의 잘못된 관리 등으로 인해 극심한 기아사태가 발생하게 되었다. 현재까지는 이런 요인과 조선민주주의인민공화국 군비 지출로 인해 경제회복을 이룰 수 없었다.

북한은 구소련에서 공산주의라는 이념을 잉태했으나 전반적으로 제도가 실패했기 때문에 통치이념으로서의 정당성을 잃었다고 느꼈다. 2001 년 김정일도 노동신문 기사에 따르면 21 세기는 '새로운 진격의 해, 거창한 전변의 해'로 '21 세기 사회주의 붉은 기진군'을 통해 '자주의 정치, 단결의 정치, 애국애족의 정치를

---

[4] Lankov, 76.
[5] http://www.voakorea.com/content/article--1212-soviet-union-nk--135435383/1345197.html
[6] 강문구. "쿠바의 정치변동과 체제변화: 현상과 전망". 경남대학교 정치언론학부.(2006): 5.

구현'하는 것을 목표로 제시하였다고 밝혔다.[7] 쿠바 당국은 북한 당국처럼 내부 제도에 관련된 결함이 있는 것을 인정하지 않고 오히려 외적 변수를 탓했다. 양국은 구소련 붕괴로 인해 갑작스럽게 발생한 여러 상황들을 겪었으나 쿠바 정권은 북한보다 비교적 빨리 회복할 수 있었다.

3. 북한과 쿠바의 경제적 유사성과 경제개혁

두 나라의 지리적 규모는 비슷하지만, 북한 인구는 쿠바 인구의 두 배이다. 하지만 쿠바의 일 인당 국내 총생산은 북한의 개인소득의 4 배다. 두 국가 모두 사회주의 독재체제이고, 성공적인 권력 승계 제도를 구축하고 있다. 아울러, 양국은 1990 년대 구소련의 붕괴 때문에 정치, 경제적 위기를 겪었으며, 미국 정부가 실시한 경제제재로 인해 국제적으로 고립된 상황이다.

먼저 북한 정권이 실시한 경제 개혁을 살펴보겠다. 2003 년부터 2005 년 사이에 북한의 해외직접투자 유입은 405,330,000 달러이고 쿠바에는 11,850,000 달러의 해외직접투자가 유입되었다.[8] 2004 년에는 북한의 해외직접투자 유입은 197 백만 달러에 달한 반면 쿠바는 해외직접투자를 거의 받지 못했다. 그럼에도 불구하고 쿠바의 해외직접투자는 점점 증가했다.[9] 북한과 쿠바의 국내 총생산과 1 인당 국민 총소득에 대한 도표는 다음과 같다.

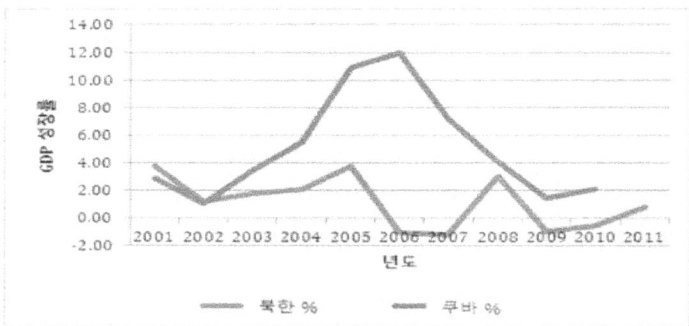

<도표 1> 북한보다 훨씬 높은 쿠바의 국내총생산(GDP) 성장률 [10]

---

[7] 중앙일보 북한 네트. *김정일의 붉은기 사상*,
http://nk.joins.com/dic/view.asp?idx=20010105112225 (March 3, 2014.)
[8] KOTRA 해외비즈니스정보포털, *Global Window*,
http://www.globalwindow.org/gw/main/GWMAIN010M.html (November 15, 2013).
[9] http://www.globalwindow.org/gw/main/GWMAIN010M.html
[10] The World Bank, *World Data Bank*,
http://databank.worldbank.org/data/views/reports/chart.aspx (October 10, 2013).

    2002 년부터 쿠바의 GDP 성장률은 급격히 증가했다.
2005 년에는 1%에서 약 11%로 상승했으며, 2006 년에는 12%에
이르렀다가 다시 감소 경향을 보였다. 그와는 반대로 북한은
해외직접투자 유입액이 "쿠바보다 훨씬 많음에도 불구하고,
GDP 성장률이 가장 높았던 해인 2004 년 약 4%에 불과했고,
2006 년과 2007 년에는 마이너스 성장률을 기록했다."[11]

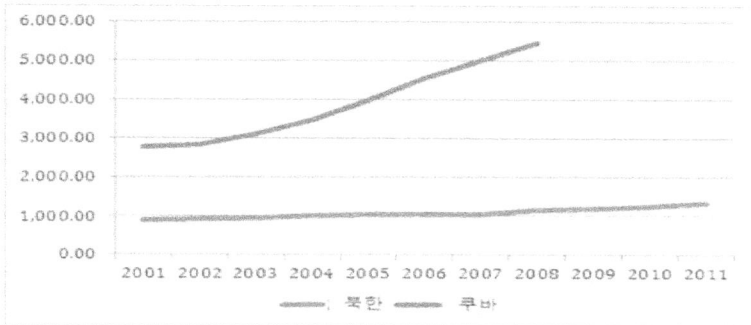

<도표 2>북한과 쿠바의 1 인당 국민 총소득 (GNI per capital, USD) [12]

    1 인당 국민총소득을 본다면 북한의 경우에는 2001 년 이후
미미하게 늘었다. 북한은 2011 년 1 인당 국민 총소득이 겨우
1,000 달러 였지만 쿠바는 2001 년 약 2,900 달러에서 2008 년에 약
5,500 달러로 두 배 가까이 증가했다. 1 인당 국민 총소득을 보면
북한의 경우에는 2001 년부터 2011 년까지 총소득이 거의 증가하지
않았다.
    북한과 쿠바는 경제 위기에 대처하기 위해 비슷한 경제개혁
정책을 추진했다. 하지만 정책의 성과는 다르게 나타났다. 양국이
실시한 경제 정책을 각각 살펴보자면 북한이 첫 번째 실시한
경제개혁은 통화 정책이었다. 2002 년 북한 정권은 7.1 경제조치를
단행했으며 현실적인 물가를 반영하기 위해 7.1 조치 전 1 달러당
2.15 원이었던 공식 환율을 1 달러당 150 원으로 올렸다.[13] 하지만
상품 생산의 부족으로 인해 화폐의 평가 절하, 초인플레이션, 공식
시장가격과 암시장 가격의 격차를 야기했다. 2003 년에는 환율이
1 달러당 1,000 원까지 도달했지만, 공식 환율은 인위적으로
1 달러당 150 원으로 남아 있었기 때문에 자연스럽게 암시장이

---

[11] http://www.globalwindow.org/gw/main/GWMAIN010M.html
[12] http://databank.worldbank.org/data/views/reports/chart.aspx
[13] http://www.globalwindow.org/gw/main/GWMAIN010M.html

생겼고 농산품을 구매할 수 있는 생산자 직거래 장터로 전환하게 되었다. [14]

더불어 북한정권은 산업 분야에서 분권화(decentralization)를 위한 다양화를 시도하였다. 첫째, 2002 년 7.1. 조치 이후 북한의 경제는 변화를 겪었고, 산업과 농업 분야에서 상대적인 분권화가 이루어졌다. [15] 예를 들어, 북한 정권은 공장의 직원들에게 월급과 혜택을 주어 책임감을 높임으로써 생산성을 높이려 하였다. 또한, 비효율성을 감소하기 위해 산업 분야에서 일하는 당 관료들의 수를 줄이고, 공기업은 사기업으로 전환하였다. 하지만 이러한 북한 정권의 분권화 조치는 산업의 동력과 자본 등의 부족으로 인해 전국으로는 확대되지 못했다.

어느 나라를 막론하고 성공적인 경제개혁을 위해서는 해외 자본 유치가 가장 중요하지만 북한은 이를 달성하지 못했다. 2002 년 이후 해외 자본 유치를 위해 북한은 신의주 경제 특구(SAR), 금강산 관광특구, 개성 공업지구와 경제 특구를 지정했다. [16] 또한 개성공업지구는 북한 정부의 기업세와 임대료의 14% 그리고 노동자들의 임금 등을 수입으로 벌 수 있게 하였다. [17] 여기에는 120 개 이상의 중소기업들이 입주해 있고 47,000 명의 북한 노동자들이 제조업체에서 일한다는 통계가 있다. [18] 그러나 많은 탈북자들에 따르면, 장마당과 다른 시장뿐만 아니라 제조업체, 회사, 식당, 미용실 등도 많아졌다고 하며 이는 인공위성이 보내오는 사진으로 확증되었다.

다음으로는 쿠바의 경제 개혁을 점검하고자 한다. 쿠바 정권도 북한 정권과 마찬가지로 통화 정책을 실시했다. 쿠바의 통화 정책은 북한과 거의 비슷하다. 공식적으로 1 달러에 1 페소였던 환율은 1994 년 중순에는 1 달러당 130 페소로 증가했고, 이 같은 조치는 달러 암시장을 약화시키기 위한 것이었다. [19]

UN 산하 국제농업개발기금(IFAD)과 미주개발은행(IADB)은 한 해 해외 송금액이 983 만 달러에 이를 것으로 추산하고 있다. [20] 하지만 쿠바의 이민자 송금 정책은 북한의 통화 정책과 가장 대조되는 분야로, 현금을 유통시키는데 가장 큰 역할을 하고 있었다. 북한의 경우에는 송금액 비율이 높은 편이라고 추정된다는 것에

---

[14] http://www.globalwindow.org/gw/main/GWMAIN010M.html
[15] http://www.globalwindow.org/gw/main/GWMAIN010M.html
[16] http://www.globalwindow.org/gw/main/GWMAIN010M.html
[17] Lankov, 168.
[18] "[이슈&뉴스] '통일 대박' 현실화 조건·대응 전략은?", January 31, 2014.
   http://news.kbs.co.kr/news/NewsView.do?SEARCH_NEWS_CODE=2800045&ref=A
[19] http://www.globalwindow.org/gw/main/GWMAIN010M.html
[20] http://www.globalwindow.org/gw/main/GWMAIN010M.html

주목하여야 한다. 북한에서 송금액 과정은 브로커를 통해서 진행하며 그 과정의 불법성으로 인해 공식적인 자료를 수집하는 것은 불가능하다. 하지만 한 대북연구서에 따르면 송금액은 연 천만 달러로 추산한다.

　　1994 년에는 농산물 생산자 직거래장터가 생겨서 잉여 생산물을 시장에 팔 수 있게 되었고 수요와 공급에 의해 상품의 가격이 결정되었다. 시장은 가격을 낮추고 식품 유용성을 증가함으로써 생산성을 증진시키면서 암시장을 없애려는 목적으로 허용됐는데, 이후 산업 제품을 거래하는 시장도 형성되었다.[21] 1993 년 33.5%였던 재정적자가 1994 년에는 7.4% 흑자로 전환됐고, 1993 년 1 달러당 78 페소였던 환율이 1995 년에 32 페소로 평가절상되었다.[22] 또한, 지급불능의 국영 기업에 보조금을 삭감하고, 국영기업은 국가 예산에서 분리돼 분권화되었다.

4. 전략

　　양국 경제 위기와 일관된 개혁을 보면 눈에 띄는 차이점이 한 가지 있다. 이것은 쿠바의 경제적인 전략이다. 앞서 말한 바와 같이 경제위기를 극복하기 위해서 쿠바와 북한은 비슷한 정책을 시행했으나 그에 따른 성과는 매우 다르다. 쿠바경제성장과 북한 경제성장을 비교한다면 쿠바의 경제성장 전략으로서 쿠바 행정부는 한결같이 외화를 획득하는 데 주력한 것으로 보인다. 쿠바는 외화 획득이 용이한 관광산업을 크게 발전시키고 있다. 관광은 쿠바 경제 성장의 엔진으로 지역 경기를 활성화시키기 시작했다. 쿠바의 관광객 수는 1990 년에 37 만 명에 불과했지만 2011 년에는 270 만 명으로 7 배나 늘었다.[23] 쿠바의 관광 산업은 식품이나 음료와 같은 다른 산업에도 영향을 주어서 광업, 전기, 설탕 산업도 위기 이전 수준으로 회복했다.[24]

　　반면 북한의 관광객 수는 2003 년 이후 증가되는 추세에 있었지만, 쿠바의 관광객 수와 비교한다면 상대적으로 그 증가 폭이 매우 미미한 것으로 볼 수 있다. 쿠바의 제조업에서 설탕 산업이 사양산업이 된 다음에 니켈을 활용한 산업이 등장했다. 2000 년부터 2008 년까지는 원자재 가격 변동 폭 때문에 니켈 가격이 꾸준히 상승했다.[25] 쿠바 정부는 이런 상황을 전술적으로 이용함으로써 니켈

[21] Leon-Manriquez, Jose Luis. "Similar Policies, Different Outcomes: Two Decades of Economic Reforms in North Korea and Cuba". *Korea Economic Institute Academic Paper Series*. (2011): 4-5.

[22] http://www.globalwindow.org/gw/main/GWMAIN010M.html

[23] http://www.globalwindow.org/gw/main/GWMAIN010M.html

[24] http://www.globalwindow.org/gw/main/GWMAIN010M.html

[25] Leon-Manriquez, 5-6.

수출을 추진했다. 쿠바는 니켈, 담배, 설탕 등의 수출을 추진했을 뿐만 아니라, 의약품, 생명공학 (biotechnology) 제품과 같은 새로운 수출 상품들을 개발하기도 했다. 1996 년 의약품 수출은 54 백만 달러로 전체 수출의 약 2.8%를 차지했다. 아울러 쿠바의 석유도 쿠바 경제 활성화에 기여했다.[26] 2000 년 쿠바는 2.8 백만 톤의 원유를 생산했는데 해외 파트너 업체들은 원유에서 가스를 이용할 수 있는 생산 기술을 소개하기도 했다.

아래 도표를 보면 쿠바의 경제 개혁 전략이 북한에 비해서 훨씬 더 효과적인 것으로 보인다. 90 년대 초반 쿠바는 GDP 성장 점유율이 거의 25%로 기록되었다. 이때 쿠바의 경제는 주로 제조업을 중심으로 이루어졌었다. 그러나 2000 년 들어 쿠바는 무역, 식당, 호텔과 같이 관광을 중심으로 이루어진 경제로 전환하였다. 북한의 경우에는 90 년대부터 현재까지는 GDP 에 기여를 한 일반적인 산업이 없는 것으로 보인다. 90 년대 후반에 광공업 생산 및 농업 분야로 GDP 성장 점유율이 10%에 달했지만 그 이후 두 분야에서 성장률의 변동이 많은 것으로 보여진다. 마지막으로 도표를 통해 보면 북한은 관광사업 부문이 없는 것으로 보인다.

Figure 4: **Change in Growth in Selected Economic Sectors in Cuba, 1990–2009**

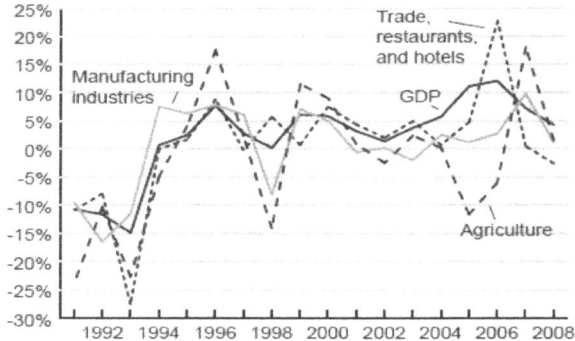

Source: Economic Commission for Latin America and the Caribbean, various years.

---

[26] http://www.globalwindow.org/gw/main/GWMAIN010M.html

Figure 3: **Change in Growth in Selected Economic Sectors in the DPRK, 1990–2009**

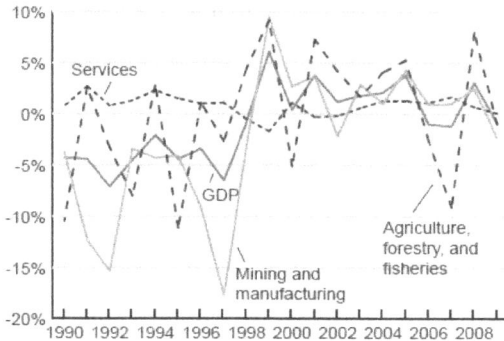

Source: Bank of Korea, various years.

북한의 경제 개발 시도에 지정학적인 요인은 성장의 장애가 되었다. 남북한의 교역은 김대중 정부 시기에 서서히 증가하다가 노무현 정부 때는 급격히 확대되었다. 이는 개성 공단 건설과 금강산 관광에 대한 투자와 원조 때문이다. 하지만 이명박 정부 때는 교역이 감소세로 전환되었고, 비상업적 거래 규모는 감소했다. 2002 년 이후 교역 규모의 증가에도 불구하고, 이는 의미 있는 경제 성장으로 이어지지 않았다. 2002 년과 2005 년 사이에 북한의 GDP 성장률은 증가 추세를 보이다 2005 년 이후 급격하게 감소했고, 2007 년에 성장률이 증가하다 2008 년에 다시 감소했다.[27]

지정학적인 상황도 불구하고 북한 정권은 경제 개혁을 실시할 의지가 있다. 2001 년 노동신문에서 "21 세기는 거창한 전변의 세기, 창조의 세기이다."라는 기사가 출판되었다. 김정일은 "지금은 1960 년대와 다르므로 지난날의 낡은 일본새로 일하여서는 안 됩니다. 21 세기에 들어서는 새 시대의 요구에게 무슨 일이나 손색이 없게 하여야 합니다"고 밝혔다.[28] 이런 점을 바탕으로 볼 때 북한 정권은 개혁을 추진하고자 하는 의지는 있지만 경제 지식이 부족하다. 앞으로 효율적으로 경제를 발전시키기 위해서 북한의 개혁은 어떤 방향으로 진행되어야 할 것인지에 대해 정리하고자 한다.

무역률을 보면 북한이 경제 개혁을 할 가능성이 크다. 무역률이 늘면 늘수록 개방 및 경제 발전으로 이어질 수 있다. 사실 북한의

---

[27] http://www.globalwindow.org/gw/main/GWMAIN010M.html

[28] http://nk.joins.com/dic/view.asp?idx=20010105112225

무역 활동률은 증가하는 것으로 드러났다. 북한의 수출입 규모는 2011 년까지 꾸준히 확대되었다. 수출은 27.9 억 달러로 84% 증가했고, 수입은 35.3 억 달러로 32.6% 증가했다.[29] 많은 전문가에 따르면 북한의 외교관계 변화가 무역의 확대로 이어졌다는 주장도 존재한다. 특히 북한과 중국 간의 무역률이 점점 늘어나는 경향도 보인다. 중국과의 교역은 2011 년에 56.3 억 달러로 62.4% 증가해, 북한의 교역에서 70.1%를 차지한다.[30] 북한과 중국 간의 교역은 단순한 무역이 아니라 북한은 중국에 의존하고 중국은 북한에서 권한을 행사한다는 점에서 중요하다고 볼 수 있다. 현재 중국은 세계적으로 국가 이미지를 높이기 위해 많은 노력을 기울이고 있다. 따라서 북한과 중국 간의 무역이 지속적으로 커짐에 따라 중국은 그들의 국가 이미지가 실추되는 것을 원치 않기 때문에 북한에 경제적 개방과 개혁에 관해 압박을 가할 가능성도 있다.

더불어 북한은 쿠바의 개혁 명분을 채택하게 되면서 사회주의란 이념 내에서 개혁하는 것을 오히려 정당화할 수 있다. 예를 들어, 카스트로는 외국인 직접투자가 자국의 사회주의 제도에 반하는 점이 없으며 오히려 이것은 자원을 더 효율적으로 활용할 수 있다는 것으로 볼 수 있다고 밝혔다.[31] 조선노동당 (KWP)과 쿠바공산당 (CPC)은 공식적인 경제개혁에 대한 두려움을 갖고 있다. 이 두 나라는 과거에도 그랬듯이 중국이나 베트남처럼 공산권이 시장 경제로 전환하는 것을 회피할 가능성이 있다. 두 나라의 경우에 "개혁"이라는 용어를 사용한다는 것은 정확한 그림을 보여주는 것이 아니다. 실제로 보면 이러한 것들은 개혁이 아니라 "특정전략"이라는 것으로 간주할 수 있다. 오히려 쿠바와 북한 정권을 위해서 생존전략의 일환으로 사용했을 뿐 진정한 개혁은 아니다.[32]

앞서 언급한 대로 북한이 시행할 수 있는 가장 현실적인 시나리오는 관광을 대상으로 한 개혁이다. 한 편으로는 많은 사람은 북한 정권을 지지할 수 있다는 우려로 인해 북한 관광에 대해서 논란이 많은 것 같다. 오랫동안 북한 인권 운동가들은 북한 관광 운영에 반대했으나 근래 들어 다른 태도를 보이고 있다. 북한도 쿠바처럼 비슷한 관광 계획을 세워서 실행한다면 문화 간의 교류가 생기고 이는 북한 경제에 큰 영향을 미칠 것이다.

어느 때보다 지금 북한 경제는 개혁이 필요하다. 장성택이 북한의 경제를 개혁할 인물로 알려졌었다. 하지만 그가 처형당한

---

[29] http://www.globalwindow.org/gw/main/GWMAIN010M.html
[30] http://www.globalwindow.org/gw/main/GWMAIN010M.html
[31] Leon-Manriquez, 9.
[32] Leon-Manriquez, 5-6.

후에 북한의 경제 개혁 계획들은 중단될 위기에 처했다. 반면에 북한이 계획대로 경제개혁을 진행할 수도 있다는 의견도 있는데 이는 2013년부터 장성택의 경제적 개입이 많이 줄었기 때문이다.[33] 서울에 위치한 남북 거래관계 비정부 단체에 따르면 내년에 북한 경제개혁이 확대될 것이라고 주장하고 있다. 김정은이 장성택의 처형 명령을 내림으로써 정통성을 증명하려고 노력했고, 이 밖에도 주민들의 지지를 받기 위해서 김정은은 경제 개혁에 집중할 수밖에 없다는 것이다.[34] 또, 고려해야 할 점은 주민들은 장성택 사건으로 인해 북한 정부에 더 공포감을 느끼고 있다는 사실이다. 그러나 이것은 어느 정도 역효과를 가져올 가능성이 높다. 북한 소식통과 한국에 있는 탈북자에 따르면 북한에서는 현재 고위당국자가 죽을 수 있으면 나도 죽을 수 있다라는 생각이 만연하고 있다고 한다.

관광과 경공업을 통한 북한의 경제개발 계획은 쿠바모델과 중국모델을 적절히 섞은 모습이라 할 수 있다. 한 VOA 대변인은 "북한이 올해 유흥, 관광산업시설에 공을 들인 것은 신압록강대교와 연관 있는 듯합니다. 신압록강대교가 완공되는 내년 하반기부터 중국관광객이 보다 급격하게 증가할 것으로 예상됩니다."라고 예측했다.[35]

북한은 외화획득수단으로 관광을 내세우고 각종 규제를 완화하고 있다. 최근 연합뉴스 기사에 따르면 "내년부터는 허용되지 않았던 겨울 관광이 가능해지고 단둥 여객선의 신의주 접안관광이 가능해집니다. 중국인들의 북한관광실태는 중국여행카페에 가면 여행기를 통해 보다 생생하게 알 수 있습니다."라고 보도했다.[36]

접안관광은 중국 유람선 관광객들이 배 안에서만 북한 쪽 경치를 구경하던 것을 주요 관광지에 상륙해 일정한 범위 안에서 주변을 둘러볼 수 있게 하는 것을 말한다. 김지연 대외경제정책연구원 대변인은 "이들이 북한을 찾는 주요 목적은 여행도 여행이지만 과거 이들이 경제적으로 어려웠을 때를 회상하는 데 있다. 반면, 중국의 젊은이들은 미비한 관광 기반시설과 행동의 제약 요인, 차별화된 관광상품 부족 등의 이유로 북한관광을 선호하지 않고 있다." 라고 밝혔다.[37] 이런식으로 북한이 지난해 중국 관광객들로부터 벌어들인

[33] http://www.globaltimes.cn/content/831869.shtml#.Uzo1jK1dXD7

[34] http://www.globaltimes.cn/content/831869.shtml#.UwZyVkJdVZu

[35] 지난해 북한 방문 중국인 23만 7천 명...3년간 2.5배 증가", *VOA (미국의 소리)*, April 4, 2014.

[35] http://www.voakorea.com/content/article/1748573.html

[36] "유람선, 내년부터 北 '접안관광' 가능해질 듯", *연합뉴스*, October 11, 2013.
http://news.naver.com/main/read.nhn?mode=LSD&mid=sec&sid1=103&oid=001&aid=0006529244

[37] http://www.voakorea.com/content/article/1748573.html

관광 수입이 2 천 1 백만 달러에서 3 천 4 백만 달러에 이를 것으로 추산된다. [38]

최근에 스페인에서도 북한 관광이 화제가 되었다. 스페인에서 비롯된 북한 관광상품 광고로 인해 스페인에서 북한 관광이 하나의 트렌드로 자리 잡을 가능성도 없어 보이지 않는다. [39]

북한이 마식령 스키장, 문수물놀이장, 세포 등판 등 관광지를 건설하면서 북한의 외국인 관광 산업은 빠르게 성장할 수 있을 것이다. [40] 하지만 미국으로부터 가해지는 제재 때문에 이런 관광인프라를 건설할 때 필요한 건축 자재를 얻는 것이 복잡해지고 그 결과로 건축 과정에 많은 문제가 생기고 있다. 미국 정부 차원에서 북한에 가하는 경제 제재에 대한 효과의 긍정적, 부정적 요인들을 재평가할 필요가 있다.

2014 년 북한 정권은 외국인 관광객 백만 명을 유치할 계획을 발표했다. 물론 북한 정권으로서는 이런 선언은 이상적으로 보이지만 어떻게 보면 상징적으로 희망과 의미가 있는 것이다. 이뿐만 아니라 북한 정권은 통치 개혁과 그 외의 14 가지 개혁을 시행할 것을 발표했다. 이 시점에서 북한의 잠재적인 개혁을 시행하기 위해서 해외정부와 국제공동체는 북한을 적극적으로 설득하려고 노력한다면 더 효과적인 성과를 거둘 수 있을 것이다.

Young Pioneer 와 Koryo 여행사는 외국인을 위한 북한 관광기획 업무를 전담하고 있다. 두 회사 모두 설립되었을 때부터 해마다 관광객 수가 꾸준히 증가하고 있다. 2013 년 12 월에 Merrill Newman 사건이 [41] 일어났는데 이 사건은 오히려 북한에 갈 관심이 있는 사람들의 마음을 돌리는 역효과를 냈다.

Dennis Rodman 의 [42] 비논리적인 행동도 비슷한 효과를 나타냈다. 사실, 최근에 북한 정권은 전례 없는 속도로 관광 비자를

---

[38] " Chinese Maoists in North Korea: Paradise Lost", *The Economist*, November 24, 2013.
    http://www.economist.com/news/china/21567131-north-korea-chinese-maoists-find-land-their-dreams-
    paradise-lost

[39] "외국인 북한관광 늘어나나?", *NK 투데이*, January 21, 2014.
(http://nktoday.tistory.com/119)

[40] "[란코프] 북한관광을 꺼리는 이유", *자유아시아방송*, October 31, 2013.
    http://www.rfa.org/korean/commentary/lankov/cu-al-10312013113731.html

[41] Merrill Newman 은 미국의 군인으로 한국 전쟁에 참가했다. 북한 관광을 갔다가 전쟁에 참가와 관련된 명분으로 북한 정권은 그를 억류했고 42 일 후 석방했다.

[42] Dennis Rodman 은 2013 년 북을 방문하여, 조선노동당 부위원장 김정은과 만났다. 그 당시에 북한 정권의 강행한 제 3 차 핵실험 때문에 미북 간의 관계가 더욱 악화되었다. 따라서 Rodman 은 미국 국민으로서 김일성과 김정일, 김정은을 지지하는 논란이 일어났다.

처리하고 있다. 많은 전문가에 의하면 북한 정권은 관광에 대한 중요성을 자각하기 시작한 것으로 보인다.

북한 관광에서 가장 확실한 관광 프로그램은 "조선 교환"이라는 프로그램이다. 2007 년부터 싱가포르에 조선 교환이라는 회사가 설립되었는데, 조선 교환 (Chosun Exchange)이란 프로그램은 다양한 전문가 및 북한 관료들이 상호교류하도록 하는 것이다.[43] 최근에 이코노미스트란 잡지에서 한 경제학자가 이 프로그램을 통해서 북한에 갔다 온 자신의 경험에 대해 사설을 썼다.

이 저자가 북한을 방문한 주요 목적은 북한 정권 관계자들에게 기본적인 경제 이론을 가르치는 것이었다. 그는 여러 가지 경제 문제가 많은 북한은 특히 '빅맥 인덱스'란 이론을 중요하게 생각해야 한다고 했다. '이코노미스트'는 1986 년 환율 이론을 좀 더 이해하기 쉽게 할 방법이라고 하면서, 마치 농담처럼 빅맥 인덱스를 도입했다. 빅맥 인덱스는 환율을 전체적으로 파악할 수 있는 쉬운 방법으로 높은 평가를 받았으며 경제 분야에서 자주 사용되었다. 예를 들면, 2014 년 미국 빅맥의 가격이 4 달러 62 센트였다. 반면, 중국에서는 시장환율로 빅맥의 가격이 2 달러 72 센트였다. 이때 빅맥 인덱스에 따르면 위안화는 인위적인 조작으로 인해 위안화 가치는 41%로 저평가되었다.[44] 앞서 언급한 바와 같이 북한 정권의 잘못된 통화 개혁 때문에 북한이 대체적인 경제 상태가 악화되었다. 따라서 북한의 경우에는 소위 "빅맥 인덱스" 같은 정보가 북한 경제 교육의 개선 방안이 될 수 있다.

처음에 저자는 워크숍에서 북한 참여자들이 "이코노미스트"의 경제적인 관점에 대해 반대하리라고 예상했으나 오히려 이 회의에 참여한 사람들은 그에게 다양한 실제 사례에 대해서 물었다. 특히 북한 참여자들은 북한 실태에 대한 애기는 피하면서 이코노미스트 전문가에게 국제적인 사례 연구를 요구했다.[45] 북한 참여자들이 우려 한 것 중에서 가장 많이 부각된 것은 인플레이션과 통화 안정이다. 이런 우려를 감안한다면 북한 당국의 걱정이 무엇인지 명확하게 알 수 있다.

저자는 청중에게 여러 번 인터넷을 비롯한 다양한 많은 사례가 있다고 언급했는데 북한 참여자들은 인터넷에 대한 개념이 없었다.

---

[43] Chosun Exchange (조선 교환), https://choson-exchange.squarespace.com/our-programs/ (March 6, 2014).

[44] "The Big Mac Index goes to North Korea: Cheeseburger in Paradise Island", *The Economist*, June 20, 2013. http://www.economist.com/blogs/banyan/2013/06/big-mac-index-goes-north-korea?fsrc=explainsdig

[45] http://www.economist.com/blogs/banyan/2013/06/big-mac-index-goes-north-korea?fsrc=explainsdig

저자가 참여자들에게 인터넷 접근을 제안했을 때 예상했던 대로 회의실은 소리 없이 숙연해졌다.

북한 고위공직자들이 경제 개혁에 대해 왜 이렇게 적극적으로 관심을 표명하고 있는지 분명하다. 북한에서 고정환율은 달러당 100 원이다. 그러나 회색시장(gray market)에서는 환율이 달러당 8,000 원이다. 설상가상으로 북한에서 공식적인 월급은 1 천 5 백 원에서 5 천 원까지이다.

워크샵과 관련된 활동을 하면서 저자는 북한 참여자들의 제안과 대답에 놀랐다. 북한이라고 언급하지 않고 오히려 "Paradise Island"라고 부르며 연습 활동을 하였다. 왜냐하면, 북한 정권 관계자들은 북한의 경제에 문제가 있다는 것을 알고 있지만, 표면적으로는 그 사실을 거부해야 하기 때문이다. 하지만 북한 워크샵에 참여한 자들의 제안 중에서 가장 눈에 띄는 것은 다음과 같은 세 가지이다. 한 그룹은 국영 기업의 민영화를 제시했으며 다른 그룹은 원자재를 사용해 부가 가치 상품을 제조해야 한다고 제안했다. 뿐만 아니라 북한에 가상적인 긴축조치(austerity measures)를 취하면 그 여파를 극복하기 위해 다국적 기구가 북한에 들어갈 수 있게 하자는 제안도 나왔다.[46] 그러므로 폐쇄된 북한을 개방과 개혁으로 이끄는데 이와 같은 노력이 얼마나 큰지 파악할 수 있다.

5. 결론

경제적인 면에서 유사점이 많은 쿠바와 북한이 실시한 개혁을 살펴보면 가장 두드러진 차이점은 두 가지이다. 첫째, 쿠바 정부가 탄력적인 수단으로 외화를 획득했기 때문에 북한에 비해 경기가 침체된 다음에도 상대적으로 경기를 극복할 수 있었다. 둘째, 경제 발전 수단 중에서 가장 성공적인 관광 분야를 중심으로 방법을 북한 사례에 적용해야 한다. 본 논문은 쿠바의 경제 발전에 관련된 지식을 가지고 독특한 북한 사례를 고려하면서 북한의 관광자원을 살펴보는 것에 의의를 두고 있다.

더불어 해외 정부와 국제 공동체가 북한에 대한 사고방식과 그들이 가지고 있는 문제에 대한 접근방식을 바꿔야 한다. 말하자면 북한을 특별한 국가로서 인정할 필요가 있다. 베트남과 중국 같은 경우에는 비교상대국이 없다. 비교 대상인 남한경제의 안정 때문에 이 시점에서 북한 정권은 완전 개방 또는 중국이나 베트남식의 경제

---

[46]http://www.economist.com/blogs/banyan/2013/06/big-mac-index-goes-north-korea?fsrc=explainsdig

시장으로 전환은 불가능하다. 베트남, 버마 (미얀마), 중국 등의 나라들은 분단국가가 아니므로 경제 개방 이후 비교할 상대국이 없었다. 따라서 이런 국가의 각 정부는 정치적 반발에 대한 두려움이 없었다. 하지만 북한은 그렇지 않다.

그래서 북한은 일단 관광산업을 추진하면서 장기적으로 개방과 전반적인 경제를 회복해야 할 것이다. 이를 위해서 여러 가지 시정해야 할 점이 있다. 첫째, 미국 정부는 대북 제재를 재평가해야 한다. 실제로 보면 이런 제재는 성취하고자 하는 목적을 이루는데 별로 효과적이지 않고 북한의 핵 개발을 억제하지 못했다. 북한 정권은 중국과 동맹을 맺고 있기 때문에 미국에서 시행하는 제재를 피할 수 있었다. 어떻게 보면 이러한 제재는 오히려 역효과를 불러일으켰으며 그 결과로 북한 주민들은 더 역경에 직면하게 되었다. 그리고 대북 제재는 북한이 관광 산업을 시행하는 데 있어서 필요한 자재들을 얻는데 어려움을 준다는 점에서 재평가가되어야 한다. 둘째, 한국, 미국, 중국 등 여러 국가들은 북한의 침체된 경제에 활력을 불어넣기 위해 과감한 조치를 취해야 한다. 왜냐하면, 북한 경제 상태는 상당히 불안정해서 시간이 흐르면 흐를수록 북한이 갑작스럽게 붕괴될 가능성이 높아진다. 북한이 붕괴되면 주변 국에 재정적 부담이 갈 수 있고, 사회, 안보 문제에도 대처해야 하므로 미국이나 중국, 한국에도 좋은 일은 아니다. 미국, 중국과 한국 모두 서로의 입장을 고려하면서 북한 문제에 적극적으로 상호 협력을 하기 위해서 노력해야 한다. 특히 북한이 대중국 의존도를 낮출 수 있으면 미국, 한국과 함께 협력 체계를 구축할 수 있을 것이다.

북한의 관광 산업이 성장하면 외화를 벌어들일 수 있으며 점점 더 많은 관광객들이 북한을 방문하면 북한 사회가 조금식 개방하게 할 것이라는 예상이 가능하다. 또한, 관광을 통해서 한반도가 통일이 된다면 사회·경제적 문제들을 줄이는데 기여할 것이다. 북한이 쿠바와 같이 관광 산업에서 성공을 거둔다면 북한은 쿠바처럼 단계적으로 회복할 수 있다. 마지막으로 한국과 미국은 대북 정책에 대해 오랫동안 일관성이 부족했기 때문에 대북 외교 관계가 지속적으로 악화되었다. 박근혜 정부 출범 이후 대북 '신뢰과정'이라는 정책을 통해서 남한과 북한과의 관계가 개선될 수 있을 것으로 보여지며 미래의 행정부도 비슷한 조치를 취하면 대북 정책이 일관성있게 진행될 수 있을 것이다.

이 논문에는 한계도 있다. 첫째, 1950 년대 쿠바 혁명이 일어나기 전에 쿠바는 관광으로 유명했다. 그래서 1990 년대 쿠바 정부가 관광산업을 다시 시작했을 때 관광객 수가 급격하게 늘어날 수 있었다. 하지만 북한의 경우는 상황이 달라 북한은 그다지 유명한 관광지로 여겨지지 않고 있다. 중국 관광객들 이외의 북한 관광객은 호기심으로 폐쇄된 북한을 방문하게 된다. 둘째, 쿠바 정부는 관광산업에 활력을 불어넣기 위해 많은 자본을 필요로 했다. 북한도 제대로 된 관광산업을 구축하려면 쿠바와 같이 많은 자금을 필요로 할 것이다. 셋째, 쿠바는 북한에 비해 지정학적인 문제점이 적다. 그러나 북한은 지정학적으로 여러가지 문제점이 많으므로 이 문제가 북한의 관광산업에 걸림돌이 될 수 있을 것으로 보여진다.

앞서 언급한 문제점들을 고려한다면 더 많은 연구가 필요하다. 특히 북한을 둘러싼 문제들을 해소시키기 위한 정책과 북한 관광 인프라를 발전시키기 위한 자본 조달계획이 필요하다. 무엇보다도, 모든 면에서 북한 주민들의 생활을 개선하기 위해 노력해야 한다. 미 해군 대학교수 Terence Roehrig 는 북한 정권의 급격한 붕괴를 막기 위해서는 장기적인 계획을 통해 북한의 변화가 서서히 일어날 수 있도록 촉구해야 한다고 주장했으며, 현재의 정권이든 앞으로의 정권이든 북한 경제를 개혁과 개방을 통해 성장시킨다면 북한은 온건한 정치적 변화를 가져올 수 있을 것이고 경제적인 면에서 개혁 및 개방의 방향으로 나아갈 수 있을 것이라고 밝혔다. [47] 하지만 이러한 변화는 단순히 북한 당국의 노력만으로는 가능하지 않을 것이다. 주변국의 협조, 특히 남한 정부의 일관성 있는 노력이 필요할 것으로 사료된다.

참고문헌

강문구. "쿠바의 정치변동과 체제변화: 현상과 전망". 경남대학교 정치언론학부. 2006.

"[란코프 칼럼] 구소련이 붕괴한 이유", *자유아시아방송*. February 3, 2014 http://www.rfa.org/korean/commentary/lankov/lankovcu-11222012092537.html

"전문가들 "북한, 소련식 붕괴 안 되려면 중국식 개혁 착수해야", *VOA(미국의 소리)*. January 12, 2014. http://www.voakorea.com/content/article--1212-soviet-union-nk--135435383/1345197.html

"[이슈&뉴스] '통일 대박' 현실화 조건·대응 전략은?", *KBS 뉴스*. January 31, 2014. http://news.kbs.co.kr/news/NewsView.do?SEARCH_NEWS_CODE=2800045&ref=A

---

[47] Lankov, 111.

"지난해 북한 방문 중국인 23 만 7 천 명...3 년간 2.5 배 증가", *VOA (미국의 소리)*, April 4, 2014.
  http://www.voakorea.com/content/article/1748573.html

"유람선, 내년부터 北 '접안관광' 가능해질 듯", *연합뉴스*, October 11, 2013.
  http://news.naver.com/main/read.nhn?mode=LSD&mid=sec&sid1=103&oid=001&aid=0006529244

"외국인 북한관광 늘어나나?", *NK 투데이*, January 21, 2014.
  (http://nktoday.tistory.com/119)

"[란코프] 북한관광을 꺼리는 이유", *자유아시아방송*, October 31, 2013.
  http://www.rfa.org/korean/commentary/lankov/cu-al-10312013113731.html

중앙일보 북한 네트. *김정일의 붉은기 사상*,
  http://nk.joins.com/dic/view.asp?idx=20010105112225 (March 3, 2014.)

KOTRA 해외비즈니스정보포털, *Global Window,*
  http://www.globalwindow.org/gw/main/GWMAIN010M.html (November 15, 2013).

Chosun Exchange (조선 교류),
  https://chosonexchange.squarespace.com/our-programs/ (March 6, 2014).

"Chinese Maoists in North Korea: Paradise Lost", *The Economist,* November 24, 2013.
  http://www.economist.com/news/china/21567131-north-korea-chinese-maoists-find-land-their-dreams-paradise-lost

"The Big Mac Index goes to North Korea: Cheeseburger in Paradise Island", *The Economist,* June 20, 2013.
  http://www.economist.com/blogs/banyan/2013/06/big-mac-index-goes-north-korea?fsrc=explainsdig

The World Bank, *World Data Bank,*
  http://databank.worldbank.org/data/views/reports/chart.aspx (October 10, 2013).

Leon-Manriquez, Jose Luis. "Similar Policies, Different Outcomes: Two Decades of Economic Reforms in North Korea and Cuba". *Korea Economic Institute Academic Paper Series.* 2011.

Lankov, Andrei. *The Real North Korea.* New York: Oxford, 2013.

이용과 충족 이론: KBS 뉴스에 대한 시청자 인식 연구

유니스 염 (Eunice Yum)

MA, Korean for Professionals, University of Hawai'i at Manoa, 2014

USES AND GRATIFICATIONS THEORY: AUDIENCE PERSPECTIVE RESEARCH ON KBS NEWS

The Korean Broadcasting System (KBS) has been facing a crisis of sorts due to the changes brought upon by the changing nature of broadcasting. Namely the switch from terrestrial to digital broadcasting methods has brought about the birth of a number of other channels, which has increased competition regarding viewer choice. This competition has changed the nature of Korean Broadcasting. The Korean Broadcasting System previously unchallenged as the national public broadcasting system, has had to cope with a lack of revenue due to this competition. Increasing subscription fees as a mandatory fee for all Korean citizens has been an ongoing controversy. Although there have been studies concerning news watching, there remains a scarcity in regards to motivations for specific channel news subscription and its associated attitudes. The Use and Gratification theory along with the theory of planned behavior will be used as a theoretical background and a means of understanding attitudes towards KBS news and viewer motivation in continuing to watch KBS despite the controversy surrounding the increase in subscription fees amid accusations of biased coverage.

1. 서론

한국공영방송공사 (Korean Broadcasting Station)는 식민지 시대인 1927 년에 설립된 경성 방송국을 시작으로 1947 년에 개국한 공영방송국으로, 지금까지 한국의 대중적인 미디어 채널로 성장했다. 하지만, 지상파 방송에서 디지털 방송으로의 변화는 한국 방송계에 위기를 불러온 상황이다. 지상파 TV 의 디지털 전환은 1997 년 정보통신부의 "지상파 디지털 방송 도입"에 대한 계획이 발표되면서 본격화되었고, 15 년이 지난 2012 년 11 월 13 일에 완료되었다. 디지털 방송으로 전환하는 과정에서 다채널화가 되었고, KBS 는 이 경쟁으로 인해 재정적 위기를 겪고 있는 상황이다. 2014 년 현재 KBS 수신료는 2,500 원이지만, 이러한 재정적 문제들 때문에 수신료 1500 원 인상이 논의되고 있다. 하지만 시민들은

KBS 가 국정원 논란으로 일어난 촛불 시위를 보도하지 않는 등, 공영 방송국의 역할을 하지 않는다고 주장한다. 본 논문은 '이용과 충족 이론'을 이용하여 이런 일련의 사건들이 사람들의 KBS 를 시청하고자 하는 선택에 영향을 끼치는지 알아보고자 한다.

KBS 의 국정원 보도 논란은 KBS 가 "국가정보원 대선 개입 규탄 촛불 집회"의 보도를 외면하면서 발생한 사태를 말한다. 2013 년 6 월 10 일 서울시청 앞 광장과 전국 곳곳에서 10 만여 명이 시위에 참가했다. 국정원의 대선 개입 진상 규명을 촉구하기 위한 6 차 촛불집회였다. 촛불집회가 시작된 것은 6 월 28 일이었으나, 첫 집회 이후 참가자들이 늘어났음에도 불구하고 KBS 방송국은 뉴스에서 관련 보도를 내보내지 않았다. 공영방송의 편파적인 보도 태도에 대해 시민들의 비난과 냉소가 잇따르고 있다고 한다.

방송사 내부에서도 자성의 목소리가 나오고 있다고 한다. 최문호 KBS 노조 공정방송추진위 간사는 "국정원 선거개입 사건은 정보기관이 국가의 근간을 흔든 사건인데 KBS 보도는 침묵하고 있다. 한 장소에 수만 명이 모여 한목소리를 내는 행위는 분명 뉴스 보도 가치가 있는 사안임에도 '촛불'이라는 단어 자체가 사내에서 금기어가 되고 있다"고 말했다.

당시 KBS 뉴스는 주말 내내 날씨와 생활 뉴스 보도에 집중했다. KBS <뉴스 9>은 날씨 소식을 13 일에 6 건, 14 일에 10 건을 내보냈다. 그리고 지역별로 폭우 피해를 입은 곳과 폭염을 겪고 있는 곳을 나눠 상세히 전했을 뿐 아니라, 나아가 초복이었던 13 일에는 보양식 관련 리포트까지 보도했다. 당시 200mm 이상의 폭우가 내려 날씨 관련 소식이 주요 뉴스로 다뤄져야 했다는 필요성을 감안해도, 날씨 관련 뉴스가 전체 뉴스의 1/3 을 차지하는 것은 지나치다고 볼 수 있다.

이태광 경희대 교수는 "현재 방송사들이 언론의 역할을 하지 않고 친정부적인 성향, 특정 집단의 이해관계를 대변하는 역할을 하고 있어 언론의 공정성을 훼손시키고 있다"고 말했다. 또한 "언론의 공공성은 서로 다른 다양한 입장을 토론할 수 있는 "토론거리"를 만들어 공론을 형성하는 것인데, 현재 방송사의 행태는 토론거리는커녕 정보 자체를 차단함으로써 공공성을 훼손하고 있다"고 했다.

본 논문은 이런 논란에 처한 KBS 뉴스에 대한 시청자의 태도가 어떠한지 살펴보고자 한다. 이 연구를 통해 발견하고자 하는 문제들은 다음과 같다.

<연구 문제 1> 사람들은 KBS 뉴스를 어떤 동기를 충족시키기 위해 시청하는가?

<연구 문제 2> 이 동기들은 충족되고 있는가?
<연구 문제 3> 동기들이 충족된다면 시청자들은 계속 KBS 뉴스를 시청할 것인가?

2. 이론적 배경

2.1 이용과 충족 이론 (Use and Gratification Theory)

커뮤니케이션 학자들은 미디어가 사람들에게 어떤 영향을 끼치는지, 그리고 사람들이 미디어를 통해 무엇을 얻고자 하는지에 대한 의문에 답하기 위해 지속적인 연구를 해왔다. 이용과 충족 이론은 많은 영역에서 사용되고 있는데, 사람들이 미디어를 통해 어떤 효과를 얻고 즐거움을 느끼는지에 대한 조사에서도 이 이론은 폭넓게 적용되고 있다.

이용과 충족 이론 연구는 1940 년에 미디어가 어떤 기능을 제공하는지를 밝혀내고자 하는 연구에서 시작되었다. 이용과 충족 연구에서 개인은 목적 의식이 있고, 목표 중심적이며, 정신적인 동기를 충족시키고자 한다고 본다. 이용과 충족 이론을 적용한 Katz Blumler & Gurevitch (1974)의 연구는 사회 또는 정신적인 측면에 바탕을 두고 있으며, 미디어 이용에 관한 동기 중에 어떤 부분이 미디어 만족감을 생성하는지를 살펴보고자 했다.

이용과 충족 이론의 견해는 미디어의 필요성이 높을수록 그에 비례해서 시청자의 만족도가 높아진다는 것이다. 이용과 충족 이론에 따르면, 미디어의 사용은 시청자의 시청동기가 충족됨으로써 가능해진다. 따라서 동기의 충족은 시청자의 미디어 사용을 주도한다. 본 논문에서는 이 이론을 토대로 KBS 에 대한 시청자의 인식을 살펴보려 한다.

이용과 충족 이론은 많은 학자들에게서 비판을 받은 동시에 많은 부분에서 입증된 이론이기도 하다. 예를 들면, 이 이론이 정신적인 동기를 뒷받침한다는 것은 입증된 사실이다. (Blumler & Katz, 1974; Rosengren, Wenner and Palmgreen, 1985). 이 개념과 패러다임을 토대로 삼은 연구는 다양한데 (Audience News Activity) 이 연구들은 시청자의 행동 (activity)이 미디어에 대한 충족과 이어진다고 주장한다. 즉, 미디어 사용 과정에 대한 시청자의 지적, 감성적 그리고 행동적인 관여를 강조한다. (e.g., Biocca, 1987: Levy & Windahl, 1984; Rubin & Perse, 1987a, 1987b). 시청자의 행동을 동기와 충족 과정에 연결하는 것을 기점으로 미디어 연구는 발전해 왔다.

최근에 미디어 사용학을 발전시킨 학자인 Alan Rubin 은 사람들이 필요에 따라 텔레비전 프로그램을 시청한다고 주장했다.

텔레비전을 보는 동기가 정보 확보, 탈출 (escape), 정서적인 해방, 동료애, 현실 탐사, 그리고 가치 강화에 있다는 것이다. Papcharissi 과 Rubin (2005)은 미디어 이용에 있어 다섯 가지 동기를 도입했다. 이 동기들은 정보 추구, 의사 결정의 유용성, 엔터테인먼트, 대인관계에서의 유용성, TV 의 준사회적 작용이었다. Rubin 과 Perse 가 1987 년에 진행한 또다른 연구인 "Audience Activity and TV News Gratification" 에서는 미디어 이용의 두 패턴을 제시했다. 첫째, 의례적거나 신중하지 않은 이용 (시간을 보내고 여유를 즐기기 위한 이용)이다. 둘째, 중요하며 신중한 이용 (의도적인, 선택적인, 그리고 목적에 따른 이용)이다. 즉, 흥미를 느끼기 위한 이용이나 필요한 정보를 얻기 위한 시도를 의미한다.

본 연구에서는 시청자의 행동과 견해를 동시에 분석하고 이론에 바탕을 둔 분석을 하고자 한다. 최근 한국 방송국계에는 큰 변화가 일어났고, 그에 대한 시청자의 인식 연구는 매우 중요하다. KBS 는 최근 들어서 광고 수익과 시청률을 위한 경쟁을 하고 있다. 그리고 KBS 가 중립적인 보도를 하지 않는다는 점에서 시청자들의 비판을 받고 있는 것을 고려할 때, 이 모든 것들이 시청자 인식에 어떤 영향을 미치는지를 보는 것은 의미 있는 연구일 것이다. 이 연구는 KBS 뉴스에 대한 시청자의 인식을 분석하여 시청자들이 어떤 동기에 만족감을 느끼는지 살펴보고자 하는 바이다.

2.1.1 정보 추구

Blumler 와 Katz 는 어떤 목적으로 사람들이 미디어를 사용하는지에 대한 연구를 했다. 그들은 만족감 추구 vs 만족감 충족(Gratifications Sought vs Gratifications Obtained)을 측정하기 위해 뉴스를 분석했는데, 이 연구에서 언급되는 '정보 추구'는 호기심으로 인한 일방적인 감시로 볼 수 있다 (For the purpose of surveillance). 이것은 현실을 감시하기 위한 것으로, 1979 년에 Blumler 가 제시한 개념이다. '정보 추구'는 정보를 위한 정보라고 볼 수 있다. 1969 년에 Bumler 와 McQuail 이 분명히 설명하였으며 정치 분석과 연구에 가장 많이 언급된다고 한다. 본 연구에서는 정보 추구의 목적을 확인하기 위해 Relations Between Gratifications Sought (Wenner and Palmgreen, 1980) 연구에서 썼던 연구 가설을 쓰기로 했다.

가설 1: 정보 추구는 KBS 뉴스 시청 태도에 영향을 미칠 것이다.

2.1.2 의사 결정의 유용성

의사 결정의 유용성은 경제학에서 자주 논의되는 동기이다. 1974 년에 McLeod 와 Becker 는 정보가 신뢰받는 이유는 정보가 의사 결정에 유용하기 때문이라고 했다. 결정 유용성은 공적인 또는 사적인 일들에 결정을 내리는 것을 도와준다.

가설 2: 의사 결정상의 유용성은 KBS 뉴스 시청 태도에 영향을 미칠 것이다.

2.1.3 엔터테인먼트

이 동기는 뉴스를 볼 때의 즐거움을 말한다. 예를 들어, 선거 때 느끼는 열광과 드라마는 뉴스에 대한 즐거움을 의미한다. 텔레비전 뉴스에 관한 연구들은 이런 즐거움을 "소일거리" 또는 "엔터테인먼트"라고 한다. (Wenner 1977)

가설 3: 엔터테인먼트 충족은 KBS 뉴스 시청 태도에 영향을 미칠 것이다

2.1.4 대인관계에서의 유용성

대인관계에서의 유용성은 여러 가지 용어로 불린다. 즉, "예상 소통" (McLeod and Baker 1974), "대화" (Wenner 1977), "대인관계 유연성" (Swanson 1977), 그리고 대화 유연성이라고도 한다 (Atkin 1972). 유연성 있는 정보를 얻는 것은 사교의 측면에서 효율적이다. Atkin (1972)은 미디어의 이용을 탐구하면서 가족과 친구들, 그리고 직장 동료와의 소통에 도움이 되었다고 한다. 이런 유용성이 미디어 이용을 주도한다는 것이다. Wang (1977)이 진행한 연구에서도 비슷한 결과가 나왔다. Wang 은 어떤 요소들이 차별선택을 좌우하는지를 조사했다.

가설 4: 대인관계에서의 유용성은 KBS 뉴스 시청 태도에 영향을 미칠 것이다.

2.1.5 TV 와의 준사회적 작용

이 개념은 Horton 과 Wohl (1956)이 제안한 것으로 미디어에 나오는 사람들을 통해 인간관계를 유지한다는 것이다. 대부분의 준사회적 작용은 미디어학과는 별도로 조사된다 (Rosengren and Windahl 1972; Nordlund, 1978). 준사회적 작용은 잠재적으로 텔레비전 뉴스에서 작용하는데, 이와 관련한 사회 전파 또는 상호간 작용에 대한 연구는 아직 부족하다. 충족 동기의 준사회적 작용을 연구하려는 시도는 Wenner 가 시작했다. 여기서 준사회적 작용은 텔레비전 지도자와 연관되었다. 뉴스 진행자에 대한 강조가 가장 많았고 준사회적 작용은 각각의 뉴스 프로그램을 확인하는 차원에서 이용된다.

가설 5: 준사회적 작용은 KBS 뉴스 시청 태도에 영향을 미칠 것이다.

2.2 태도와 의도의 관계 TPB

Theory of Planned Behavior (TPB)는 Ajzen 과 Fishbein 이 1975 년에 인간의 행동을 예상하고 설명하는 데 이용하면서 시작되었다 (Davis et al., 1989). 이 이론은 신념과 행동의 연관성을 말한다. 이 이론은 Icek Ajzen 이 'From intentions to actions: improve on the power of the theory of reasoned action by including behavioral control' 이라는 논문에서 처음으로 제안했다. 인간의 의도는 행동을 예고하고 가정한다는 이론이다. 태도는 인간의 긍정적인 또는 부정적인 시각을 보여준다. TPB 이론은 강한 행동과 의도의 상관계를 설명한다. 최근에 'Efficacy of the Theory of Planned Review: A meta-analytic review'에서 Conner 와 Armitage (2001)가 분석한 바로는 TPB 는 높은 효능이 있는 것으로 평가되었다.

태도가 의도를 암시한다는 것은 오래된 사실이다 (Suki & Ramayah, 2010). 어떤 행동에 대한 태도는 각각 행동을 부정적 또는 긍정적으로 보는데 따라 만들어 진다 (Fishbein & Ajzen, 1980). Ajzen 과 Fishbein 은 인간의 태도는 행동에 대한 생각, 평가 또는 예상의 결과에서 나온다고 했다. 많은 연구자들은 이 이론이 광고와 마케팅 효과에 적용된다고 생각한다. TPB 이론을 따른다면, 시청자의 KBS 뉴스에 대한 태도가 긍정적이라면 최근에 있었던 KBS 의 수신료 인상 문제, 그리고 수사 보도를 외면한 논란에도 불구하고 시청자들은 KBS 뉴스를 계속 시청할 것이라고 볼 수 있다.

가설 6: 시청자 태도는 최근 수신료 인상 그리고 정부 개입 논란에도 불구하고 KBS 뉴스의 시청 의도에 영향을 미칠 것이다.

3. 연구 디자인과 방법

3.1 연구 모델

연구 모델은 그림 1 의 변수들 간의 상관관계에 집중되어 있다. 시청 동기의 충족 여부가 시청자의 KBS 뉴스에 대한 태도를 형성하고, 이에 따라 다시 KBS 뉴스 시청 의도를 결정한다. 본

연구는 인구학적, 사회 문화적, 또는 정신적인 요소는 감안하지
않는다.

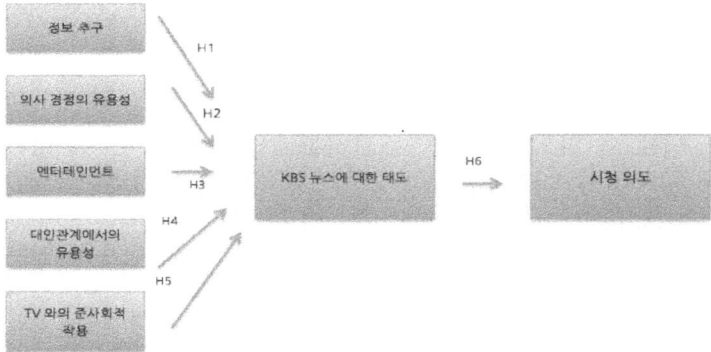

<그림 1> 연구 구성

위 그림을 다시 설명하면, 지금까지의 논의들을 바탕으로
'시청자는 어떠한 동기들을 가지고 KBS 뉴스를 시청하는가?' 그리고
'KBS 뉴스는 시청자들의 동기들을 충족시키는가?' 마지막으로
'동기들이 충족이 된다면 시청자는 수신료 인상에도 불구하고 KBS
뉴스를 계속 시청할 것인가?'라는 과정을 통해 동기충족과 시청
의도와의 관계를 파악하려 한다.

3.2 자료 수집 방법

설문지는 무작위로 선택된 KBS 시청자 100 명에게 배포되었다.
변수를 측정하는 방법은 five-point Likeart scale 을 이용했다.
따라서 답안은 (1) '전혀 그렇지 않다'에서 (5) '매우 그렇다'로
설정되었다. 설문 참여는 자발적이었으며 참여에 대한 보상은
없었다.

3.3 설문지 항목과 출처

설문지에 23 개의 질문이 있었다. 첫 부분은 설문조사에
참여하는 사람의 성별과 나이를 물었고, 두 번째 부분은 시청자가
KBS 뉴스를 시청하는지를 물었다.

Item	Source
정보 추구 나는 최근에 일어나는 이슈와 사건을 알기 위해서 KBS 뉴스를 시청한다. 나는 실용적인 정보를 알기 위해 KBS 뉴스를 시청한다. 다양한 관점에서 뉴스를 보도하기 때문에 KBS 뉴스를 시청한다. 깊이 있는 분석과 해석을 제공하기 때문에 KBS 뉴스를 시청한다. 나는 정보를 믿을 수 있기 때문에 KBS 뉴스를 시청한다.	Philip Palmgreen, Lawrence A. Wenner, JD Rayburn (1980)
의사결정의 유용성 KBS 뉴스를 통해 정부가 추진하고 있는 일들을 확인한다. KBS 뉴스를 통해 중요한 이슈들을 확인한다. KBS 뉴스를 통해 다른 사람들이 나와 비슷한 경험을 하고 있는지 확인한다.	Philip Palmgreen, Lawrence A. Wenner, JD Rayburn (1980)
엔터테인먼트 나는 KBS 뉴스가 재미있게 접근하기 때문에 본다. 나는 KBS 뉴스가 진지한 보도 태도를 보이기 때문에 본다.	Philip Palmgreen, Lawrence A. Wenner, JD Rayburn (1980)
대인관계에서의 유용성 KBS 뉴스 시청을 통해 뉴스를 보는 관점을 확립하게 된다. 나는 정보를 얻고 다른 사람에게 알려줄 때 KBS 뉴스를 시청한다. 나는 재미있는 얘기를 듣고 다른 사람에게 전해주기 위해서 본다.	Philip Palmgreen, Lawrence A. Wenner, JD Rayburn (1980)
TV 와의 준사회적 작용 진행자 또는 앵커들의 인간적인 면 때문에 KBS 뉴스를 본다. KBS 뉴스를 보는 이유는 진행자의 견해를 나의 견해와 비교하기 위해서다. KBS 뉴스를 보는 이유는 진행자들이 마치 내가 아는 사람처럼 친근하기 때문이다.	Philip Palmgreen, Lawrence A. Wenner, JD Rayburn (1980)

나는 KBS 뉴스에 만족한다. KBS 뉴스를 시청하는 것이 다른 채널의 뉴스보다 편하다. KBS 뉴스를 보는 것이 행복하다. KBS 뉴스를 시청하는 것은 좋은 생각이다.	Ajzen and Fishbein (1985)
시청 의도 정부 관계 또는 수신료 인상 논란에도 불구하고 나는 계속 KBS 를 시청할 것이다. 정부 관계 또는 수신료 인상 논란에도 불구하고 나는 계속 KBS 를 시청하고 있다. 정부 관계 또는 수신료 인상 논란에도 불구하고 계속 KBS 를 시청할 예정이다.	Weng Marc Lim & Ding Hooi Ting (2012)

<그림 2>

3.4 자료 분석

설문지 질문들 간의 공유성을 측정하기 위해 인자 분석을 하였고 질문들의 신뢰도 테스트를 위해 크론바흐 알파를 사용하였다. 이후 상관관계 분석과 회귀분석을 통해 각 변수 간의 관계를 측정하였다. 이에 대한 결과는 다음에 상술하겠다.

4. 연구 결과

아이템	인자적재값	크론바흐
정보 추구		
나는 최근에 일어나는 이슈와 사건을 알기 위해서 KBS 뉴스를 시청한다.	0.814	0.793
나는 실용적인 뉴스를 알기 위해 KBS 뉴스를 시청한다.	0.816	
다양한 관점에서 뉴스를 보도하기 때문에 KBS 뉴스를 시청한다.	0.755	
깊이 있는 분석과 해석을 제공하기 때문에 KBS 뉴스를 시청한다.	0.728	
나는 정보를 믿을 수 있기 때문에 KBS 뉴스를 시청한다.	0.703	

의사결정의 유용성

KBS 뉴스를 통해 정부가 추진하고 있는 일들을 확인한다.	0.51	0.439
KBS 뉴스를 통해 중요한 이슈들을 확인한다.	0.576	
KBS 뉴스를 통해 다른사람들이 나와 비슷한 경험을 하고 있는지 확인한다	0.364	

엔터테인먼트

나는 KBS 뉴스가 재미있게 접근하기 때문에 본다.	0.66	0.482
나는 KBS 뉴스가 진지한 보도 태도를 보이기 때문에 본다.	0.66	

대인관계에서의 유용성

KBS 뉴스 시청을 통해 뉴스를 보는 관점을 확립하게 된다	0.679	0.779
나는 정보를 얻고 다른 사람에게 알려줄 때 KBS 뉴스를 시청한다.	0.744	
나는 재미있는 얘기를 듣고 다른 사람에게 전해주기 위해서 본다.	0.666	

TV 와의 준사회적 작용

진행자가 또는 앵커들의 인간적인 면 때문에 KBS 뉴스를 본다.	0.771	0.755
KBS 뉴스를 보는 이유는 진행자의 견해를 나의 견해와 비교하기 위해서다.	0.52	
KBS 뉴스를 보는 이유는 진행자들 (앵커들)이 마치 내가 아는 사람처럼 친근하기 때문이다.	0.777	

KBS 뉴스에 대한 태도

나는 KBS 뉴스에 만족한다.	0.628	0.689
KBS 뉴스를 시청하는 것이 다른 채널의 뉴스 보다 편하다.	0.584	
KBS 뉴스를 보는 것이 행복하다.	0.418	
KBS 뉴스를 시청하는 것은 좋은 생각이다.	0.473	

시청 의도

정부 관계 또는 수신료 인상 논란에도 불구하고 나는 계속 KBS 를 시청할 것이다.	0.366	0.789
정부 관계 또는 수신료 인상 논란에도 불구하고 나는 계속 KBS 를 시청하고 있다.	0.894	
정부 관계 또는 수신료 인상 논란에도 불구하고 계속 KBS 를 시청할 예정이다.	0.901	

4.1 신뢰도 분석

인자 분석과 신뢰도 분석이 진행되었다. 인자 분석은 설문지의 모든 변수들의 공유 분산을 측정하기 위해서이다 (Henson & Roberts, 2006). 인자 분석 후 크론바호 알파값을 측정했다. 설문지 질문들의 신뢰도를 확인하기 위한 것이다 (Wang et; al., 2005). 크론바호 알파값은 아이템의 평균 상관성을 찾는다. Peterson 에 의하면 크혼바호 알파값이 0.7 정도 되어야 신뢰도가 있다고 한다.

인자 분석의 결과 .366 부터 .901 로 나타났다. 정보 추구, 대인관계에서의 유용성, 준사회적 작용, 그리고 시청 의도는 0.7 보다 높은 크론바호 알파 수가 나왔으나 다른 동기들은 0.7 보다 작아서 신뢰도가 높지 않은 것으로 나타났다.

4.2. 상관관계 분석 (Correlation)

연관성을 찾기 위한 상관관계 분석이 이어졌다. 정보 추구, 의사 결정의 유용성, 엔터테인먼트, 대인관계에서의 유용성, 준사회적 작용, 태도, 그리고 의도의 상관관계가 분석되었다. 결과는 다음과 같다.

<그림 3> **. Correlation is significant at the 0.01 level. (2-tailed)

	정보 추구	결정 유용성	엔터테 인먼트	대인관계	준사회 적 작용	태도	의도
정보 추구	1						
의사결 정의 유용성	.514**	1					
엔터테 인먼트	.760**	.407**	1				
대인관 계에서 의 유용성	.669**	0.345**	0.635**	1			

준사회적 작용	.393**	.372**	.486**	0.590**	1		
태도	0.142	-0.051	-0.028	0.036	-0.047	1	
의도	0.068	-0.017	-0.106	-0.08	-0.142	.370**	1

상관관계 분석을 볼 때 다섯 개의 동기들은 태도에 큰 영향을 미치지 않는다. 하지만 태도는 의도와 유의미한 관계를 공유한다. 그리고 정보추구와 엔터테인먼트는 부분적으로 유의미한 상관관계를 나타냈다. 이 도표에서 눈에 띌 만한 것은 정보 추구가 엔터테인먼트와 가장 유사하다는 점이다. 그리고 엔터테인먼트와 대인관계 유연성도 상대적으로 밀접한 것으로 나타났다. 그리고 의도와 태도는 유의미한 관계를 공유했다.

4.3 회귀 분석 (Regression)

회귀 분석은 독립 변수와 종속 변수의 관계를 살피기 위한 분석이다. 회귀 분석은 독립 변인에 종속 변인이 어떤 영향을 끼치는지 보여준다. 그림 4 는 어떤 강도와 방향으로 종속 변인이 독립 변인에 영향을 미치는지를 보여준다.

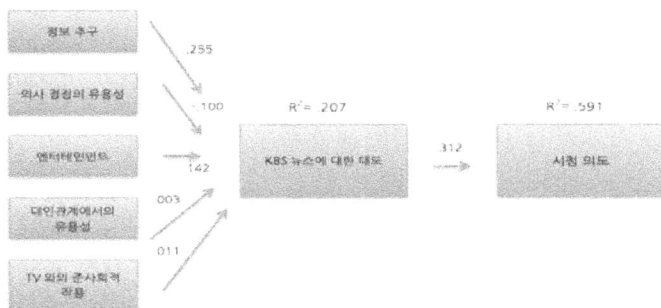

<그림 4> 연구 구성에 관계성

Model	R	R^2	Adjusted R2	Std. Error of Estimates
1	0.455	0.207	0.047	0.47435
2	0.768	0.591	0.483	0.34932

정보 추구는 .255, 의사결정 유용성은 -.100, 엔터테인먼트는 -.142, 대인관계에서의 유용성은 .003, TV 와의 준사회적 작용은 .011, 결정 유연성과 엔터테인먼트는 마이너스 수치가

나왔다. 정보 추구, 의사결정 유용성, 엔터테인먼트, 대인관계에서의 유용성, 준사회적 작용은 태도에 밀접한 관계가 없는 것으로 나타났다. 태도가 의도에 미치는 강도는 .312 로, 각 동기들이 태도의 영향을 끼치는 것으로는 보이지 않았지만, 태도는 의도에 영향이 있을 것이라는 결과는 나왔다고 본다.

5. 연구 결론

첫 가설인 정보 추구가 KBS 뉴스 시청에 영향을 미칠 것이라는 가설은 사실로 증명하기 어렵다. 정보 추구는 β=.255 로 시청자 태도에 작지만 긍정적 효과를 남겼다. 두 번째로 결정 유용성이 KBS 시청 태도에 영향을 미칠 것이라는 가설은 부정적으로 나타났다 (β=-.100). 회귀 분석에서 미미한 수치로 나타났으며, 비슷하게 세 번째 가설인 엔터테인먼트도 β=-.142 로 부정적으로 나왔다. 네 번째와 다섯 번째 가설인 대인관계 유용성과 준사회적 작용은 각각 β=.003 과 β=.011 로, KBS 시청자 태도에 큰 효과를 남긴다고 보기 어렵다. 태도와 의도는 β=.312 로 긍정적인 효과를 남겼기 때문에 시청자 태도는 시청 의도에 영향을 미칠 것이라는 가설은 증명되었다고 볼 수 있다. 태도가 의도에 미치는 영향은 R^2 =.591 로 나왔다.

연구 문제로 제기했던 시청자가 어떤 동기를 충족시키기 위해 KBS 뉴스를 시청하는가에 대해 답을 하기는 어렵다. KBS 시청자의 시청 동기 중에 긍정적인 효과를 남긴 것은 정보 추구, 대인관계 유용성, 준사회적 작용 등이었다. 특히 정보추구 동기가 강했다. 하지만 이 동기들의 충족이 태도에 영향을 미친다는 결론을 내리기는 어렵다. 그럼에도 불구하고 시청자의 태도는 의도에 영향을 미치는 것으로 나타났다.

KBS 뉴스 시청자들은 정보 추구, 대인관계 유용성, 그리고 TV 와의 준사회적 작용 등의 동기를 충족시키기 위해 KBS 뉴스를 시청하는 경향을 보였다. 그러나 엔터테인먼트와 결정유용성을 제외하고, 정보 추구, 대인관계 유용성, 그리고 TV 와의 준사회적 작용은 KBS 뉴스를 통해 충분히 충족되지 않는다는 결과를 보였다. KBS 뉴스에 대한 태도는 의도에서 많은 영향을 받고 있다는 것을 연구에서 볼 수 있다.

설문에 답한 사람들의 부가적인 의견을 보면, KBS 뉴스를 시청하는 이유에는 여러 가지가 있었다. 오랜 기간 동안 KBS 뉴스를 시청했기 때문에 계속 본다는 의견도 있었고 KBS 뉴스의 질을 가장 높게 평가한 사람들도 있었다. 하지만 그와 비슷하게 KBS 뉴스를 부정적으로 평가하는 사람들도 있었다. KBS 가 정부와 밀접한 관계가 있기 때문에 그 뉴스가 정확한 보도라고 믿을 수 없다는 사람들도 있었고, 국정원 보도 때문에 KBS 뉴스를 보지 않겠다는 사람들도 있었다. 설문 조사에 의하면 대부분의 사람들은 수신료 인상에도 KBS 뉴스를 계속 시청할 의도를 보였다.

본 논문에서 살펴본 뉴스를 시청하는 동기, 그리고 이용의 가치와 TV 시청의 충족 연구는 커뮤니케이션 연구 중 뉴스와 충족도라는 큰 연구 영역에서도 일부분에 지나지 않는다. 설문 결과가 연구에 큰 영향을 미침에도 불구하고 설문조사가 매우 제한된 숫자의 사람들을 대상으로 하였다는 점은 본 연구의 명백한 한계라고 할 수 있다. 만일 100 명 보다 더 많은 사람이 조사에 참가했다면, 통계적으로 다른 결과가 나올 수도 있었을 것이다. 또한 이 연구에서는 설문 대상의 성별, 나이와 학벌을 구분하지 않았다. 성별, 나이와 학벌을 고려했다면 좀 더 분명한 결과가 나왔을 것 같다. 설문지 작성 시, 한국어와 영어 번역 내용의 부분적 불일치도 연구 결과에 영향을 미쳤을 수 있다. 이 연구는 정보 추구, 의사 결정의 유용성, 엔터테인먼트, 대인관계에서의 유용성, 그리고 TV 와의 준사회적 작용 등의 동기에 대한 효과를 조사했지만, 다른 동기들의 조사도 이루어져야 한다고 생각한다.

참고문헌

Ajzen, I. (1985) From intentions to actions: A theory of planned behavior. In J. Kuhl & J. Beckmann (Eds.), *Action-control: from cognition to behavior* (pp. 11-39). Heidelberg: Springer.

Ajzen, I., & Fishbein, M. (1980). *Understanding attitudes and predicting social behavior*. Englewood Cliffs, NJ: Prentice-Hall.

Armitage, Christopher J., and Mark Conner. "Efficacy of the Theory of Planned Behaviour: A Meta-analytic Review." *British Journal of Social Psychology* 40.4 (2001): 471-99. Print.

Katz, Elihu, Michael Gurevitch, and Haas Hadassah. "On the Use of Mass Media for Important Things." Diss. University of Pennsylvania, 1973.

Katz, Elihu, Jay Blumler and Michael Gurevitch. "Uses of Mass Communication by the Individual." Mass Communication Research: Major Issues and Future Directions. Eds. W.P. Davidson and Fredrick Yu. New York: Praeger, 1974.

"Media Uses and Gratifications: A Review." Review. n.d.: n. pag. *Http://archive.lib.msu.edu/DMC/African%20Journals/pdfs/africa%20media%20review/vol9no3/jamr009003006.pdf*. Web. 12 Dec. 2013. <http://archive.lib.msu.edu/DMC/African%20Journals/pdfs/africa%20media%20review/vol9no3/jamr009003006.pdf>.

Nabi & Kramar (2004). Conceptualizing Media Enjoyment as Attitude:

Implications for Mass Media Effects Research. Communication Theory.

Oliver & Raney (2011). Entertainment as Pleasurable and meaningful: Identifying Hedonic and Eudaimonic Motivations for Entertainment Consumption. Journal of Communication

Palmgreen, P., Wenner, L.A., & Rayburn II, J.D. (1980). Relations between gratifications sought and obtained: A study of television news.

Rokeach, Sandra and Melvin DeFleur. "A Dependency Model of Mass Media Effects." Communication Research 3. New York, 1976.

Rubin, Alan M. "Television Uses and Gratifications: The Interactions of Viewing Patterns and Motivations." *Journal of Broadcasting* 27.1 (1983): 37-51. Print.

Ruggiero, Thomas E. "Uses and Gratifications Theory in the 21st Century." *Mass Communication and Society* 3.1 (2000): 3-37. Print.

So (2012). Uses, Gratifications, and Beyond: Toward a Model of Motivated Media Exposure and Its Effects on Risk Perception. Communication Theory.

Wang, G. (1977) "Information Utility as a Predicot of Newspaper Readership" Journalism Quarterly, 54: 791-794

Windahl, S. Hojerback, I. and Hedinson, E. (1980) "Adolescents Without Television: A Study in Media Deprivation". *Journal of Broadcasting and Electronic Media*, 30: 47-63

이정기, 최민음, 김동규, 김민주. Exploratory Research on the Intention of Rejection for Raising TV License Fee of Public Service Broadcasting. KCI 등재후보

임홍순 (2009). "A study on the changing financial structure and recognition of organizational members in the public service focused on the case of KBS" 한양대학교.

오영석 (2012). "A Study on the Relationship between Gross License Fee and Quality Performance in Public Service Broadcasting" 한양사이버대학교.

KBS 뉴스에 대한 시청자의 인식 연구

No.

안녕하세요?
바쁘신 가운데 본 설문조사에 응해주셔서 대단히 감사합니다.

귀하께서 답해 주시는 모든 내용은 통계적인 분석을 위해서 완전히 익명으로 처리되며 연구목적 이외의 다른 목적으로 결코 사용되지 않을 것임을 약속드립니다.
부디 적극적으로 설문에 대답해 주시면 대단히 감사하겠습니다.

2013 년 11 월

다음은 귀하의 인적 사항과 관련된 질문입니다. 연구 목적 이외에는 사용되지 않으며 타인에게 노출되지 않으니 솔직하게 답해주시기 바랍니다.

1. 귀하의 나이는? 만____,____세
2. 귀하의 성별은? ① 남　　② 여

※ 다음 문항에 대해 귀하의 의견을 체크해주세요

	그렇지 않다	그렇다
1 나는 KBS 뉴스를 시청한다.	①	②
2. 나는 KBS 뉴스를 일주일에 5-6 번 본다	①	②
3. 나는 KBS 뉴스를 일주일에 2-3 번 본다.	①	②
4. 나는 KBS 뉴스를 한달에 몇번만 본다.	①	②

	전혀 그렇지 않다	그렇지 않다	보통 이다	그렇다	매우 그렇다
1 나는 최근에 일어나는 이슈와 사건을 알기 위해서 KBS 뉴스를 시청한다.	①	②	③	④	⑤
2. 나는 실용적인 정보를 알기 위해 KBS 뉴스를 시청한다. 예를 들면 날씨 정보, 스포츠 헤드라인, 김장재료의 품질, 육아교육 등.	①	②	③	④	⑤
3. 다양한 관점에서 뉴스를 보도하기 때문에 KBS 뉴스를 시청한다.	①	②	③	④	⑤
4 깊이 있는 분석과 해석을 제공하기 때문에 KBS 뉴스를 시청한다.	①	②	③	④	⑤
5. 나는 정보를 믿을 수 있기 때문에 KBS 뉴스를 시청한다.	①	②	③	④	⑤
6 KBS 뉴스를 통해 정부가 추진하고 있는 일들을 확인한다.	①	②	③	④	⑤
7. KBS 뉴스를 통해 중요한 이슈들을 확인한다.	①	②	③	④	⑤
8. KBS 뉴스를 통해 다른사람들이 나와 비슷한 경험을 하고 있는지 확인한다.	①	②	③	④	⑤
9. 나는 KBS 뉴스가 재미있게 접근하기 때문에 본다.	①	②	③	④	⑤
10. 나는 KBS 뉴스가 진지한 보도 태도를 보이기 때문에 본다.	①	②	③	④	⑤
11. KBS 뉴스 시청을 통해 뉴스를 보는 관점을 확립하게 된다.	①	②	③	④	⑤

12. 나는 정보를 얻고 다른 사람에게 알려줄 때 KBS 뉴스를 시청한다.	①	②	③	④	⑤
13. 나는 재미있는 얘기를 듣고 다른 사람에게 전해주기 위해서 KBS 뉴스를 본다.	①	②	③	④	⑤
14. 진행자 또는 앵커들의 인간적인 면 때문에 KBS 뉴스를 본다.	①	②	③	④	⑤
15. KBS 뉴스를 보는 이유는 진행자의 견해를 나의 견해와 비교하기 위해서다.	①	②	③	④	⑤
16. KBS 뉴스를 보는 이유는 진행자들 (앵커들)이 마치 내가 아는 사람처럼 친근하기 때문이다.	①	②	③	④	⑤

	전혀 그렇지 않다	그렇지 않다	보통이다	그렇다	매우 그렇다
1.나는 KBS 뉴스에 만족한다.	①	②	③	④	⑤
2. KBS 뉴스를 시청하는 것이 다른 채널의 뉴스 보다 편하다.	①	②	③	④	⑤
3. KBS 뉴스를 보는 것이 행복하다.	①	②	③	④	⑤
4. KBS 뉴스를 시청하는 것은 좋은 생각이다.	①	②	③	④	⑤
5. 정부 관계 또는 수신료 인상 논란에도 불구하고 나는 계속 (likely) KBS 를 시청할 것이다.	①	②	③	④	⑤
6. 정부 관계 또는 수신료 인상 논란에도 불구하고 나는 계속 (plan on) KBS 를 시청하고 있다.	①	②	③	④	⑤
7. 정부 관계 또는 수신료 인상 논란에도 불구라고 계속 (intend to) KBS 를 시청할 예정이다.	①	②	③	④	⑤

※KBS 뉴스에 만족하거나 그렇지 않는 다면 그 이유에 대해서 써 주십시오.

☞지금까지 성심껏 설문에 응해주셔서 대단히 감사합니다.

www.ingramcontent.com/pod-product-compliance
Lightning Source LLC
Chambersburg PA
CBHW071209090426
42736CB00014B/2755